永明禪師禪淨融合思想研究

王鳳珠著

臺灣 學生書局 印行

自序

永明禪師為五代時的吳越國人，他是德韶的嗣法弟子，為法眼宗的第三代祖師，著作有《宗鏡錄》、《萬善同歸集》、《觀心玄樞》、《神栖安養賦》等書。歷代收錄他傳記的書籍共有三十多種，而成書與他的時代最為接近的是宋初的《宋高僧傳》及《景德傳燈錄》，不過這二本書都並未提到他的淨土行持。到了宋末，有關他的傳記就記載到他修行念佛法門，並且有他往生上品的傳說。永明禪師既然身兼禪宗與淨土宗的祖師，他的佛學思想必然有其特殊的地方，本文即是以他的禪淨融合思想作為研究的主題。

從佛教史的研究發現，在永明禪師之前，禪淨之間已經有一段融通及批判的過程。永明禪師受到慈愍的影響，也提倡禪淨雙修。宋代以後，禪師兼修淨土法門的人越來越多，到了明、清時代，禪淨雙修更成為一股風潮。因此本文運用了歷史性的文獻資料，來考察他在中國佛學史上的重要地位。

此外，本文整理永明禪師的著作，發現到他引用到許多經典與宗派思想，並以一心思想來和會這些不同的思想。另外，在他的著作中會看到天台宗、華嚴宗、唯識宗等不同思想系統的淨土思想，可見他的淨土思想也是和會各宗的淨土思想所形成。因此本文也將會探討其一心思想及和會思想，期望從思想義理的分析，來辨明其禪淨融合思想的特色。

由於永明禪師的一心思想具有頓悟知宗，以及圓修辦事二項特點，因此他除了在理論上融合了禪淨思想之外，在他日常行持的一百零八件佛事當中，也兼有坐禪與念佛二種法門。在一心思想的和會下，他的禪淨融合思想圓融了禪與淨之間，自力、他力，無念、念佛，無生、往生等不同的觀點。而且因為他的禪淨融合思想具有淨土法門信、願、行的三項特色，所以他會被後世尊為淨土宗的祖師。

慈愍最早提出禪淨雙修，而且他是以淨土行者的立場來提倡禪淨雙修，永明禪師則是從禪宗明心見性的立場，提出修行安養淨業也可以頓悟自心的觀點。總之，永明禪師在禪淨融合思想史上具有承先啟後的意義，而在教理上則有以淨業悟心的創新價值，因此他所提倡的禪淨雙修，才會在宋代以後成為中國佛教的重要修行方式。在一心思想的貫通下，永明禪師的教法具有理事圓融，空有不二的特點，非常適合各種根性的眾生學習，加上他致力於禪淨融合的理論建構及實踐力行，也使得禪淨融合思想及禪淨雙修成為宋代之後中國佛教的一種發展趨勢。

在我進入碩士班時，所內從事佛學研究的人還並不是很多，原本專攻小學組文字與聲韻的課程，很幸運地卻上了　田師博元開設的「佛學研究」一門課，他特別請到鄭石岩、賴鵬舉、熊琬等老師來上課，讓同學們從不同的角度認識佛學，當時曾多次向博士班的子峰學長請益，受到他的啟發方始瞭解佛學的深奧。為了增加對佛學的認識，我特別到臺大上楊惠南教授「印度哲學」的課，另外還利用晚上去聆聽游祥洲教授上的「大智度論」、「華嚴經善財童子五十三參」等課程。到後來並轉向選擇以印光法師為題撰寫了碩士論文，透過閱讀中國佛教史、佛學概論、《印光法師全集》及許多有關淨土宗的教理及歷史，對於佛學研究算是有了一些初步的認識。而在研讀《印光法師全集》時看到書中對永明禪師「有禪有淨土」等四句偈的闡釋，即開始注意到永明禪師的思想，並對於所謂禪淨雙修的議題感到興趣。

本文在構思之初，即蒙　王師開府的推薦，特別拜訪了對於永明禪師的佛學思想極有研究的臺大哲學系教授　釋恆清法師，並且懇請法師指導我論文寫作的相關問題，撰寫期間多次來往於新竹及臺北之間，向兩位指導老師請教各項疑惑。由於禪淨融合思想不但涉及禪宗史及淨土宗史，更牽繫到禪學思想與淨土思想在歷史交涉中，或是矛盾衝突或是吸收融會的複雜過程，因此處理時備感艱難與辛苦。期間還透過　恆清法師的介紹，專程前往法光佛學研究所向甫從日本東京大學博士畢業回國而專事研究永明禪師的　釋智學法師詢問一些疑難。口試期間更承蒙　李志夫教授、熊琬教授、釋惠敏教授、汪娟教授等幾位教授的指點及教導，由於他們提出一些極具建設性的意見，使本書的論述在不斷地修改過程中能變得更加完善。

本書能夠書寫完成，還要特別感謝父母兄弟的全力支持，外子則以愛、奉獻，和無比的願力鼓舞我專心的完成學業，小女涵涵更是我長期堅持而不致中途放棄的活力源頭，也謝謝學生書局讓我有機會出版本書。由於作者的學識及修持有限，對於永明禪師博大精深的思想研究也仍不足，本書的內容難免會有所疏漏及缺失，期望專家學者及各位讀者能不吝給予批評及指正。

永明禪師禪淨融合思想研究

目 次

緒　論

禪淨融合，或稱為禪淨雙修，一是就思想特色上說，一是就修行方法上說，它是中國佛教元、明以來所盛行的修行法門，一般推溯它的發展源頭是指向唐代的慈愍慧日❶，但是從禪學的三昧境界來說，禪淨融合思想的時代可以推向更早的廬山慧遠，他所提倡修持的般舟三昧，是念佛見佛的三昧，也是一種結合念佛與禪定的修行，因此也算是一種禪淨雙修的法門。至於，使得禪淨雙修大為發展的關鍵人物則是永明禪師，望月信亨就認為由於永明禪師的提倡，禪淨雙修成為中國佛教的一大特色❷。

不過有的學者卻對「禪淨融合」提出了疑問，如夏富在〈中古時期中國的禪淨融合〉提到：

> 「禪淨融合」的觀念是有問題的。原因之一，所謂「融合」，應該表示在融合之前，有二個或更多的顯著不同的宗

---

❶ 望月信亨《中國淨土教理史》（釋印海譯，臺北：正聞出版社，1991 年 4 月三版），頁 182。

❷ 《中國淨土教理史》，頁 225：「至五代末年，永明延壽出世，毅然提倡禪淨雙修……後來天衣義懷、慧林宗本諸禪師亦有此共鳴。元、明以後，教界風靡不絕，形成中國佛教禪淨雙修之一大特色。」

> 派存在過。但淨土宗是否曾被視為中國的一個獨立宗派、教義傳統或宗教組織，仍有待商榷。……念佛是中國佛教最盛行的法門之一……。（〈中古時期中國的禪淨融合〉，（《人間淨土與現代社會》第三屆中華國際佛學會議實錄，臺北：法鼓文化出版，1998年2月），頁104）

他認為所謂「融合」必須先有不同的宗派為基礎，因此如果淨土宗並不算是一個獨立宗派的話，就談不上「禪淨融合」。但是，「融合」的意義也可以是指以不同的思想為主，如中村元曾舉出融合是「真理的統一」❸，並以之來說明宗密的「教禪一致論」。本文在探討永明禪師的禪淨融合時，即認為他致力於將禪思想與淨土思想相互融合，因此若是想要討論他的禪淨融合思想並無不可。而且釋恆清曾經說：「中國人融合主義的想法，乃是建立在承認各種異說皆含有某種程度的真理，肯定其存在價值，進而彼此攝取融貫」❹，而永明禪師對於將禪、淨二種思想的和會融通，正有此種攝取融貫的融合傾向，本文所使用的融合即是在闡明此義，而融合一詞為現代的用語，在永明禪師的著作中則稱為融通或是和會❺。其實，夏富自己在該篇論文中也同意「念佛是中國佛教最盛行的法門

---

❸ 中村元《東方民族的思維方法》（林太馬、小鶴譯，淑馨出版社，1991年1月1版2刷），頁263。

❹ 釋恆清〈禪淨融合主義的思惟方法——從中國人的思惟特徵論起〉（《臺大哲學論評》第十四期），頁231。

❺ 《永明智覺禪師唯心訣》，大正藏冊48，頁996a：「能以法性融通，一旨和會」。

之一」，所以不論淨土思想有沒有成立為一個獨立的宗派，也可以發展出禪淨融合思想的探討。

本文以永明禪師的禪淨融合思想為研究主題，因此特別注意到他以禪師的身份，卻是以何種的態度來看待淨土法門。在閱讀其著作時，首先就注意到他在書中曾經提到「禪宗」一詞❻，卻並沒有提到淨土教或淨土宗的名稱。不過，沒有淨土教或淨土宗的名稱，不表示他就沒有淨土思想，因為實際上直到永明禪師的時代，還沒有正式成立淨土宗這一門派，雖然道綽曾經在《安樂集》中提到「六大德」並說他們「皆共詳審大乘歎歸淨土」❼，但是他並未稱呼這六位大德為淨土祖師。另外，慈愍曾經自稱：「廣引聖教，成立淨土念佛正宗」❽，但是這裡的「淨土念佛正宗」只是指教理而已，還不是指宗派，因為慈愍也還沒有提出淨土宗承繼的道統之說。若依照湯用彤對宗派的定義：「所謂宗派者，其質有三：一、教理闡明，獨闢蹊徑；二、門戶見深，入主出奴；三、時味說教，自誇承繼道統」❾，用這三點來衡量道綽、慧日的淨土思想，他們都還沒有提出淨土宗派的想法。一直要到宋代提出了淨土的祖師系

---

❻ 如《宗鏡錄》，頁 430b、542a 及《萬善同歸集》，頁 958c。（本文所引用的《宗鏡錄》、《萬善同歸集》在大正藏的第 48 冊，書中分成上、中、下三欄，註解時則用 a、b、c 表示，如《宗鏡錄》，頁 430b 即是指在書 430 頁的中欄，以下凡是引到大正藏的文字皆同此方式。）

❼ 《安樂集》，大正藏第 47 冊，頁 14b。文中提出的「六大德」是指：流支三藏、慧寵法師、道場法師、曇鸞法師、大海禪師、齊朝上統。

❽ 《略諸經論念佛法門往生淨土集》，大正藏第 85 冊，頁 136b。

❾ 湯用彤《隋唐佛教史稿》（臺北：木鐸出版社，1988 年 9 月初版），頁 134。

統，才可說有淨土宗派的成立[10]。但是從漢代靈帝時傳譯《般舟三昧經》開始，淨土思想就一直在中國流傳不絕[11]。從永明禪師的著作來看，他在書中確實引用過前人的淨土思想，並討論過淨土法門的相關問題，甚至其書中的某些問答，很明顯的就是針對禪淨思想之間的矛盾而提出的，而他的回答則顯示出他有意於和會禪淨間的不同思想。

既然永明禪師的淨土思想是前有所承的，因此就必須從佛教史來觀察有關淨土思想的發展，由於這部分的問題牽涉很廣，本文僅能簡略的說明三點與永明禪師淨土思想相關的部分，包括從淨土經典的淨土思想角度，淨土宗三系側重自他力不同的角度，還有淨土論書中關於淨土問答的角度來探索。

首先，從淨土經典中的淨土思想來看，廣義的淨土思想實際上是指十方皆有淨土，而在中國流傳所盛行的淨土思想，則主要是彌陀淨土及彌勒淨土二種，其中又以信仰西方淨土思想的人最多，因此到了後來，淨土宗就成為阿彌陀佛及西方淨土的專門信仰，如果與十方淨土相比，狹義的淨土思想就是指與西方淨土相關的思想。

由永明禪師著作中所引用與淨土思想相關的典籍來看，十方淨土與西方淨土的思想他都有，而且透過這些引文也可以瞭解到他對

---

[10] 湯用彤在《隋唐佛教史稿》，頁 272 說：「至於淨土，則只有志磐謂其『立教』，但中國各宗均有淨土之說……故淨土是否為一教派實有問題（本書為方便見，暫於本章中列入）」。可見他對於淨土在隋唐時是否已經獨立為一宗派，也頗有意見。

[11] 《中國淨土教理史》，頁 9：「支讖於靈帝光和二年十月與竺佛朔共譯般舟三昧經……此即中國彌陀經典傳譯之嚆矢」。

於佛身，佛土，以及念佛法門的看法。不過，綜觀其著作中所展現與淨土思想有關的理論及實踐，則會發現到他對於西方淨土是特別重視的。

關於西方淨土思想的傳入中國，最早的是漢代所傳譯的《般舟三昧經》，經中提到修行般舟三昧可以得見西方阿彌陀佛。而與西方淨土密切相關的三經一論逐漸譯出之後，就讓人更清楚的瞭解淨土思想，包括了淨土依報、正報的殊勝境界，眾生往生淨土的修行條件，及往生淨土以後的品位等等，如《佛說阿彌陀經》描述到西方淨土的極樂情形，還提到修行者「不可以少善根福德因緣得生彼國」⑫，而且又以諸佛出廣長舌相讚嘆淨土，來強調西方的真實不虛。《佛說無量壽經》提到法藏比丘成佛之前所發下的四十八願，還有阿彌陀佛成就佛果後淨土的殊勝境界，此外也介紹了三輩往生的修行因緣。《佛說觀無量壽佛經》則教導十六觀法並提出三輩九品往生之說，此外經中還提出了淨業三福：「欲生彼國者，當修三福，一者孝養父母，奉事師長，慈心不殺，修十善業。二者受持三歸，具足眾戒，不犯威儀。三者發菩提心，深信因果，讀誦大乘，勸進行者。……此三種業，乃是過去未來現在三世諸佛淨業正因」⑬。《無量壽經優波提舍願生偈》則提出五念門，包括了禮拜門、讚嘆門、作願門、觀察門、迴向門等五種修持方法。以上的三經一論因為是專門在敘述西方的淨土思想，因此被後世的淨土宗行者認為是必讀的經典，除此之外其實還有許多經論，也曾提到西方淨土

---

⑫ 《佛說阿彌陀經》，大正藏第12冊，頁347b。

⑬ 《佛說觀無量壽佛經》，大正藏第12冊，頁341c。

或阿彌陀佛的思想，如《阿彌陀鼓音聲王陀羅尼經》提到阿彌陀佛的父母分別名為月上轉輪聖王，及殊勝妙顏，經中並提到受持阿彌陀佛的佛號，可以在臨終時見到諸佛聖眾來迎，並化生於淨土的蓮華中⓮。《大方廣佛華嚴經》提到德雲比丘的住自在心念佛門，及解脫長者的念佛法門，另外在〈入不思議解脫境界普賢行願品〉中，又提到了普賢菩薩的十大願王導歸極樂⓯。此外，《十住毗婆沙論》的〈易行品〉中則提到與自力法門相比，稱念阿彌陀佛佛名的淨土法門是為易行道⓰。《妙法蓮華經》的〈藥王菩薩本事品〉也提到依據本經修行，可以於臨終時往生西方極樂世界⓱。《大方等大集經》中曾說到末法思想⓲，並提出眾生想要修行入道只有依

⓮ 《阿彌陀鼓音聲王陀羅尼經》，大正藏第 12 冊，頁 352b。

⓯ 《大方廣佛華嚴經》，大正藏第 10 冊，頁 846c：「彼諸眾生，若聞若信此大願王……是諸人等，於一念中，所有行願，皆得成就，所獲福聚無量無邊，能於煩惱大苦海中，拔濟眾生，令其出離，皆得往生阿彌陀佛極樂世界」。

⓰ 《十住毗婆沙論》，大正藏第 26 冊，頁 41a：「如世間道有難有易，陸道步行則苦，水道乘船則樂，菩薩道亦如是，或有勤行精進，或有以信方便易行疾至阿惟越致者」。經中，頁 42c 又說：「阿彌陀等佛，及諸大菩薩，稱名一心念，亦得不退轉。」

⓱ 《妙法蓮華經》，大正藏第 9 冊，頁 54c：「若如來滅後後五百歲，若有女人聞是經典，如說修行，於此命終，即往安樂世界阿彌陀佛大菩薩眾圍繞住處，生蓮華中，寶座之上」。

⓲ 《大方等大集經》，大正藏第 13 冊，頁 363b〈月藏分第十二分布閻浮提品第十七〉：「次五百年，於我法中鬥諍言頌白法隱沒損減堅固」。

靠他力的淨土法門[19]。其他還有許多述及西方極樂世界的經論，本文不再一一詳述，綜合以上這些經典的敘述可知，它們主要在闡發佛身，佛土，以及念佛法門等問題，而永明禪師在論述淨土思想時，就曾經引用到這些經論的文字。此外，他所生長的吳越國非常的安定和富足，但是整個的五代卻是政治混亂與戰爭不休，讓他痛切的感受到末法的苦難，因此他主張因果之說，認為人人雖皆有真如一心，但是被無明所蔽，造作惡業而墮落為凡夫，唯有修習淨因，才能獲得淨果。不過，他所謂的淨因並不是專指有關淨土法門的修持，而是包括一切的大乘菩薩道。

其次，簡述淨土宗三系不同的淨土思想，淨土思想經過長時間不斷的發展，不但信仰者逐漸增多起來，不同的法師在弘揚淨土思想時也各有其偏重之處，望月信亨即將中國的淨土宗分成廬山慧遠系、慈愍系、道綽、善導系等三大系[20]，慧遠系提倡的般舟三昧，是禪定與念佛的結合，以自力修成念佛三昧為主，包括了觀想念佛及實相念佛，因此這種念佛法門較適合上根的眾生修行。慈愍系則主張禪淨雙修，並且修行萬善功德以迴向往生淨土，這種念佛法門上中下三根都很適合修行。道綽、善導一系則主張阿彌陀佛本願的念佛法門，以稱念佛名為主，這種念佛法門也是三根普被，而且最能吸引下根的眾生來修。從永明禪師著作中的引用來看，他的淨土思想主要是受到慈愍的影響。

---

[19] 《安樂集》，大正藏第 47 冊，頁 13c：「大集月藏經云：我末法時中，億億眾生，起行修道，未有一得者。當今末法，現是五濁惡世，唯有淨土一門，可通入路。」

[20] 《中國淨土教理史》，頁 51。

最後，是探討淨土論書中關於淨土的問答，從永明禪師的著作來看，他所面對的問題有其時代性，因此與他之前淨土論書中關於淨土思想的問答，有其或同或異之處。在永明禪師之前，已有許多法師針對各種問題提出個人的淨土思想，例如曇鸞在《略論安樂淨土義》中討論到「安樂國於三界中何界所攝」、「安樂國有幾種莊嚴名為淨土」及「生安樂土者凡有幾品輩？有幾因緣？」等問題㉑。道綽的《安樂集》除了佛身與佛土的討論之外，還提到淨土法門與禪觀的比較，他指出自力修定往生天界，業報享盡，仍會退墮，因此不如他力的念佛法門㉒。而傳為智者所作的《淨土十疑論》提出菩薩以大悲心救度眾生，而求生淨土，是自利自安的行為，是否有違慈悲的問題，以及淨土行者為何不隨念求生十方淨土，而偏求往生西方的問題，還有西方淨土思想與心淨即土淨的思想如何會通的問題等等㉓？懷感的《釋淨土群疑論》，則除了佛身與佛土的討論之外，又比較了自力、他力之間的優劣㉔，還比較了彌勒淨土與彌陀淨土的不同㉕。另外，飛錫在《念佛三昧寶王論》中則提到一切眾生都是未來佛，盜匪等為惡之人是否能夠念佛得益的問題，以及默念佛號就可定心，為何要高聲念佛的問題，還有經典中曾明白指出是心是佛，是心作佛，則稱念阿彌陀佛是否為外求佛力的問題。永明禪師在著作中遇到有關淨土思想的問題時，有時

㉑ 《略論安樂淨土義》，大正藏第47冊，頁1a。

㉒ 《安樂集》，大正藏第47冊，頁17b。

㉓ 《淨土十疑論》的引文見於《淨土十要》，頁124、125、128。

㉔ 《釋淨土群疑論》，大正藏第47冊，頁78c。

㉕ 《釋淨土群疑論》，大正藏第47冊，頁79b。

就會引用他們的觀點來回答，但是永明禪師還必須面對禪宗信徒質疑淨土的問題，如「問：即自心成佛者，還立他佛不？若決定不立，則無諸佛之所威神建立加被護念等，便成斷見」、「夫真心無形，妙體絕相，云何有報、化莊嚴等事？」及「即心是佛，何須外求？」的問題㉖。永明禪師在回答這些問題時，有時引用前人的觀點，有時則會以他的一心思想來和會禪淨。

總之，永明禪師之前淨土思想的發展已經非常久遠，因此他在討論淨土的相關問題時，必然就會受到前人淨土思想的影響。此外，由於永明禪師在著作中曾經提及十方淨土及西方淨土，因此本文所討論的「淨」，包括了狹義及廣義二種淨土思想，所謂狹義是指以他力、他時、他方為信仰基礎，修行淨土法門，並且發願往生西方極樂世界的淨土思想，而廣義則是指以念佛為攝心方便而不求發願往生，或是兼修念佛法門而發願往生十方淨土（包含西方）的淨土思想。

以下再簡述佛教史中禪宗思想的發展部分，在論述禪宗之前先界定本文所謂禪的意義，中國佛教早期的「禪」是指禪定，梁代慧皎曾說：「禪也者，妙萬物而為言，故能無法不緣，無境不察。然緣法察境，唯寂迺明，其猶淵池息浪，則徹見魚石；心水既澄，則凝照無隱」㉗，他認為禪可以將身心「制之一處」，而「唯寂迺明」則表示由定發慧，因此「禪」是定（寂）、慧（明）兼具的。到了唐代宗密也曾說：「禪是天竺之語，具云禪那，中華翻為思惟

㉖ 《宗鏡錄》，頁 505a、同書頁 534c 及《萬善同歸集》，頁 961c。

㉗ 《高僧傳》，大正藏第 50 冊，頁 400b。

修，亦名靜慮，皆定慧之通稱也」㉘，由「靜慮」之名，可知禪具有使妄想念慮澄定安靜的作用。他並且將禪法分為五種，認為早期修禪者是「小乘禪」和「大乘禪」，而禪宗則為「最上乘禪」，或稱為「如來清淨禪」㉙，也就是他認為不論是早期的禪法，或是成立宗派之後的禪宗思想都是禪法。而早期的禪法雖與後世的禪宗不同，但是卻為禪宗的創立奠定下基礎。

本文中禪淨融合思想所討論的「禪」，包括了早期的禪法，和成立宗派之後的禪宗思想二者。因為永明禪師著作中所說到的禪，也有禪定和禪宗思想二種，例如他說：「或事定，制之一處無不竟；或理定，唯當直下觀心性」㉚，他所謂的「事定」即是將身心「制之一處」，主要是以靜坐澄定妄動的心念㉛，這正是早期禪法的修行重點。而理定的「直下觀心性」，則與禪宗的以心傳心及明心見性有關。此外，他在著作中提到慈愍的禪淨雙修時也說：「聖教所說正禪定者，制心一處，念念相續，……若睡眠覆障即須策動念佛誦經……所修行業迴向往生西方淨土」㉜，他認為念佛可以幫助攝心，而此處的禪定即是事定。而綜合他的著作中對於淨土行者思想的引用來看，也都是集中在禪定與念佛的結合之上。也就是說永明禪師之所以會主張禪淨雙修，是因為他認為眾生的真心被無明障礙覆蓋時，想要以自力達到見性成佛並不容易，因此他主張可以

㉘ 《禪源諸詮集都序》，大正藏 48 冊，頁 399a。
㉙ 《禪源諸詮集都序》，大正藏 48 冊，頁 399b。
㉚ 《定慧相資歌》，大正藏 48 冊，頁 997a。
㉛ 《宗鏡錄》，頁 985c：「用禪定而除昏攝亂」。
㉜ 《萬善同歸集》，頁 963c。

藉著他力念佛來制心一處，滅除無明妄念，並進一步瑩徹真心，頓悟本性。總之，對永明禪師而言，禪淨融合思想中的「禪」，包括了坐禪入定，與禪宗心要的合稱，而坐禪入定之最終目標，則在於幫助眾生能夠去除妄念，明心見性，所以要探討其禪淨融合思想，必須兼顧此二者與淨土思想結合的關係。

有關禪宗的發展所涉及的問題也很多，本文只能簡略提及其中的一些問題。首先是禪宗的宗派問題，永明禪師在《宗鏡錄》中曾列出禪宗的譜系，包括了西天和中國的歷代祖師及他們的傳法偈，他指出西天的第一祖是摩訶迦葉，傳到第二十七祖般若多羅時，傳法給菩提達摩多羅，而菩提達摩多羅就成為中國禪宗的初祖，再傳至第六祖慧能㉝，不過他卻不再強調六祖之後的傳承，尤其他本身是法眼一派的祖師，卻沒有在著作中大量引用本宗的主張，這是因為他不想引起宗派之間的互諍。

其次，是禪宗的宗旨問題，菩提達摩曾說：「理入者，謂藉教悟宗，深信含生同一真性，但為客塵妄覆，不能顯了」㉞，強調眾生皆有真性。而六祖也說：「此法門中一切無礙，外於一切境界上念不去為座（應為坐），見本姓（應為性）不亂為禪，何名為禪定？外雜（應為離）相曰禪，內不亂曰定」㉟。慧能認為禪即是自見本性不亂，所謂本性即是達摩所言之真性，因此他認為禪就是在於頓悟眾生與佛皆具有不生不滅、不垢不淨的一心。這種觀點也就是後代

㉝ 《宗鏡錄》，頁 937c－940a。

㉞ 淨覺《楞伽師資記》，大正藏第 85 冊，頁 1285a。

㉟ 《六祖壇經》，大正藏第 48 冊，頁 339a。

的禪宗門徒所時常強調的即心是佛思想，永明禪師也指出：「祖祖相傳傳此心」㊱，而他的一心思想也是以此禪宗宗旨作為主軸，他曾說：「此土初祖達磨大師云：以心傳心，不立文字。又云：直指人心，見性成佛。亦云：默傳心印。代代相承，迄至今日」㊲，可見從理上來說他是相信自力就可以成佛的。由於禪宗強調即心是佛，認為既然自心原本一切具足，不如作個無事之人，但是末流者卻以此為藉口懶怠不修，例如慈愍當時的某些禪師認為「即此禪定，是無為法，是可修法……除此之外，悉皆虛妄，即如念佛誦經，求生淨土，布施持戒，忍辱精進，乃至智慧，寫經造像，建立塔廟，恭敬禮拜，孝養父母，奉事師長等，是生死因，非解脫因」㊳，他們誤以為無為法就是不必修行，落入執理廢事的弊端，而慈愍卻主張不論是修禪，念佛或是其他的布施、持戒等各種修行都是解脫的因緣。永明禪師受到他的影響，也從事上指出當真心被無明蒙蔽時，可以藉助淨土的他力法門來幫助瑩徹一心。

再來是有關參禪的問題，自從慧能將禪的定義轉化之後，禪宗祖師都認為想要頓悟即心是佛之義，參禪會比坐禪更為直接有效，例如懷讓曾經到曹溪參六祖而豁然契悟，而他在教導道一時即說：「汝學坐禪，為學作佛。若學坐禪，禪非坐臥。若學作佛，佛非定相。於無住法，不應取捨。……若執坐相，非達其理」㊴。因此禪師們在開悟之前，都曾歷參十方叢林，向善知識請求印證，如令遵

㊱ 《宗鏡錄》，頁 417c。

㊲ 《心賦注》，卍續藏第 111 冊，頁 1。

㊳ 《略諸經論念佛法門往生淨土集》，大正藏第 85 冊，頁 1236b。

㊴ 《景德傳燈錄》，大正藏 51 冊，頁 240c〈南嶽懷讓禪師〉。

出家之初原本專攻律學，為了尋求開悟，於是「遂罷所業，遠參禪會」[40]。此外，禪宗的祖師們在教化門徒時，也都會運用參禪法門來觀機逗教，如永明禪師的師父德韶即使是在示寂之前，還時常與門下的弟子們「參問」[41]，而永明禪師他自己在教導弟子時，也會用參問的方式，讓弟子悟得禪旨[42]。不過，參禪仍然只是禪宗教化眾生時的方便法門而已，慧海就曾在上堂時說：「諸人幸自好箇無事人……每日至夜奔波道：我參禪學道，解會佛法，如此轉無交涉也，只是逐聲色走，有何歇時？貧道聞江西和尚道：汝自家寶藏一切具足……但自子細觀察，自心一體三寶，常自現前，無可疑慮」[43]，慧海認為頓悟自心具足一切功德才是禪宗所追求的究竟目標，而參禪只是標月的方便之指而已。永明禪師也認為坐禪、參禪、念佛等都是可以證得菩提的方便法門。不過，他認為某些偏重於坐禪的行者有時會滯理廢事，而「濫參禪門」的行者，則又執著於非心非佛之說[44]，因此他想要藉由淨土法門中福業的觀念，來改變禪門的弊端問題，所以他會主張禪淨雙修。

從以上佛教史的簡述可知，禪、淨本來都是佛教教化眾生的方便法門，為了順應不同眾生的根性而發展出不同的特質，淨土思想

---

[40] 《景德傳燈錄》，大正藏 51 冊，頁 318b〈鄂州清平山令遵禪師〉。

[41] 《景德傳燈錄》，大正藏 51 冊，頁 410b。

[42] 《景德傳燈錄》，大正藏 51 冊，〈杭州慧日永明寺智覺禪師延壽〉，頁 422a：「師上堂曰：雪竇這裡，迅瀑千尋，不停纖粟，奇巖萬仞，無立足處，汝等諸人向什麼處進步？時有僧問：雪竇一徑如何履踐？師曰：步步寒華結，言言徹底冰。」

[43] 《景德傳燈錄》，大正藏 51 冊，〈越州大珠慧海禪師〉，頁 440c。

[44] 《宗鏡錄》，頁 560b。

的特色是他力（仗蒙佛陀慈悲攝護）、他時（死後）和他方（往生淨土）。禪宗的特色是重自力，並求當下現世的解脫㊺。由於特色的不同，在佛教史上常可看見禪、淨兩宗的支持者互相諍鬨的情形。不過從歷史發展上推本溯源之後，則會發現在禪、淨形成宗派之前，修行者往往會有融攝二種方便法門的現象。到了宗派形成勢力以後，禪、淨的修行者開始有了尊崇己宗的意識，於是二者之間就有了互相融通或批判的微妙關係。而永明禪師卻企圖泯合禪淨之間的不同，因此他不但提出以一心融合二者的理論，而且他在日常的實踐中也做到了禪淨雙修。

永明禪師以一心思想為主，他在著作中不斷提到一心，如《心賦注》中說：「假以詞句，助顯真心」㊻，《永明智覺禪師唯心訣》則說：「詳夫心者……千途異說，無不指歸一法而已」㊼。而《萬善同歸集》也指出：「先明其宗，方能進道……不壞本而常末，萬形紛然；……不壞末而常本，一心恆寂」㊽。雖然他使用了真心、一法、一心等不同的名詞，實際上都是指一心。有時候為了說明一心的重要性，他會特別強調唯心的觀點，例如提到一心是眾生迷悟的關鍵時，他說：「若心不起，境本空故，一切境界，唯心妄動」㊾。而提到一心是善惡之法的根本時，他說：「一切善惡等

㊺ 這裡所舉淨土宗與禪宗的特色，是參考釋恆清的〈禪淨融合主義的思惟方法〉，頁 238。

㊻ 《心賦注》，頁 1。

㊼ 《永明智覺禪師唯心訣》，頁 993c。

㊽ 《萬善同歸集》，頁 983a。

㊾ 《宗鏡錄》，頁 845c。

法，唯心所持」㊿。因此本文在論述他的一心思想時，將會提到一心及唯心等觀點。

至於有關禪淨融合發展史的部分，後面將以專章討論，在此不再贅述。

淨土思想由漢代傳入中國，一直發展到隋唐時代，由於簡單易行而能與禪宗一樣在社會中普遍流行，冉雲華即認為禪、淨是最平民化的佛教宗派㊿①，因此一旦禪、淨傾向融合時，它所影響的民眾也會更多。而永明禪師則被後世視為身兼禪宗祖師和淨土宗祖師，因此從歷史宏觀的角度來看，不論是探討禪宗發展史、淨土宗發展史或是禪淨融合思想的發展史時，都必然要注意到他。

另外，永明禪師博學而多聞，他也主張對傳統的佛學要廣泛攝受，因此也必須要從微觀的角度，深入他個人的學思歷程，才能一探他的禪淨融合思想是如何形成的，而以上宏觀及微觀二個角度，就是本篇論文在探究永明禪師禪淨融合思想時的主要課題。

㊿ 《觀心玄樞》，卍續藏第114冊，頁862。

51 冉雲華《永明延壽》（臺北：東大出版社，1999年6月初版），頁23：「隋唐佛教有兩個層次的發展，一種在宗教哲學方面，也就是唐人所說的『教』；一種是平民化的教理與實踐，指的是『禪』與『淨土』。」

第一章
永明禪師的生平及著作

本章主要在探討永明禪師的修學經歷，以及他著作中的淨土思想。記載永明禪師生平的傳記有《宋高僧傳》、《景德傳燈錄》、《新修往生傳》、《禪林僧寶傳》等三十幾種❶，最早的相關記錄是《宋高僧傳》，但贊寧並未將他列在〈習禪篇〉裡面，卻是放在〈興福篇〉之中，重視他在提倡萬善、布施、放生等的功德事業。其次是《景德傳燈錄》，書中除了永明禪師的生平經歷之外，特別強調他法眼宗的嗣承，和他教化時的禪師風格。後出的傳記中，多半沿襲《景德傳燈錄》的說法❷，但是也有一些傳記卻多了有關他的淨土修行與往生事蹟的傳說，還有人尊他為蓮宗的祖師。由於永明禪師的佛學思想具有多重的特色，因此這些佛教史學家透過自己的觀點，描述出他不同的樣貌。

---

❶ 參見釋智學〈永明延壽傳記研究〉（《法光學壇》第五期，法光文化研究所），頁58－82。

❷ 如宋·普濟《五燈會元》，卍續藏第138冊，頁366－367〈杭州慧日永明延壽智覺禪師〉。及明·通容《五燈嚴統》，卍續藏第139冊，頁220－221〈杭州慧日永明延壽智覺禪師〉。

第一節　永明禪師的生平

一、時代背景

唐末，由於武宗的滅佛和不斷的的戰亂，僧人到處流亡，經典大量地流失，因此天台、華嚴等重視典籍義理的宗派，遭受到嚴重的影響❸，反而禪宗因不立文字、重視實踐而受到的影響較少。

五代時期，「由於北方持續陷於混亂，各王朝採取對佛教嚴格限制的基本政策……與此相反，南方各國帝王，一般都具有較強烈的佛教信仰……以這一社會條件為背景，依托有利的地理環境，禪宗在南方傳播開來」❹。永明禪師出生所在的南方吳越國，由於執政者的重視佛教，使得佛教在困境中還能順利地得到發展❺，而在這樣的時代環境下，永明禪師要如何運用外在的因緣來推廣教化呢？以下分從政治、經濟、地理、社會信仰環境等幾點探討。

首先，從政治環境來看，吳越的佛教具有國家佛教的性格，其政權與佛教一直保持著密切的關係，阿部肇一即指出：「從錢鏐的晚年直到文穆王執政時期，其對佛教的關切是愈形高張，繼而推出

---

❸ 史丹利外因斯坦《唐代佛教——王法與佛法》（釋依法譯，高雄：佛光出版社，1999年6月初版），頁249記載：「武宗的滅佛之舉，焚燒經典……全面性的毀壞寺院經樓和驅逐僧尼，仍無可避免地導致大量經典的流失。」

❹ 潘桂明、董群、麻天祥著《中國佛教百科全書 3 歷史卷》（高雄：佛光出版社，1999年8月初版），頁363。

❺ 冉雲華《永明延壽》（臺北：東大出版社，1999年6月初版），頁32：「吳越王國由錢鏐所創建……錢鏐去世以後，他的子孫承繼了他遺留下三項重要政策……第三，支持佛教，為百姓祈福，為統治者安心。」

其保護政策，終於出現『捨宅為寺』的景象。這也可以看作是往昔唐朝貴族佛教的御用佛教，漸漸有恢復故態的趨勢」❻。此外，錢鏐的幼子就曾出家為僧❼，因此吳越的王族對於佛教當然也就會特意地加以保護。

吳越對佛教的保護政策，顯示出國家對佛教推展的介入頗深，如文穆王曾創建龍策寺並優禮道怤到寺中供養，使得地方上興起了一股禪學之風❽。而永明禪師則是被文穆王「放令出家」的❾。此外，在國家的保護政策下，佛教人士也必須透過政治的大力外護，才能成功地開展佛教教化的事業。杜繼文、魏道儒等曾指出：「吳越與閩、南唐的佛教相同，都與政治的關係十分密切，使其對於社會的影響力大增，成為不可小覷的力量」❿，永明禪師被忠懿王任命為永明寺的住持，並且因為教化的宏盛，聲名傳揚到海外，使高麗國王欽慕不已⓫，他之所以能夠推廣佛教勢力，有一部分原因就是依靠政治勢力的支持。

---

❻ 阿部肇一《中國禪宗史》（關世謙譯，臺北：東大出版社，1991 年 4 月再版），頁 216。

❼ 《佛祖統紀》，大正藏第 49 冊，頁 390b：「（梁開平）四年吳王錢鏐幼子令因為僧」。

❽ 《宋高僧傳》，大正藏第 50 冊，〈後唐杭州龍冊寺道怤傳〉，頁 787b：「文穆王創龍策寺，請怤居之，吳越禪學自此而興」。

❾ 《景德傳燈錄》，大正藏 51 冊，〈杭州慧日永明寺智覺禪師延壽〉，頁 421c：「文穆王知師慕道，乃從其志，放令出家」。

❿ 杜繼文、魏道儒《中國禪宗通史》（南京：江蘇古籍出版社，1995 年 2 月第 1 版第 2 次印刷），頁 369。

⓫ 《景德傳燈錄》，大正藏 51 冊，〈杭州慧日永明寺智覺禪師延壽〉，頁 422a：「播於海外，高麗國王覽師言教，遣使齎書，敘弟子之禮。」

其次，從經濟環境來看，原本禪宗的行者都是著重於隨緣而住的頭陀苦行，獨立的修行活動不須要太多的物質支持，但是卻也難以推廣禪宗的信仰，到了道信與弘忍才「接受天下學眾……從團體生活軌範中，陶賢鑄聖」⑫，但廣大禪林的形成則必須有待於優渥的經濟條件。

吳越由於水利開發的關係，農業大量豐收，使得國家的經濟越來越富庶，因此除了王室行布施、建寺等舉措之外，一般民眾也有餘力尋求心靈境界的提升，還有許多人更為了福報利益的關係而學習佛法。永明禪師能夠擁有無數的徒眾，除了其德行崇高之外，也拜國家經濟繁榮之賜，《景德傳燈錄》提到他：「住永明大道場為第二世，眾盈二千」⑬，而吳越國的富庶經濟，正提供了寺院的經濟不虞匱乏。

復次，從地理環境來看，忠懿王時的宗教政策是以天台山為重點⑭，由於天台山地處交通要道⑮，又是智者開創的道場，因此他禮聘德韶為國師並駐錫於此。

除了天台山之外，吳越佛教也以杭州為中心發展佛教勢力⑯。而永明禪師一生與杭州及天台山二大佛教發展地區都有很深的關

⑫ 釋印順《中國禪宗史》（臺北：正聞出版社，1994年7月8版），頁44。

⑬ 《景德傳燈錄》，大正藏51冊，頁422a。

⑭ 參見阿部肇一《中國禪宗史》，頁263。

⑮ 釋東初《中日佛教交通史》（臺北：東初出版社，1989年11月3版），頁357：「當時日僧來華，由於中原地區混亂，多來往吳越間……故日本佛教徒詣中國名山，以天台山為第一站。」

⑯ 《中國居士佛教史》，頁470。

係，他早年在天台山的國清寺修行，並在此處得到德韶的認可，後來則長期住持杭州永明寺教化大眾。此外，他極力推廣的慈悲放生，也是天台山一帶智者大師教化百姓的良好傳統⓱。

最後，從社會信仰來看，吳越國的一般民眾所追求的宗教信仰，是以重視現世利益為主⓲，所以他提倡修行萬善與因果福報之說⓳，他在《萬善同歸集》中所提倡的善行非常之多，他自己也具體的實踐各種善行，如《宋高僧傳》提到他「贖物類放生，汎愛慈柔……多勵信人，營造塔像」⓴。他也曾參與興造六和塔的工程，為的就是替眾生求福，以免潮患㉑。也許正因為他的興福思想及佛教事業普及社會信眾，正符合於「為己為他，福生罪滅，有為之善，其利博哉」㉒，所以《宋高僧傳》就把他列入〈興福〉之中。

此外，淨土思想在吳越地方也有傳播，如文輦、紹巖等禪師也

⓱ 灌頂〈隋天台智者大師別傳〉，大正藏第 50 冊，頁 193b：「但天台基壓巨海，黎民漁捕為業……先師為此而運普悲……善誘殷勤，導達因果，合境漁人，改惡從善，好生去殺。」

⓲ 參見王翠玲《永明延寿の研究—『宗鏡錄』を中心として—》（以下簡稱《永明延寿の研究》）（東京大學人文社会系研究科アジア文化研究专攻博士論文，2000 年 3 月 10 日），頁 37。

⓳ 《萬善同歸集》，頁 990c：「佛法眾善，普潤無邊……於國有善則國霸，於家有善則家肥……近福人天，遠階佛果。」

⓴ 《宋高僧傳》，大正藏第 50 冊，〈宋錢塘永明寺延壽傳〉，頁 887b。

㉑ 《淨慈寺志》（二）（《中國佛史志彙刊》第一輯第 18 冊，臺北：明文書局，1980 年 1 月），頁 516：「開寶三年，師奉詔於月輪山建六和塔，以鎮潮」。同注❶，頁 25，王翠玲曾考證其造六和塔的事，可資參考。

㉒ 《宋高僧傳》，大正藏第 50 冊，〈宋高僧序〉，頁 710a。

修行淨土法門㉓，永明禪師把淨土法門列為修行的萬善之一，應當也是順應社會民情的考量。

總之，由於政治、經濟、地理、社會信仰等外緣的助益，使得永明禪師能夠在安定的環境下精進修行，並積極推廣佛教教化，他不但在吳越國受到尊崇，影響力也遠及於海外的高麗。

二、永明禪師的生平分期

下文主要以《宋高僧傳》、《景德傳燈錄》二書中的永明禪師傳記為主，而以其他各種傳記為輔，大略勾勒出永明禪師生平的重要分期，共分為出家之前、龍冊寺時期、國清寺時期、雪竇寺時期、靈隱寺時期、永明寺時期等六期。

㈠ 出家之前

永明禪師出生於唐昭宗天復四年（西元 904 年），卒年為開寶八年（西元 976 年），歲數為七十二㉔。

他俗姓王，籍貫是現今的浙江省杭州人士㉕。出家之前曾擔任

㉓ 其詳請見《宋高僧傳》，大正藏第 50 冊，頁 860c〈宋天台山文輦傳〉及頁 860b〈宋杭州真身寶塔寺紹巖傳〉。

㉔ 《宋高僧傳》，大正藏第 50 冊，〈宋錢塘永明寺延壽傳〉，頁 887b 說他「春秋七十二」，《景德傳燈錄》，大正藏 51 冊，〈杭州慧日永明寺智覺禪師延壽〉，頁 422a 也說他「壽七十二」。明代的李贄於《淨土決》，大藏新纂卍續藏經第六十一卷，頁 493c 則說他「至九十八歲合掌坐化」，不知其根據何在？此外冉雲華《永明延壽》，頁 51 考證他卒於開寶八年十二月二十六日，相當西元 976 年 1 月 29 日。

㉕ 《永明延壽傳記研究》，頁 66 考證不論是《宋高僧傳》提到的「本錢塘人也」，或《景德傳燈錄》所提到的「餘杭」都是現今的浙江省杭州。

公職，在江蘇省松江縣一帶負責軍事補給任務[26]。他從小接受過良好的儒家教育，傳說他的文才早就被世人所推尊，如《永明道蹟》指出：「師年十六為儒生，時吳越文穆王元瓘鎮杭州，師獻〈齊天賦〉，眾推世間之才，咸欲官之」[27]。由他的著作《宗鏡錄》、《萬善同歸集》等，廣引儒、道、釋等各種書籍，也可以知道他是一位非常博學多聞的學者[28]，他的文章不但駢、散兼擅，並且還辭采華麗、論述豐富。

此外，《景德傳燈錄》曾說他：「總角之歲，歸心佛乘，既冠不茹葷，日唯一食。持法華經，七行俱下，纔六旬悉能誦之，感群羊跪聽」[29]，可見他在出家之前，就是一位虔誠信佛的居士。

㈡ 龍冊寺時期

永明禪師後來捨棄俗家的妻兒跟隨翠巖令參出家，《宋高僧傳》提到他「法臘三十七」，認為他是在三十六歲出家的。《景德傳燈錄》則提到他「臘四十二」，認為他是在三十一歲出家的。而《人天寶鑑》提到他「年三十四往龍冊寺出家受具」。還有《永明

---

[26] 參見《永明延壽傳記研究》，頁 67。

[27] 《永明道蹟》，卍續藏第 146 冊，頁 978。雖然冉雲華在《永明延壽》，頁 35 曾質疑這個傳說的真實性，但是他仍肯定：「延壽受到儒家傳統教育一點，應是事實」。

[28] 曹仕邦《中國沙門外學的研究——漢末至五代》（臺北：東初出版社，1994 年 11 月初版），頁 473 說「延壽出家前是一位替吳越國『督納軍須』的吏人，他若不通文墨算數，又豈能處理民間繳納的軍須品如糧秣、銅、鐵、牛馬等帳目」，其實他不只是粗通文墨而已，還是一位博學多聞的學者。

[29] 《景德傳燈錄》，大正藏 51 冊，頁 421c。

道蹟》提到他三十歲出家，各書所記的出家時間都不相同[30]。

令參到龍冊寺的時間在他的傳記中並未記錄[31]，不過《宋高僧傳》在道怤的傳中有「文穆王錢氏創龍冊寺請怤居之，吳越禪學自此而興，以天福丁酉歲八月示滅」的記載[32]，可見永明禪師追隨令參在龍冊寺出家，應該是在天福二年（西元 937 年），他三十四歲之後的事了。畑中淨園贊同他三十四歲出家的說法[33]，而冉雲華則贊同《宋高僧傳》的記載，認為他是在三十六歲出家的[34]。由於《宋高僧傳》是記載永明傳記的早期資料，可靠性相當高，因此本文也肯定冉雲華的說法。

至於永明禪師為何會出家？《宋高僧傳》、《景德傳燈錄》中並無詳細的記載，但是後人都傳說他是為了要放生而盜用公款，被判罪當處以死刑，吳越國王看到他在臨刑之前毫無懼色，就赦去他

---

[30] 《宋高僧傳》，大正藏第 50 冊，〈宋錢塘永明寺延壽傳〉，頁 887b。《景德傳燈錄》，大正藏 51 冊，〈杭州慧日永明寺智覺禪師延壽〉，頁 422a。曇秀《人天寶鑑》，〈永明壽禪師〉，卍續藏第 148 冊，頁 141。《永明道蹟》，頁 979：「至年三十，吳越王知師慕道，乃從其志，放令出家」。

[31] 《景德傳燈錄》，大正藏 51 冊，〈明州翠巖永明大師令參〉，頁 352c。

[32] 《宋高僧傳》，大正藏第 50 冊，〈後唐杭州龍冊寺道怤傳〉，頁 787b。

[33] 畑中淨園則於〈吳越の佛教〉（《大谷大学研年报》7），取《釋門正統》，卍續藏第 130 冊，頁 898 的說法「三十四，依龍冊寺慧日永明師，落剃受具」，而且認為《宋高僧傳》的臘三十七是九的誤版。

[34] 冉雲華《永明延壽》，頁 40，提出一種猜測的意見：「……贊寧，曾任吳越的『僧統』，管理僧籍登記他所記的年代可能是官方的紀錄……延壽 939 年受具足戒為正式僧人的說法，較為可信」。

的死罪並隨順其意願讓他出家[35]。這個說法雖然無從證實，但是因為它很符合永明禪師提倡放生的風格，因此後人多願相信此說，釋印光就曾為此事作贊說他：「視諸眾生皆是佛，只顧救生忘國憲。赴市心樂顏不變，蒙赦得遂出家願」[36]。

此外，永明禪師剛出家時的修持特色為何？《景德傳燈錄》說他：「執勞供眾，都忘身宰，衣不繒纊，食無重味，野蔬布襦，以遣朝夕」[37]，可見他在出家初期的生活是以苦行和守戒為主，重點在破除自己的我執。

㈢ 國清寺時期

永明禪師出家後精進修持了一段時間，就前往天台山參訪善知識，《宋高僧傳》提到他：「嘗於台嶺天柱峰九旬習定……乃得韶禪師決擇所見」[38]，《景德傳燈錄》也說：「尋往天台山天柱峰九旬習定……既謁韶國師，一見而深器之，密授玄旨」[39]。由「韶國

---

[35] 如《龍舒增廣淨土文》，大正藏第 47 冊，〈國初永明壽禪師〉，頁 268b 說他「初為縣衙校，多折官錢，堪之，只是買放生命，罪當死，引赴市曹，錢王使人探之，若言色變，即斬之，不變來奏。臨斬，顏色不變，乃貸命，遂為僧。」

[36] 釋廣定編輯《印光大師全集》第二冊《印光法師文鈔續編》（1995 年 4 月再版，臺北：佛教書局），頁 1322〈蓮宗十二祖讚頌〉之〈宋六祖杭州永明延壽大師〉。

[37] 《景德傳燈錄》，大正藏 51 冊，〈杭州慧日永明寺智覺禪師延壽〉，頁 421c。

[38] 《宋高僧傳》，大正藏第 50 冊，〈宋錢塘永明寺延壽傳〉，頁 887b。

[39] 《景德傳燈錄》，大正藏 51 冊，〈杭州慧日永明寺智覺禪師延壽〉，頁 421c。

師」可知永明禪師在天台山，是四十五歲左右的事㊵。這段期間他深受德韶的影響，並且在其座下獲得開悟。

此外，「九旬習定」、「密授玄旨」顯示出他此時的修行是著重在習定與參禪，而後人則多傳說他在國清寺時也修行淨土法門，如宋・宗曉《樂邦文類》說：

> 於國清行法華懺……上智者禪院作二鬮……二曰誦經萬善，莊嚴淨土……遂精禱佛祖，信手拈之，乃至七度，並得誦經萬善生淨土鬮，由此一意，專修淨業。（《樂邦文類》，大正藏第 47 冊，〈大宋永明智覺禪師傳〉，頁 195b）

雖然從德韶現存的傳記中看不出他曾修行過淨土法門，但是他曾重建過少康的塔㊶，顯示出德韶雖然身為禪師卻並不排斥淨土思想，因此永明禪師在國清寺中追隨德韶修行，不會排斥淨土信仰也是極有可能的事。

(四) 雪竇寺時期

永明禪師在開悟之後，還精進修持了一段時間，在周廣順二年

㊵ 據《景德傳燈錄》，大正藏 51 冊，〈天台山德韶國師〉，頁 407c：「漢乾祐元年戊申，王嗣國位，遣使迎之，申弟子之禮」。可知忠懿王遣使者迎德韶為國師是在永明禪師四十五歲的事。

㊶ 《宋高僧傳》，大正藏第 50 冊，〈唐睦州烏龍山淨土道場少康傳〉，頁 867 中曾提到：「今墳塔存于州東臺子巖……漢乾祐三年，天台山德韶禪師重建其塔，至今高敞」。

受到吳越王的禮請去住持雪竇寺，並在此弘法十年㊷。他「遷遁于雪竇山……除誨人外，瀑布前坐諷禪默」㊸，可見此時他的修持是以禪坐、誦經、說法為主。他曾將這種修行生活轉化為優美的詩偈，有「孤猿叫落中巖月，野客吟殘半夜燈。此境此時誰會意，白雲深處坐禪僧」一詩㊹，由明月、白雲的描述可知，他在雪竇寺的修行心境是自在灑脫，光明清淨的。還有他在〈山居詩〉中曾描述到：

> 幽棲豈可事徒然，晝諷蓮經夜坐禪。吟裏有聲皆實相，定中無境不虛玄。直教似月臨千界，還遣如空度萬緣。從此必知宏此志，免教虛擲愧前賢。（《慧日永明智覺禪師山居詩》第 29 首，臺北：新文豐，1973 年 12 月初版）

詩中的「幽棲」道出了他山居的心境，而此時的修行生活則是「晝諷蓮經夜坐禪」，所描述的情境和「遷遁」、「坐諷禪默」很像，因此推測它為此時的作品。另外，詩中有上求菩提的高遠意境，也有下化眾生的慈悲大願，可見他在此時已經確定自己要成為一位大乘菩薩道的實踐者。

《雪竇寺志》於〈中峰〉一條下曾提到：「其峰高且深，智覺

㊷ 《釋門正統》，頁 899：「入雪竇，聚徒十載」。

㊸ 《宋高僧傳》，大正藏第 50 冊，〈宋錢塘永明寺延壽傳〉，頁 887b。

㊹ 《釋氏稽古略》，大正藏第 49 冊，〈杭州慧日永明智覺禪師〉，頁 857a。

壽禪師嘗結庵焉，相傳宗鏡錄脫稿於此」[45]，而且由此因緣宋太宗曾賜《宗鏡錄》給雪竇寺的僧人[46]。所謂「宗鏡錄脫稿於此」的說法，或許是指《宗鏡錄》的初稿在這裡撰寫，而其成書則應該在永明禪師後來到永明寺住持之時[47]。

永明禪師在此時期誨人的方式，是運用禪宗的法門教導學佛者參尋心性，據《景德傳燈錄》提到：

> 師上堂曰：雪竇這裡，迅瀑千尋，不停纖粟，奇巖萬仞，無立足處，汝等諸人向什麼處進步？時有僧問：雪竇一徑如何履踐？師曰：步步寒華結，言言徹底冰。（《景德傳燈錄》，〈杭州慧日永明寺智覺禪師延壽〉，頁 422a）

「奇巖萬仞」不但是雪竇山的實景，也是對他教法的描述，而「不停纖粟」、「無立足處」的形容，不但顯示出他認為一切法不可執著的觀點，也可見其法門的險峻與難以把捉。另外《釋門正統》則提到他：

---

[45] 釋行正《雪竇寺志》（上）（《中國佛史志彙刊》第一輯第 87 冊），頁 62。

[46] 《雪竇寺志略》（明釋履平撰，《中國佛史志彙刊》第一輯第 87 冊），頁 17 淳化年間頒佈的〈宋太宗皇帝敕諭〉：「朕聽斷之暇……述成秘藏詮逍遙詠併佛賦回向文共三十餘軸，遣內侍同僧守能齎賜明州瀑布觀音禪寺，與僧宗鏡錄同歸藏海，俾僧看閱，免滯面墻，坐進此道，乃朕之意也」。

[47] 《永明延壽》，頁 47。

入雪竇……夜念阿彌陀佛，行道發願，日課一百八事，於西湖淨慈石崖鐫刻聖像，修法華懺，以法華名堂。（《釋門正統》，頁899）

引文指出他此時每天都會做一百零八件佛事，並且還在夜間修持念佛法門，若是綜合《景德傳燈錄》所說，則他在雪竇寺時期的修行法門是禪淨雙修。

㈤ 靈隱寺時期

永明禪師在建隆元年被禮請去重興靈隱寺㊽，他在靈隱寺的時間只有短短的一年，但是卻將靈隱寺復興起來，據《永明道蹟》記載靈隱寺經他重建之後，「殿宇前後計一千三百餘間，及四面圍廊，自三門遶至方丈，左右相通」，而且由於他興廢繼絕有功，還被稱為「靈隱中興之祖」㊾。

《宋高僧傳》曾簡述其雪竇寺時期之後的宗教生活，書中說：「漢南國王錢氏最所欽尚，請壽行方等懺，贖物類放生，汎愛慈柔」㊿。由於方等懺法「是以懺悔罪障為修行目標，並配合禪定修持以達究竟滅罪」�51，可見他的禪定修持已受到王室的肯定，此外，由「汎愛慈柔」可知他在靈隱寺的時間雖然很短，但是對信眾

㊽ 《景德傳燈錄》，大正藏51冊，〈杭州慧日永明寺智覺禪師延壽〉，頁421c提到：「建隆元年，忠懿王請入居靈隱山新寺為第一世」。

㊾ 《永明道蹟》，頁980。

㊿ 《宋高僧傳》，大正藏第50冊，〈宋錢塘永明寺延壽傳〉，頁887b。

(51) 釋大睿《天台懺法之研究》（臺北：法鼓文化出版社，2000年9月初版），頁175。

仍然有很大的影響力。

㈥ 永明寺時期

永明禪師在靈隱寺一年之後，就到永明寺當住持法師，他在此地的時間很長，《景德傳燈錄》曾提到：「明年（建隆二年），復請住永明大道場為第二世……師居永明道場十五載，度弟子一千七百人」[52]，由他所度化的弟子超過千人來看，他在此地推展的教化很廣。

他在永明寺對弟子的教導，仍是以心性的啟發為主，例如他在上堂開示時曾有僧人來問他「永明妙旨」是什麼，而他則教僧人「更添香著」[53]。當僧人問永明妙旨時，其意旨即是要問永明禪師佛法的心要，然而這是必須親證的境界，不可以文字來解說的，所以永明禪師教其添香，顯示出他認為佛法心要不可以離開世間往外求取的深意。此外，他在此時又有偈語說：「欲識永明旨，門前一湖水，日照光明生，風來波浪起」[54]，他以湖水來比喻心性，日光普照之時，湖面就會波光瀲灩，譬喻真心自性的光明。而微風生起之時，湖面就會波浪湧動，譬喻真心被無明覆蔽，妄心隨六塵而妄動。詩偈雖短，卻與百卷《宗鏡錄》所闡揚的一心之旨相互呼應。

《樂邦文類》認為他在永明寺時也有淨土的修持，書中記載：

---

[52] 《景德傳燈錄》，大正藏 51 冊，〈杭州慧日永明寺智覺禪師延壽〉，頁 421c。

[53] 《景德傳燈錄》，大正藏 51 冊，〈杭州慧日永明寺智覺禪師延壽〉，頁 421c。

[54] 《景德傳燈錄》，大正藏 51 冊，〈杭州慧日永明寺智覺禪師延壽〉，頁 421c。

「晚詔住永明寺……日課一百八事……日暮往別峰行道念佛，旁人聞山中螺貝天樂之聲……忠懿王嘆曰：自古求西方者，未有如此之切也，為立西方香嚴殿」[55]，由吳越王被他感化而為他建立香嚴殿的傳說，可見他修行淨土法門時的精進。而「日暮往別峰行道念佛」的傳說，到了明代大佑的《淨土指歸集》被傳為：「至暮則往別峰行道念佛，自為難繼，不欲強它，然密從之者常數百人」[56]。

三、永明禪師淨土修行的初始

除了傳記中記載到永明禪師修行淨土法門之外，他自己也曾提到書寫《法華經》可以生於他國及神託蓮池[57]，可見他實際上是有修行淨土法門的，但是他何時開始淨土修行，卻還沒有定論，因為在《宋高僧傳》和《景德傳燈錄》中並沒有提到他的淨土修行，而後代的傳記雖然提到他的淨土修行，但是各書的說法卻不一致。

認為在他出家之前修行淨土法門者，如明代智達的《異方便淨土傳燈歸元鏡三祖實錄》，書中〈仁賢臨難分第十五〉寫到了永明禪師因用公款買魚蝦放生，在他要被處刑之前唱道：「〔玉交枝〕

---

[55] 《樂邦文類》，大正藏第 47 冊，〈大宋永明智覺禪師傳〉，頁 195b。《釋門正統》，頁 899 卻說他「入雪竇，聚徒十載，夜念阿彌陀佛，行道發願，日課一百八事」。

[56] 《淨土指歸集》，卍續藏第 108 冊，頁 78。《永明道蹟》，卍續藏第 146 冊，頁 981 也承續此種說法。

[57] 他在《法華瑞應賦》（《欽定全唐文》第十九冊，臺灣大通書局），頁 12123 說：「書寫經卷，功德無邊。……見身忽生於他國……栖神俄託於蓮池。」

不須悲怨，……修行及早莫遲延，西方與你重相見」[58]，他期待死後能往生西方與親人再相會，可見智達認為永明禪師在出家以前就已經有淨土的思想。此外，李贄在《淨土決》中指出：「禪師自為餘杭小吏時，即已勤修淨業矣」[59]，也是認為永明禪師在出家以前就已經有淨土的思想了。

認為在龍冊寺時期修行淨土法門者，如元・普度說：「三十四歲依龍冊寺永明大師落髮受具，朝供眾夜習禪，因覽智度論……師念世間業繫眾生，不能解脫，惟念佛可以誘化，乃印彌陀塔四萬本，勸人禮念」[60]，提到他在龍冊寺修行時，因為讀《大智度論》中記載念佛功德的文字而感悟到念佛的重要，因此不但自己修持念佛法門，也以此勸化他人。

認為在國清寺時期修行淨土法門者，如宋・宗曉說：「於國清行法華懺……上智者禪院作二鬮……二曰誦經萬善，莊嚴淨土……由此一意，專修淨業」[61]，提到他在國清寺修行時，在佛前擲鬮，最後決定要專修淨土法門。

認為在雪竇、永明寺時期修行淨土法門者，如宋・王日休說：「住持雪竇、永明，日課一百八事，精進以修西方」[62]，提到他在雪竇、永明寺時，每天固定做一百零八件佛事，並以此功德回向往

---

[58] 《異方便淨土傳燈歸元鏡三祖實錄》（廣陵藏經禪院存版，臺中：臺中蓮社，1990年8月景印初版），頁101。

[59] 《淨土決》，頁493c。

[60] 《廬山蓮宗寶鑑》，〈永明壽禪師〉，頁325a。

[61] 《樂邦文類》，大正藏第47冊，〈大寺永明智覺禪師傳〉，頁195a。

[62] 《龍舒增廣淨土文》，大正藏第47冊，〈國初永明壽禪師〉，頁268b。

生西方。

因為目前的文獻資料不足，所以只能列舉以上各種記載，然而他何時開始淨土法門的修行卻尚無法定下結論。而且他在著作中又沒有明確記載撰述的時間，也因此無法確切瞭解他的淨土思想是何時形成的。此外，《自行錄》中曾提到永明禪師：「常勸一切人，念阿彌陀佛，因修淨業……乃至廣結香花淨會」。但是他的現存著作中並未提到香花淨會的敘述，而且《宋高僧傳》與《景德傳燈錄》中也並沒有看到永明禪師曾「廣結香花淨會」，因此不詳其所建立的是何種性質的淨會[63]。

四、永明禪師的弟子

永明禪師的弟子很多，光是他在永明寺時的弟子就超過千人，《景德傳燈錄》曾提到他有二位法嗣，一位是杭州富陽子蒙禪師，一位是杭州朝明院津禪師，但是書中並沒有這二位禪師的傳記[64]。

《景德傳燈錄》提到與永明禪師有師弟關係者有行明、行紹、行靖與環省，書中提到行明時說：

> 少投明州雪竇寺智覺禪師披剃。及智覺遷往永明大道場，有徒二千，王臣欽仰，法化彌盛，師自天台受記，迴永明翼贊本師，海眾欽仰。開寶八年，智覺歸寂，師遂住能仁寺。

---

[63] 《自行錄》，卍續藏第 111 冊，頁 165。

[64] 《景德傳燈錄》，大正藏 51 冊，頁 419b：「以上二人無機緣，語句不錄」。

（《景德傳燈錄》，〈杭州開化寺傳法大師行明〉，頁 425b）

行明從年輕時在永明禪師座下剃度，後來長期跟隨永明禪師修行，並且在《自行錄》中記錄下永明禪師的日常行持[65]。他的剃度本師是永明禪師，因此《淨慈寺志》說他「嗣智覺壽」[66]，不過他後來卻在德韶處得法，所以被《景德傳燈錄》列入為德韶的法嗣。

行紹與行靖，也是永明禪師的弟子，宋·契嵩所撰的〈杭州石壁山保勝寺故紹大德塔表〉說：

> 紹大德與兄行靖法師居之……方十二歲，趨智覺禪師延壽求為其徒，父母從之。及得戒通練律部。當是時韶國師居天台山，其道大振，大德乃攝衣從之，國師見且器之，即使往學三觀法於螺溪義寂法師，因與其兄行靖皆事寂法師講求大義……靖法師與大德皆師智覺出家，而大德為法兄，靖師為俗兄……若師出家於壽公，學法於寂公，見知於國師韶公，韶公不測人也，奇節異德，道行藹然，而壽寂二公亦吾徒之有道者也，天下豈可多得？（《鐔津文集》，大正藏第 52 冊，〈杭州石壁山保勝寺故紹大德塔表〉，頁 717b）

這篇塔表顯示出以下二項意義：第一，行紹「趨智覺禪師延壽求為

---

[65] 《自行錄》，頁 154：「是以行明因示誨次，遂請問所行，或因師自說，編紀二三……今具錄每日晝夜中間，總行一百八件佛事，具列如後」。

[66] 《淨慈寺志》（二），頁 657。《中國佛史志彙刊》第一輯第十八冊，明文書局，1980 年 1 月。

其徒……及得戒通練律部」，可見永明禪師在教導初學弟子時，非常重視戒律的學習。第二，行紹「出家於壽公，學法於寂公，見知於國師韶公」，可見法眼宗重視廣泛參學，其學習的對象不只是禪師，還包括其他宗派的學者。

《景德傳燈錄》中另有瓌省與永明禪師有關，他「幼歲出家……後聞國城永明法席隆盛，專申參問，永明唯印前解，無別指喻，即以忠懿王所遺衲衣授之表信，後住湖西嚴淨院」(67)，文中提到瓌省出家後精進修行，因為仰慕永明禪師的道風，就去向他請問佛法要旨，而「永明唯印前解，無別指喻」，因此道原認為他不能算是從永明禪師得法，而把他列為道潛的法嗣。

永明禪師的弟子在傳記中可考的，還有三十六位來自高麗的弟子，其中有智宗及英俊後來都成為一國的國師。智宗出家以後，發下大願來中國學習教理，到達吳越國之後，「先謁永明寺壽禪師。壽問曰：為法來也？為事來也？師云：為法來。曰：法無有二而遍沙界，何勞過海，來到這裡？師曰：既遍沙界，何妨過來！壽公豁開青眼，優待黃頭，便解髻珠，即傳心印」(68)。由於他對佛法的見解很深，因此很受永明禪師的看重，他在學成歸國之後，就把永明禪師的教法傳回國內。由於這些外國弟子的關係，永明禪師的聲名

(67)　《景德傳燈錄》，大正藏 51 冊，〈杭州千光王寺瓌省禪師〉，頁 427c。

(68)　《朝鮮寺剎史料》，頁 652。〈居頓寺碑文〉，原名為：高麗國原州賢溪山居頓寺故王師慧月光天遍照至覺智滿圓默寂然普化大師贈賜圓空國師勝妙之塔碑銘并序。

才能達於海外的高麗王[69]。他們將法眼宗的禪法帶回國之後，對韓國禪宗的影響極為深遠[70]。他們甚至於在韓國天台宗的開創上也扮演著重要的角色，並且還影響到韓國佛教的禪淨雙修思想[71]。

綜合以上對永明禪師的生平討論可知：第一，他的慈悲心很強，出家前就因悲憫而用公款放生，幾乎致死而不悔。而且他也是一位勤懇誦讀《妙法蓮華經》，具有虔誠信仰的佛教徒。由於《妙法蓮華經》的〈藥王菩薩本事品〉中曾述及往生西方極樂世界之事，所以永明禪師會有發願往生淨土的思想，受到本經很大的影響[72]。第二，他出家之前，受過良好的儒家教育，並且參加考試擔任國家的公職，所以他的知識學問淵博，著作也能文采豐美，內容充實。第三，他出家之初經過嚴厲苦行、禪坐、諷誦，因此圓滿具足戒、定、慧三學，所以後來才能行各種方便教化推廣佛法。第四，他的禪淨雙修法門，不但影響到宋代以後的中國佛教，也影響到今日的韓國佛教。第五，永明禪師在自行時，是禪修與淨土修持兼顧並重的。而在教化上，他在當時並沒有廣結念佛法會，推動大眾同

---

[69] 冉雲華《永明延壽》，頁 65：「公元 970 年學成歸國，帶回其老師的著作，進呈御覽，延壽才得到高麗王敬仰」。

[70] 朴永善《朝鮮禪教考》，卍續藏第 148 冊，頁 547 說：「高麗禪教，本出杭州慧日之宗」。《永明延壽》，頁 64 也認為：「他返回高麗弘揚法眼禪法，可以稱為『朝鮮禪宗之始』」。

[71] 參見韓泰植〈永明延寿門下の高麗修学僧について〉（《印度學佛教學研究》32－1），頁 135 的結論。

[72] 此外，《自行錄》，頁 157 提到禮《妙法蓮華經》可以往生西方。還有《全唐文》頁 12123 的《法華瑞應賦》中也提到書寫《妙法蓮華經》可以往生西方，可見《妙法蓮華經》對永明禪師的淨土往生思想，有很大的影響。

修淨土法門。不過，他以著述方式來闡明禪淨融合思想，卻對後世的禪淨雙修影響深遠。

第二節　永明禪師的著作

一、永明禪師著作的特色

有關永明禪師的著作，《宋高僧傳》說他：「雅好詩道，著萬善同歸、宗鏡等錄數千萬言」[73]，《景德傳燈錄》則說他：「著宗鏡錄百卷，詩偈賦詠凡千萬言」[74]，這二部傳記中所提及永明禪師的著作，雖然有千萬言或數千萬言之多，但卻只簡要列出《萬善同歸集》、《宗鏡錄》的書名而已。在《自行錄》中才較為詳細地列出他的著作書名目錄，《自行錄》為永明禪師的弟子行明所編纂[75]，所以書中所記載的永明禪師著作，其可信度很高，這些著作包括：

> (1)宗鏡錄一部百卷(2)萬善同歸集三卷(3)明宗論一卷(4)華嚴寶印頌三卷(5)論真心體訣一卷(6)唯明訣一卷(7)正因果論一卷(8)坐禪六妙門一卷(9)靈珠讚一卷(10)坐禪儀軌一卷(11)華嚴論要略一卷(12)布金歌一卷(13)警睡眠法一卷(14)住心要箋一卷(15)唯心頌一卷(16)華嚴十玄門一卷(17)華嚴六相義一卷(18)無常偈一卷(19)出

---

[73] 《宋高僧傳》，大正藏第 50 冊，〈宋錢塘永明寺延壽傳〉，頁 887b。

[74] 《景德傳燈錄》，大正藏 51 冊，〈杭州慧日永明寺智覺禪師延壽〉，頁 422a。

[75] 參見王翠玲《永明延壽の研究》，頁 76。

家功德偈一卷(20)定慧相資歌一卷(21)施食文一卷(22)文殊靈異記一卷(23)大悲智願文一卷(24)放生文一卷(25)文殊禮讚文一卷(26)羅漢禮讚文一卷(27)華嚴禮讚文一卷(28)警世文一卷(29)發二百善心斷二百惡心文一卷(30)觀音禮讚文一卷(31)法華禮讚文一卷(32)大悲禮讚文一卷(33)佛頂禮讚文一卷(34)般若禮讚文一卷(35)西方禮讚文一卷(36)普賢禮讚文一卷(37)十大願文一卷(38)高僧讚三卷一千首(39)上堂語錄五卷(40)加持文一卷(41)雜頌一卷(42)詩讚一卷(43)山居詩一卷(44)愁賦一卷(45)物外集十卷五百首(46)吳越唱和詩一卷(47)雜牋表一卷(48)光明會應瑞詩一卷(49)華嚴感通賦一道(50)供養石橋羅漢一十會祥瑞詩一卷(51)觀音靈驗賦一道(52)示眾警策一卷(53)神栖安養賦一卷(54)心賦一道七千五百字(55)觀心玄樞三卷(56)金剛證驗賦一道(57)法華靈瑞賦一道(58)雜歌一卷(59)勸受菩薩戒文一卷(60)受菩薩戒儀一卷(61)自行錄一卷（《自行錄》，頁165－166，編號為筆者所做）

以上著作共計六十一種，不過大多已經亡佚。而王翠玲從正史藝文志、私人藏書目錄和書目、大藏經目錄中，作了詳細地蒐查並加以考證，發現除了這六十一部之外，還有一些著作是題為永明禪師所作，包括：

(62)三時繫念佛事一卷(63)三時繫念儀範(64)三支比量義鈔一卷(65)唯心訣一卷(66)心賦注四卷(67)心性罪福因緣集三卷(68)勸人念佛一卷(69)念佛正因說一卷(70)智覺禪師垂誡文一卷(71)永明禪師念佛訣一卷(72)日用小清規一卷(73)抱一子一卷(74)抱一子註(75)感通

賦一卷(76)閑居詩(77)開悟偈(78)真唯識量一卷(79)永明智覺禪師方丈寶錄。（《永明延壽の研究》，頁 60－64）

從以上列出的書目名稱來看，永明禪師著作的特色就是數量龐大而且種類繁多，其中有重於哲學義理的巨著如《宗鏡錄》，有重於宗教感應的著作如《文殊靈異記》，有修行時的具體法門如《坐禪儀軌》，也有布教時的受戒儀式如《受菩薩戒儀》，從書名就可以看出他的著作具有豐富多樣的類別。

目前對於永明禪師著作的研究，有歸納分類及闡釋說明二種方法。首先是歸納分類的方法，如日本學者森江俊孝將他的著作分為二類，一類是基於教禪一致，論究唯心思想的著作；一類是重於實踐，論究觀心立場的著作[76]。孔維勤將他的著作分成：心宗義、天台淨土義、華嚴義、雜篇等四類[77]。釋恆清則將他的著作分為一心教義、華嚴教義、天台淨土教義、修行教義、雜類等五種[78]。近代學者對他佛學思想的研究方面，就是針對其不同的分類來做個別研究的[79]。孔維勤與釋恆清在分類時，都曾列到天台淨土一類，可見

---

[76] 《永明延壽の研究》，頁 87。

[77] 《永明延壽宗教論》，頁 39－40。

[78] 釋恆清“*The Ch'an-Pure Land Syncretism In China: With Special Reference To Yung-Ming Yen-Shou*”，頁 166。

[79] 如石井修道的〈『宗鏡錄』におよぼした澄観の著作の影響について〉（《印度學佛教學研究》17 卷第 2 號），頁 575－576 就是研究永明禪師如何受到華嚴宗祖師澄觀思想的影響。另外池田魯参的〈永明延寿の天台學〉（《印度學佛教學研究》第 32 卷第 1 號），頁 97－102 則是專門探討《宗鏡錄》與《摩訶止觀》、《四念處》、《輔行傳弘決》等天台典籍的關係。

二人都注意到永明禪師的淨土思想，孔氏不但歸納「天台淨土義」一類，還詳細列出其中的書名，但是他自己也說：「惜年久湮滅，許多已不復見，但就目錄所列，窺書名想其義」[80]，所以其歸納的結果不一定正確。王翠玲認為永明禪師的著作大都已經散逸，要嚴密地將之分類有很大的困難[81]，筆者極贊同此種說法，所以不擬再於本論文中嘗試作任何的分類。

另一種是運用闡釋說明的方法，針對永明禪師現存的著作加以考證解釋，如冉雲華的《永明延壽》就針對他的十一部著作，一一地加以精闢的討論[82]。這種方式不但考察了永明禪師現存著作的真偽，而且可以讓讀者瞭解永明禪師各書的內容大要。

永明禪師的著作都各有特色，本文以篇幅限制，僅舉《宗鏡錄》做說明：第一，本書的卷數最多，多達百卷[83]，由於其內涵豐

---

[80] 《永明延壽宗教論》，頁39。

[81] 《永明延壽の研究》，頁88。

[82] 《永明延壽》，頁53－62。

[83] 按《宗鏡錄》有一百卷及一百二十卷的說法，如德洪在《石門文字禪》卷二十五（《禪門逸書初編》第四冊，漢聲出版社），頁340的〈題法惠寫宗鏡錄〉曾提到：「明州翠巖僧法惠，獨施力寫永明所譔宗鏡錄一百二十卷」，但是同書卷二十五，頁339〈題宗鏡錄〉他又說到：「右宗鏡錄一百卷」，可見在宋代時，《宗鏡錄》可能因為抄寫而出現了二種版本。到清·弘贊輯的《觀音慈林集》，卍續藏第149冊，頁315還說他：「著宗鏡錄百二十卷」。現今所見於諸藏經中者亦為一百卷，以大正藏的版本為例，大正藏第48冊，頁416c：「鋪舒於百卷之中」；同書頁417a：「分為百卷」。同書頁420a：「若直覽至一百卷終」。有關《宗鏡錄》的版本研究，可參看《永明延壽の研究》，頁94－107〈書目·略本·入藏等をめぐる問題について〉一節。

富，被冉雲華稱為「是一部佛教思想百科全書，因為它包含著中國及印度佛教哲學中所有的重要問題」(84)。第二，本書以一心和會了佛教不同宗派的思想，當中引用了許多傳統佛學的經論典籍，在佛教思想上具有承上啟下的意義，如明末的明昱及王肯堂就受到《宗鏡錄》中唯識思想的影響(85)。第三，本書引用許多佛學之外的世法典籍，如《老子》、《尚書》等，據王翠玲研究有道家類、儒家類、諸子百家類、史書類、筆記小說類等(86)，由此可以看出永明禪師的學識淵博。第四，本書大量保存了現在已經佚失的許多佛學資料，對後世的學術研究有許多幫助(87)。第五，《宗鏡錄》分為〈標宗章〉、〈問答章〉、〈引證章〉，但是〈標宗章〉所說的雖以宗為主，但是全章都由不同的問答構成，也都引證許多的經論資料(88)。〈問答章〉當中，也是有標出一書的宗旨所在，並引證到各種

(84) 《永明延壽》，頁 209。

(85) 參見釋聖嚴《明末佛教研究》（臺北：法鼓文化，2000 年二版），頁 247。

(86) 《永明延壽の研究》，頁 170－172。

(87) 《中國淨土教理史》，頁 218 就提到：「宋延壽之萬善同歸集第二中舉出安國鈔所說極樂淨土之二十四樂……因僧徹住大安國寺，或因之將彼無量壽經疏義燈稱為安國鈔，若然，則此二十四樂為彼唯一遺文矣」。而《永明延壽》，頁 56 也提到：「尤其是從九十七卷起，所引用的唐代及更早期的禪師語錄，非常珍貴。因為那些早期禪宗師語錄，有的佚散，有的被後人竄改，有的作者姓名不一，在這種情形下，《宗鏡錄·引證章》中所保留的唐代禪師語錄，就成為研究宋代以前禪宗歷史、文獻及教義的重要材料。」

(88) 《宗鏡錄》，頁 417b：「問：先德云：若教我立定宗旨……何故標此宗名？答：斯言遣滯，若無宗之宗，則宗說兼暢……大智度論云……」，當中包含有標宗、問答、引證三部份。

經論[89]。而〈引證章〉之中也不乏強調其一心宗旨的文字，而且裡面也有一些問答[90]。第六，本書是由許多關於佛法的問題、答案所組成，雖然這些問答大都是運用詳細而繁複的解說方式，但是他在書中也曾運用到禪宗師弟間，機鋒相對，開悟智慧的直指方式，如「問：既不得作有無之解，如何是正了無心？答：石虎山前鬥，蘆華入水沈」[91]，他在這個問答中沒有長篇大論的說理及引證，是因為他認為不可思議的「無心」境界必須親證，難以用義理文字來解釋說明，因此他就用以詩寓禪的方式，用短偈來寄寓超越語言文字的豐富禪境[92]。

另外，永明禪師的著作也表現出他有很好的文學素養，他能夠以不同的文學體材，如詩、賦、歌、偈、訣、禮讚文、策、讚等，來表現他在宗教實踐上的修行心得，《景德傳燈錄》記載他：「著宗鏡錄百卷，詩偈賦詠凡千萬言」，將詩偈賦詠的文學著作，與《宗鏡錄》的哲理著作並列，可見也看重永明禪師文學性的作品。

---

[89] 《宗鏡錄》，頁 762c，問答章的第一個問題：「問：心法不可思議，離言自性云何，廣興問答，橫剖義宗？答：然，理唯一心，事收萬法……起信論云……大般若經云……」，當中包含有標宗、問答、引證三部份。

[90] 《宗鏡錄》，頁 954c：「問：此宗鏡門，還受習學不？答：……一者若論大宗，根本正智，不從心學，非在意思，圓明了知，不因心念……台教云……」，當中包含有標宗、問答、引證三部份。

[91] 《宗鏡錄》，頁 682a。

[92] 以詩寓禪的方法參見孫昌武《佛教與中國文學》（東華書局，1989 年 12 月初版），頁 361 說：「禪本來是要言語道斷、以心傳心的，必須截斷常識的情解，達到內心中神秘的感悟。但是他的一切思維與思想交流又離不開語言。這樣，利用詩的形象的、象徵的語言來啟發、暗示就成了解決這個矛盾的辦法。」

而《釋門正統》提到：「著五賦曰：神棲安養、法華靈瑞、華嚴感通、觀音應現、金剛證驗，又萬善同歸集及雜文數百卷」[93]，特別記錄了他的幾篇賦作，也是肯定了永明禪師在文學方面的創作。

《宋高僧傳》稱永明禪師：「雅好詩道」，冉雲華也認為他是一位詩人，具有詩人特有的直覺[94]，南懷瑾則對永明禪師的文學成就，給予高度的肯定，他說：

> 這一段又顯露了永明壽禪師的才華，文學價值之高！宋代文章到他手裡，真是美到極點！……接下來也是絕佳的文學意境：情牽萬境，意起百思。……這一段古文也是變體文和韻文，且是音韻對仗，真是高明到了極點。（《十方》第十六卷，第七期，頁8。〈宗鏡錄略講（70）眼外青山心底峰〉）

文中說到「宋代文章到他手裡，真是美到極點」，顯示出他對永明禪師的文章是極為讚嘆的。他並提到永明禪師著作中，注重聲韻及排比修辭的特色

總之，永明禪師的著作有很高的文學造詣，無論在多樣化的體材、優美的修辭技巧、高度的哲學意境等各方面，都有很好的表現，也就是在形式或內容二方面都能兼美。

還有永明禪師的著作並不是理論性的空談，《自行錄》中說他「常纂集製作祖教妙旨宗鏡錄等，法施有情，乃至內外搜揚，寄言

[93] 《釋門正統》，頁898。
[94] 《永明延壽》，頁69。

教化」[95]，可見他不但自己精進修行，並將其修行的心得著述成書，例如他「或時坐禪」[96]，《坐禪儀軌》或許正是他論述個人坐禪實際經驗的著述。還有他「每夜上堂說法」[97]，《上堂語錄》或許即是記錄這每夜為眾生說法的妙旨。所以孔維勤認為永明禪師的著作有「寄言教化」的「興福」意義[98]。

綜合以上的論述得到幾點結論：第一，從著作數量上看，永明禪師的著作有千萬言或數千萬言之多，雖然大部分已亡失，但是所留存下來的著作，在卷數上仍然非常地可觀。第二，從形式內容上看，他的著作融合了優美的文學形式與深奧的哲學思想。第三，從文獻保存上看，他的著作包羅廣泛，引用世法、出世法的多種典籍，不但滿足了想修學不同法門的學者，而且因為他收錄的許多資料今已不存，因此其著作就多了一層保存古籍的價值。第四，從利他方便上看，他為了「寄言教化」而著書，因此他的著作是理論與實踐並重的。第五，從和會思想上看，他在著作中提出了禪教一致、禪淨一致的論點，他不但以一心來圓融佛教各宗的思想，也以禪淨雙修的修行方便，使佛法能更廣泛地吸收信眾。

二、永明禪師與淨土思想有關的著作

要討論永明禪師與淨土思想有關的著作，必須先辨別出哪些作

---

[95] 《自行錄》，頁 165。
[96] 《自行錄》，頁 154。
[97] 《自行錄》，頁 154。
[98] 孔維勤〈宋釋永明延壽論「禪淨合一」〉（《東吳大學傳習錄》第 5 期），頁 230。

品真正是他所作的，如《勸人念佛》、《念佛正因說》，二者都出在《三時繫念儀範》，而《三時繫念佛事》、《三時繫念儀範》，則已被冉雲華判定為元代的中峰明本所作[99]，因此《勸人念佛》、《念佛正因說》和《三時繫念佛事》、《三時繫念儀範》等書都並非永明禪師的著作。

另外有一部《心性罪福因緣集》，題為大宋國智覺禪師注置，王翠玲曾指出此集的用語給人猥雜的印象，與永明禪師的其他著作在風格上非常不同，而且集中承破戒、無戒、無智的遊戲三昧僧，與永明在〈受菩薩戒法〉和〈垂誡〉文中，重視懺悔和修行的思想不一致[100]。筆者在此也提出一些說明，第一，書中所論的〈念佛〉部分與永明禪師的思想相比較，有些與之不合，如集中說：「是故發心求佛道者，捨於餘業，但念諸佛，并稱名號，以是功德，度於生死瀑流之大海，證於涅槃寂靜解脫」[101]，指出想要求佛道、證解脫的人，要放棄其他修行，專門稱名念佛，這與永明禪師重視修行萬善的思想是很不同的[102]。第二，書中提到念佛方法有事念佛、理觀念佛二種，而理觀念佛又分成：直觀我身即是如來身相、直觀我心即是如來心性、直觀山河艸木乃至一塵即是如來微妙身心等三類。另外，作者又提出天台圓頓念佛、真言秘密之念佛二種方法，

---

[99] 參見《永明延壽》，頁 53。按《三時繫念儀範》頁 122 也提到：「中峰祖師著文繫念，何云繫念」，因此筆者也認為本文確實是中峰明本的作品。

[100] 《永明延壽の研究》，頁 82。

[101] 《心性罪福因緣集》，《卍續藏》冊 149，頁 441。

[102] 《萬善同歸集》，頁 958c：「夫萬善是菩薩入聖之資糧，眾行乃諸佛助道之階漸。」

對念佛法門做了系統的歸類。而永明禪師雖然和會了諸宗的念佛法門，但是歸納其著作並未發現這些念佛法門的分類。第三，書中提及智者禪師、智顗禪師二次[103]，但永明禪師在《宗鏡錄》中對智者卻未稱其為禪師[104]。由以上三點論證可知，《心性罪福因緣集》應非永明禪師的著作。

另外在《樂邦遺稿》中〈女子坐亡骨生蓮華〉條引到「雜說云：溫州民間有女子忽坐亡，後於灰骨器中乃生青蓮華一朵，眾人奇之。時智覺壽禪師聞見，說偈讚之曰：性心之門，千聖同倫，神出淨土，蓮出灰盆」[105]，但是這裡所引的〈雜說〉並不見於其他的佛家史傳中述及到，因此這個傳說中所引到永明禪師的偈很令人懷疑。

又《龍舒增廣淨土文》中有〈杭州永明壽禪師戒無證悟人勿輕淨土〉：

問曰：但見性悟道，便超生死，何用繫念彼佛，求生他方？

---

[103] 《心性罪福因緣集》，頁 468 提到誦陀羅尼咒時「依天台山智者禪師三觀一心，相續觀法，一念誦中，三諦具足」，頁 474 提到說法論義時「智顗禪師臨命終時，謙自位言，領眾太早，位居五品」。

[104] 《宗鏡錄》，頁 589c：「如智者觀心論偈云……」；同書頁 626c：「即天台智者意……」；同書頁 645b：「如天台智者廣述真詮……」；同書頁 676b：「更約智者大師對法行二人以止觀安心……」；同書頁 682b：「是以智者大師於淨名疏中問云……」；同書頁 788c：「又淨名疏智者廣釋六大性無我……」；同書頁 919c：「所以智者大師一生弘教……」；同書頁 952b：「智者大師與陳宣帝書云……。」

[105] 《樂邦遺稿》，大正藏第 47 冊，頁 241。

答曰：真修行人，應自審查，如人飲水，冷暖自知……宗說皆通，行解兼修，能如忠國師否？此諸大士，皆明垂言教，深勸往生……壽禪師語，見宋朝王敏仲侍郎直指淨土決疑集中。（《龍舒增廣淨土文》，《大正藏》冊 47，頁 284c）

然而，考察永明禪師現存的著作中，並沒有這一段文字，而且王古的《直指淨土決疑集》已經亡佚，也難以證明此說。不過在《樂邦文類》中卻有引到一段文字，與本文非常類似：

問：見性悟道，便超生死，何用念佛求生耶？答：通昧他心，聖凡安測，除非遍知，授記應難，真修行人，自當審查，諸仁者，汝觀自己……宗說俱通，行解兼修，能如忠國師、壽禪師否？此等諸師，皆明垂言教，深切勸往……切勿貢高，不修淨土。（《樂邦文類》，大正藏第 47 冊，頁 200c）

引文標題為〈寂照集撿西方要義〉，並加註：「此文不知何師作文，見直指決疑集」，而且內容當中有「諸仁者，汝觀自己……宗說俱通，行解兼修，能如忠國師、壽禪師否」，可見本文應非永明禪師的作品，也許是王日休看到「此等諸師，皆明垂言教，深切勸往……切勿貢高，不修淨土.」，其中就有永明禪師，因此就誤認為這一段文字是他所作的。

清·觀如所輯的《蓮修必讀》中還曾引到題名為永明禪師所作的〈戒殺俚言〉：

誠意精持五戒，發願修行懇切。彌陀一念純真，彌陀親來迎接。往生淨土西方，免在人間造業。（《蓮修必讀》，《卍續藏》冊 110，頁 731）

《蓮修必讀》成書的時代很晚，而且〈戒殺俚言〉的內容並未見於永明禪師的其他著作中，可能是因為他提倡放生，所以偽託是他的作品。

還有〈參禪念佛四料簡〉也常被認為是永明禪師所作，但是懷疑者也不少，對於四料簡是否是永明禪師所作，將在第八章中作說明。

就永明禪師的作品整體來看，從標題即可以看出其與淨土思想有關的著作，有觀音禮讚文一卷、西方禮讚文一卷、十大願文一卷、觀音靈驗賦一道、神栖安養賦一卷等，由於觀音為西方淨土中的大菩薩，而普賢十大願王則導歸於極樂，因此推測其中有屬於淨土思想的部分，不過這些著作除了神栖安養賦還留存之外，其餘都已經亡佚。而其他與淨土思想有關的文字則散落在各書之中，如果與其全部著作的數千萬言相比，與淨土思想有關的文字其實並不算多，以下即討論在永明禪師著作中與淨土思想有關的作品，包括《自行錄》、《神栖安養賦》、《法華瑞應賦》、《心賦注》、《宗鏡錄》、《萬善同歸集》、《觀心玄樞》、《受菩薩戒法》等。

㈠ 《自行錄》（見卍續藏第 111 冊）

《自行錄》中記載了永明禪師的修行實踐，其中有坐禪，也有淨土修行，與坐禪有關的佛事如下：

編號	頁數	內　文	附　註
1	154	第四，或時坐禪，普願一切法界眾生，同入禪智法明。	坐禪

由坐禪而證得禪智法明的觀點，可見永明禪師是主張定慧不二的。

《自行錄》中記載與淨土修行有關的佛事如下：

編號	頁數	內　文	附　註
1	154	第三，常修安養淨業，所有毫善，悉皆念念，普為一切法界有情，同回向往生。	修安養淨業
2	157	第十五，晨朝禮妙法蓮華經真淨妙法，普願一切法界眾生，同證法華三昧，咸生彌陀淨方。	禮妙法蓮華經
3	157	第十七，晨朝普為一切法界眾生，頂戴行道，承廣大之願力，慕極樂之圓修。	極樂之圓修
4	157	第二十一，午時禮皈依主安樂世界阿彌陀佛，普願一切法界眾生，頓悟自心，成妙淨土。	禮阿彌陀佛→頓悟自心
5	158	第三十七，初夜禮慈悲導師安樂世界大勢至菩薩摩訶薩，及一切清淨大海眾，普願一切法界眾生，引導利濟眾生，同了唯心淨土。	禮大勢至菩薩摩訶薩
6	158	第四十，初夜普為一切法界眾生，旋繞念大勢至菩薩摩訶薩，願攝諸根，淨念相繼，託質蓮臺。	旋繞念大勢至菩薩
7	159	第五十三，後夜普為一切法界眾生，旋繞念阿彌陀佛，願入無住觀門，成就無生法忍。	旋繞念阿彌陀佛
8	159	第五十八，晝夜六時，普為一切法界眾生，念七如來名號（寶勝、離怖畏、廣博身、甘露王、妙色身、多寶）……念阿彌陀如來，願一切眾生，離惡趣形，神栖淨土。	念七如來名號

9	160	第六十九，黃昏時，普為盡十方面眾生，擎爐焚香，念阿彌陀佛心真言，悉願證悟佛心，同生安養……。	念阿彌陀佛心真言→證悟佛心
10	163	第七十七，晝夜六時，同與法界一切眾生回向，從無始來，至於今日，三業所作，一念善根，盡用普施一切法界眾生，回向無上菩提，同生西方淨土。	回向
11	163	第七十八，晝夜六時，同與一切法界眾生發願，與一切法界眾生親證法華三昧，頓悟圓滿一乘，臨命終時，神識不亂，濁業消滅，正念現前，隨願往生西方淨土。皈命彌陀佛，成就大忍心，遍入法界中，盡於未來際，護持正法藏，開演一乘門，圓滿佛菩提，修習普賢行，廣大如法界，究竟若虛空，誓與諸含靈，一時成佛道。	發願
12	164	第九十一，受持回向真言。一、回向真如實際，心心契合。二、回向無上菩提，念念圓滿。三、回施法界一切眾生，同生淨土……。	回向
13	164	第九十二，受持往生真言，願臨命終時，與一切法界眾生，同生淨土，念往生咒一遍。	念往生咒
14	165	第九十七，常勸一切人，念阿彌陀佛，因修淨業及修福智二嚴，習戒定慧六度萬行熏修等，乃至廣結香花淨會，供養大齋，種種施為，恆有導首。	念阿彌陀佛、習戒定慧六度萬行、廣結香花淨會、供養大齋
15	165	第九十九，印施天下彌陀佛塔，般若寶幢楞嚴法華等經，及諸神咒，勸十種受持，三業供養。	印施天下彌陀佛塔

16	165	第一百七，每受粥飯之時，恆發願先供養法界一體三寶，廓周沙界，大作佛事，十方施主六度圓滿，一切飢渴眾生法喜充足，為補飢瘡，修西方淨業，成無上菩提，故受此食，今此食者，不潤生死身，惟成佛果法身，願定慧，今增長，施生之時，普施六道眾生，具足六波羅蜜。	施食

由《自行錄》中的記載可知，其修行的主要特色如下，第一，永明禪師的修行中有坐禪，也有淨土修行，表示他是禪淨雙修的行者，而且他所修的淨業種類還不少（禮阿彌陀佛、念阿彌陀佛、念往生咒等）。第二，他在書中發願要往生淨土，這與以前的禪師如道信、弘忍等，將念佛視為修行禪定的方便完全不同。此外，他主張修行淨業可以頓悟自心與佛心，則與淨土行者往生西方的發願也有所別。第三，他將修行法華三昧與往生淨土並論，如：「同證法華三昧，咸生彌陀淨方」和「親證法華三昧……隨願往生西方淨土」，應該是受到天台思想的影響。第四，書中不止提到西方淨土和彌陀佛，還論及十方淨土和如來。第五，他曾提到「慕極樂之圓修」，從他所修行的百八件佛事中有禪定、念佛、修六度萬行等可以發現，他的圓修方式與唐代慈愍慧日的禪淨雙修非常近似。第六，書中還曾提到「唯心淨土」的思想。

(二) 《神栖安養賦》（見大正藏第47冊）

《神栖安養賦》見於《樂邦文類》，永明禪師在賦中讚嘆西方淨土的殊勝，他說：「彌陀寶剎，安養嘉名。處報土而極樂，於十方而最清。二八觀門，修定意而冥往。四十大願，運散心而化生。爾乃畢世受持，一生歸命」。因此宗曉在賦文之後說：「禪師一志西方，極言洪贊也如此」[106]，冉雲華並由文後所附的錢俶的〈安養賦奉制文〉，認為這是一篇「應酬文字」[107]。永明禪師曾為《神栖安養賦》作注，但是注文已經亡佚，不過在《樂邦遺稿》中還收錄了二段有關此賦注文的片段文字，其中的〈道門成仙不出輪迴〉說：「壽禪師安養賦注文曰：西方佛土，十剎寶王，長舌稱揚，不同道門之書……既無能說之人，又無所說之處，是知誑誕不可依據，設得上升，不出輪迴三界也」[108]。另外，〈發心決定必得生〉則說「智覺壽禪師神栖安養賦注文曰：但發心者，決定得生……。」但是因為這二段引文的字數太少，無法推測他全部注文的內容。此外，蕅益《淨土十要》中曾引到永明禪師一首〈臨終生西偈〉說：「彌陀口口稱，白毫念念想。持此不退心，決定生安養」[109]，這首偈有可能是收自已亡佚的〈西方禮讚文〉中，而從其內容來推測，也可能是在《神栖安養賦》的注文中。

㈢ **《法華瑞應賦》**（見《欽定全唐文》，第十九冊）

《妙法蓮華經》的〈藥王菩薩本事品〉曾說：「若如來滅後後五百歲，若有女人聞是經典，如說修行，於此命終，即往安樂世界阿彌陀佛大菩薩眾圍繞住處，生蓮華中，寶座之上」[110]，而永明禪

---

[106] 《神栖安養賦》的賦文及宗曉之說，都見於《樂邦文類》，大正藏第 47 冊，頁 215a。

[107] 《永明延壽》，頁 60。

[108] 〈道門成仙不出輪迴〉參見《樂邦遺稿》，頁 240。另外，〈發心決定必得生〉參見同書，頁 236。

[109] 《淨土十要》（下）（高雄：佛光出版社，1991 年 3 月五版），頁 809。

[110] 《妙法蓮華經》，大正藏第 9 冊，頁 54c。

師一生都勤於誦讀《妙法蓮華經》，他在《法華瑞應賦》中即提到：「書寫經卷，功德無邊。……駕乘潛來，見身忽生於他國；空聲密報，栖神俄託於蓮池」[111]，顯示出他認為書寫《妙法蓮華經》的功德可以往生西方淨土，可見他確實受到《妙法蓮華經》的影響而發願往生西方。此外，《自行錄》也提到他認為《妙法蓮華經》是「真淨妙法」，能夠使讀誦者獲得清淨業，幫助往生淨土[112]。還有《樂邦文類》也曾傳說他因為修行法華三昧而獲得感應的事蹟[113]。

(四)《心賦注》（見卍續藏第111冊）

卍續藏中收有永明禪師的《心賦注》四卷，冉雲華卻認為他只有作《心賦》但未作注，不過他也說：「然注文的內容仍與《宗鏡錄》及《萬善同歸集》有關」[114]，但是現存的《心賦注》中有多處文字與《宗鏡錄》、《觀心玄樞》、《萬善同歸集》相同或相似的地方（如下表所示），再加上《心賦注》中曾說：「余曾集『心鏡錄』一百卷，以心為鏡，洞徹十方」[115]，可見注者應該即是永明禪師。

---

[111] 《法華瑞應賦》，《全唐文》，頁12123。

[112] 《自行錄》，頁157。

[113] 《樂邦文類》，大正藏第47冊，〈大宋永明智覺禪師傳〉，頁195b。

[114] 〈延壽佛學思想的形成〉，《從印度佛教到中國佛教》（臺北：東大出版社，1995年11月初版），頁218：「但是《注心賦》的編著人是誰，現在還無法斷定。唯一可說的是即《注心賦》不是延壽所作，然注文的內容仍與《宗鏡錄》及《萬善同歸集》有關」。他的《永明延壽》，頁58也是持這個意見。

[115] 《心賦注》，卍續藏第111冊，頁84。

《心賦注》中與淨土思想有關的文字，如下表：

編號	頁數	內文		附註
1	12b	賦文	群生慈父，訓成莫測之宗師。	《宗鏡錄》，頁 548b。
		注文	是以經中所說西方阿彌陀等諸佛，皆是釋迦。……且法華分身有多淨土，如來何不指己淨土，而令往彌陀、妙喜，思之。故知賢首、彌陀等佛，皆本師矣。……又本師者，即我心耳。攝歸自心，無法不備，豈止他耶？	阿閦、彌陀悉本師矣，本師即我心矣。
2	38b	賦文	自在無礙……梟獍啼或梵輪。	《宗鏡錄》，頁 942b。
		注文	高僧傳云：「釋智通……十方淨土，未必過此矣」。凡言唯心淨土者，則一淨一切淨，可謂即塵勞而成佛國也。	高僧釋智通云：梟獍說甚深之法，……十方淨土，未必過此矣」
3	56b	賦文	聽風柯之響，密可傳心。	《觀心玄樞》，頁 855。
		注文	阿彌陀經云：水鳥樹林，皆悉念佛念法念僧。是知境是即心之境，心是即境之心。	若不觀心，何以莊嚴？……極樂佛國，聽風柯而正念成。
4	64a	賦文	滯念纔通……周遍而徒煩遊歷。	《宗鏡錄》，頁 852b。

		注文	瑜伽儀軌釋：「如來法身觀者，先觀發起普賢微妙行願，復應以三密加持身心，則能入文殊師利大智慧海。」	頓證毗盧遮那法身字輪瑜伽儀軌釋：「如來法身觀者，先觀發起普賢微妙行願，復應以三密加持身心，則能入文殊師利大智慧海。」
5	98b	賦文	妙峰聳於性地，仰之彌高。	《萬善同歸集》，頁962a。 華嚴經云：住自在心念佛門，知隨自心所有欲樂，一切諸佛現其像。
		注文	華嚴經云：善財南行，向勝樂國，登妙峰山，參德雲比丘。……德雲語善財言：我住自在心念佛門，知隨自心所有欲樂，一切諸佛現其像故。	
6	109b	賦文	眾義咸歸於此宗……禪扃正律。	《宗鏡錄》，頁548a。 阿彌陀者：此云無量壽，即如理為命，以一心真如性無盡故，乃曰無量壽。
		注文	阿彌陀者：此云無量壽，即如理為命，以一心真如性無盡故，乃曰無量壽。	
7	139b	賦文	既達心宗……澄法水而潤澤。	《宗鏡錄》，頁603b。

		注文	華嚴經云：解脫長者言：我已入出如來無礙莊嚴解脫門，乃至我見如是等十方各十佛剎微塵數如來，彼諸如來不來至此，我若欲見安樂世界阿彌陀如來，隨意即見，乃至知一切佛及與我心悉皆如夢。	如華嚴經，解脫長者告善財言：我若欲見安樂世界阿彌陀如來，隨意即見。 《萬善同歸集》，頁958b。 華嚴經云：解脫長者告善財言：我若欲見安樂世界阿彌陀佛，隨意即見，乃至所見十方諸佛，皆由自心。

從上表觀察可知《心賦注》中有關淨土思想的部分有幾項特色。第一，有一些《心賦注》的文字內容，與永明禪師的其他著作如《宗鏡錄》、《萬善同歸集》、《觀心玄樞》相似。第二，永明禪師在此提到「唯心淨土」一詞（見編號 2）。第三，永明禪師引到《阿彌陀經》，並說：「知境是即心之境，心是即境之心」，將淨土經典與禪思想中即心是佛的思想和會起來（見編號 3）。第四，注文中引用澄觀的見解，將彌陀、釋迦都「攝歸自心」[116]。（見編號 1）。第五，他引到瑜伽儀軌來說明觀法身，這是一部密法經典，顯示出他的淨土思想來源也包括了密教（見編號 4）。

---

[116] 《大方廣佛華嚴經演義鈔》，大正藏第 36 冊，頁 698c。

此外，永明禪師在《宗鏡錄》、《萬善同歸集》、《觀心玄樞》、《受菩薩戒法》等書中，都有用到問答來表達他的淨土思想，這些問答顯示出當時的人對淨土思想的一些疑惑，以及他個人對淨土思想的見解。因此以下將這些問題抽出來看，以幫助瞭解永明禪師的淨土思想。

㈤ 《宗鏡錄》（見大正藏第48冊）

《宗鏡錄》提到與淨土思想有關的問答，表列如下：

編號	頁數	問　　題
1	500a	問：若一切眾生即心是佛者，則諸佛何假三祇百劫，積功累德方成？
2	500c	問：無性理同，一時成佛者，云何三乘等人見佛有其差別？
3	502b	問：若據此義，乃是眾生自心中真如之用，云何說云佛報化也？
4	502a	問：佛身何故唯眾生真心與諸佛體平等無二？
5	502b	問：若真心即佛者，何故云從波羅蜜等因緣生？
6	503c	問：佛必無身者，云何以解感丈六耶？
7	503c	問：夫感應之道，皆由情徹冥契，故致事效於當時，內外理應是同，如婦人詣情幽冥，城為之崩，孝至而石開，此即事隨心變，云何以善感丈六而云是虛幻身耶？
8	503c	問：丈六若是虛幻，何由傳於實理耶？
9	503c	問：法身無形者，為即法身是丈六？為法身外別有丈六耶？
10	503c	問：眾生為緣法身生見？為緣丈六生見耶？
11	503c	問：法身是常？丈六亦是常不？
12	505a	問：即自心成佛者，還立他佛不？若決定不立，則無諸佛之所威神建立加被護念等，便成斷見。

13	505c	問：既心外無佛，見佛是心。云何教中有說化佛來迎，生諸淨剎？
14	505c	問：如上所說真體則湛然不動，化則不來而來，正是心外有他佛來迎，云何證自心是佛？
15	506a	問：如前剖析理事分明，佛外無心，心外無佛。云何教中更立念佛法門？
16	508a	問：三寶如虛空相，非見聞之所及者，教中云何說見道，又稱見佛？
17	509a	問：法身之理，為復有法成？為復無法成？為復一法成？為復異法成。？
18	514b	問：豈都無外佛可見耶？
19	514c	問：眾生善根，擊佛大圓鏡智，現此影像，像則屬佛？
20	514c	問：即是佛智鏡上像，何言眾生心上現？
21	514c	問：若爾，眾生自感心鏡上現像，不言佛像現，佛即於眾生無力，虛致敬慕，有何益也？
22	514c	問：此亦眾生自家佛力，非他佛力也？
23	531a	問：法性無相，真土如空？皆是一心，無別依正，云何教中廣談身土？
24	531a	清涼疏問：法性身土，為別不別？別則不名法性，性無二故，不別則無能依所依。
25	532a	慈恩疏云：問：淨土以何為體？
26	532b	問：一切身土八微所成，云何唯心而無質礙？
27	533b	問：所明淨土，敬如高旨，但尋玄宗，不以事為淨，淨取無穢，此即行業不同，報至不雜。是以石沙之人，不得同天踐七珍之土，今疑畜生業與人異，而同履石沙之地，以乖所立義耶？
28	533b	問：淨穢似無定質，如釋摩男捉瓦成金，餓鬼見水成火，云何淨穢域絕耶？

29	533c	問中難釋摩男明人中即受天報，何故云人絕階於七珍之土，又舉餓鬼欲明人不絕鬼限域，可即人報成鬼報耶？
30	534c	問：夫真心無形，妙體絕相，云何有報、化莊嚴等事？
31	534c	起信論問云：若佛法身無有種種差別色相，云何能現種種諸色？
32	535c	問云：佛身既知虛空，何緣現於金色等？云何令人悟於虛空？
33	765b	問：為用法身應？用應身應？若應身，應身無本，何能應？若用法身應，應則非法？
34	855c	問：諸法不真，各無自性，剎那變異，故稱為幻，佛身常住，豈稱幻耶？
35	866a	問：欲淨其土，常淨其心，則心外有土，何成自淨？
36	881c	問：夫稱一心無外境界者，云何華嚴經十地品說，初地見百佛，乃至地地增廣，見於多佛？
37	900c	問：夫諸佛唯一法身，云何說三身差別？
38	900c	古德問：夫法身者，法是軌持義，軌謂軌則，令物生解即法身，能令三根本智而生解故。持謂任持，不捨自性，謂持法身凝然之體，不捨無為之自體故。且如根本智，正證如時，不作如解，能所冥合一體，如日光與虛空合，不分彼此，是無分別，如何得明軌解？若有軌解義，即有分別，若有分別，即與後得智何別？
39	901b	問：諸佛法身湛然明淨，如何起六根之相？
40	902b	問：一心實相，福智同如，云何分真化虛實之佛身，有供養福田之優劣？
41	902b	大智度論問云：佛若無分別者，供養真佛，乃至無餘涅槃，福故不盡，供養化佛亦爾不？
42	902b	問曰：若爾真化中定有諸法實相者，何以言惡心出佛身血得逆罪，不說化佛？
43	902b	問：報化既同實相，云何教中說佛壽量有其延促？
44	903a	問：既立一心正報之身，須有一心依報之土，身以具三，土有幾種？

45	903b	問：淨穢二土，為當同體異見？為當別體異見？為當無體妄見？為當有體妄見？
46	903c	問：身土既總唯一心法界之體，如何是自他各受用身土之行相？
47	903c	古德問云：自受用身土一一無邊，諸佛身土不相障礙，行相如何？
48	903c	問：既是真如，何分身土耶？
49	912b	問：如來法身即真心性，如來報身依真而起，若如來化身還有心否？
50	951c	安樂集云：問：何因一念佛之力，能斷一切諸障？

從上表可以看出幾項特點，第一，書中與淨土思想有關的問題幾乎都在〈標宗章〉出現，〈問答章〉次之，〈引證章〉只出現一個問題（第 50 問）。第二，書中虛擬人物問到「佛外無心，心外無佛，云何教中更立念佛法門」，顯示出當時有人認為禪法已經教人明心見性，何必再設立念佛法門。永明禪師則立於禪宗「即心是佛」的立場，想以一心思想來和會禪淨。第三，《宗鏡錄》的問題中明顯地看出他對前人思想的廣泛引用，如清涼疏、慈恩疏、起信論等，顯示出他的淨土思想來源很廣，這與他的多聞思想有關。第四，書中的淨土思想多環繞在佛身、佛土的有關問題上。第五，全書有許多則的問答，而這些與淨土思想有關的問答，從整體的份量來看並不算太多。

(六)《萬善同歸集》(見大正藏第48冊)、《萬善同歸集揀示西方》、《永明禪師念佛訣》

這部份討論將以《萬善同歸集》為主[117]。書中與淨土思想有關的問答如下：

編號	頁數	問　題
1	961c	問：即心是佛，何須外求？若認他塵，自法即隱。
2	962a	問：經云：觀身實相，觀佛亦然。一念不生，天真頓朗，何得唱他佛號，廣誦餘經？高下輪迴，前後生滅，既妨禪定，但徇音聲，水動珠昏，寧當冥合？
3	962b	群疑論云：問：名字性空，不能詮說諸法，教人專稱佛號，何異說食充飢乎？
4	962b	論云：問：何因一念佛之力，能斷一切諸障？
5	963b	問：欲真持經，應念實相，既忘能所，誦者何人，若云心口所為，求之了不可得，究竟推檢，理出何門？
6	964b	問：論云：行道念佛與坐念，功德如何？
7	965a	問：六念法門，十種觀相，雖稱助道，徇想緣塵，瞥起乖真，何如淨念？
8	966b	問：唯心淨土，周遍十方，何得託質蓮臺，寄形安養，而興取捨之念，豈達無生之門？欣厭情生，何成平等？
9	966c	群疑論問云：諸佛國土，亦復皆空，觀眾生如第五大，何得取著有相，捨此生彼？

---

[117] 因為《萬善同歸集揀示西方》是收錄《萬善同歸集》中與淨土思想有關的六個問答。《永明禪師念佛訣》據日本學者畑中淨園指出是「玉峰·萬善同歸集摘出」，可見《萬善同歸集揀示西方》、《永明禪師念佛訣》的內容應該不出於《萬善同歸集》的範圍。

10	967a	問：一生習惡，積累因深，如何臨終十念頓遣？
11	967a	智論問云：臨死時少許時心，云何能勝終身行力？
12	967a	問：心外無法，佛不去來。何有見佛及來迎之事？
13	968b	問：龐居士云：事上說佛國，此去十萬里，大海渺無邊，動即黑風起。往者雖千萬，達者無一二，忽遇本來人，不在因緣裡。如何通會而證往生？
14	968b	問：維摩經云：成就八法，於此世界，行無瘡疣，生于淨土。何等為八？饒益眾生而不望報。……恆以一心求諸功德，如何劣行微善而得往生？
15	968c	問：觀經明十六觀門，皆是攝心修定，觀佛相好。諦了圓明，方階淨域。如何散心而能化往？

從上表可以看出幾項特點，第一，本書共分三卷，而書中與淨土思想有關的問題都出現在上卷。第二，與《宗鏡錄》相比，書中的淨土思想包含較廣，除了佛身、佛土的問題之外，還有稱名念佛、高聲念佛、行道念佛、臨終十念、往生品位等問題。第三，書中的問答有十方淨土及西方淨土的思想。第五，永明禪師在書中對前人的思想也多所引用，如群疑論、智論等書。第六，書中也提到了唯心淨土思想。

㈦ 《觀心玄樞》（見卍續藏第114冊）

《觀心玄樞》中提到與淨土思想有關的問答有二處：

編號	頁數	問　　題
1	850	若不觀心，何生淨土？
2	855	若不觀心，何以莊嚴？

卍續藏中所見的《觀心玄樞》只是一個殘本，但是在黃繹勳的論文中可以看到本書的全文[118]。黃繹勳曾指出：「《玄樞》是延壽從《宗鏡錄》中，把有關於『觀心』的重要文句再要略的纂集起來而成的」[119]，而且在內容上受到智者《觀心論》很大的影響[120]。《觀心玄樞》總共有 72 個問答，是用「觀心」法門來融入一切修行，「生淨土」被列入其中一項，若與其他項目相比，就會發現永明禪師雖然重視返觀自照，但是並沒有因為一切法唯心所造，就否定他方淨土。如書中曾說：

> 若不觀心，何以明三藏？以一切教藏皆從心生。故云：一切諸法，畢竟寂滅。心寂滅故，云究竟毗尼。即心生律藏。一切善惡等法，唯心所持，經緯無盡，即心出經藏。觀心能研妙義，即心出論藏。（《觀心玄樞》，卍續藏第 114 冊，頁 862）

永明禪師在此為了強調觀心法門，將經、律、論三藏都說成「皆從心生」，但是從心所生是就理上說的，他並沒有否認事上的三藏。

---

[118] 黃繹勳在"*A Study of Yanshou's The profound pivot of the Contemplation of Mind*", A Dissertation presented to the Faculty of the University of Virginia in Candidacy for the Degree of Doctor of Philosophy, 2001）的論文中已將《觀心玄樞》的全文譯成英文。

[119] 《觀心與成佛》，頁 28。

[120] 《觀心與成佛》，頁 29：「雖然延壽的《玄樞》深受智顗《觀心論》的影響，所以有一些相似的論題，但是在文章架構上卻與《觀心論》不盡相同，有他自己的獨到之處……延壽在造《玄樞》時必定有參考《觀心論》的內容」。

同理可知，從《觀心玄樞》的觀心法門來看，由理上說，「生淨土」也是不出一心，但是這並不表示他就否定事上的往生淨土。

⑻《受菩薩戒法》（見卍續藏第105冊）

編號	頁數	問　　題
1	20	問：於諸佛誘進門中，方便極多，省要提攜，何不勸生安養？豈須破戒，翻障淨方？

《受菩薩戒法》中將禪、戒、淨思想結合，書中提到一般人守戒怕破戒，這是難行道，而淨土法門是省要、方便的法門，是一種易行道。另外，永明禪師認為要上品往生也是要受戒的，他說：「若生安養，教受九品之文，上根受戒習禪，中下行道念佛，眾生根器不等，不可守一疑諸」[121]。

綜合上面的論述可知，永明禪師的淨土思想，分散在《宗鏡錄》、《萬善同歸集》、《心賦注》等各著作裡，從這些資料可知他當時面對了一些對淨土思想的質問，問題中時常出現的是從禪宗「即心是佛」的觀點，質疑「外求」、「他佛」的淨土思想，而他在回答時對淨土思想所持的態度是開明的、包容的，甚至於他更積極地想用一心思想來和會禪淨。

---

[121] 《受菩薩戒法》，卍續藏第105冊，頁20。

第二章
永明禪師的禪教和會思想

禪淨融合是屬於永明禪師禪教和會思想的一部份，因此在探討他的禪淨融合思想時，也需瞭解其和會思想。永明雖然身為禪師，但他主張「看讀大乘經典，普願一切法界眾生，同明佛慧」❶，也就是說他認為透過讀誦大乘經典的多聞，可以證得無礙解脫之智的佛慧，除了大乘經典之外，對於其他的傳統佛學經論，他也並不排斥，他認為宗下的弟子不妨學習傳統的佛學經論，並從中獲得真理的啟發，亦即藉由多聞而獲得解脫的智慧❷，所以他極力的提倡禪教和會的思想。

永明禪師曾自述《宗鏡錄》的特色在於「細明總別，廣辯異同……則千差而普會」❸，他又說閱讀《宗鏡錄》之後，若是能夠

---

❶ 《自行錄》第五十七佛事，頁 195。

❷ 冉雲華〈佛教中的多聞觀念〉（《從印度佛教到中國佛教》，臺北：東大出版社，1995 年 11 月初版），頁 37 指出「多聞」是指學術知識，而「智慧」是指哲理深度，他針對佛教經論中的多聞觀念做研究，發現多聞並不代表智慧，卻有助於智慧的啟發。

❸ 《宗鏡錄》，頁 416c。

「但了自心，則眾妙普會」❹。由「千差而普會」和「眾妙普會」的「普」字，可以看出他著作中所和會的佛學思想在範圍上是非常廣泛的，因此黃琛傑認為永明禪師佛學思想的特色就在於「普會」❺。除了「普會」外，永明禪師又提到「和會」，他說《宗鏡錄》是「和會千聖之微言，洞達百家之祕說……無一念不和，盡為無諍之道」❻，可見他不但自己勤於看讀大乘經典，而且又在著作時廣引「千聖」、「百家」的學說思想，來方便教化眾生。

不過，永明禪師在建立他自己的思想系統時，並不是沒有原則的將所有思想都納入到他的著作當中，他曾說：

> 或和神養氣而保自然，或苦質摧形而為至道……或敦圓理而起著心，飲醍醐而成毒，已上略標一百二十種邪宗見解，並是迷宗背旨，失湛乖真……皆不能以法性融通，一旨和會，盡迷方便，悉溺見河，障於本心，不入中道。（《永明智覺禪師唯心訣》，《大正藏》冊 48，頁 996a）

他指出當時共有一百二十種邪宗見解，有些人只重視對於身體的修行，主張和神、調氣、苦行等修行，有些人則對圓融的真理生起執

❹ 《宗鏡錄》，頁 554a。

❺ 黃琛傑《永明延壽思想中的禪與淨》，2003 年政治大學中研所碩士論文，頁 61 提出：「普，言其涵蓋的範圍，無所不包。會，則言其統合的方法，是屬於技術性的層面。普會即全面性的整合，而非如其他人所說的融會、和會，僅為部分主題的整合，這實是永明延壽與其他人的重要區別。」

❻ 《宗鏡錄》，頁 612a。

著，不能了知一切法都是無所得的。這些學說的內容都是執方便為真實，不能回歸自心，不能符合中道思想，因此都被他認為是邪見。反之，他認為能夠「法性融通，一旨和會」的思想，才是符合中道思想的正宗之說。也就是說他在博學之時，並不只是求多就好，他會審慎的辨明所學的思想，是否會障蔽迷失本心，抑或是有助於達到菩提正覺。

本文認為「普會」與「和會」，雖然都可以表明出永明禪師思想的博學多聞性，但是「和會」一詞，又更能進一步顯示出他思想中強調無諍的特色，並表達出他在廣泛引用各種思想時，重視思想之間「融通」及「一旨」的特質。因此本章在論述時將採用「和會」的角度，來闡釋永明禪師的佛學思想。

第一節　禪教和會思想的淵源

永明禪師主張和會禪教，提倡廣泛學習傳統佛學經論，主要是受到師承及宗密的影響。

一、受師承的影響

禪宗自認為是教外別傳，以明心見性為主，因此主張不立文字，神讚曾稱呼經典為「故紙」❼，慧海為了警示法明，也告誡他

❼　《景德傳燈錄》，大正藏 51 冊，〈福州古靈神讚禪師〉，頁 268a。神讚禪師遇到百丈禪師開悟之後，他為了報師恩回去度化本師，「其師一日在窗下看經，蜂子投窗紙求出，師睹之曰：世界如許廣闊不肯出，鑽他故紙，驢年去得。」

說沒有發為大用的經論只是「紙墨文字」❽。但是永明禪師卻曾推崇馬祖、慧忠、大義、本淨等禪宗大德，「並博通經論，圓悟自心，所有示徒，皆引誠證，終不出自胸臆，妄有指陳」❾，可見他是主張多聞的，他認為說對一個真正開悟的人而言，祖與教並不相悖。這是由於他所屬的法眼宗一派本來就不排斥經教。

法眼主張禪與教不可偏廢，他曾指出：「大凡祖佛之宗，具理具事，事依理立，理假事明……欲其不二，貴在圓融」❿，他認為祖、教二者都具理具事，而且由「欲其不二，貴在圓融」，可知他希望二者能夠相互圓融，法眼一派遂「有明顯的禪教合一傾向」⓫，這種宗與教不二的觀點對永明禪師的影響很深。法眼本身不但深通佛典，還學習儒典，由於他的博學多聞，被視為佛門中的游、夏⓬。他曾於上堂時說：

> 諸人各曾看還源觀、百門義海、華嚴論、涅槃經諸多策子。阿那個教中有遮個時節？若有試舉看……所以微言滯于心

---

❽ 《景德傳燈錄》，大正藏 51 冊，頁 247a。

❾ 《宗鏡錄》，頁 418b。

❿ 《宗門十規論》，頁 879b。

⓫ 鄧克銘《法眼文益禪師之研究》，（臺北：東初出版社，1990 年 6 月二版），頁 69：「在禪宗五家裏面，法眼宗一般認為有明顯的禪教合一之傾向，尤其是法眼文益之再傳永明延壽禪師，著有《宗鏡錄》百卷之鉅著，以『一心為宗』會通唯識、天台、華嚴各家。」

⓬ 《景德傳燈錄》，大正藏 51 冊，〈金陵清涼文益禪師〉，頁 398b：「屬律匠希覺師盛化於明州鄮山育王寺，師往預聽習，究其微旨。復傍探儒典，遊文雅之場，覺師目為我門之游夏也。」

首，常為緣慮之場；實際居於目前，翻為名相之境。莫只恁麼念策子，有什麼用處？（《景德傳燈錄》，頁 398c）

他立於禪宗明心見性的立場，認為只是「念策子」對於悟心並無大用，但是由引文可知其門下都是很博學的人，日常所讀的書籍包括「還源觀、百門義海、華嚴論、涅槃經」等經論。法眼個人對華嚴思想就很有研究⓭，這點也影響到永明禪師對於華嚴思想的學習及重視⓮。法眼認為禪宗之所以不主張文字的學習，原是為了要避免徒增內心的煩惱，因為執著於文字的表相，容易造成「心中鬧」的弊病，但是他還是主張必須要透過對「古教」的學習，才能明瞭何謂妄心及如何的對治妄心⓯。這一點也影響到永明禪師，他曾說：

近代相承，不看古教，唯專己見，不合圓詮，或稱悟而意解情傳，設得定而守愚闇證，所以後學訛謬，不稟師承。（《宗鏡錄》，頁 671a）

⓭ 《景德傳燈錄》，大正藏 51 冊，〈金陵清涼文益禪師〉，頁 454a 錄有一首他的「華嚴六相義」頌：「華嚴六相義，同中還有異。異若異於同，全非諸佛意。諸佛意總別，何曾有同異。男子身中入定時，女子身中不留意。不留意，絕名字，萬象明明無理事。」

⓮ 永明禪師也很重視「華嚴六相義」，如《宗鏡錄》，頁 690a 說：「又若究竟欲免斷常邊邪之見，須明華嚴六相義門，則能任法施為，自亡能所，隨緣動寂，不壞有無，具大總持，究竟無過矣」。

⓯ 《景德傳燈錄》，大正藏 51 冊，頁 454b：「今人看古教，不免心中鬧；欲免心中鬧，但知看古教。」

他認為如果禪師不看教典，就難免會「唯專己見」，並加深法眼所謂「心中鬧」的問題，因此他主張要從古教中學習先聖先賢的智慧，他並且提出：「以聖言為定量，邪偽難移，用至教為指南，依憑有據」⑯，以聖言量來呼應法眼對古教的說法。

法眼宗的第二祖為德韶，他對傳統佛學思想的吸收與攝取，有幾項特點：第一，他主持天台山國清寺，復興智者的道場，並且受義寂之請託，促成忠懿王從海外尋回智者遺教⑰，可見他與天台思想有密切的關係。第二，他在般若寺開堂說法共計十二會，在開示時時常提到般若的重要，可知他很重視般若思想⑱。第三，他的弟子都是對經典頗有造詣的人，如願齊精於天台思想⑲，永安深通李長者的《新華嚴經論》⑳，遇安則由於研究楞嚴經的思想被時人稱為安楞嚴㉑，得其法嗣的永明禪師更是博學多聞，並編纂了如佛教百科全書般的《宗鏡錄》，而他對於天台思想的重視，或許即受到

---

⑯ 《宗鏡錄》，頁418b。

⑰ 《宋高僧傳》，大正藏第50冊，頁752b〈宋天台山螺溪傳教院義寂傳〉。

⑱ 《景德傳燈錄》，大正藏51冊，〈天台山德韶國師〉中所錄的十二會有許多有關般若的思想，頁409a第六會指出：「為法身無相，觸目皆形，般若無知，對緣而照……」、頁408b第一會中提到：「此是般若之真宗」、頁409c第九會也說到：「良由法界無邊，心亦無際，無事不彰，無言不顯，如是會得，喚作般若現前」。

⑲ 《景德傳燈錄》，大正藏51冊，〈溫州雁蕩願齊禪師〉，頁424a：「初習智者教，精研止觀，圓融行門，後參天台國師，發明玄奧」。

⑳ 《景德傳燈錄》，大正藏51冊，〈杭州報恩永安禪師〉，頁423b：「師以華嚴李長者釋論，旨趣宏奧，因將合經成百二十卷，雕印遍行天下」。

㉑ 《景德傳燈錄》，大正藏51冊，〈杭州光慶遇安禪師〉，頁425c：「又常閱首楞嚴了義，時謂之安楞嚴也」。

德韶的影響㉒。

雖然德韶瞭解到學習經教的重要性，但是他仍然站在禪宗的立場以明心見性為重，他說：

> 如來一大藏經，卷卷皆說佛理，句句盡言佛心，因什麼得不會去？若一向纖絡言教，意識解會，饒上座經塵沙劫，亦不能得徹。（《景德傳燈錄》，頁 409c）

他不希望弟子只是執著在經教的文字相中，認為應該反思經教所要傳達的義理，才能證悟佛心，他這種學習經教的態度對於永明禪師的影響很深。永明禪師認為修學者在研究經教時，必須探索文字背後的義旨，以求「冥合真心」，而不可以「執義上文，隨語生見」㉓，與德韶所說的學習經教必須去體會證悟佛心，而不可以「纖絡言教，意識解會」，是完全相符的。

綜合上面的論述可見，從法眼、德韶以來，法眼宗對於禪教融合已做過許多努力，而永明禪師承繼了他們的思想，在和會思想上的成果更為豐碩。

㉒ 冉雲華〈延壽佛學思想的形成〉（《從印度佛教到中國佛教》，臺北：東大出版社，1995 年 11 月初版），頁 208：「學者如森江俊孝認為，延壽思想中的天台佛教思想，包括三諦圓融、戒律齋儀、淨土唯心等課題，都與德韶的影響有關。」

㉓ 《宗鏡錄》，頁 419b。

二、受宗密的影響

永明禪師的禪教和會思想，除了師承之外，受到宗密很大的影響，他曾提到：「宗密禪師，立三宗三教，和會祖教，一際融通」㉔，他不但引用到宗密對於三宗及三教的解說觀點，並且自承他的「和會祖教」是源於宗密的啟發，他說：

> 如上判教分宗，言約義豐，最為殊絕，初則歷然不濫，後則一味融通，可釋群疑，能歸宗鏡。（《宗鏡錄》，頁 616a）

他認為宗密對三宗三教的判釋，不但清楚明白（歷然不濫），而且也可以泯除宗、教之間的不同（一味融通），這正是他著作《宗鏡錄》的主要目的。

宗密提倡禪教和會，原有其時代背景，他曾指出唐代時，禪、講各有支持者，而二者之間常常相諍㉕，但是他認為：「至道歸一，精義無二，不應兩存；至道非邊，了義不偏，不應單取。故必須會之為一，令皆圓妙」㉖，所以他要提出禪教可以和會的理論。而宗派之間的不合，也正是永明禪師所要面對的時代問題，因此他會繼續宗密的和會思想，提倡和會祖教，來融合宗門與教下之間的不合。

㉔ 《宗鏡錄》，頁 614a。

㉕ 《禪源諸詮集都序》，大正藏第 48 冊，頁 399c：「禪講相逢，胡越之隔」。

㉖ 《禪源諸詮集都序》，大正藏 48 冊，頁 400c。

永明禪師在和會禪教時，是基於一心的立場，而他的一心思想，與宗密所提出的真心並無不同，冉雲華即說：「延壽對真心的描繪，在細節上與宗密的字句，雖然不是全然相同；但是其基本概念，如『心是法源』、超越真妄、有無之分，和宗密所說的真心，並無差別」㉗。也就是他們二人都認為禪與教在第一義諦的理體上是不二的，所以可以相互和會。

雖然永明禪師與宗密一樣都運用了和會的方法，但是兩者之間對宗派的看法仍然有一些差異，例如宗密認為荷澤宗是曹溪正脈，而永明禪師則將荷澤宗視為禪宗中的一支。還有，因為宗密偏向荷澤宗，所以在述及洪洲宗時，他的態度是批評和壓抑的，而永明禪師在著作中則表現出對洪洲宗的思想非常讚賞㉘。

永明禪師的《宗鏡錄》與宗密的《禪源諸詮集》，在編排上也因宗旨的不同而有差異，宗密在寫《禪源諸詮集》時是先引祖說，其次是引用各家論述，最後才是引用經典，他說：

> 故今所集之次者，先錄達摩一宗，次編諸家雜述，後寫印一宗聖教。聖教居後者，如世上官司文案，曹判為先，尊官判後也。……次旁覽諸家以廣聞見，然後捧讀聖教以印始終。

㉗ 冉雲華《宗密》（臺北：東大出版社，1988年5月初版），頁225。

㉘ 其詳可參考王翠玲《永明延寿の研究—『宗鏡錄』を中心として—》（以下簡稱《永明延寿の研究》）（東京大學人文社会系研究科アジア文化研究专攻博士論文，2000年3月10日），頁258，及黃繹勳《觀心與成佛——永明延壽《觀心玄樞》第二問的研究》（以下簡稱《觀心與成佛》）（法光研究所碩士論文，1994年6月），頁103的論述。

（《禪源諸詮集都序》，頁 413a）

可惜原書已經佚失無法看到其內容的原貌，但是就宗密所說「尊官判後」的說法，仍可以知道他非常重視經典，而他把經典的引用放在最後，是因為他認為經教可以作為修行時的印證。

永明禪師則在〈引證章〉中提到《宗鏡錄》一書編排的順序：「更引大乘經一百二十本，諸祖語一百二十本，賢聖集六十本」㉙，他先引用經典，其次引諸祖語，最後才是各家的論述，這或許是受到法眼所說「凡欲舉揚宗乘，援引教法，須是先明佛意，次契祖心」的影響㉚。雖然，宗密將經典放在最後，而永明則把經典列在最前，不過二人都同樣的重視經典，才會在著作中大量的加以引用。

第二節　提倡禪教和會的理由

永明禪師引用傳統佛學的理由有幾點，首先，他認為初學者若是不讀經典，就不能知道佛陀所說的四諦、十二因緣、六度、般若等道理㉛。其次，他認為古大德辛苦「結集」、「翻經」的功德，

㉙　《宗鏡錄》，頁 924a。

㉚　《宗門十規論》，頁 880b。

㉛　《宗鏡錄》，頁 419a：「是以初心始學之者，未自省發已前，若非聖教正宗，憑何修行進道。」

若是沒有後人願意用心研究的話，一切的心血都將成為白費㉜。除此之外，他並提出了廣學法門時「祖教並施」的修學原則，還有多聞經論的最終目的仍是在於「藉教明宗」。

一、祖教並施

在禪宗的發展史中，從初祖達摩以《楞伽經》傳法開始，至四祖道信加入《摩訶般若經》的思想，六祖則由《金剛經》而開悟，可見禪宗一直都與經典有密切的關係，永明禪師就曾指出：「是故初祖西來，創行禪道，欲傳心印，須假佛經，以楞伽為證明」㉝。

由於禪宗強調以心傳心的悟道方式，使得學者非常重視其間師承的關係，並且發展出不同的「宗風」㉞，法眼曾說：

> 機鋒酬對，各不相辜……曹洞則敲唱為用，臨濟則互換為機，韶陽則函蓋截流，溈仰則方圓默契。如谷應韻，似關合符，雖差別於規儀，且無礙於融會。（《宗門十規論》，頁879a）

㉜ 《宗鏡錄》，頁 668b：「若執經論無益，翻成諸聖虛功。則西土上德聲聞，徒勞結集；此方大權菩薩，何假翻經？」

㉝ 《宗鏡錄》，頁 419a。

㉞ 李志夫在《中印佛學之研究比較》（1986 年 11 月出版，臺北：中央文物供應社），頁 576 說：「宗者，乃指禪宗，不立文字，教外別傳，直指人心。風者，乃指師徒傳受，因根，因機不同各有不同接待之方法學風，此不同之方法，衍為五家，是謂五家宗風」。

引文提到禪宗後來發展出曹洞、臨濟、雲門、溈仰等各異的宗風，法眼認為宗風是因為各宗在師徒傳授時，因對機方式的不同而形成。不過，如果只看到相互之間在悟心方法上的歧異時，就容易發生「護宗黨祖」的爭端，他認為禪宗原本是以明心見性為主，因此彼此之間從頓悟心性的宗旨來看並無不同㉟。

到了永明禪師時，禪宗各派之間仍有矛盾，而且宗門與教下也有不合，因此他想要調和佛教內部之間的矛盾。禪與教的矛盾中，包括了禪、淨的相諍，因此他的和會思想中也包括了禪淨融合，他的萬善同歸思想就指出宗、教，禪、淨都是同一法流的不二思想，釋恆清即說：「永明有鑒於當時禪宗之徒常執理迷事，而念佛之人則又執事迷理，兩者均屬偏見，因此為救時弊，特別提倡萬善同歸，禪淨雙修的合會說」㊱。

永明禪師對於禪與教之間多執是非的現實狀況，提出了「無諍之門」的理想，他說：

> 如上依教依宗，撮略和會。挑抉宗旨之本末，開析法義之差殊，校量頓漸之異同，融即真妄之和合，對會遮表之迴互，褒貶權實之淺深……則頓釋群疑，豁然妙旨。若心外立法立境，起鬥諍之端倪；識上變我變人，為勝負之由漸。遂乃立

㉟ 《宗門十規論》，頁 878b：「各有門庭施設，高下品提，至於相繼子孫護宗黨祖，不原真際，竟出多岐，矛盾相攻，緇白不辨。嗚呼！殊不知大道無方，法流同味。」

㊱ 釋恆清〈禪淨融合主義的思惟方法—從中國人的思惟特徵論起—〉（《臺大哲學論評》第十四期，1991 年 1 月），頁 240。

> 空破有，賓有非空。崇教毀禪，宗禪斥教。權實兩道，常為障礙之因；性相二宗，永作怨讎之見……終不能入無諍之門，履一實之道矣。（《宗鏡錄》，頁617a）

他認為「崇教毀禪，宗禪斥教」都是不對的，唯有和會禪教，才能避免「矛盾相攻」。他不否認宗派之間是有其不同，但是也有和會的可能，所以他提出了「本末」、「差殊」、「異同」、「和合」、「迴互」、「淺深」等說法。所謂的「本末」、「淺深」、「差殊」、「異同」，顯示出他認為對於宗派彼此間的不同義理，還是必須加以分辨。而所謂的「和合」、「迴互」，則顯示出他認為宗派之間，可以透過和會的方法，產生相輔相成的作用。

為了落實和會禪教的理想，永明禪師主張要廣泛的學習教典，他並且提出多聞與智慧的關係，引用《大智度論》的偈語，將人分成有慧無多聞者、多聞無智慧者、聞慧具足者、聞慧俱無者等四類，並肯定「聞慧具足」才能了達實相。他說：

> 聞慧具足，方達實相之原；聞慧俱無，如牛羊之眼，豈辯萬法性相總別之方隅耶？（《宗鏡錄》，頁668a）

他認為經典的文字名相讀得再多，沒有實際依教奉行，並不足以稱為聞慧，因為如果原有的習氣未改，則遇到因緣時，仍然會生起煩惱，造下惡業，由於無明沒有斷除，仍將輪轉於惑、業、苦之中。由「聞慧具足」才能了達實相，顯示出他主張的多聞必須以明心見性為依歸，他在《觀心玄樞》中曾經提出：「若不觀心，何以成多聞」的主張，並說：「以但了心之一法根本，自然遍攝群經，故唯願少聞多解義趣，即此義也」㊲，也就是說他認為如果執著於多聞，滯泥在文字相上，還不如少聞的好，可見他認為多聞雖然重要，而文字中深藏的哲理義趣更為重要。

永明禪師主張的廣學多聞，並非是為了向人炫耀讀了多少的經論，而是要「深入教海」、「妙達禪宗」，因為他認為還未見諦的行者，想要斷除修行中的種種疑惑，就必須廣學多聞，他說：

> 以未見諦故，不居實地。一向託空，隨言所轉。近來尤盛，莫可過之。若不因上代先賢，多聞廣學，深入教海，妙達禪宗，何能微細指陳，始終和會。顯出一靈之性，剔開萬法之原。是以具錄要文，同明宗鏡。（《宗鏡錄》，頁 616b）

他認為學佛者若尚未見到實諦，就自以為一切皆空，很容易墮入到空見裡，導致愚昧闇鈍，而多聞廣學則可以對治此種不學無術的弊端，所以他進一步說：「但祖教並施，定慧雙照，自利利他，則無過矣」㊳，由「祖教並施」、「定慧雙照」、「自利利他」，可以顯示出永明禪師的「和會」思想，與他不偏執一端的中道思想是一貫的。

永明禪師不但自己學習各種思想，也利用著作來傳達這種觀點，《自行錄》中曾說到他：「纂集製作祖教妙旨宗鏡錄等，法施

㊲ 《觀心玄樞》，卍續藏第 114 冊，頁 850。

㊳ 《宗鏡錄》，頁 421a。

有情，乃至內外搜揚，寄言教化」[39]，可見他在著作中綜合了禪與教的妙旨，還有其推廣教化的深遠意義。而慧洪也說：

> 智覺以一代時教，流傳此土，不見大全，而天台、賢首、慈恩，性相三宗，又互相矛盾，乃為重閣，館三宗知法比丘，更相設難，至波險處，以心宗旨要折中之。因集方等秘經六十部，西天此土聖賢之語三百家，以佐三宗之義，為一百卷，號宗鏡錄，天下學者傳誦焉。（《禪林僧寶傳》，卍續藏第137冊，頁479）

他認為永明禪師在編纂《宗鏡錄》時，引用了天台、賢首、慈恩等三宗的思想，並以心宗旨要來折中權衡。

總之，永明禪師主張菩薩道發大心，即必須法門無量誓願學，也就是他認為只有「祖教並施」，才能將佛教如大海般的智慧妙旨闡揚開來。

二、藉教明宗

永明禪師的著作中引用了禪宗、天台、華嚴、唯識、淨土等各種思想，顯示了誓學無量法門的精進力，他認為《宗鏡錄》所集錄的文字，每一字、每一句都能夠幫助讀者明心見性，他並自稱書中

---

[39] 《自行錄》，頁165。

所說的一心法門就是實相法門[40]，也就是說整部《宗鏡錄》，不但是他對於傳統佛學精華攝受的心得，也是證悟佛心的關鍵，他在《宗鏡錄》的序文中曾說：

> 今詳祖佛大意，經論正宗，削去繁文，唯搜要旨，假申問答，廣引證明，舉一心為宗，照萬法如鏡，編聯古製之深義，撮略寶藏之圓詮，同此顯揚，稱之曰錄。分為百卷。（《宗鏡錄》，頁 417a）

他將此書命名為「錄」，是因為當中引錄了許多傳統佛學思想，包含了祖佛大意和經論正宗。他將傳統佛學稱為「古製」，並認為這些經過時間傳承的經論是「寶藏」，因為這些經論中的義理是「深義」、「圓詮」，在他眼中這些都是「了義金文，先德遺旨」[41]。

永明禪師認為經典所述的就是一心法門，所以他鼓勵學佛者要廣泛讀誦大乘經典，他說：

> 故云十方諸佛傳此一妙心耳……所以法華經但說一乘，開示於此；般若經唯言無二，付囑於此；涅槃經佛性平等，廣喻於此；華嚴經法界無盡，顯現於此。無邊妙旨，同歸宗鏡矣。（《宗鏡錄》，頁 875b）

---

[40] 《宗鏡錄》，頁 422c：「故知得聞宗鏡所錄一心實相常住法門，皆是曩結深因，曾親佛會」。

[41] 《宗鏡錄》，頁 654a。

他認為不論是《法華經》、《般若經》、《涅槃經》、《華嚴經》，都與禪宗一樣是為了闡明佛的妙心（同歸宗鏡），所以他會將各經典的要義都收錄在《宗鏡錄》一書中。他並提出「一心」是諸經通體的觀點，說：

> 離心無說，離說無心。舒則恒沙法門，卷則一心妙旨……安養國內，水鳥皆談苦空，……阿彌陀經云：復次舍利弗，彼國常有種種奇妙雜色之鳥，……聞如是音已，皆悉念佛念法念僧。斯則皆是頓悟自心，更無餘法。此一心法界，是諸經通體故。如來所說十二分教，親從大悲心中之所流出，大悲心從後得智，後得智從根本智，根本智從清淨法界流出。即是本原，更無所從。（《宗鏡錄》，頁 580a－580b）

本段引文包含有三點要義：第一，他舉《佛說阿彌陀經》說明淨土法門也是「離心無說」，因此他認為淨土思想與禪宗不相違背。第二，他認為如來所說的經典，包括淨土經典，都是從一心法界中流出，所以讀誦淨土經典也可以明悟一心。也就是說淨土思想並不是只有根性差的人才適合修學，利根者要契入一心，也不妨閱讀淨土經典。第三，他認為經教是「從大悲心流出」，而大悲心更往上推則是從後得智、根本智、清淨法界流出的，所以經教的根本是悲智雙運的，如此說來禪也好，淨也好，都是教化眾生的方便法門，不可偏廢。

雖然永明禪師很重視經教的價值，但是他對於傳統佛學的大量引用，主要還是站在禪宗的立場，也就是說他藉教的目的，是為了要闡明心宗，他說：

> 今只為迷性徇文，背心求道者，假以言說，指歸自心，從此一向內觀，捨詮究理，斯則豈不因言悟道，藉教明宗……遂使初心學者，信有所歸，便能息外馳求，迴光反照，頓見自己，了了明心。（《宗鏡錄》，頁675b）

他認為迷於本性的人，可以「假以言說，指歸自心」，否則沒有標月的手指，在烏雲罩月的茫茫天際，很難找到目標正確的方位，學習佛法也是如此，初心學者在眾多的法門中想要尋求菩提大道，也必須「假以言說」、「因言悟道」，因此在《宗鏡錄》中「藉教明宗」的其他種說法就是「因教明心」或「因聞顯心」。首先，何謂「因教明心」？他說：

> 如是解者，則是因指見月，藉教明宗者也……夫三乘十二分教，如標月指。若能見月，了知所標，若因教明心，從言見性者，則知言教如指，心性如月，直悟道者，終不滯言；實見月人，更不存指。或看經聽法之時，不一一消歸自己，但逐文句名身而轉，即是觀指以為月體。此人豈唯不見自性，亦不辯於教文。指月雙迷，教觀俱失。（《宗鏡錄》，頁918c）

在此他以「指」和「月」的比喻來說明教和心的關係，他將流傳於世的佛典文字譬喻為「指」，而人人各具的心性則譬喻為「月」，他認為經論只是標月指，明了自心才是最終目的，因此多聞若只是當做學問研究，而不能「迴光返照」、「消歸自己」的話，則只能見指而不得見月。他還說：

> 若隨語生見，齊文作解，執詮忘旨，逐教迷心，指月不分，即難見性，若因言悟道，藉教明宗，諦入圓詮，深探佛意，即多聞而成寶藏，積學以為智海，從凡入聖，皆因玄學之力，居危獲安，盡資妙智之功。（《宗鏡錄》，頁 974b）

從「藉教」來說，他認為除了大根器之外，一般的初學者必須有所假藉，透過經論的文字言說來幫助明心，由多聞、積學而能深探佛旨，因此「藉教」即是入道的下手方便。從「明宗」來說，為了怕學者在修學之後，滯著文字言說不放，或者因廣泛的學習而無所歸從，所以他認為在學習中必須隨時返照自心，知道各種經論的所宗都是一心。總之，「藉教」是方法、是基礎，「明宗」是目的、是究竟，「藉教」與「明宗」二者，有先、後及從、主的關係。

永明禪師的「藉教明宗」承繼了達摩的「藉教悟宗」之說，達摩認為「藉教」是入理的方便，而所悟的宗是指「含生同一真性」[42]，永明禪師則把真性之說納入其一心系統中，他的《宗鏡錄》即是以「立心為宗」，來繼續禪宗的傳心法印，他在書中反覆提到一

---

[42] 淨覺《楞伽師資記》，大正藏第 85 冊，頁 1285a：「理入者，謂藉教悟宗，深信含生同一真性，但為客塵妄覆，不能顯了。」

心，他不但說：「今所錄者，……千途異說，共顯一心」㊸，也指出禪與教都不離此一心，他說：

> 今宗鏡大意，所錄之文。或祖或教，但有一字一句，若理若事，若智若行，皆悉迴向，指歸真如一心。（《宗鏡錄》，頁921b）

由禪與教都「指歸真如一心」，可見他正是以標舉一心為宗，來達到和會禪教的目的。

既然永明禪師強調要「立心為宗」，那麼他只要提出頓悟一心就可以了，為何還要提到「藉教」呢？因為，當時有些禪者的觀念認為「單刀直入，不用廣參者」，對於這種偏執的人，他特別指出了廣學多聞的重要，他說：

> 大凡參玄之士，須具二眼，一己眼明宗，二智眼辯惑。所以禪宗云：單明自己，不了目前，如此之人，只具一眼。理孤事寡，終不圓通，隻翼單輪，豈能飛運？若執只要單刀直入，不用廣參者，則善財初見妙德發明之後，不合遍參法界。（《宗鏡錄》，頁660a）

他認為「單刀直入」雖然也可以開悟，但是想要圓滿菩提，還必須深入了達眾生的塵沙之惑。因為「只具一眼」，就只能自覺而已，

㊸ 《宗鏡錄》，頁660b。

若沒有事上的磨練，不去廣參善知識，則無法去覺他，所以他舉善財的五十三參為例，認為要廣泛地參學善知識，否則「理孤事寡，終不圓通」。

此外，他主張「藉教」是為了要對機的方便，因為一心的境界只有上根利智者才能契入，但是根器愚鈍的眾生要如何了悟一心呢？他認為就必須以百卷之說所引到的「恆沙義趣」來加以啟發，他說：

> 若直覽至一百卷終，乃至恆沙義趣，龍宮寶藏，鷲嶺金文，則殊說更無異途，舒之遍周法界，以前略後廣，唯是一心，本卷末舒，皆同一際，終無異旨，有隔前宗。（《宗鏡錄》，頁 420a）

所以他主張對於一心之理，不是生而知之的上智之人，就必須要藉助教典。此外，初機者也需要藉教，他說：

> 諸佛凡敷教跡，不為已知者言；祖師直指人心，只為未明者說。今之所錄，但示初機，令頓悟圓宗，不迂小徑，若不得宗鏡之廣照，何由鑒自性之幽深；匪因智慧之光，豈破愚癡之闇。（《宗鏡錄》，頁 763c）

他認為初機者未明、未信祖師所直指的人心，因此他指出唯有「藉教」才能開啟智慧，頓悟自性。

其次，談到「因聞顯心」，他認為根鈍者、初學者若是能夠多聞經教，就可以藉著聞慧幫助明心，他說：

> 只為初學未知者，己眼不開，圓機未發，須假聞慧，以助初心。……且智慧之光，如日普照；多聞之力，猶膏助明。……是以因聞顯心，能辯決定觀察之禪，因禪發起無行無生之慧，因慧了達諸法如實之覺，因覺圓滿無礙解脫之智。斯皆全因最初多聞之力，成就菩提。若離此宗鏡，別無成佛之門，設有所修，皆成魔外之法。（《宗鏡錄》，頁667c）

他認為先由多聞，而達於般若智慧，再進一步開顯真心，是有次第性的，他並指出這段自我成長的歷程是：聞→決定觀察之禪→無行無生之慧→諸法如實之覺→無礙解脫之智。他的多聞主張包含了聞、思（諸法如實之覺）、定（決定觀察之禪）、慧（無行無生之慧、無礙解脫之智），與世智辯聰有很大的不同。此外，他認為在到達無礙解脫之智以前，必須先經過一段漸學的過程，所以他曾提到「積漸之功成寶尊」[44]。

總之，永明禪師在和會禪教時強調要藉教明宗，他主張多聞不但在量上要廣博，而且在質上，必須經由積漸之功而轉趨深入，也就是說在廣學多聞的同時，要將經論的學問內化而消歸成自己的智慧。

---

[44] 《定慧相資歌》，大正藏第48冊，頁997b。

第三節　禪教和會的內容

永明禪師在《宗鏡錄》中曾說：「今者廣搜玄奧，不厭文繁。和會千聖之微言，洞達百家之祕說……無一念不和，盡為無諍之道」㊺，由「廣搜玄奧」和「盡為無諍之道」可知，他是運用引用經論的方法來作為和會禪教的方式之一。另外，《自行錄》中記載他著有《坐禪六妙門》、《華嚴六相義》、《華嚴十玄門》、《西方禮讚文》等文章㊻，從標題看來或許即是他和會禪教的心得，可惜這些文章都已經亡佚，無法具體判斷他在著作中將天台的六妙門，或是華嚴的六相義及十玄門，還有淨土法門中的西方思想，是如何的與禪宗思想作結合。不過，既然他的其他著作是以引用經論來和會禪教，因此有關他著作中引用過的所有經論，都可以作為研究他和會禪教的第一手資料。

他在引用經論時有二種方式，一種是單純地引用資料，不加論述。一種是在引用之中，加入自己的論述。首先，是單純地引用資料，不加論述，例如他說：

> 次約觀分別者，唯識宗立二種觀，華嚴宗立四觀，天台教立三觀，普賢門立十觀。唯識二觀者，一唯心識觀，二真如實觀。進趣大乘方便經云……華嚴四觀者……一事觀……二理觀……三理事無礙觀……四事事無礙觀……台教三觀者……

㊺　《宗鏡錄》，頁612a。

㊻　《自行錄》，頁166。

> 釋曰……是名空觀……是名假觀……是名中觀……普賢觀云：止觀十門者……。（《宗鏡錄》，頁 621a－623b）

他列出唯識二觀、華嚴四觀、台教三觀、普賢門十觀等觀法名稱，卻沒有對這些觀法提出自己的意見或批評。由於《宗鏡錄》常將相關的各宗教理，或是法門，同時並陳展開，如佛學百科全書一樣，符合教化眾生時契理、契機的要求，這樣的作法可以滿足不同根性的讀者，選擇適合自己的法門來修行悟道。不過，卻無法幫助瞭解他的和會思想。

其次，是在引用之外，加入永明禪師自己的論述，例如他說：

> 堅固女經云……女言：世尊！無有見如是法不作導師，是故我今必定當得作大導師。釋曰：故知若有見如是唯心一法，入宗鏡中，法爾常為一切教化之主，十方大導之師，以自得本故，能普攝一切枝末之法，悉還歸於一心本地，故決定無疑矣。（《宗鏡錄》，頁 931a）[47]

「釋曰」以下的文字，即是永明禪師對這段引文的見解，經文原義是說明堅固女告訴舍利弗，修行菩薩道應發阿耨多羅三藐三菩提心，而不要只發聲聞、辟支佛心。永明禪師在引用時卻提出一切法都不離「一心本地」，把它用來闡釋一心法門。又如他說：

---

[47] 「堅固女經云……」引文見《佛說堅固女經》，大正藏第 4 冊，頁 948a。

> 般舟三昧經偈云：諸佛從心得解脫，心者無垢名清淨。五道鮮潔不受染，有解此者成大道。釋曰：五道由心，心體常淨，雖遍五道，不受彼色，則淪五趣而不墜……以真如一心本性清淨，無增減故。以此一法，能收一切……。（《宗鏡錄》，頁 926a）

引文出於《般舟三昧經》的〈無著品〉㊽，「釋曰」以後的文字是他對經文的闡發，由「真如一心」的內容可知他在此處也是以闡釋一心思想為主。

當永明禪師在引用經論之外，加入自己的論述時，如果他所引用的資料是屬於教下的經論，就可以從中看出他的和會思想。他所引用的典籍包含很廣泛，有禪、唯識、華嚴、天台、淨土、密等佛教宗派的思想。而且為了強調「無一念不和，盡為無諍之道」的觀點，他所集錄的典籍除了大乘經、諸祖語、賢聖集之外，還有眾生言論及外道經書等㊾。由於他所引用的傳統佛學資料繁多㊿，囿於篇幅及個人學力所限，僅選取有關大乘經典、禪宗思想、華嚴思想、天台思想、法相唯識思想等，擇要地敘述其概略情形，至於淨土思想方面則是放在後面再討論。

㊽ 見《般舟三昧經》大正藏第 13 冊，頁 909a。

㊾ 《宗鏡錄》，頁 947b：「夫製論釋經，傍申佛意……與宗鏡相應者，皆當引證。是以眾生言論，悉法界之所流；外道經書，盡諸佛之所說。」

㊿ 《宗鏡錄》，頁 924a 提到僅在〈引證章〉中就「引大乘經一百本，諸祖語一百二十本，賢聖集六十本，都三百本之微言，總一佛乘之真訓」。因此整本書中的引用經論更不只此數。

第一點是關於對大乘經典的引用，永明禪師曾經讚嘆受持大乘經典的功德，他認為：「又若諷誦遺典，受持大乘。功德幽深，果報玄邈」[51]，在《自行錄》中也看到他在日課中除了讀誦經典、咒語，也虔誠地禮拜經典，或頂戴著經典旋繞行道[52]。

永明禪師一生並沒有註釋過任何一部經典，但是如前所述他在著作中會用「釋曰」，對經典作出自己的詮釋，以下再舉一例說明，他說：

> 文殊師利問經偈云：若見有一法，餘法悉應見。以一法空故，一切法亦空。釋曰：心有法則有，心空法則空。萬法一心宗，空有皆無寄。（《宗鏡錄》，頁931c）

按引文原來是《文殊師利問經》中佛陀對文殊師利菩薩所說的偈語，原本是探討涅槃的一段經文[53]，永明禪師在此則引之來闡釋一心是空有不二的中道。雖然他不曾為個別的經典作註，不過他卻曾以簡明扼要的語句，解說不同經典的宗要思想，他說：

---

[51] 《萬善同歸集》，頁962c。

[52] 如頁154b第六常念妙法蓮華經、頁155a第八常讀大方廣華嚴淨行品、頁155b第九常誦千手千眼大悲陀羅尼、頁158b第三十六禮大寶積經、頁159b第五十四頂戴大般若經行道等。

[53] 《文殊師利問經》〈涅槃品〉大正藏第14冊，頁495a。佛告訴文殊菩薩，涅槃「不斷不滅，不生不起，不墮不落，不行不住」，然後又告訴文殊說：「我尚不見涅槃，何況見涅槃功德？佛說此衹夜：若見有一法……」。

> 故般若唯言無二，法華但說一乘，思益平等如如，華嚴純真法界，圓覺建立一切，楞嚴含裹十方，大集染淨融通，寶積根塵泯合，涅槃咸安祕藏，淨名無非道場。是以一法千名，萬緣立號。（《永明智覺禪師唯心訣》，大正藏第 48 冊，頁 993c）

他認為《般若經》的要旨在於不二法門，《法華經》的要旨在於一乘思想，而《華嚴經》的要旨則是一真法界，還有其餘的各種經典也都有各自的宗旨。

此外，他也曾以一心法門來解釋不同經典的題名，以《妙法蓮華經》為例，他說：「稱妙法蓮華經者，妙法即是絕待真心，稱之曰妙，蓮華以出水無著為義，即喻心性，隨流墮凡而不染垢，返流出塵而不著淨」[54]。他認為「妙法」就是指絕待真心，「蓮華」譬喻心性的不染不淨。還有，他解釋《大方廣佛華嚴經》的題名時，說：「或名大方廣佛華嚴經者，大方廣者，是一心所證之法，佛華嚴者，即一心能證之人，攝所歸能，人法冥合，皆是一心」[55]。他認為「大方廣」是所證，「佛華嚴」是能證，能所冥合，不離一心。

總之，他能提出各經典的宗要，又能以一心思想來闡釋經典的題名，可見他對於大乘經典的深義是下過功夫研究的。

第二點是關於對禪宗思想的引用，永明禪師在《宗鏡錄》中所引到的禪宗資料，有些在他處已經看不到了，如雲居的《心境不二

---

[54] 《宗鏡錄》，頁 555c。

[55] 《宗鏡錄》，頁 556b。

篇》、智達的《心境頌》[56]。另外，王開府曾在《宗鏡錄》中也發現到六筆洞山的偈頌，未見於一般的史傳或語錄[57]。

雖然禪門在歷史上曾因分為南北二宗而有過衝突，但是他基於無諍的思想，卻企圖將南北二宗和會，他指出：「此論見性明心，不廣分宗判教」[58]。此外在六祖之後，因宗風不同而分為五宗，但是他在提到禪宗一系的傳承時，只說明「西天上代二十八祖，此土六祖」[59]，而六祖之後的宗派他都不予分別。他甚至也並不想強調自身的法眼宗立場，在他的著作中引用到許多禪者的思想，卻並未引用文益或德韶的文字[60]。總之，他並沒有明顯的表達出他的宗派立場[61]，而他的宗派立場之所以並不明顯，就在於他的和會精神。

對於禪宗思想的宗旨，永明禪師認為「若禪宗頓教，泯相離

---

[56] 《心境不二篇》見於《宗鏡錄》，頁 946b。《心境頌》見於《宗鏡錄》，頁 943b。

[57] 王開府〈《宗鏡錄》中的洞山禪師偈頌〉（《法光》第七十四期，1995 年 11 月）。

[58] 《宗鏡錄》，頁 614a。

[59] 《宗鏡錄》，頁 418a。

[60] 雖然《宗鏡錄》，頁 660a 曾說：「禪宗云：單明自己，不了目前，如此之人，只具一眼」。這段引文非常類似於《景德傳燈錄》，大正藏 51 冊，頁 410c 中記載智依上堂時所說的「單明自己，不悟目前，此人只具一隻眼」。而智依正是文益的法嗣，也許在法眼宗的傳承中有過此種教導，但是永明禪師在引用時，卻只有淡然地表明是「禪宗云」而已。

[61] 冉雲華《永明延壽》，頁 211 也提到永明禪師的宗派立場問題，他說：「延壽在使用禪宗的資料上，廣泛引用各家思想闡明禪宗教義，宗派立場不太顯著。但在陳述祖意時所列的祖師譜系上，卻是以洪州馬祖及青原行思為宗，牛頭宗尚見其言，荷澤宗已經消名。」

緣，空有俱無，體用雙寂」[62]，也就是他認為禪宗不但是頓悟法門，也是超越空、有及體、用的不二思想。因此對於禪門中在表達宗旨時，所使用的遮詮與表詮方法，他也採取和會的態度。他曾說：

> 以要言之，一切世出世間諸法，悉皆無有……如六祖偈云：菩提亦非樹，明鏡亦非臺。本來無一物，何用拂塵埃。（《宗鏡錄》，頁594c）

他認為世間法「悉皆無有」，也就是從緣起無自性的觀點看，他否定一切法有其實體，「悉皆無有」是屬於遮詮的方法，禪師為了要打破學者的執著時所使用。但是，永明禪師則認為不可以只重視遮詮，免得有人執著於否定一切，反而增加癡迷，落如頑空，他說：

> 近代或有濫參禪門不得旨者，相承不信即心即佛之言，判為是教乘所說，未得幽玄，我自有宗門向上事在，唯重非心非佛之說，並是指鹿作馬，期悟遭迷，執影是真，以病為法。（《宗鏡錄》，頁560b）

他認為如果禪者只偏重於「非心非佛」的遮詮，就是對於「無分別」起了執著，這種人與教下執著於空見的人一樣，只是狂慧、狂

---

[62]　《萬善同歸集》，頁958c。

解而已[63]。所以他主張遮詮之外，也要有「即心即佛」的表詮，來直示本心的體用之妙。總之，他認為遮詮和表詮無須相諍，因為二者並存才能適合不同根性的眾生。

第三點是關於對華嚴思想的引用，永明禪師對華嚴思想的融攝，包括《華嚴經》、華嚴宗二方面。他在著作中時常引用到《華嚴經》及華嚴宗祖師的言論。《自行錄》中則提到他時常讀〈淨行品〉並依之發願，還有他希望藉著禮拜《華嚴經》，能入「緣起性德之門」，或是經由頂戴《華嚴經》行道，能夠「咸入海印三昧，頓悟法界圓宗」[64]。

永明禪師曾將「宗」與「教」對舉，其中的「教」就是指華嚴思想[65]，可見他很重視華嚴思想。他在《宗鏡錄》中舉一心為宗，而他在〈標宗章〉裡論述一心之體時曾說：

> 又諸賢聖所立宗體者，杜順和尚依華嚴經立自性清淨圓明體，此即是如來藏中法性之體……唯了因之所了。斯即一切眾生自心之體，靈知不昧，寂照無遺。非但華嚴之宗，亦是一切教體。（《宗鏡錄》，頁417c）

---

[63] 《宗鏡錄》，頁 919a：「或有禪宗不得旨者，法學起空見人，多拂心境俱空，執無分別，將狂解癡盲，以為至道」。

[64] 其詳請見《自行錄》，頁 155 第八件佛事、頁 157 第二十二件佛事、頁 159 第四十八件佛事。

[65] 《宗鏡錄》，頁 614a：「若依教，是華嚴，即示一心廣大之文；若依宗，即達摩，直顯眾生心性之旨。」

他指出一心為一法千名，其中之一即是杜順所立的「自性清淨圓明體」[66]，他認為此華嚴宗所說的「自性清淨圓明體」，不但是一切教下所立的心體，也是他所主張的一切眾生的自心之體，由此即可以看出他的一心思想確實受到華嚴思想的影響，而且也可以看出他運用一心來和會禪教。另外，他也引用不少華嚴宗祖師的思想，例如在書的卷一百處是引用法藏的發願偈作為結束[67]，他也曾引用智儼的《十玄門》思想[68]。而他在書中對澄觀思想的引用，就超過了八十多次[69]。還有他在禪教和會方面，也受到宗密思想的影響。

永明禪師在著作中引用不少華嚴思想，包括了「四法界」、「十無礙」、「一心」、「十玄」等重要義旨[70]。他曾指出一切法如是如是顯現，「還同宗鏡……光光涉入，影影相含，如十玄門重

---

[66] 按此段引文見於今本《大正藏》第 45 冊，法藏所作的《修華嚴奧旨妄盡還源觀》，頁 637b。

[67] 《宗鏡錄》，頁 957b：「華嚴疏主藏法師發願偈云：誓願見聞修習此，圓融無礙普賢法……一念多劫修普行，盡成無上佛菩提」。

[68] 《宗鏡錄》，頁 641a。

[69] 石井修道〈『宗鏡錄』におよぼした澄觀の著作の影響について〉，《印度學佛教學研究》，頁 130 提到他引用澄觀的文字共計八十一回。按實際上的引用數字應該不只這些，因為永明禪師有時並不會明言被引用的作者名或是書名，而是把別人的文字融入到自己的文章中，如《宗鏡錄》頁 451a：「夫水喻真心者，以水有十義，同真性故……」，引文中雖未明言作者是誰，其實就是出於澄觀的《大方廣佛華嚴經疏》，大正藏第 35 冊，頁 603b。

[70] 《永明延壽》，頁 226：「裡面所涉及的教義包括華嚴哲學中的『性體』、『四法界』、『十無礙』、『一心』、『十玄』、『觀心』、『安心』等概念和方法。這些概念和方法雖不能包括全部華嚴哲學，但是重要者幾乎全在書中可以找到討論。」

重無盡」[71]，可見他不只是引用華嚴的經論文字而已，他也將華嚴的圓融無礙思想，融入到一心思想之中。他並說：

> 若禪宗頓教，泯相離緣，空有俱無，體用雙寂；若華嚴圓旨，具德同時，理行齊敷，悲智交濟。（《萬善同歸集》，頁958c）

他認為華嚴思想的特點是「具德同時，理行齊敷，悲智交濟」，顯示出他對華嚴思想的瞭解與認識是很深刻的。而他之所以會在明心見之外提倡萬善同修，正是受到華嚴思想中「理行齊敷」的影響。

第四點是關於對天台思想的引用，永明禪師一生受持讀誦法華經，由《自行錄》還可以看到他也勤修法華懺，鼓勵要建立法華堂，並希望一切眾生「同證法華三昧」[72]。

永明禪師在著作中用到「台教」、「天台教」、「台宗」、「天台宗」時，就是指天台思想[73]。在其著作中有關天台思想的重要典籍，引到的有《摩訶止觀》、《摩訶輔行傳弘決》、《四念處》、《六妙門》、《觀心論》等。從中可看出他受到智者與湛然思想的影響較多，首先永明對智者非常敬仰，曾將智者與馬鳴並論

---

[71] 《宗鏡錄》，頁641a。

[72] 《自行錄》，頁154的第二件佛事。頁154的第一件佛事。及頁157的第十五件佛事。

[73] 《宗鏡錄》，頁461b：「台教云：心如幻化……」。頁621a：「天台教立三觀」。頁476c：「問：台宗觀心語密……」。《萬善同歸集》，頁971b：「天台宗滿禪師……」。

[74]，他又說：「智者大師一生弘教，雖廣垂開示，唯顯正宗」[75]，他認為智者弘揚的天台思想是佛學的正宗之一，由此可見他認為禪思想與天台思想是無諍的。他指出：「今若得一心，萬邪滅矣，則何心而非教。若一聞千悟，……則何教而非心」[76]，並引用智者的安心法說：「如是委細，種種安心，利鈍齊收，自他兼利，若有聞者，頂戴修行」[77]，表示了他認為智者所說的安心法門對於禪者的攝心也很有幫助。此外，智者的《觀心論》對他寫作《觀心玄樞》有很大的啟發[78]，而永明禪師的懺悔思想，也受到智者的影響很大，例如《自行錄》中與懺悔有關的記載，與智者的《法華三昧懺儀》有許多相似的內容[79]。

---

[74] 《宗鏡錄》，頁 645b：「天台智者，廣述真詮，大小兼弘，教觀雙辯，末後唯說觀心論章，意亦如是；亦如祖師馬鳴菩薩，廣釋經造論，末後唯製一卷略論，名大乘起信論。」

[75] 《宗鏡錄》，頁 919c。

[76] 《宗鏡錄》，頁 676b。

[77] 《宗鏡錄》，頁 678c。

[78] 黃繹勳《觀心與成佛》，頁 29：「在語意上從《觀心論》……強調修道與觀心的關係密切，到《玄樞》……將觀心視為得道、成佛等等必要、非行不可的條件了，而且增加到七十個問，這是延壽在舊有《觀心論》的基礎上有屬於他自己新的開創與發展」。

[79] 《自行錄》，頁 156 的第十一件佛事提到「禮十方佛」，其中所述的十佛與《法華三昧懺儀》，〈第六明禮佛方法〉頁 951b 所述一樣。又《自行錄》，頁 161「第七十四，晝夜六時，修行五悔，懺滌六根……」，其中的「志心懺悔……懺悔耳根……懺悔鼻根……懺悔舌根……懺悔身根……懺悔意根……」，與《法華三昧懺儀》，〈第七明懺悔六根及勸請隨喜迴向發願方法〉，頁 952b 的內容有許多雷同。而《自行錄》頁 163「第七十五……勸請十方一切諸佛……」、頁 163「第七十六……隨喜十方諸佛……」、頁 163

其次，他也受到湛然思想的影響，他在引到《十不二門》時曾說：

> 湛然尊者約三觀、四教、十如、十乘、一念三千等……遂撮略色心不二等十門，明權實之宗，辯能所之化。（《宗鏡錄》，頁 494c）

引文除了提到《十不二門》有明權實、辯能所的特色，還指出湛然的思想「並是約理、事，權、實，因、果，能、所等解釋，大凡理事二門，非一非異……但悟一心無礙自在之宗，自然理事融通」[80]，可見他是藉助天台思想來論述一心所具有的理事不二的特質。雖然在《宗鏡錄》中，天台的要旨並非是主要的核心思想，但是從永明禪師的引用及闡發，可知他對天台思想是頗有研究的[81]，他曾說：

> 問：夫成佛門，若論修善，則有前後，若是性善，本一心平等，諸佛既有性惡，闡提亦有性善，既同一性，俱合成佛，

「第七十七……回向……」、頁 163「第七十九……發願……」的四件佛事則與《法華三昧懺儀》，〈第七明懺悔六根及勸請隨喜迴向發願方法〉，所說的勸請、隨喜、迴向、發願，在順序上一致。更多有關永明與智者在懺悔思想的關係，可參考《永明延寿の研究》，頁 228。

[80] 《宗鏡錄》，頁 496b。

[81] 冉雲華《永明延壽》，頁 231 也指出：「延壽雖然沒有將天台宗的教旨，列入宗鏡體系的哲學核心，但是……天台哲學中的『三諦圓融』、『一心三觀』、『觀心』、『安心』，都被納入延壽的作之中」。

> 云何闡提不成佛耶？答：若言性佛，何人不等；若約修成，闡提未具。台教問：闡提與佛斷何等善惡？……闡提染而不達，與此為異也。……若見性達道，何道不成，則法法標宗，塵塵契旨，豈唯善惡二法而得自在耶？（《宗鏡錄》，頁507b－508a）

他之所以會引到《觀音玄義》中的性惡問題[82]，主要是為了強調事修的重要性，他指出：「若以修善修惡，就事即殊，因果不同，愚智有別」[83]，也就是說他認為人人所皆有的一心理體，原本是與諸佛無二無別的，然而眾生之真心被無明所蔽，在事修上造作善、惡不同的業，遂產生不同的果報。禪者雖然自信即心是佛，然而也必須要有事修方可圓滿修行，他說：

> 自行須離，約法即空，化他等觀，在人何別？是以初心自利，則損益兩陳，究竟利他，則善惡同化……台教云：惡是善資，無惡亦無善，法華經云：惡鬼入其身，罵詈毀辱我，我等念佛故，皆當忍是事。惡不來加，不得用念，用念由於惡加……故知惡能資善，非能通正，豈有一法而可捨乎？（《萬善同歸集》，頁976b－976c）

他認為必須方便運用看似惡法，或非法的法門，以達成教化惡人解

---

[82] 《觀音玄義》，大正藏第34冊，頁882c。

[83] 《萬善同歸集》，頁976b。

脫的方便，從「惡能資善，非能通正」，可知他是從惡法門的觀點來解釋天台「諸佛不斷性惡」的性惡思想。總之，他雖然主張一心之體無有善惡，然而由於教化的必要，他也不排斥天台所提出的性惡觀點。

第五點是關於對法相唯識思想的引用，有關永明禪師所引用的法相唯識思想，明昱的《三支比量義鈔》，還有梅光羲的《宗鏡錄法相義節要》都已作過彙整。在其內容方面，包括了法相唯識思想中的重要觀點，如「三性」、「六因」、「十因」、「四緣」、「五位百法」等[84]，主要是以天親、護法、慈恩三家的唯識思想為主。

在永明禪師的和會思想中，法性與法相，一是體，一是用，二者為不一不二的關係，他在回答「今宗鏡錄以鏡為義者，是約法相宗立？約法性宗立？」說：

> 若約因緣對待門，以法相宗，即本識為鏡。如楞伽經云：譬如明鏡，現眾色像，現識處現，亦復如是。現識即第八識。以法性宗，即如來藏為鏡。……若約法性融通門，皆歸一旨，無復分別。今論正宗，取勝而言，約法性宗說。若總包含，如海納川，以本攝末，豈唯性相，無有一法而遺所照。
>
> （《宗鏡錄》，頁 473c－474a）

---

[84] 如《永明延壽》，頁 249 即指出：「其中重要的名相，包括『三性』……『六因』……，『十因』……，『四緣』……「五位百法」等。……也採用了玄奘由印度帶回的佛教邏輯學──『三支比量義』。」

他認為雖然《宗鏡錄》是以法性宗所說的如來藏為主，但是從法性融通門來說一心原本就包含有性與相，因此二者不可偏廢。他不但將法相思想總包含在一心思想之中，並且還指出如果學佛者不明白法相的思想，就容易被根塵所惑，於生死中造業，不斷輪迴。他還說：

> 若不先明識論，天親護法等，剖析根塵微細生死，又焉得依龍樹觀門遣蕩，如無差別，無可圓融。若不先胗候察其病原，何以依方施其妙藥。（《宗鏡錄》，頁 682b）

他認為法相唯識的特色在於詳細分析妄心生滅的道理，如果不瞭解眾生所執著的緣起幻「有」，又如何以性空之說來遣蕩破執呢？也就是他認為法相唯識與般若空宗一樣都是對治眾生執著的妙藥。他並且說：「是知唯識之理，成佛正宗……萬法唯識，述宗鏡之正意，窮祖佛之本懷」[85]，可見他以為唯識思想可以表達一心的真正義旨，他還說：

> 心有二種，一隨染緣所起妄心，而無自體，但是前塵，逐境有無，隨塵生滅，唯破此心，雖云可破，而無所破，以無性故。百論破情品云……二常住真心，無有變異，即立此心，以為宗鏡。釋論云：心有二種，一相應心……二不相應

[85] 《宗鏡錄》，頁 426a。

心……。（《宗鏡錄》，頁 601b）[86]

他引到《百論》及《大乘唯識論序》來解說何謂真心與妄心，他並提出無有變異的常住真心，就是《宗鏡錄》所立的一心。他更進一步引用到《大乘法苑義林章》來說明由妄心所分出的五種心，率爾心、尋求心、決定心、染淨心、等流心，就是生死流轉的原因[87]，他認為先認識妄心，才能加以對治，所以他主張禪者有必要學習法相唯識的思想，並透過對法相唯識的瞭解來幫助轉識成智。

第四節　禪教和會產生的爭議

《宗鏡錄》全書是由問、答組合而成，而永明禪師在解答問題時，總是在同一問題下引用著許多經論，其目的並非在堆疊各種相關資料而已，他是想藉此透過一心思想來和會不同的經典或宗派思想[88]。不過這種大量引用的作法，卻造成閱讀其著作的困難，因為在複雜的引文中，想要整理出書中有哪些部分是融攝於傳統佛學？或者有哪些部分是他自己的新意？並不是一件易事。澫益在〈較定

---

[86] 「百論破情品云……」出於〈破空品〉而非〈破情品〉，大正藏第 30 冊，頁 181c。「釋論云」是出自《大乘唯識論序》，大正藏第 31 冊，頁 70c。

[87] 《宗鏡錄》，頁 434a：「有五種心，一率爾心……二尋求心……三決定心……四染淨心……五等流心……法苑義林云：辯五心相者……。」而「法苑義林云……」即引自《大乘法苑義林章》，大正藏第 45 冊，頁 256a。

[88] 呂澂在《中國佛學思想概論》，頁 285 說：「像《宗鏡錄》規模雖大，但只是做的機械地資料編纂工作，沒有什麼學術思想的體系」，筆者不贊同這種看法。

宗鏡錄跋四則〉中曾提到他閱讀過《宗鏡錄》三、四遍之後，發現當時流傳的版本內容過於蕪穢雜亂，所以他將全書加以點校刪減，刪除後人妄加的部分，企圖回復其原貌[89]。雖然經過了蕅益的校定，但是今本《宗鏡錄》中還是可以發現一些問題存在，例如書中曾二度出現「問：若信入此法，還有退者不？答：信有二種，一若正信堅固，……退至何所」的問答，二處文字一模一樣，很可能就是後人傳鈔時重出的[90]。

永明禪師在引用時，並未將所引的經典一一做真偽考證的工作，例如他引用的《占察善惡業報經》被視為偽經[91]，還有他認定《釋摩訶衍論》是龍樹所作[92]，由於他不在意考證的工作，也遭到後代學者如何雲、何明棟及仙石景章等人的批評[93]。雖然《占察善

---

[89] 《靈峰宗論》（下），頁 1120：「其一，閱此錄已經三遍……刪其蕪穢，存厥珍寶，卷仍有百，問答仍有三百四十餘段，一一標其起盡，庶幾後賢覽者，不致望洋之歎，泣岐之苦矣。……其二，予手點此錄，於今四遍，每尋討必有新益，實是觀心之助，斷不可作世間道理會也。」

[90] 這二處重出的文字見於《宗鏡錄》，頁 582a 及頁 683c。

[91] 《曆代三寶紀》，大正藏第 49 冊，頁 106c：「檢群錄無目，而經首題云：菩提登在外國譯，似近代出妄注」。

[92] 《宗鏡錄》，頁 682c：「龍樹製摩訶衍論……證說八識心王性相微細等義」。

[93] 何雲、何明棟等著《禪宗宗派源流》（北京：中國社會科學出版社，1998 年 8 月第 1 版第 1 刷），頁 425 認為永明禪師引用了《起世界經》等偽經，有失考、違背事實之處。仙石景章則在〈『宗鏡錄』引用諸文獻——『肇論』注釋書類〉（《印度學佛教學研究》，37－1，昭和 63 年 12 月），頁 132 提到永明引到的《寶藏論》不是僧肇的真撰，並認為他鑒別真偽的眼力不無疑問。

惡業報經》被後人證明非佛所作，但是也並不是說這樣的經典就不能被引用，例如湛然也把它視為是佛陀所說而加以引用[94]。還有，《釋摩訶衍論》雖非龍樹所作，但是智者、義天也認為《釋摩訶衍論》的作者是龍樹[95]。可見古代大德在運用經典時，只是著重在經典的思想內容，可以被己用與否，並不在意去考證經典真偽的問題。也就是說這些經論雖然並非出自印度佛學的翻譯經論，卻仍舊有其佛學研究上的意義[96]。

永明禪師為了和會不同的思想，在回答問題時會同時引用到各種不同的說法，例如他說：

> 故知此一心門，能成至道。若上根直入者，終不立餘門。為中下未入者，則權分諸道。是以祖佛同指，賢聖冥歸。雖名異而體同，乃緣分而性合。般若唯言無二，法華但說一乘，淨名無非道場，涅槃咸歸祕藏。天台專勤三觀，江西舉體全

---

[94] 湛然在《止觀輔行傳弘決》，大正藏第 46 冊，197b 也說：「占察經云：觀有二種，一者唯識，謂一切唯心；二者實觀，謂觀真如」。

[95] 智者《觀心論》，大正藏第 46 冊，586a：「龍樹并造中論、釋摩訶衍論」。義天《新編諸宗教藏總錄》，大正藏第 55 冊，1174c：「釋摩訶衍論十卷，龍樹述」。

[96] 例如冉雲華〈延壽的戒律思想初探〉（《從印度佛教到中國佛教》，臺北：東大出版社，1995 年 11 月初版），頁 251 即說：「這些在中國寫成的『偽經』，自然不能夠代表印度佛學，因而被看作是『偽』而不真。但是如果要研究中國佛教的話，《像法決疑經》這類冒稱『譯出』的經典，當然一點也不『偽』。原來『譯』造這些漢文經典的作者，正是為了解決中國佛教當時所面臨的某些問題，才不得不借用佛陀『金口』的權威，『譯出』某些他們自己偽造的經典。」

> 真，馬祖即佛是心，荷澤直指知見。……各據經宗，立其異號。如維摩經以不思議為宗，金剛經以無住為宗，華嚴經以法界為宗，涅槃經以佛性為宗。任立千途，皆是一心之別義。（《宗鏡錄》，頁 427c）

他認為佛法為了適應根性的不同，所以產生許多不同的教說，而為了強調一心法門的廣大涵容，他便這些把原本各具特色的經典、宗派都說成「名異而體同」，如文中他所提到的一心三觀、舉體全真、即佛是心、直指知見，本來是各不相同的宗派特色，而《維摩經》、《金剛經》、《華嚴經》、《涅槃經》等也是「各據經宗，立其異號」，但是他卻主張這些宗派或經典的宗要卻都不離一心。也就是說他刻意的忽略掉這些宗派及經典的不同特色，而強調其間的共同性，這正是永明禪師和會思想的目的。

但是這種只取其同，不論其異的和會方法，卻被後人認為不妥，例如中峰曾說：

> 或問永明和尚作宗鏡錄百卷，廣引大乘經論之文，配吾達磨直指之禪，其志亦奇矣！似亦不免開鑿尋文解義之端乎？（《天目中峰廣錄》（日本：京都中文出版社，1985 年 12 月出版），頁 433）

引文顯示出到元代時，就有人認為《宗鏡錄》的廣引經論，和會禪教，是「尋文解義」，與禪宗「不立文字」的思想有違。另外，如《枯崖和尚漫錄》也批評永明禪師：「蓋不專攻體究，到大休歇田地，徒成知見解會，障自己眼……前輩有言，若真箇要打透此事，切不可看此錄」[97]。《五宗原》更認為：「永明博綜於宗鏡……此祖宗妙極而流弊，痛挽之，惟望後人之實證也」[98]。而現代學者呂澂也批評永明禪師此種和會方法是沒有原則的，他說：

> 由於延壽過於重視禪教的統一，所以比起宗密的議論更進了一層，以至把教中的一些界限弄模糊了……對待禪宗各家也有類似的情形，對北宗他還劃了一個界限，對南宗各家，則加以無原則的調和，無所區別。早在宗密時，即已指出南宗有荷澤、洪州、牛頭三大家，且作了高下之分；到延壽時更有了二系五派，它們之間是有分歧的，而延壽卻持混沌一體的看法。因此，他不但對教不清楚，對宗也模糊。在《宗鏡錄》最後引證的一章中，引用各家祖師之說，幾乎辨別不出有何不同之點。這種作法可說是他有意識地在進行調和。這樣，就使得作為青原一系的後繼者，未能很好地保持這一系的精神，而法眼宗本身也祇有傳幾代以後就趨向衰竭了，倒還是由雲門、曹洞兩派繼承青原系得精神傳承下去的。
> （《中國佛學思想概論》（臺北：天華出版社，86 年 11 月初版七刷），頁 278）

綜合呂澂對永明禪師的批評有二個，第一個問題他認為永明「不但

---

[97] 《枯崖和尚漫錄》，卍續藏第 148 冊，頁 82。

[98] 《五宗原》，卍續藏第 114 冊，頁 103。

對教不清楚，對宗也模糊」，第二個問題他認為永明禪師的和會思想造成了法眼宗的沒落。呂澂說永明禪師「對教不清楚」、「對宗也模糊」，這種說法並不完全正確，因為從永明對天台、華嚴、唯識等思想的引用中，可以看出他對各宗思想的精義，其實有很深的認識，而且從永明禪師提到「江西舉體全真，馬祖即佛是心，荷澤直指知見」，也可以知道他對禪宗也有一定程度的認識。只是他為了和會無諍的原則，此即呂澂所謂的「有意識地在進行調和」，才不去討論各宗派思想之間的差異性，所以由讀者的立場來看，就會覺得他所引用的的這些思想不清不楚了。而對永明禪師來說，他的目的正是要以一心來和會各宗思想的差異。

呂澂又認為永明禪師的和會思想造成了法眼宗的沒落，這種觀點並不是只有他一個人有，《中印禪宗史》也認為永明禪師「不是純粹之禪」是法眼宗沒落一個很大的問題[99]。實際上，法眼宗的興盛是因為法眼、德韶、永明等人的德高望重，受到當時國主的欽服與支持，因此吸引不少有心者來學習。而且法眼宗融攝傳統佛學的學風，在德韶時還對本宗的發展有很大的貢獻，他的弟子們都非常博學多聞，並不會造成法眼宗的衰落，因此到了永明禪師才可以進一步融攝傳統佛學與調和各宗學說，中峰曾說：

> 永明和尚弘多生智慧辯才之力，該羅經教，述而辨之，其縱

---

[99] 孤峰智璨《中印禪宗史》（釋印海譯，臺北：正聞出版社，1981 年 3 月版），頁 197：「法眼宗依禪、教一致之思想，從各宗吸收不少人物，致使一時隆盛。另一方面，亦因為不是純粹之禪，而使法脈轉瞬間斷絕，固然法脈早絕之原因亦很多，但此是主要原因之一也。」

> 橫放肆，左右逢原，是謂即文字之總持門也，俾三藏學者不敢置吾徒於佛海之外。（《天目中峰廣錄》，頁433）

他認為永明禪師的「該羅經教」有助於禪師的深入教海，可見融攝傳統佛學有助於對治禪宗末學不讀經典的弊端。另外，《智覺普明國師語錄》指出：「永明智覺禪師不忍看天下文字之徒誹謗教外宗，作宗鏡一百卷以救此弊，爾來教禪之徒止諍，自非大權菩薩安能如是乎」[100]，也是認為永明禪師的融攝傳統佛學可以止除宗派之間的爭鬨，所以就融攝傳統佛學與調和各宗學說來說，並非是一個宗派衰落的問題所在。

宋初之時，法眼宗仍有傳承，《傳法正宗記》說：

> 正宗至大鑒傳既廣，而學者遂各務其師之說，天下於是異焉，競自為家，故有溈仰云者，有曹洞云者，有臨濟云者，有雲門云者，有法眼云者，若此不可悉數。而雲門、臨濟、法眼三家之徒，於今尤盛，溈仰已熄，而曹洞者僅存，綿綿然猶大旱之引孤泉。然其盛衰者，豈法有強弱也，蓋後世相承得人與不得人耳。（《傳法正宗記》，大正藏第51冊，頁763c）

契嵩提到當時溈仰宗早已衰亡，而曹洞宗勢力非常微弱，這二宗衰

[100] 《智覺普明國師語錄》，大正藏第80冊，頁666。

落的原因，都不會被歸咎為是和會之過[101]。而契嵩本人也是廣泛融攝傳統佛學的多聞人士，他的《輔教篇》與永明禪師的《宗鏡錄》被中峰稱譽為「二書乃佛祖之墻岸」[102]，契嵩指出一個宗派的盛衰關鍵在於得人與否，當法眼宗的後繼者無法在一個新的時代有所開展與創新時，其勢力就只能被其他宗派所取代。

總之，從歷史角度來看，永明禪師一方面感受到五代末世時佛學發展的限制[103]，另一方面則敏銳地覺察出思想統合的時代已將來臨，因此他的和會思想實有著歷史性的意義，由於他的廣學多聞使他成為「中國哲學史上佛教思想的集大成者」[104]。此外，從教化發展來看，他認為佛教必須融合宗派間彼此不同的思想，才能夠向前推進，他希望禪教能和合無諍，共同以成佛為修行的究竟目的。

---

[101] 以曹洞宗為例，《禪宗宗派源流》，頁 443 曾指出曹洞宗到宋代進入一段沈寂低落的時期，而造成門派勢力衰落的原因在於宗派思想沒有新的突破。另外，書中，頁 445 又分析曹洞宗之所以會失去吸引力，是「與其立宗之初內在義理思想的早熟、外在名相語匯的貧弱」有關。

[102] 《天目中峰廣錄》，頁 434：「永明和尚弘多生智慧辯才之力，該羅經教，述而辨之，其縱橫放肆，左右逢原，是謂即文字之總持門也，俾三藏學者不敢置吾徒於佛海之外，與明教和尚之《輔教篇》精搜百氏，博達群書伸，釋之真慈氏，杜儒門之重嫉，此二書乃佛祖之墻岸。」

[103] 冉雲華〈論中國佛教核心思想的建立〉（《中華佛學學報》第十三期，2000 年），頁 427：「他（永明禪師）生活在偏安於戰亂分裂的吳越王國，而中國佛教中的派系，在唐王朝崩潰時刻自顧不暇，求生存已是困難，那有精神作爭權奪事的內門消耗。也就是在這一大氣候的影響下，延壽的作品如《宗鏡錄》，才將重點放在佛教思想的調和，批評只佔很小的篇幅。」

[104] 冉雲華《永明延壽》自序，頁 9。

第三章
禪淨融合思想探源

本章將概要的回溯佛教史中禪淨融合思想的發展過程，以探討在永明禪師之前禪淨二種思想的關係，從相關於「禪」的佛教史角度來看，包括了禪經中談到念佛可以攝心入定的思想，禪宗成立之前早期習禪者的念佛修行，和成立宗派之後的禪宗行者對淨土思想的態度，包括了以念佛為攝心方便而不求發願往生的禪師，及一些念佛並發願求往生的禪師。而從相關於「淨」的佛教史角度來看，則包括了淨土經典中談到念佛而證得定慧等持的三昧思想，和發願往生淨土行者的禪觀思想。

第一節　經典中的禪淨融合思想

念佛之法早在《阿含經》中就已經出現，它是「六念」[1]，或

---

[1] 「六念」是指念佛、念法、念僧、念施、念戒、念天，見《長阿含經》，大正藏第 1 冊，頁 58a：「云何六修法，謂六念，佛念、法念、僧念、戒念、施念、天念」。

「十念」❷中的一種。永明禪師在著作中曾提到「六念」與「十念」，不過當他提到「十念」時都與淨土法門的「十念」有關❸，主要是指臨終十念，並非《阿含經》中所說的「十念」。而他在《萬善同歸集》和《自行錄》中提到的「六念」則與《阿含經》中的「六念」有關。

「六念」是以念佛作為修習禪定的方便，因此《阿含要略》將之列為是〈增上定學〉❹，在《阿含經》中所念的佛是指釋迦牟尼佛。「六念」法門原本並沒有他力的意義❺，不過在《佛說觀無量壽佛經》中「六念」則被列入修行之一，經中提到有三種眾生可得上品往生，而其中的第三種眾生：「修行六念，迴向發願，生彼佛國」❻，可見修淨土法門者也提倡修行「六念」，不過是淨土經典更重視佛的他力本願及念佛者的發願往生。

智者在《摩訶止觀》引到「六念」時則說：「云何因禪發得念佛三昧？……明見光相，瞻奉神容，的的分明者，此非是魔，能增

---

❷ 「十念」是指「六念」再加上念休息、念安般、念身、念死，見《增壹阿含經》，大正藏第 2 冊，頁 740a。

❸ 如《萬善同歸集》，大正藏 48 冊，頁 962：「具十念而形棲淨土」、967a：「如何臨終十念頓遣」、968c：「如要臨終十念成就……」。

❹ 楊郁文《阿含要略》（臺北：東初出版社，1993 年 6 月初版），頁 211。

❺ 如釋印順《中國禪宗史》（臺北：正聞出版社，1994 年 7 月 8 版），頁 856：「『念』是憶念不忘，由於一心繫念，就能得正定……依念得定，依定發慧，依慧得解脫。『六念』法門都是這樣的，這樣的正念，本沒有他力的意義。」

❻ 《佛說觀無量壽佛經》，大正藏第 12 冊，頁 344c。

進功德，扶疏善根，因於念佛，廣能通達六念法門」❼，他認為修禪法可發得念佛三昧，在機感相應之下，學者會明明白白地見到佛放光的瑞相，而此瑞相是「佛遍示所喜身，遍示所宜身，遍示對治身，遍示得度身身」❽，可知這時「六念」已經成為結合自（修禪）、他力（佛所示身）的修法。

總之，在《阿含經》裡面「六念」之一的念佛，還只是一種自力的法門，到了後來卻發展成為兼顧自、他力的修行法門。

一、《般舟三昧經》中的禪淨融合思想

在大正藏中可見的《般舟三昧經》有四種：⑴《佛說般舟三昧經》一卷，後漢·支婁迦讖譯。⑵《般舟三昧經》三卷，也題為後漢·支婁迦讖譯，望月信亨認為其中的一本應是竺法護所譯❾。⑶《拔陂菩薩經》一卷，小注（僧祐云安公古典是般舟三昧經初異譯）❿，「僧祐云」是指僧祐的《出三藏記集》已經提到此經出於方等部⓫，譯者不傳。⑷《大方等大集經賢護分》五卷，隋·闍那崛多譯。

從傳譯的時間來說，《般舟三昧經》被認為是最早傳入中國而與阿彌陀佛有關的經典，望月信亨認為：「此經雖沒有敘述有關彌

---

❼ 《摩訶止觀》，大正藏第46冊，頁129c。

❽ 《摩訶止觀》，大正藏第46冊，頁130a。

❾ 望月信亨《中國淨土教理史》（釋印海譯，臺北：正聞出版社，1991年4月三版），頁9。

❿ 見於大正藏第13冊，頁920a經題下小注。

⓫ 《出三藏記集》，大正藏第55冊，頁15b。

陀淨土之莊嚴等，然謂依此專念之法門可以得見西方阿彌陀佛，以明示三昧見佛之法為見稱」⓬，也就是說雖然它不是專論西方淨土依、正莊嚴的經典，但是卻與經土三經同為與淨土法門有關的重要經典。

《般舟三昧經》主張勤修般舟三昧，能於定心中見到十方佛，這是一種由專念而得見佛的大乘禪觀⓭，即是禪定與念佛結合的法門，永明禪師認為般舟三昧是唯心念佛⓮，釋印順則指出它除了是一種唯心念佛之外，也是觀相念佛與實相念佛⓯。此外，因為經中特別舉阿彌陀佛為例來說明般舟三昧的修法，所以此經會被慧遠等祈求往生西方的淨土行者所重視。

二、禪經中的禪淨融合思想

漢、晉時代盛行的禪法，並不是依《阿含經》而修的，這是因為《阿含經》的傳譯較晚，此時盛行的禪法有念安般、不淨觀、念佛、首楞嚴三昧等四類，其中念佛的禪法即是指般舟三昧⓰，當時還流傳《五門禪經要用法》、《坐禪三昧經》、《思惟要略法》、

⓬ 《中國淨土教理史》，頁9。

⓭ 湯用彤《漢魏兩晉南北朝佛教史》（臺北：駱駝出版社，1987年8月出版），頁70。

⓮ 《萬善同歸集》，頁967a：「唯心念佛，以唯心觀，遍該萬法……般舟三昧經云：如人夢見七寶……」。

⓯ 《初期大乘佛教之起源與開展》，頁864：「這是念佛三昧中從觀相而引入實相的過程，然這一唯心所作的悟解引出瑜伽師的唯心識論，所以立唯心念佛一類」。

⓰ 湯用彤《漢魏兩晉南北朝佛教史》，頁767－769。

《禪秘要法經》等幾部與念佛有關的禪經，簡介如下。

《五門禪經要用法》，為宋·曇摩蜜多所譯，所謂的「五門」是指安般、不淨、慈心、觀緣、念佛，是五種對治煩惱獲得禪定的法門。經中有一段文字說：「觀佛三昧，佛為法王，能令人得種種善法，是故坐禪之人先當念佛」⓱，明白表示了觀佛三昧中禪修與念佛的關係。

《坐禪三昧經》，為姚秦時的鳩摩羅什所譯，經中也說到了「五門」，其中的念佛門說：「第五法門，治等分行及重罪人求索佛，如是人等，當教一心念佛三昧」⓲，也就是本經將念佛法門列為禪修的一種。經中說到的念佛的方法是「若行者求佛道，入禪先當繫心，專念十方三世諸佛生身」⓳，是一種觀想佛的生身的念佛方法，並主張以念佛來去除妄念，攝心入定。此外，經中還說：「專心念佛，不令外念，……是時便得見一佛、二佛，乃至十方無量世界諸佛色身，……既得見佛，又聞說法。或自請問，佛為說法，解諸疑網」⓴。由見佛時可以聽到佛說法，或是向佛請問佛法的疑義來看，《坐禪三昧經》中有他佛的思想。

《思惟要略法》，也是鳩摩羅什所譯，其中與念佛法門相關的部分，有〈觀佛三昧法〉、〈生身觀法〉、〈法身觀法〉、〈十方

⓱　《五門禪經要用法》，大正藏第 15 冊，頁 327a。

⓲　《坐禪三昧經》，大正藏第 15 冊，頁 276a。這五種法門與所對治的煩惱如下：多婬欲的人用不淨觀法門，多瞋恚的人用慈心法門，多愚癡的人用思惟觀因緣法門，多思覺的人用念息法門，多等分的人用念佛法門。

⓳　《坐禪三昧經》，281a。

⓴　《坐禪三昧經》，277a。

諸佛觀法〉、〈觀無量壽佛法〉、〈法華三昧觀法〉，以〈觀佛三昧法〉為例：

> 當觀好像，便如真佛，先從肉髻、眉間白毫，下至於足，從足復至肉髻，如是相相諦取，還於靜處，閉目思惟，繫心在像，不令他念，若念餘緣，攝之令還，心目觀察，如意得見，是為得觀像定。（《思惟要略法》，大正藏第 15 冊，頁 299a）

經中指出修行者應當觀想佛的肉髻、眉間白毫等三十二相，從上至下，再從下至上，一一諦觀，由諦觀佛身來攝住妄念，最後「得觀像定」，可知這是觀想念佛與禪定的結合。另外，在〈觀無量壽佛法〉中提到鈍根的修行者在觀想無量壽佛之前，先要修白骨觀，再於白骨觀修成的光中觀無量壽佛。而利根者則是「先作明想，晃然空淨，乃於明中觀佛，便可得見」[21]。由此可知〈觀無量壽佛法〉也是觀想念佛與禪定的結合，不過羅什所傳的這種觀法，因為加入了白骨觀，所以與《觀無量壽佛經》所傳的十六種觀佛方法並不相同。此外，《思惟要略法》還說：

> 欲生無量壽佛國者，應當如是上觀無量壽佛，又觀諸法實相，又當觀於世間如夢、如幻，皆無實者。……又觀諸法畢竟空相，而於眾生常興大悲，所有善本，盡以迴向，願生無量壽佛國，便得往生。（《思惟要略法》，頁 300b）

---

[21] 《思惟要略法》，頁 300a。

文中提到要往生西方除了觀佛，還要觀實相、觀般若，如此才不會執著於有相，可見本經也提到實相念佛與禪定的結合。還有，這裡提到了「欲生無量壽佛國者」，文中的「欲」即已含有發願往生的思想在其中。

《禪秘要法經》，也是鳩摩羅什所譯，經中提到：「念佛者當先端坐，叉手閉眼，舉舌向齶，一心繫念，心心相注，使不分散，心既定已，先當觀像……」㉒，經中所教導的「觀像」，是觀想釋迦牟尼佛的三十二相，八十隨形好，由一心觀想而得心不分散，可見這也是觀想念佛與禪定的結合。此外，經中還提到：「此名觀像三昧，亦名念佛定」㉓，由「念佛定」之名，可見《禪秘要法經》也是以念佛來幫助攝心的禪定法門。

三、淨土經論中的禪淨融合思想

淨土宗行者所重視的《佛說阿彌陀經》、《佛說無量壽經》、《佛說觀無量壽佛經》、《無量壽經優波提舍願生偈》等三經一論中，也有提到禪觀的思想。

鳩摩羅什譯的《佛說阿彌陀經》以敘說西方淨土的安樂情形為主，但是其中也曾提到禪定，例如經中說：「聞說阿彌陀佛，執持名號，若一日……若七日，一心不亂……是人終時，心不顛倒」㉔，認為往生淨土除了要靠信、願之外，淨土行者在「執持名號」

㉒　《禪秘要法經》，大正藏第15冊，頁255a。

㉓　《禪秘要法經》，頁256c。

㉔　《佛說阿彌陀經》，大正藏第12冊，頁347b。

時，就是以阿彌陀佛的名號將心制於一處，以念佛的定力去除妄念，念佛念到「一心不亂」，就能得到念佛三昧。

《佛說無量壽經》也有禪定的思想，以康僧鎧的譯本為例來說，經裡面提到了三輩往生，上、中輩往生是「一向專念無量壽佛」，而下輩往生是「一向專意乃至十念，念無量壽佛」㉕，從「專念」、「專意」，可見本經也是以念佛為修定的法門。經中說：「得深禪定，諸通明慧」㉖，指出念佛者獲得禪定力之後，就自然證得神通智慧。此外，經中還說：「定力、慧力……精進禪定……正念止觀諸通明力……如是等力，一切具足」㉗，可見禪定、定力等都被視作是淨土法門中的修行功德。

支婁迦讖譯的《佛說無量清淨平等覺經》是《佛說無量壽經》的異譯本，雖然本經沒有提到禪定之名，但是經中也有提出禪定的修持，如經中說：「雖不能得離家，有空閑時，自端正心，意念諸善，專精行道……至意念生無量清淨佛國，一日一夜不斷絕者，壽終皆得往生其國」㉘，認為一般人雖然由於因緣而不能出家，在日常生活中還是可以修行念佛。引文中提到「有空閑時，自端正心」，可見本經認為修念佛法門，必須抽出一段不被事務打擾的時間來從事靜坐。而且引文中還提到「意念諸善」，可見本經認為修念佛法門除了念佛之外，還以「諸善」作為禪觀的對象。

畺良耶舍譯的《佛說觀無量壽佛經》，在淨土三經中提到最多

㉕ 《佛說無量壽經》，大正藏第 12 冊，頁 272b－272c。

㉖ 《佛說無量壽經》，大正藏第 12 冊，頁 274a。

㉗ 《佛說無量壽經》，大正藏第 12 冊，頁 274b。

㉘ 《佛說無量清淨平等覺經》，大正藏第 12 冊，頁 293a。

的禪定思想，經中教導十六觀法，最初的下手觀法是日觀，經中說：「正坐西向，諦觀於日，令心堅住，專想不移，見日欲沒，狀如懸鼓，既見日已，閉目開目，皆令明了，是為日想，名曰初觀」㉙。日觀的觀想方法是「諦觀於日」，就是以落日作為制心一處的對象，由「令心堅住，專想不移」可見定的功用能使心不受外境移動。日觀修成以後，妄想漸減，心思逐漸細密，定力逐漸加深，所觀的對象就可以越來越複雜，進而可以觀想極樂世界、阿彌陀佛、觀音、勢至等菩薩，最後無能觀、所觀的分別時，就達於念佛三昧。

天親的《無量壽經優波提舍願生偈》，也有提到禪定，如其中說：「愛樂佛法味，禪三昧為食」㉚，肯定地指出淨土行者應修習「禪三昧」。另外，在其中的第三作願門說：「云何作願？心常作願，一心專念，畢竟往生安樂國土，欲如實修行奢摩他故」，所謂「作願門」是以「止」來達成往生，透過修行一心專念的奢摩他法，來破除淨土行者的妄念。而其中的第四觀察門中說：「云何觀察？智慧觀察，正念觀彼，欲如實修行毗婆舍那」，所謂「觀察門」是以「觀」來達成往生，藉由觀想阿彌陀佛的依、正莊嚴，來破除淨土行者的妄念。《無量壽經優波提舍願生偈》提到以止、觀成就往生，而止、觀就是定、慧，可見也是結合了淨土與禪觀的修行法門。

㉙ 《佛說觀無量壽佛經》，大正藏第 12 冊，頁 342a。

㉚ 《無量壽經優波提舍願生偈》，大正藏第 26 冊，頁 231a。

四、其他經典中的禪淨融合思想

除了淨土經典之外，還有其他經典也有出現過念佛法門，如《大方廣佛華嚴經》善財五十三參中德雲比丘說：「住微細念佛門，於一毛端，有不可說如來出現，悉至其所而承事故」㉛，這個「憶念一切諸佛境界智慧光明普見法門」即是禪定與念佛結合的法門。這類含有念佛思想的經典不少，以下僅舉出《宗鏡錄》中所引用過的經典為例，永明禪師曾引《佛說觀普賢菩薩行法經》說：

> 普賢觀經云：爾時行者，聞普賢說，深解義趣，憶持不忘，日日如是，其心漸利。普賢菩薩，教其憶念十方諸佛，隨普賢教，正心正意。漸以心眼，見東方佛身黃金色，端嚴微妙。見一佛已，復見一佛，如是漸漸遍見東方一切諸佛，心想利故，遍見十方一切諸佛。（《宗鏡錄》，頁501b）㉜

引文中的「憶念十方諸佛」，表示是以十方佛為禪觀的對象。「其心漸利」，表示行者的定力增加，妄念逐漸減少，心思變得清明銳利，可見是以念佛為攝心的一種方便。「心想利故，遍見十方一切諸佛」，則表示行者妄想逐漸減少，並能夠在定心中見佛。可見《佛說觀普賢菩薩行法經》中就結合有禪定及念佛二種思想。

另外，《宗鏡錄》中又引到《佛說華手經》說的一相三昧門：

㉛ 《大方廣佛華嚴經》，大正藏第10冊，頁334c。

㉜ 《佛說觀普賢菩薩行法經》，大正藏第9冊，頁390c。

華手經云：佛言：復次，堅意！菩薩以善修習一佛相故，隨意自在，欲見諸佛，皆能現前。……堅意！菩薩亦復如是，隨其所聞諸佛名字，在何世界，即取是佛，及世界相，皆緣現前，菩薩善修習此念佛緣故，觀諸世界，盡皆作佛，常善修習是觀力故，便能了達，一切諸緣，皆為一緣，謂現在佛緣，是名得一相三昧門。（《宗鏡錄》，頁930a）

這段經文提到修行一相三昧，想要見到任何佛都沒有問題，而修行者所觀想的對象是「一佛相」，並不專指那一尊佛，表示此法能夠以十方佛作為禪觀的對象。此外，本經指出菩薩在修念佛時，是修習「觀力」，可見一相三昧是以念佛為止觀的方便，正是禪定與念佛結合的法門。

第二節　初期學佛者的修禪與念佛

早期的禪修者是依據翻譯的禪經來修禪定㉝，因此太虛將這時修行的禪法稱為「依教修心禪」㉞。慧皎的《高僧傳》記錄了譯經、義解、神異、習禪、明律、遺身、誦經、興福、經師、唱導等各類高僧大德的行誼㉟，書中提到的習禪者，即是本文所謂的初期

㉝　《高僧傳》，頁400b：「先是世高、法護譯出禪經，僧先、曇猷等並依教修心，終成勝業，故能內踰喜樂，外折妖祥」。

㉞　釋太虛《中國佛學特質在禪》（高雄：佛光文化事業股份有限公司，1997年6月初版2刷），頁6－16。

㉟　《高僧傳》〈序錄卷第十四〉，頁418c。

禪修者，他們大都居處山林之中修頭陀苦行，如釋慧嵬：「戒行澄潔，多栖處山谷修禪定之業」，釋法成：「不餌五穀，唯食松脂，隱居巖穴，習禪為務」㊱，由隱居靜處習禪的記載，可知他們都是在修行事定。而這些習禪者中也有修淨土法門的，如竺僧顯：「業禪為務，……後遇疾綿篤，乃屬想西方，心甚苦至，見無量壽佛降以真容，光照其身……至明晨平坐而化，室內有殊香，旬餘乃歇」㊲，他一生都獨居山林中專修禪坐，臨終時「屬想西方」、「見無量壽佛」，可知他也是禪淨雙修的行者，可惜傳中沒有記載他所修的觀想念佛是依何種經典。另外，釋慧通：「初從梁州禪師慧詔諮受禪業……常祈心安養而欲栖神彼國」，還有釋慧崇：「崇公常祈安養」㊳，都提到了他們不但修行禪業，也祈心安養，發願要往生淨土。

東晉時的道安及慧遠，也都是禪淨雙修的學佛者。道安承繼了佛圖澄的禪法，並依據安世高的譯經來研究禪觀之學㊴，他的禪學特色就是定學之中含有慧學㊵，他在淨土思想方面是信仰彌勒淨土。他的弟子受到他的影響者不少，如釋曇戒：

㊱ 《高僧傳》，頁 396b〈釋慧嵬傳〉及頁 399a〈釋法成傳〉。

㊲ 《高僧傳》，頁 395b〈竺僧顯傳〉。

㊳ 《高僧傳》，頁 398c〈釋慧通傳〉及頁 398b〈釋慧崇傳〉。

㊴ 呂澂在《中國佛學思想概論》，頁 63 指出道安研究禪觀之學：「所用的本子是安世高傳來的譯本，如《大十二門經》、《修行道地經》、《陰持入經》，並為這些經寫了序和註」。

㊵ 潘桂明、董群、麻天祥著《中國佛教百科叢書 3·歷史卷》（高雄：佛光出版社，1999 年 8 月初版），頁 59：「他主張『定』有三層含義，禪義、等義和空義……禪定的目的是要認識般若本體之無」。

伏事安公為師……後篤疾，常誦彌勒佛名不輟口，弟子智生侍疾，問：何不願生安養？戒曰：吾與和尚等八人，同願生兜率，和尚及道願等皆已往生，吾未得去，是故有願耳。（《高僧傳》，頁356c）

引文提到道安、道願、曇戒等八人，都發願要往生彌勒淨土。從中國佛教史傳的記載來看，信仰彌勒的人並不如信仰彌陀者多，不過到了唐代，玄奘也是發願要往生彌勒淨土。

慧遠，是道安的弟子，卻是信仰彌陀淨土，《樂邦文類》曾說：「使此方之人知有念佛三昧者，應以遠公法師為始祖焉」[41]，宗曉認為慧遠是信仰西方淨土者的始祖，因為慧遠的實踐和推廣般舟三昧，使得阿彌陀佛的信仰在中國開始盛行。慧遠是否為淨土宗的創始者，後代學者有不同的看法，有些學者認為他是[42]，但是有些學者則否[43]，不過從慧遠的生平來看，他依據《般舟三昧經》修念佛三昧，又結社念佛期望往生西方[44]，並且曾向鳩摩羅什多番討教佛身的問題，因此後世的淨土行者將他視為淨土宗的祖師是很自然的事。

---

[41] 《樂邦文類》，大正藏第47冊，頁192b〈蓮社始祖廬山慧遠法師傳〉。

[42] 《中國淨土教理史》，頁17。

[43] 王友三主編《中國宗教史》（上）（齊魯書社，1991年1月1版1刷），頁547：「慧遠至多只是為淨土宗的創立準備了條件，不能算是創宗人，慧遠以後，專修淨土法門的不乏其人，但到東魏的曇鸞才奠定了後世淨土宗的基礎。」

[44] 顧偉康《禪淨合一流略》（臺北：東大出版社，1997年11月初版），頁36考證據慧遠並沒有結社，但《廬山慧遠研究》，頁51認為他有結社念佛。

慧遠曾勤習放光般若十五年㊺，又曾邀請佛陀跋陀羅譯出《達磨多羅禪經》並為之作序，因此他對禪學也有很深的研究。慧遠傳承佛陀跋陀羅的數息、不淨、慈悲、界分別、因緣等五種觀法，他認為此五門是為了對治習氣而設，他並且從其中的因緣觀悟知萬法本無自性，繼而生起對空性的體悟，可見他提倡的是一種同時重視禪觀和空觀的禪學㊻。由於慧遠認為必須依般若空觀破除對一切有相的執著，因此他與《般舟三昧經》中所教導的畢竟空三昧頗能相應，他曾說：

> 夫稱三昧者何？專思寂想之謂也，思專則志一不分，想寂則氣虛神朗……又諸三昧，其名甚眾，功高易進，念佛為先。
>
> （《廣弘明集》，大正藏第 52 冊，頁 351b〈念佛三昧詩集序〉）

慧遠認為念佛可以達到專思寂想的三昧境界，所謂「志一不分」即是定，而「氣虛神朗」則是慧，他指出念佛對於達到定慧等持的三昧境界最為有效，可見他提倡的般舟三昧法門也是一種禪淨雙修。

東晉時期，佛法的傳播南北不同，禪法主要還是在北方發展，永嘉之後，禪法隨著僧人的逃難流傳到南方，念佛法門也開始在南方盛行。修行淨土法門的人多了之後，有一些人對於淨土卻起了貪執之心，所以有心人士對淨土提出了反思，如傅大士說：「若欲求

㊺ 《廬山慧遠研究》，頁 41。

㊻ 有關慧遠大師的般若空觀思想可參考《廬山慧遠研究》，頁 149－190〈慧遠的般若學〉。

念彌陀佛，東西南北是西方。西方彌陀觸處是，面前背後七重行。……若欲禮拜彌陀佛，不用思想強干忙。……若欲往生安樂國，只是箇物是西方」㊼。他認為行者若能心清淨，日常所見的一切就是淨土，並不須要往生西方，這種思想也影響到後來的禪宗人士。

總之，從中國佛教史的發展來看，禪、淨二種思想在形成各自的宗派之前，早就有合流的現象了，含有念佛思想的禪法，已經透過禪經的翻譯傳入漢地，而教導念阿彌陀佛的《般舟三昧經》也早被慧遠等人所修習，可見禪、淨二種思想及修法，在宗派意識尚未高漲之前，是自然而然地融攝在學佛者的修行當中，他們把這二者都被視為修行入定的方便法，也是屬於戒、定、慧三學中的一環，因此對學佛者而言，禪、淨法門會有融合的現象。

第三節　禪宗人士與念佛思想

一、以念佛為方便的禪宗人士

禪宗祖師菩提達摩的禪法被稱為：「大乘壁觀，功業最高……摩法虛宗，玄旨幽賾」㊽，「虛宗」、「玄旨」是對於頓悟心性的理定敘述，而「壁觀」就是制心一處的事定敘述。受到他重視禪定的影響，禪宗早期的信徒，也喜歡尋求一個遠離人煙的僻靜之處，

㊼ 《宗鏡錄》，頁 589a。

㊽ 《續高僧傳》，大正藏第 50 冊，頁 596c〈論云〉。

修行息除妄想的禪坐。

禪宗流傳一部《少室六門》，相傳為達摩所作，當中的《破相論》曾說：

> 夫念佛者，當須正念。……正念必得往生，邪念云何到彼哉？佛者，覺也，所謂覺察身心，勿令起惡也。念者，憶也，所謂憶持戒行，不忘精進，了如是義，名之為念，故知念在於心，非在於言……因言求意，得意忘言，既稱念佛之名，須知念佛之道，若心無實，口誦空名，三毒內臻，人我填臆，將無明心，向外求佛，徒爾虛功。且如誦之與念，義理懸殊。在口曰誦，在心曰念。故知念從心起，名為覺行之門；誦在口中，即是音聲之相。執外求理，終無是處。故知過去諸聖，所修念佛，皆非外說，只推內心，心即眾善之源，心為萬德之主。（《少室六門》，大正藏第48冊，頁369a）

引文指出學佛者以正念修持念佛法門，「必得往生」。若以無明妄心念佛，由於貪瞋癡三毒未斷，所以雖然口裡的佛號不停，想要達到念三昧卻是徒勞無功。後人考證《破相論》並非達摩所作㊾，文中說到的正念念佛，必得往生，與慧能否定念佛求生的思想互相矛盾。此外，文中提到「在口曰誦，在心曰念」、「過去諸聖，所修念佛，皆非外說，只推內心」等思想，則可以看出寫這部論的禪者

㊾ 依據釋印順《中國禪宗史》，頁13的考證，《破相論》、《悟性論》、《血脈論》等並非達摩的作品，而是達摩的後學所造。

也認為念佛是為了攝心，以達到「覺察身心，勿令起惡」的目標。

達摩之後的二祖、三祖，他們所留下來的文獻資料中，並沒有關於念佛思想的部分，在此略過不提。禪宗四祖為道信，《楞伽師資記》提到他：「又依文殊說般若經一行三昧即念佛心是佛，妄念是凡夫」[50]，可見他已經把念佛引入坐禪法中，把念佛作為入定的方便。此外，在《楞伽師資記》中還引到他的「制入道安心要方便法門」，其中也有與念佛有關的思想，他說：

> 普賢觀經云：一切業障海，皆從妄相生，若欲懺悔者，端坐念實相，是名第一懺悔併除三毒心、攀緣心、覺觀心念佛。……大品經云：無所念者，是名念佛。何等名無所念？即念佛心，名無所念。離心無別有佛，離佛無別有心，念佛即是念心，求心即是求佛。……即看此等心，即是如來真實法性之身。……亦名淨土，亦名菩提金剛三昧本覺等，亦名涅槃界般若等。……無量壽經云：諸佛法身入一切眾生心想。是心是佛，是心作佛。當知佛即是心，心外更無別佛也。（《楞伽師資記》，頁 1287a－1288a）

他引到《普賢觀經》、《大品經》、《觀無量壽佛經》等所教的實相念佛法門，來說明：「佛即是心，心外更無別佛」，可見他認為修行念佛是要以覺悟實相為目的，而不是在心外取相。另外，他說：「若知心本來不生不滅，究竟清淨，即是淨佛國土，更不須向

---

[50] 《楞伽師資記》，大正藏第 85 冊，頁 1286c。

西方……今向西方，不為利根人說也」[51]。他認為心淨即土淨，所以不須往生西方，而且淨土法門並不是為利根人所說的。這種觀點與修淨土法門的行者，發願要往生西方是極為不同的，因此釋印順指出道信的東山法門雖然提到念佛，但是卻是以自力為主的法門，與那些重他力、求往生的行者有根本上的差異[52]。

弘忍，為禪宗五祖，受到道信的影響，也是以念佛作為禪定淨心的一種方便，他的念佛行持並不是為求往生。相傳他所作的《最上乘論》曾說[53]：

> 若有初心學坐禪者，依觀無量壽經，端坐正念，閉目合口，心前平視，隨意近遠，作一日想，守真心，念念莫住，即善調氣息，莫使乍粗乍細，則令人成病苦。夜坐禪時，或見一切善惡境界，或入青黃赤白等諸三昧，或見身出大光明，或見如來身相，或見種種變化，但知攝心莫著，並皆是空，妄想而見也。（《最上乘論》，大正藏第48冊，頁378a）

引文指出初學坐禪可以依照《觀無量壽經》所教的觀想念佛法門修

---

[51] 《楞伽師資記》，頁1287c。

[52] 釋印順《中國禪宗史》，頁167：「『東山法門』的念佛方便，不是他力的（『壇經』也有對往生西方淨土的自力說）。主要是：『佛』這個名詞，代表了學法的目標。念佛是念念在心，深求佛的實義；也就是啟悟自己的覺性，自成佛道的。」

[53] 釋印順《中國禪宗史》，頁79考證《最上勝論》又名《修心要論》：「可能是弘忍所說，再由弘忍後人擴充改編而成」。

行，引文提到了「端坐正念，閉目合口」，即是在修坐禪，作者認為念佛可以攝念守住一心，可見他也是把念佛作為入定的方便法。另外，作者也強調若是修行者因為禪定功深而發起神通，見到放光或者瑞相時，不可執著這些現象是為外來的，必須把一切相看空放下。比較特殊之處是此處提到「依觀無量壽經」修行，可見作者在教行者觀想時，所觀想的對象是阿彌陀佛。雖然有關弘忍的資料無法斷定他是否有淨土思想，但是他的門下確實有念佛法門的傳授。

神秀，承襲其師弘忍的教法，也提到了念佛，傳為其所作的《大乘無生方便門》也是以念佛作為攝心的方便[54]，他說：

> 佛是西國梵語，此地往翻名為覺，所言覺義者，心體離念，離念是佛義、覺義……離念相者，等虛空遍法界，無所不遍。……有念即不遍，離念即遍，法界一相則是如來平等法身。（《大乘無生方便門》，頁 1273c）

作者認為念佛可以幫助淨心，但是卻不可將心念滯著於佛，因此文中提到「離念相」的觀念，主張佛的法身「等虛空遍法界」，不可以執著，因此念佛時「有念即不遍，離念即遍」，也就是說唯有離念才可以與法身佛相應，在念佛的當下，即須離念，不可執著。另外，書中還保留了神秀當時傳授戒法時，奉請諸佛菩薩的儀式及念

---

[54] 釋印順《中國禪宗史》，頁 138：「據『楞伽師資記』說：神秀『不出文記』。所以這都不是神秀所作，而是弟子所記述或補充的；或是弟子門所撰的」。

佛的思想，神秀傳法的儀式如下：

> 各各胡跪合掌，當教令發四弘誓願……次請十方諸佛為和尚等，次請三世諸佛菩薩等，次受三歸，次問五能……次各稱己名懺悔罪……汝等懺悔竟，三業清淨……是持菩薩戒，次各令結跏趺坐……諸佛如來有入道大方便，一念淨心頓超佛地，和擊木一時念佛[55]。

由引文可知神秀認為念佛淨心是諸佛如來所教導的法門，此外他也肯定念佛不但可以作為淨心的方便，而且還對於入道有所幫助。由引文還看到他也在傳法時奉請十方三世諸佛、菩薩作得戒的證明，可見他並沒有因為主張離念就廢棄掉一切教化眾生時的方便。

資州智詵，人稱金和尚，也是弘忍的門下，創立淨眾宗，他的傳法儀式中也有念佛的方便，《曆代法寶記》記載：

> 金和尚每年十二月、正月，與四眾百千萬人受緣，嚴設道場，處高座說法，先教引聲念佛，盡一氣，念絕聲停。念訖云：無憶、無念、莫妄。無憶是戒，無念是定，莫妄是惠：此三句語，即是總持門。（《曆代法寶記》，大正藏第 51 冊，頁 185a）

智詵每年定期設立道場，舉行法會，會中有念佛，也有禪坐，他教

[55] 《大乘無生方便門》，頁 1273b。

人在禪坐之前先念佛，念佛的方法是盡一口氣念佛，念佛聲停止時，法師提醒大眾「無憶、無念、莫妄」，可見他是希望以念佛攝住妄念，念佛聲停止時，念頭也隨之止息，釋印順說：

> 無相所傳的禪法，先引聲念佛，然後息念（無憶無念莫妄）坐禪。這一禪法方便，與「齊速念佛名，令淨心」的方便，明顯的有一致的迹象。（《中國禪宗史》，頁153）

他認為智詵教人先念佛在禪坐的方法，是繼承弘忍對念佛的態度，把它當作是淨心的一種方便手段。

弘忍門下另外還有稱為南山念佛門禪宗的宣什宗，也有傳香念佛的儀式，《圓覺經大疏鈔》說：

> 正授法時，先說法門道理修行意趣。然後令一字念佛：初引聲由念，後漸漸沒聲，微聲，乃至無聲，送佛至意；意念猶麤，又送至心；念念存想，有佛恆在心中，乃至無想盍得道。（《圓覺經大疏鈔》，卍續藏第14冊，頁279）

宣什宗先以法門道理教人，然後以念佛收攝妄念，其方法是引聲念佛→小聲念佛→無聲止念。起初有聲念佛是「送佛至意」，也就是藉著念佛來淨化身、口、意三業，這時轉化的是粗的妄念。漸漸沒聲，表示聲音逐漸細微，此時粗的妄念雖不再生起，細的妄念卻仍不斷，因此這時候的念佛是「又送至心」，也就是藉著念念存想著佛的淨念，來轉化細微如流注的妄念，念到無能念、所念的三昧境界時，連念佛的念頭也不再生起，此即為「無想」。也就是說宣什宗認為要以念佛的淨念取代妄念，然後再達於無想的境界，釋印順對此種念佛法門解釋說：

> 心，應指肉團心中，意識源頭；存想有佛在心中。這還是有想的，更微細到想念不起，心佛不二，即心即佛，那就是得道開悟了。這是「念佛」、「淨心」的又一方便。「念一字佛」從「文殊說般若經」的「念一佛名」而來。始終以念佛為方便，到達離念得道……。（《中國禪宗史》，頁156）

他也認為這種念佛法門也是把念佛作為淨心的方便，而且他還指出宣什宗所謂的「念一字佛」是「念一佛名」，這是受到《文殊說般若經》的影響。

總之，禪宗人士雖然在禪法之中加入了念佛，但是他們的一貫原則都是以念佛為攝心的方便而已。

二、唐代禪宗人士對淨土思想的看法

弘忍等禪宗人士以念佛來幫助攝心，雖然在教化時有其方便性，但是難免有人會落入有相的執著，因此禪宗內部又有批評念佛的見解出現，其首倡者就是六祖慧能，而之後更有禪者極力破斥念佛，與淨土法門的行者形成壁壘分明。

六祖慧能重新定義禪的意義，使習禪者從傳統的坐禪超越出來，他指出：

> 此法門中一切無礙，外於一切境界上念不去為座（坐），見本姓（性）不亂為禪，何名為禪定？外雜（離）相曰禪，內不亂曰定。（《南宗頓教最上大乘摩訶般若波羅蜜經六祖惠能大師於韶州大梵寺施法壇經》，以下簡稱《六祖壇經》，大正藏第 48 冊，頁 339a）

他認為禪不只是形式上的坐禪而已，他的教法是直指出人心與佛無異，原本即無生無滅，無垢無淨，所以他告誡習禪者說外離一切境界之相，內不為妄心煩惱所亂，就是禪定。他也曾提到一行三昧，他說：「但行真心，於一切法上無執著，名一行三昧」[56]，他不像道信一樣把一行三昧中的念佛作為禪定的方便，反而教人要直契自性本真。所以，他主張心外求佛的是迷人，他說：

> 迷人念佛生彼，悟者自淨其心。所以言佛隨其心淨，則佛土淨。使君！東方但淨心無罪，西方心不淨有愆。迷人願生東方……心但無不淨，西方去此不遠，心起不淨之心，念佛往生難到，除惡即行十萬，無八邪即過八千……使君但行十善，何須更願往生？不斷十惡之心，何佛即來迎請？若悟無生頓法，見西方只在剎那；不悟頓教大乘，念佛往生路遙。（《六祖壇經》，大正藏第 48 冊，頁 341b）

他認為解脫要靠自力，修行十善，斷除十惡，就可以淨心，淨心則當下就是淨土，若是有不淨之心，造作不淨之業，只是妄想發願求

---

[56] 《六祖壇經》，大正藏第 48 冊，頁 338b。

取他力的幫助來獲得解脫，則「念佛往生難到」。他這種說法是為了打破某些完全倚靠佛力拯救者的執著，於是從淨心的角度來闡釋淨土思想。

六祖之後，如希遷、希運、丹霞、義玄等主張心淨即是淨土，而永嘉、慧忠、懷海和弘辯則在思想中融通了淨土思想。

希遷不主張心外求佛，《祖堂集》中曾記錄到他與懷讓派來的侍者對答：

> 侍者去彼，問：「如何是解脫？」師曰：「阿誰縛汝？」「如何是淨土？」師曰：「阿誰詬汝？」「如何是涅槃？」師曰：「誰將生死與汝？」（靜、筠的《祖堂集》，《禪宗全書》史傳部（一），藍吉富主編，文殊出版社，1988 年 4 月初版，頁 85）

希遷連續反詰侍者對解脫、淨土、涅槃的提問，當侍者問到淨土時，他要求提問者反思「阿誰詬汝」，他認為垢、淨是由妄想分別所生，如果沒有不淨，又何有淨，因此不必多問什麼是淨土的真義？

希運為懷海的法嗣，也不主張心外求佛，他曾說：「忽若未會無心，著相而作者，皆屬魔業，乃至作淨土佛事，並皆成業，乃名佛障，障汝心故」[57]。他認為即使是作淨土佛事也是在造業，無心的境界是一切無求，因此他也否定外求西方，但是無心並非初學者所能透達，乃是上上根人方可通透，因此《禪宗宗派源流》即說：

---

[57] 《黃檗斷際禪師宛陵錄》，大正藏第 48 冊，頁 386c。

「因為希運之禪特別強調上乘根基的頓悟，他的禪門並不向中下根機者開啟」58。

還有，丹霞為希遷的法嗣，也不主張心外求佛，他曾經焚燒木佛，具有打破修行者對於諸佛外相執著的意義59，因為他認為木佛燒不出舍利子，所以不需向外祈求佛力的加持。

另外，義玄在黃檗座下開悟，創立臨濟宗，他更是有魄力地要打破對有相的執著，他認為求佛，「即被佛魔縛」，因為有求就有求不得的苦，所以不如無求，無求即「無事」，若是對佛執著，佛就成了「佛魔」，於是他主張修行不要求佛求祖，解脫應該靠自力60。此外，他又說：

> 設有修得者，皆是生死業。你言「萬度萬行齊修」，我見皆是造業。求佛求法，即是造地獄業。求菩薩亦是造業，看經看教亦是造業，佛與祖師是無事人。（《臨濟語錄》，大正藏第47冊，頁499b）

他認為求佛求法、求菩薩、看經看教都是「有修」，任何有為的修

---

58 《禪宗宗派源流》，頁201。

59 《宋高僧傳》，大正藏第50冊，頁773b〈唐南陽丹霞山天然傳〉：「後於慧林寺遇大寒，然乃焚木佛像以禦之，人或譏之，曰：吾荼毗舍利。曰：木頭何有？然曰：若爾者，何責我乎？」

60 《鎮州臨濟慧照禪師語錄》，大正藏第47冊，頁499c，以下簡稱《臨濟語錄》：「乃至三乘十二分教，皆是拭不淨故紙，佛是幻化身，祖是老比丘……爾若求佛，即被佛魔縛，爾若求祖，即被祖魔縛，爾若有求皆苦，不如無事。」

行都是造業，而造業就是生死輪迴的動力，與諸佛和祖師的「無事」恰好相反。他既然主張不求佛，當然也就不求他力，更不會求往生。有些後代的禪師受到他「無事」觀點的影響，卻以為「無事」就是一切不修，變成禪師懶惰懈怠的藉口，因此反而被淨土的修行者所強烈批判。其實義玄曾說：「夫大善知識，始敢毀佛毀祖，是非天下」[61]，他認為只有大善知識，才能真正「無事」，而未悟道的初學者，若是學習他「無事」而一切不修，卻是無知的我慢，可見他的毀佛毀祖，是為了打破弟子對佛與祖的執著才說的。

永嘉精於天台止觀，而在六祖門下開悟，他並不否定念佛，他在發願文中說：「我行道禮拜，我誦經念佛，我修戒定慧，南無佛法僧，普願諸眾生，悉皆成佛道」[62]。他發願「誦經念佛」，將念佛融通於禪宗思想當中，可見在念佛思想上，他並沒有跟隨六祖的看法，反而更接近天台宗的傳統。

慧忠為慧能法嗣，他認為「即心是佛」[63]，他在回答一位禪客問到無情說法的典據時，曾回答道：「汝豈不見彌陀經云：水鳥樹林皆是念佛、念法、念僧。鳥是有情，水及樹豈是有情乎」[64]，他指出《佛說阿彌陀經》的經文顯示出淨土中的八功德水、七寶樹等無情，隨時隨地都在說法，這就是無情說法的典據。由他對《佛說阿彌陀經》的引用，可知慧忠也是熟讀過淨土經典的，不過有關他

---

[61] 《臨濟語錄》，頁 499b。

[62] 《永嘉集》，〈發願文第十〉，大正藏第 48 冊，頁 395b。

[63] 《景德傳燈錄》，大正藏 51 冊，〈西京光宅寺慧忠國師〉，頁 244b：「問：阿那箇是佛？曰：即心是佛。」

[64] 《祖堂集》，頁 490。

對淨土思想論述的記載卻並沒有看到。

懷海為馬祖的法嗣，今本大正藏中所錄的《敕修百丈清規》中可以看到念佛法門，如〈病僧念誦〉曾經提到：

> 排列香燭佛像，念誦贊佛云……如病重為十念阿彌陀佛，念時先白贊云：阿彌陀佛身金色……眾念南無阿彌陀佛一百聲，觀世音菩薩、大勢至菩薩、清淨大海眾菩薩各十聲。
> （《敕修百丈清規》，大正藏第48冊，頁1147b）

還有〈法器章〉的「鍾」一條之下也提到：「凡集眾則擊之……堂前念誦時念佛一聲，輕鳴一下，末疊一下，堂司主之」[65]。這二處引文都提到了念佛，還收錄了贊阿彌陀佛的偈頌「阿彌陀佛身金色……」，因此懷海會被後人認為有淨土思想。不過，他的古清規早已佚失，而此版本清規所見的內容，是經過元人重新編修的，因此這二處引文是真為懷海的思想，還不能十分肯定。

弘辯，為懷惲門下，《景德傳燈錄》中曾記載到他與唐宣宗的一段對話，宣宗問他：「如今有人念佛如何」？他回答說：「為上根者開最上乘頓悟至理，中下者未能頓曉，是以佛為韋提希權開十六觀門，令念佛生於極樂。故經云：是心是佛，是心作佛。心外無佛，佛外無心」。他認為禪宗的法門才是最上乘法，而念佛法門是佛陀為了中下根的眾生，無法領悟頓悟的禪法，才方便開設的法門。然後，宣宗又問他：「有人持經念佛持咒求佛如何」？他說：

---

[65] 《敕修百丈清規》，頁1155c。

「如來種種開讚，皆為最上一乘，如百川眾流，莫不朝宗于海，如是差別諸數，皆歸薩婆若海」(66)。可見弘辯認為念佛法門是推廣教化的方便法門，而且其修行的最終目的也是佛果菩提，因此必須給予尊重。

三、念佛並求往生的禪宗人士

高僧傳記中記載到念佛並求往生的禪宗人士並不多，屬於牛頭宗的法持，被宋代的戒珠列在《淨土往生傳》中，戒珠說：

> 持於淨土，以繫于念，凡九年，俯仰進止，必資觀想。……未終前，一日謂弟子智威曰：吾生之日，不能以淨土開誘群物，吾死之後，可宜露骸松下，令諸禽獸食血肉者起淨土因。……寺僧其日，有見僧幡數十首閃日西下，幡出異光，以燭其室。（《淨土往生傳》，大正藏第 51 冊，頁 119c）

引文提到法持曾修習觀想念佛法門，他也交代弟子在他示寂後，能把肉身布施給眾生，讓眾生獲得往生淨土的因緣。對於這個傳說，釋印順曾加以否定(67)，不過，《景德傳燈錄》曾經說：「至夜有瑞雲覆其精舍，空中復聞天樂之聲」(68)，描述他臨終之時，空中有天

---

(66) 《景德傳燈錄》，大正藏 51 冊，〈京兆大薦福寺弘辯禪師〉，頁 269a。

(67) 《中國禪宗史》，頁 101：「牛頭宗風，如法融、智巖以及後來的慧忠、玄素，都沒有他力念佛，求生淨土的形迹。所以說法持念佛，或稱之為『念佛禪』，是不了解當時禪風，誤信傳說所引起的虛談。」

(68) 《景德傳燈錄》，大正藏 51 冊，頁 229b〈法持禪師〉。

樂演奏，象徵了當時有天人來迎接他往生的瑞相。另外，《宋高僧傳》則說：「其日空中有神旛數首，從西而來，繞山數轉」[69]，引文中的神旛「從西而來」，似乎也象徵了他臨終之時的往生處所是在西方。雖然，這些記載並沒有提到法持的淨土修行為何，但是卻顯示出各傳記對法持的傳說，都認為他臨終時是往生淨土的。

《宋高僧傳》中還提到志通、紹巖、文輦等，以禪師身份修行淨土法門。志通曾被文穆王迎入府庭供養，他「因覽西方淨土靈瑞傳，變行迴心願生淨土，生常不背西坐」[70]。還有，紹巖的「決以安養為期」[71]，及文輦在臨終時提出「望諸賢……念佛助我往生」[72]，可見三位禪師都是修行淨土法門，並且發願往生西方的。其中的紹巖是法眼的弟子，文輦則是德韶的弟子，二位禪師與永明禪師一樣都是屬於法眼宗門下，可見法眼宗與淨土思想有很特別的因緣[73]。

從上述的討論可知，禪宗人士對於西方淨土思想的態度不一，有些人採取批判的態度，有些人則融通淨土思想。融通淨土思想的人中，有的在教化時融入了念佛來幫助定心，把念佛視為一種方便。有的則對淨土深具信心並發願往生。不過這些融通淨土思想的

---

[69] 《宋高僧傳》，大正藏第 50 冊，頁 757c〈唐金陵延祚寺法持傳〉。

[70] 《宋高僧傳》，大正藏第 50 冊，頁 858c〈晉鳳翔府法門寺志通傳〉。

[71] 《宋高僧傳》，大正藏第 50 冊，頁 860b〈宋杭州真身寶塔寺紹巖傳〉。

[72] 《宋高僧傳》，大正藏第 50 冊，頁 860c〈宋天台山文輦傳〉。

[73] 《宋高僧傳》，大正藏第 50 冊，頁 867c〈唐睦州烏龍山淨土道場少康傳〉曾提到德韶重建少康的塔。但是法眼、德韶並沒有關於修行淨土法門的文獻記錄。

人士，在禪淨融合的理論建立上，卻不夠全面與深入。永明禪師則不然，他融攝了在他之前的各種禪淨融合思想，建立以一心來念佛，以念佛明一心的理論，並在實踐上信願念佛，並祈求往生淨土。

第四節　淨土法門行者與禪思想

一、初期求生淨土者的禪淨雙修

在《法苑珠林》一書中，道世曾記載到闕公則修行淨土法門的傳說：「晉武之世，死于雒陽，……生西方安樂世界」，而其弟子衛士度「亦生西方」，闕公則和衛士度如果是西晉時候的人，則他們二人就是中國淨土史中最早發願祈求往生西方的人[74]。

而淨土信仰從道安、慧遠等開始，就與禪定思想有密切的關係。例如慧遠所提倡的般舟三昧，強調以自力修行念佛而證得定慧等持的三昧境界。而當時修行般舟三昧的學佛者，只限於加入蓮社共修的人，因此最早將淨土思想推廣到一般大眾的人是曇鸞[75]。

---

[74] 《法苑珠林》，大正藏第 53 冊，頁 616b。雖然飛錫的《念佛三昧寶王論》，大正藏第 47 冊，頁 140b 曾經提到「遠公……與弟慧持……闕公則等一百二十三人，鑿山為銘，誓生淨土」，不過據《高僧傳》，頁 327c〈帛遠〉傳中所附中記載：「時晉惠之世，又有優婆塞衛士度譯出道行般若二卷」，因此闕公則可能是西晉而非東晉時人。

[75] 《續高僧傳》，頁 470b〈釋曇鸞〉提到曇鸞時說：「菩提留支……以觀經授之，曰：此大仙方，依之修行，當得解脫生死。鸞尋頂受，……自行化他，流靡弘廣」。

曇鸞的法門特色是「專以彌陀如來本願功德力，攝引眾生速得往生，得不退轉之果」[76]，強調他力的本願思想，所以他被認為是道綽、善導一系念佛法門的始祖。不過，在他的淨土思想中也有一些關於禪定的敘述，他在註釋《往生論》五念門中的第三〈作願門〉時曾說：「一心專念阿彌陀如來，願生彼土，此如來名號及彼國土名號，能止一切惡」[77]，他認為要一心專念阿彌陀如來，並以佛號作為止的對象，來將妄念制於一處。此外，他在第四〈觀察門〉中說：「心緣其事曰觀，觀心分明曰察」[78]，並指出修行者觀察的對象，是阿彌陀佛依、正的莊嚴功德。由此可知曇鸞將念佛思想與止觀結合，可見其在主張他力念佛的同時，也有自力的思想。

此外，淨影寺的慧遠很重視禪定，又曾為淨土經典作過注疏，因此在他的著作中也可以看到禪定與淨土思想的結合。在禪定方面，他曾因為太精進用功而生病，後來是靠修禪而獲得改善，《續高僧傳》說：「遂學數息，止心於境……便覺漸差，少得眠息，……因一夏學定，甚得靜樂，身心怡悅，……每於講際，至於定宗，未嘗不讚美禪那」[79]，由其能夠於禪修中獲得「靜樂」與「身心怡悅」的經驗來看，可見他對於禪定是頗有修習心得的。此外，在淨土方面，他曾在《大乘義章》中討論過淨土義的六門分別

---

[76] 《中國淨土教理史》，頁51。

[77] 《無量壽經優婆提舍願生偈註》（以下簡稱《往生論偈》），大正藏第40冊，頁835c。

[78] 《往生論偈》，頁836a。

[79] 《續高僧傳》，頁491c〈釋慧遠〉。

[80]，也寫過《無量壽經義疏》。他將淨土思想與禪定結合，即表現在《無量壽經義疏》中，他曾說：「明修六度而為對治，……次修禪行，遠離亂意，故曰定心……前自利中，得深禪定，諸通明慧……禪謂四禪；定者，所謂四空定等」[81]，他指出淨土法門的行者也必須藉助修習禪行來幫助定心，因為他認為修得禪定之後可以發為神通，並獲得般若智慧，而在此處他所謂的禪定即是指四禪以及四空定。此外，他在回答「兜率欲界亂地，云何修定而生彼天」的問題時又提出修行念佛三昧也可以證得定慧等持，他並比較了四禪八定與念佛三昧二者的不同，他說：「此非八禪地定，蓋乃欲界思慧心中，修念佛三昧，生彼天中，名依定往生」[82]，他認為修四禪八定只能生到天界，而修念佛三昧則可以往生淨土，因此念佛三昧與四禪八定雖然都可以證得定慧等持，但是二者在境界上是有所不同的。比較特殊的是他還在引文中提到了「依定往生」的觀點，顯示出往生與禪定之間是有密切的關係，由修定而能往生來看，可見他認為念佛三昧也是一種禪淨雙修。

二、唐代淨土行者對禪思想的看法

道綽，曾經在曇鸞所建的石壁玄中寺修行，因為見到曇鸞碑而感悟，精進修持淨土法門。除了稱名念佛之外，他也修行般舟三昧，《續高僧傳》說：

---

[80] 《大乘義章》，大正藏第 44 冊，頁 834a 提到淨土義的六門分別，包括釋名、辨相、明因、約身明土、凡聖有無、所見質之同異。

[81] 《無量壽經義疏》，大正藏第 37 冊，頁 110a。

[82] 《無量壽經義疏》，頁 95a。

> 承昔鸞師淨土諸業……綽般舟、方等，歲序常弘，九品十觀，分時紹務……恆講無量壽觀將二百遍……並勸人念彌陀佛名，或用麻豆等物而為數量，每一稱名便度一粒，如是率之，乃積數百萬斛者。並以事邀結，令攝慮靜緣。（《續高僧傳》，頁 593c－594a）

引文提到道綽一生對大眾宣講《觀無量壽佛經》二百遍，並教人數豆念佛。由「攝慮靜緣」可知，他是以念佛來攝念，表示出他也重視禪定。不過，他認為習禪還不如修淨土，他說：「但此方穢境，亂想難入，就令修得，唯獲事定，多喜味染。又復但能伏業報生，上界壽盡多退」[83]，他指出修四禪八定，只能獲得事定，即使生天，報盡仍會退墮，因此不如修念佛三昧，往生淨土得不退轉。還有，他提到花首經、文殊般若經、涅槃經、觀經、般舟經、大智度論、華嚴經、海龍王經等八種經典「多明念佛三昧為宗」[84]，可見他雖然提倡淨土法門，卻並不受限於淨土經典，他也鼓勵學佛者要多多讀誦大乘經典。

善導，從少年時見到了西方變相圖，就發心要往生淨土，他曾抄寫彌陀經數萬卷[85]，可見是專門以彌陀淨業來自行化他，而懷感

---

[83] 《安樂集》，大正藏第 47 冊，頁 17b。

[84] 《安樂集》，大正藏第 47 冊，頁 14c。

[85] 《續高僧傳》，頁 684a〈釋會通〉傳後附記：「近有山僧善導者……行至河西遇道綽部，惟行念佛彌陀淨業……寫彌陀經數萬卷」。

卻稱他為禪師[86]，的確善導也很重視禪定的修習，他在〈依觀經明觀佛三昧法〉中說：

> 行者若欲坐，先須結跏趺坐……次端身正坐，合口閉眼，似開不開，似合不合，即以心眼先從佛頂上贏髻觀之。（《觀念阿彌陀佛相海三昧功德法門》，大正藏第 47 冊，頁 22c）

從引文中的「結跏趺坐」、「端身正坐」等來看，他在觀想念佛時，正是以禪坐的姿勢與方法來修行。他並且說：「極須捉心令正，更不得雜亂，即失定心，三昧難成……一切時中常迴生淨土，但依觀經十三觀安心，必得無疑」[87]，他認為依照《觀無量壽佛經》的觀想念佛法門就可以安心，並修成念佛三昧，而其方法是以觀想念佛「捉心令正，更不得雜亂」，可見他認為念佛可以幫助入定攝心。此外，善導主張念佛可以入定攝心的地方還不止一處，他說：

> 言三昧者，即是念佛行人心口稱念，更無雜想，念念住心，聲聲相續，心眼即開，得見彼佛，了然而現，即名為定，亦名三昧。（《觀念阿彌陀佛相海三昧功德法門》，頁 27a）

---

[86] 《釋淨土群疑論》，大正藏第 47 冊，頁 50c：「善導禪師勸諸四眾，專修西方淨土業者」。

[87] 《觀念阿彌陀佛相海三昧功德法門》，頁 23b。

他認為無論是稱名念佛或觀想念佛，都要專注一境，心無雜想，才能在定心中見佛現前。所以他的《觀經疏》、《依觀經等明般舟三昧行道往生讚》、《觀念阿彌陀佛相海三昧功德法門》等，都與《觀無量壽佛經》有關，可見他很重視淨土法門中的禪觀。不過，善導的念佛與禪宗人士將念佛視為入定方便有很大的不同，他認為由念佛禪觀獲得三昧禪定，是往生淨土的資糧，因此他在書中會強調將念佛功德回向往生，並且希望透過念佛定心之後，能夠見到阿彌陀佛。

慈愍，曾留學印度，他在印度時聽聞了淨土思想能夠自利利他，所以回國之後，就大力的弘揚淨土法門，《宋高僧傳》中記載：

> 遍問天竺三藏學者，所說皆讚淨土……山有觀音像，有志誠祈請多得現身，日遂七日叩頭，……觀音空中現紫金色相，……汝欲傳法自利利他，西方淨土極樂世界彌陀佛國，勸令念佛誦經，迴願往生，到彼國已，見佛及我，得大利益，汝自當知淨土法門，勝過諸行，說已忽滅。……賜號慈愍三藏，生常勤修淨土之業，著往生淨土集行於世。其道與善導少康，異時同化也。（《宋高僧傳》〈唐洛陽罔極寺慧日傳〉，頁890b）

贊寧認為慈愍與善導、少康一樣，對發揚淨土法門有很大的貢獻。慈愍的時代，禪宗正在盛行，而某些禪宗人士對淨土法門有一些不利的言論，他為了要顯出淨土正宗，就著作《略諸經論念佛法門往生淨土集》，他在初卷中說：「先敘異見，以教及理逐遣知非」[88]，可見他不像一般的淨土行者只重視實踐，卻缺乏對淨土思想的理論說明，他則是運用教、理，對禪宗提出評論，如他說：

> 或有一類男女道俗，於彼淨土都不信有，但令心淨，此間即是，何處別有西方淨土？奇哉罪業！不信聖教，豈佛世尊虛妄說耶！然菩提道八萬四千，其中要妙，省功易成，速得見佛，速出生死……救攝眾生，有進無退，萬行速圓，速成佛者，唯有淨土一門……祇如坐禪習定，久受勤苦，經歷多劫，難行苦行，難得成就，退多進少，難得見佛，難得禪定，難得解脫。（《慈悲集》，頁1241b－1241c）

這段引文批判了當時有一部分「但令心淨」的習禪者，他認為這些人枯坐再久也難得解脫，顯示出他認為修禪是「難行苦行，難得成就」的難行道，不像淨土法門是「萬行速圓，速成佛者」的易行道。他並且批評「但令心淨，此間即是，何處別有西方淨土」的人，說他們這些人不信淨土，就是不信聖教，批判的言詞可謂非常嚴厲。不過，他並不是反對所有的禪宗思想，因為他也提倡禪淨雙修，他在〈念佛之時得見佛讚〉曾提到禪、淨的不二，他說：

> ……校量坐禪念佛讚，如來說法元無二，只是眾生心不平，

---

[88] 《略諸經論念佛法門往生淨土集》又名《慈悲集》，大正藏第85冊（以下引用時皆用此《慈悲集》書名），頁1236b。

修禪志發禪心淨，念佛唯求化佛迎。一箇駕車山上走，一箇駕舡水裏行，山水高低雖有異，成功德理兩俱平。（《淨土五會念佛誦經觀行儀》，大正藏第 85 冊，頁 1259c）

他認為禪、淨都是佛陀的教化法門，都是獲得解脫的方便，就像乘車和駕船，都只是到達目的地的手段，所以隨個人所需不同，禪、淨自有其存在的必要，因此學佛者不應該對二者起分別之心。他不但認為禪、淨都可以達成解脫，而且他還提倡要禪淨雙修，慈愍指出坐禪時若有昏沈、掉舉，則無法進入甚深禪定，這時可以透過念佛來調心，他認為以念佛定心，就可以達到佛在經典所說的正定[89]。慈愍是淨土行者的立場主張禪淨雙修，所以他雖然重視坐禪，但他曾說：「為引諸經讚淨土，教令念佛往西方」[90]，他修行的主要目標仍是在祈求往生。

法照，曾師事承遠，學習淨土法門，他也是以念佛來結合禪定，例如他在〈新無量觀經讚〉說：「心須子細懃觀想（阿彌陀佛），想成便即悟無生（南無阿彌陀佛）」[91]，他認為要淨心必須依《觀無量壽經》觀想，觀想成就之後，得到念佛三昧就能夠證到無

---

[89] 《萬善同歸集》，頁 963c：「慈愍三藏云：聖教所說正禪定者，制心一處，念念相續，離於昏掉，平等持心。若睡眠覆障即須策動念佛誦經，禮拜行道，講經說法。教化眾生萬行無廢，所修行業迴向往生西方淨土。若能如是修習禪定者，是佛禪定與聖教合」。不過本段引文在今本的《慈悲集》中查不到，可能已經亡佚。

[90] 《慈悲集》，頁 1236a。

[91] 《淨土五會念佛略法事儀讚》，大正藏第 47 冊，頁 487a。

生法忍。還有他在〈淨土五會讚〉說：「第一會時除亂意，第二高聲遍有緣，……能令念者入深禪……智者必須依此學，臨終一定坐蓮臺」[92]，可見他所教導的五會念佛，從第一會念佛開始，就要教導學佛者除去心中的妄想，他主張透過了五會念佛，逐步調伏身心，學佛者就可以進入很深的禪定之中。此外，他還強調學習此種五會念佛方法，臨終的時候一定可以乘坐蓮華台往生淨土。

題名為道鏡、善道同集的《念佛鏡》，書中也有關於禪定與念佛結合的敘述，如：「深信不疑，志誠念佛，所生淨土，不生退轉，即是禪定」[93]，作者認為對淨土法門生起信心，一心志誠的念佛，就是在修習禪定。還有書中也說：「由念佛故，生彼國已，更無異緣，常住三昧故，即是禪定也」[94]，作者認為經由念佛，心無異緣，就可以證得三昧，可見本書也是把念佛看成定心的方法。不過，由書中提到他認為學佛者因為念佛功德的緣故，可以往生到西方淨土，而到了淨土之後，會成為不退轉菩薩，這種想法與禪宗人士把念佛作為定心方便，卻不發願往生的態度並不相同。

另外，近代在敦煌出土的佛學文獻中，也可看到一些唐代禪淨思想融合的資料，如〈西方淨土讚〉說：「……禪師勸做西方業，相將往入菩提門，若有一人能為此，即是尋常報佛恩……」。文中提到禪師勸人修行淨土法門的情形，作者指出若能念佛證得菩提，就是報答佛恩。另外，還有〈同會往〔生〕極樂讚〉說：「……念

[92] 《淨土五會念佛誦經觀行儀卷中下》，大正藏第 85 冊，頁 1257b。

[93] 《念佛鏡》，大正藏第 47 冊，頁 126a。

[94] 《念佛鏡》，頁 126b。

得彌陀十萬口，合眼即見妙花宮……前會說言直念佛，後會重釋坐禪門，寂滅無生是真法，心心明淨自然澄」[95]，作者指出念佛與坐禪，都可以明心見性，可見當時已有禪淨融合的思想。

綜合上述的討論可知，淨土三系的人士都曾將念佛與禪定相互結合，慧遠系提倡的般舟三昧，是禪定與念佛的結合，以自力的念佛法門為主。慈愍系則主張兼有自、他力的禪、淨融合思想。道綽、善導一系主張他力本願的念佛法門，但是在他們所教導的法門中，也有禪定與念佛的結合。他們也瞭解念佛可以證入深定，但是卻不像禪宗人士只把念佛作為一種方便，因為他們不但相信阿彌陀佛的悲願、西方淨土的殊勝，也相信念佛的無量功德，而且他們也都發願要往生極樂世界。

第五節　其他宗派人士的禪淨融合思想

由於念佛具有攝心入定的功能，因此重視戒定慧三學的修行者，也有人會兼修念佛法門，這些人當中也有不少人就發願要往生淨土，《宋高僧傳》中曾提到不少精通律學的人士兼修淨土法門，如道宣曾「行般舟定」[96]，法慎「心奉西方」[97]，神皓則「別置西

[95] 〈西方淨土讚〉引自張子開〈略析敦煌文獻中所見的念佛法門〉（《慈光禪學學報》第二期），2001 年，頁 205。〈同會往〔生〕極樂讚〉引自同篇論文，頁 206。

[96] 《宋高僧傳》，大正藏第 50 冊，頁 790b〈唐京兆西明寺道宣傳〉。

[97] 《宋高僧傳》，大正藏第 50 冊，頁 796c〈唐揚州龍興寺法慎傳〉。

方法社」[98]，由於本文是以禪淨融合思想的探討為主，而他們並沒有關於這方面的論述，所以不予討論。而其他三論宗、天台宗、華嚴宗、唯識宗等，都有關於這方面的論述，探討如下。

首先，論及三論宗人士的禪淨融合思想，吉藏，俗姓安氏，原本是安息國人，他特別重視三論的研究，被認為是三論宗的開創者，傳記中提到他曾經特別設置房舍來安放二十五尊佛像，並竭誠禮懺，而且在圓寂前命令弟子稱念佛號，可見他也是一位淨土行者[99]。他在《無量壽經義疏》中曾說：「夫真寂恬然，以虛寂為宗。凝神萬境，不慮而照；澄淨淵泊，不形而應」[100]，在描述西方淨土及阿彌陀佛時，他提到真寂、虛寂、凝神、澄淨、不慮而照、不形而應等形容詞，表達出他認為佛有法、報、化三身，「真寂」、「虛寂」顯示出法身的體性，「凝神萬境」、「澄淨淵泊」顯示出報身的功德，而「不慮而照」、「不形而應」則顯示出應化身的作用。此外，在《觀無量壽經義疏》中他也針對三身提出了三種觀佛方法：

> 觀實相者，體無二相，是不二正觀，謂平等境智義，故此經云：是法界身入一切眾生心想中。……觀修成法身者，觀修成佛，研修妙行，行滿剋成妙覺報佛，故此經云：是心作佛。觀化者，觀西方淨土佛也，此是昔自在王佛時，法藏菩

---

[98] 《宋高僧傳》，大正藏第 50 冊，頁 803a〈唐吳郡包山神皓傳〉。

[99] 《續高僧傳》，頁 513c－514c。

[100] 《無量壽經義疏》，大正藏第 37 冊，頁 116c。

> 薩發四十八願造此淨土，佛生其中化眾生，觀此佛故，名觀化佛身。（《觀無量壽經義疏》，大正藏第 37 冊，頁 234a）

以上是他根據《觀無量壽經》所載而闡釋的三種觀佛方法，由引文可知觀法身即是實相念佛，觀報身、化身即是觀想念佛。從「佛生其中化眾生」可知他認為化身的化，有教化眾生的意義，而由其「不形而應」及「又別置普賢菩薩像，帳設如前，躬對坐禪，觀實相理」的觀點[101]，則可以見出他認為阿彌陀佛是有而不有，不有而有的，從「不形而應」來說，阿彌陀佛的法身沒有形相可執，但是卻能夠隨眾生的因緣而應化。而從觀想菩薩尊像進而觀悟實相之理來說，可見他認為藉由觀想阿彌陀佛等的念佛法門，可以由有為法達到無為法的境界。此外，他在解說十六觀中的日觀時曾說：

> 當西向諦觀於日，令心得住，若不繫想於日，心則不住，以繫心作想於日，心則得住，心住故心自得淨，見彼國也。（《觀無量壽經義疏》，大正藏第 37 冊，頁 234a）

由觀日的方法，使心繫住不會妄動，並進一步使心獲得清淨，可見他在提倡念佛法門的同時，也主張禪定修持的重要。

其次，天台宗人士的禪淨融合思想，天台宗的祖師如慧思、智者等都並不排斥淨土思想，所以天台宗的門徒兼修淨土法門的人很

---

[101] 《續高僧傳》，頁 514c。

多[102]。慧思曾經建造彌勒、彌陀佛像供養，並且在他的傳記中曾經提到他在臨終時告訴弟子，他希望能夠幫助修法華、般舟念佛三昧的修行者[103]。

智者也是西方淨土的信仰者，他的傳記中曾經提到他在臨終時要求弟子讀誦無量壽經[104]。他在《摩訶止觀》舉出的常坐、常行、半行半坐、非行非坐等四種三昧，都曾提到念佛法門。以「常坐三昧」、「常行三昧」為例來說，「常坐三昧」又名「一行三昧」，行者可藉此清淨身、口、意三業。他說：

> 身開常坐，遮行住臥。……結跏正坐，項脊端直……隨一佛方面，端坐正向，時刻相續，無須臾廢。……口說默者：若坐疲極……內外障侵奪正念，心不能遣，卻當專稱一佛名字，慚愧懺悔，以命自歸，與稱十方佛名功德正等……心弱不能排障，稱名請護，惡緣不能壞。（《摩訶止觀》，頁11b）

---

[102] 據嚴耀中《江南佛教史》（江蘇：上海人民出版社，2000 年 11 月 1 版 1 刷），頁 241 指出：「在江南，淨土法門的存在主要表現在與天台宗的結合上。除了……智顗和灌頂對阿彌陀淨土的身體力行外，唐代的天台僧侶繼續信仰阿彌陀淨土」。

[103] 《續高僧傳》，頁 562c〈釋慧思〉：「夢彌勒、彌陀說法開悟，故造二像並同供養」，頁 563c 並提到他於臨終前告示眾人：「若有十人不惜身命，常修法華、般舟念佛三昧……隨有所須，吾自供給，必相利益，若無此人，吾當遠去」。

[104] 《隋天台智者大師別傳》，大正藏第 50 冊，頁 196a 提到智者大師在臨終時聽無量壽經並作讚：「四十八願，莊嚴淨土……梵音聲相，終不誑人。」

在身儀方面，要求行者必須在靜處禪坐。在口儀方面，稱念佛名，請佛護祐，可見也是含有他力的修法。另外，在意方面，則教導人「捨諸亂想，莫雜思惟」，可見是以自力來攝定妄心[105]。

「常行三昧」，即是般舟三昧，智者說：「此法出般舟三昧經，翻為佛立，佛立三義：一佛威力、二三昧力、三行者本功德力。能於定中見十方現在佛在其前立」[106]，所謂的佛威力，即是他力。而三昧力、行者本功德力，即是自力。他認為自、他力融合，是決定行者見佛往生的原因。此外，他又提出專對阿彌陀佛稱名的行法，他說：

> 口說默者，……九十日口常唱阿彌陀佛名無休息，九十日心常念阿彌陀佛無休息，或唱念俱運，或先念後唱，或先唱後念，唱念相繼，無休息時，若唱彌陀，即是唱十方功德等，但專以彌陀為法門主。舉要言之，步步聲聲念念，唯在阿彌陀佛。（《摩訶止觀》，頁 12b）

由引文可知此三昧包括了觀想念佛和稱名念佛，除了事持之外，智者也加進了一心三觀的理持部分[107]。

相傳智者曾作《五方便念佛門》，書中提到五種念佛三昧門，

---

[105] 《摩訶止觀》，頁 11b：「意止觀者：端坐正念，蠲除惡覺，捨諸亂想，莫雜思惟，不取相貌，但專繫緣法界，一念法界，繫緣是止，一念是觀……。」

[106] 《摩訶止觀》，頁 12a。

[107] 安藤俊雄《天台學》，頁 229。

包括稱名往生、觀相滅罪、諸境唯心、心境俱離、性起圓通等，這五種念佛三昧可以對治眾生的五種弊病，例如觀相滅罪門是為了對治「眾生有樂睹諸佛身，懼障不見者」而設立的，其修法說：「行者想像佛身，專注不已」[108]，可見是一種以觀想而入三昧的禪淨融合方法，雖然本書的作者未必是智者，但也能看出天台的念佛思想[109]。

飛錫曾經學習過天台法門的一心三觀[110]，他在《念佛三昧寶王論》的〈念未來佛速成三昧門第一〉中，提到念佛可以達到定、慧均等的三昧境界，他說：

> 念佛名者，必成於三昧，……亦猶清珠下於濁水，濁水不得不清，佛想投於亂心，亂心不得不佛。既契之後，心佛雙亡，雙亡定也，雙照慧也，既定慧齊均，亦何心而不佛，何佛而不心，心佛既然，則萬境萬緣，無非三昧者也。（《念佛三昧寶王論》，大正藏第 47 冊，頁 134a）

他認為眾生尚未經過調伏的心，時常向外攀緣，因此充滿了胡思亂想，「念佛名」的法門，就是以淨念來代替亂想，當念佛三昧成就時，眾生的亂心就會轉變成清淨心，這時沒有了分別心，則「何心而不佛」，可見也是結合禪定與念佛的法門。此外，他在〈念現在

---

[108] 《五方便念佛門》，卍續藏第 107 冊，頁 423。

[109] 《中國淨土教理史》，頁 77 中已考證本書非智者的著作。

[110] 《宋高僧傳》，大正藏第 50 冊，頁 721c〈唐大聖千福寺飛錫傳〉：「後於天台法門一心三觀，與沙門楚金棲心研習。」

佛專注一境門第八〉曾說：「阿彌陀本願之力，若人聞名稱念，自歸彼國，如舟得水，又遇便風，一舉千里，不亦易哉」[111]，他認為念佛法門之所以是易行道，原因在於有阿彌陀佛的本願功德之力，幫助淨土行者，可見他主張念佛者在念佛時，除了要以自力來精進修持稱名念佛之外，也要求助於佛力的幫助。

第三，華嚴宗人士的禪淨融合思想，華嚴宗的行者如澄觀、宗密，也有提出對淨土的觀點。澄觀，俗姓夏侯氏，曾跟從湛然學習天台止觀[112]，他在疏解《大方廣佛華嚴經》時曾提到一些有關淨土的思想，他說：

> 名如來無礙莊嚴者，總有五義……四長者徹見十方佛海……顯此定者，唯心之觀，亦其要故，亦顯此位知眾生界無量無邊，皆心現故……於中四：一明隨心念佛，諸佛現前。二然彼如來下，正顯唯心念佛觀體。三善男子當知下，以唯心觀，遍該萬有。四是故善男子下，結勸修學令證唯心。
> （《大方廣佛華嚴經疏》，大正藏第 35 冊，頁 928a）

澄觀認為所謂的「如來無礙莊嚴」，是建立在唯心思想上，因為一切法皆是唯心所現，所以在定心中即可見到十方諸佛。他將禪定、唯心觀法、念佛等法門，圓融無礙的結合在一起。另外，澄觀還說：

---

[111] 《念佛三昧寶王論》，138a。

[112] 《宋高僧傳》，大正藏第 50 冊，頁 737a〈唐代州五臺山清涼寺澄觀傳〉。

> 依西域法，有欲捨命者令面向西方，於前安一立像，亦面向西，……口稱佛名，作隨佛往生淨土之意，兼與燒香鳴磬助稱佛名，若能行此，非直亡者得生佛前，抑亦終成見佛光也。（《大方廣佛華嚴經演義鈔》，大正藏第36冊，頁623b）

他指出西域有一種臨終念佛的方法，想要往生的人必須面向西方，並在面前安置阿彌陀佛的立像，稱念佛名，發願往生，此時旁人必須協助燒香，鳴磬，幫忙助念，他並認為照著這個方法念佛，臨終者必定會得往生。

宗密，俗姓何，少通儒學，後師事澄觀，他在《禪源諸詮集都序》曾說道：「至於念佛求生淨土，亦須修十六觀禪，及念佛三昧、般舟三昧」[113]，可見他也認為淨土法門中有禪觀思想。而且他在《華嚴經行願品疏鈔》中又將念佛法門分成稱名念、觀像念、觀想念、實相念等四種。「稱名念」，即是《文殊般若經》中所說的一行三昧，經中提出以專稱佛名，將妄心調伏，是禪定與念佛的結合。「觀像念」，出自於大寶積經，是指持佛的畫像，作為觀察思惟的對象，透過觀察佛的相好，將妄心調伏。「觀想念」，是觀報身，又分為二種，第一種是「明一相」的「觀想念」，出於《觀佛三昧海經》。第二種「明全身」「觀想念」，出於《坐禪三昧經》。二種方法都是以觀想佛的相好為緣，作為攝心的方便。「明一相」是指觀想佛的三十二相中的任何一種相好，「明全身」則是觀想佛陀全部的相好。「實相念」，即是觀法身，其修法是「觀自

---

[113] 《禪源諸詮集都序》，大正藏48冊，頁399b。

身及一切法真實自性」。宗密認為這四種念佛法門的存在，是為了適應不同的根性修持。其中「稱名念」的方法最為淺近，適合初修及根鈍的人修持。而「實相念」的方法則最為深妙，適合有基礎及根利的人修持[114]。

第四，唯識宗人士的禪淨融合思想，唯識宗人士如玄奘、窺基、懷感，也曾提出他們的淨土思想。玄奘，俗姓陳，據傳記所載他認為當時的佛法義理繁雜，莫衷一是，因此希望彌勒能為他解除疑惑，以證得佛法的了義[115]，所以他就立下志向到印度去取經，可能是基於對彌勒的信仰，他希望自己能往生彌勒淨土[116]，不過他對於西方淨土思想也有貢獻，因為他曾翻譯《稱讚淨土佛攝受經》，本經即是《佛說阿彌陀經》的異譯。

窺基，俗姓尉遲，傳記記載他「信夜寺中有光，久而不滅，尋視之，數軸發光者，探之得彌勒上生經」[117]，再加上他是玄奘的弟子，因此他的信仰是彌勒淨土思想。不過他也提出過對西方淨土的看法，曾說：「聞說阿彌陀佛者，所修行也。執持名號，誦念無忘也。……一心不亂者，專注無散也」[118]，他認為念佛名號可以使心專注而不至散亂，若能在臨終時還保持此種專注不亂，就能心不顛

---

[114] 以上大意節取自《華嚴經行願品疏鈔》，卍續藏第 7 冊，頁 914。

[115] 《續高僧傳》，頁 447b〈釋玄奘〉：「一睹明法了義真文……則先賢高勝，豈決疑於彌勒」。

[116] 《大唐大慈恩寺三藏法師傳》，大正藏第 50 冊，頁 277b：「弟子光等問：和上決定得生彌勒內院不？法師報云：得生」。

[117] 《宋高僧傳》，大正藏第 50 冊，頁 726a〈唐京兆大慈恩寺窺基傳〉。

[118] 《阿彌陀經疏》，大正藏第 37 冊，頁 325c。

倒並往生西方⑲。

懷感曾跟隨善導學習念佛法門，並證得念佛三昧⑳，他是以唯識思想來解說淨土㉑。他在回答「修念佛三昧，有何利益，獲何勝果」的問題時，指出修習念佛三昧，可以獲得見聖眾、聞正法、滅重罪、生淨土、諸定根本、當成佛等殊勝的果報㉒，他認為修念佛法門可以往生淨土，也可以獲證甚深的禪定。他並且說：「諸定根本者，觀佛三昧海經說諸大三昧始出生處」㉓，指出念佛三昧是諸定的根本，是各種三昧的出生源頭，可見懷感也注意到了淨土法門中，禪定與念佛有密切的關係。

由上面的論述可知，中國佛教史上有關禪淨融合的思想，可謂源遠流長。在宗派意識成立之前，禪經裡面就已經把念佛列入收攝妄心入定的重要法門，如《思惟要略法》中即有〈觀無量壽佛法〉，而經中還提到修行此法，並將修法的功德回向，就可以往生西方，可見其中就有禪淨融合的思想。因此早期的習禪者中也有一些人，除了坐禪外也兼修念佛並祈求往生，可見他們並不是只將念佛視為攝心的方便而已，而是已經把念佛作為往生的資糧。東晉的

---

⑲ 《阿彌陀經疏》，頁 326b：「心不顛倒往生者，謂不改善心夙願也，準往生者皆生於彼七寶池中，蓮華化生」。

⑳ 《宋高僧傳》，大正藏第 50 冊，〈唐京師千福寺懷感傳〉，頁 738c：「感自恨罪障深，欲絕食畢命，導不許，遂令精虔三年念佛，後忽感靈瑞，見金色玉毫，便證念佛三昧。悲恨宿垢業重，妄搆眾愆，乃述決疑論七卷（即群疑論是也），臨終果有化佛來迎，合掌面西而往矣。」

㉑ 《中國淨土教理史》，頁 155：「依其著作所說，知其為法相宗學人」。

㉒ 《釋淨土群疑論》，大正藏第 47 冊，頁 75b。

㉓ 《釋淨土群疑論》，大正藏第 47 冊，頁 75c。

慧遠建立蓮社，依《般舟三昧經》念佛，希望於定中見佛，並祈求臨終時往生西方，這也是禪淨融合的思想。

而宗派意識逐漸發展，到了禪宗成立，由於修行法門不同，禪淨之間有批判也有融合。有些禪宗行者如道信等把念佛當作攝心入定的方便，但是他們並不祈求往生。有些禪者如紹嚴等則主張明心見性，也念佛祈求往生西方。在淨土行者方面，善導等主張他力的往生思想，但也肯定念佛即是甚深的禪法。另外，還有慈愍則主張同時念佛與坐禪，並修行萬善，將修行的一切功德回向往生。這些有關禪淨的思想理論及修行方法，都對永明的禪淨融合思想有所影響。

第四章
永明禪師禪淨融合思想的形成

由歷史的回溯可知，在永明禪師之前，不同的宗派中已經有一些人士兼修淨土法門，或者發願往生，而且他們在著書時，如果遇到與淨土的體性、分類，或是佛身的性質、種類，或是念佛禪觀等相關的問題，也都會關注並加以討論。這些淨土思想的相關經論，在永明禪師討論到有關淨土思想的問題時，就會被他加以引用。他並且以一心思想將這些不同系統的淨土思想和會，形成他的唯心淨土思想。

第一節　和會各宗的淨土思想

歸納他的著作之後發現，側重在闡釋一心理體的《宗鏡錄》、《心賦注》、《觀心玄樞》等著作中，淨土法門的思想理論顯得很少；而在理事並重的《萬善同歸集》中，淨土法門的思想理論及修行方式在比重上就比較為多；到了記載他日常行持的《自行錄》中，淨土法門的實踐在比重上變得更具份量。從整體著作來看，他對於淨土思想的論述並不算太多。不過，他曾提到自己在引用文獻時所採的的態度是「削去繁文，唯搜要旨」❶，因此他所引用的淨土資料都是經過他思考之後所選用的，也就是這些資料雖然不多，卻都是經他認定與淨土思想相關的「要旨」，所以還是能夠從這些引文之中觀察他的淨土思想。

一、引用的方式與內容

從永明禪師的著作可以發現，由於受到多聞及和會思想的影響，他對不同宗派來源的淨土思想都盡量的引用❷。他在引用淨土思想時，大概有以下五種方式，第一種是直接指出經論的名稱，如他引到「阿彌陀經云：復次舍利弗，彼國常有種種奇妙雜色之鳥……」❸。第二種是不直接寫出經論的名稱，而只是引用其中的的文字，如他引到「經云：青色青光，黃色黃光等是也」❹。第三種是沒有提到經論的名稱，也不引述經論的原文，而是引用經論的思想大意，如他說：「如念觀音名號，火不能燒等，此託觀音為增上緣，並是自心所感，致茲靈驗」❺，就是引用到《妙法蓮華經觀世音菩薩普門品》❻。第四種是雖然他在著作中直接點明了出處，但是就其所引文字去查證時，卻發現他所引的文字並不是該部書籍

---

❶ 《宗鏡錄》，頁 417a。

❷ 參見附錄〈永明禪師引用的淨土相關典籍〉。

❸ 《宗鏡錄》，頁 580b。

❹ 《宗鏡錄》，頁 532b。

❺ 《宗鏡錄》，頁 589a。

❻ 《妙法蓮華經觀世音菩薩普門品》，大正藏第 9 冊，頁 57a：「受持觀世音菩薩名號，得如是無量無邊福德之利」。

的，而是是間接引用其他書籍的。如他引到「大集月藏經云：我末法時中，億億眾生……唯有淨土一門，可通入路」❼，但是這段文字在大正藏中的大集月藏經卻查不到，而這段文字是與《安樂集》中的內容相同❽。第五種是他所引用的文字，在大正藏中並找不到原文出處的，有可能這些文獻資料已經佚失了。如他引到「安國鈔云：所言極樂者，有二十四種樂。……」❾

其次，他所引用的淨土思想在內容上，包括了唐代各大宗派法師的著作。

在天台宗方面，他引用過的論述有《淨土十疑論》、《觀無量壽佛經疏》、《四念處》、《摩訶止觀》、《妙法蓮華經文句》、《法華三昧懺儀》、《隋天台智者大師別傳》、《念佛三昧寶王論》等，主要是以智者的著作為多。例如他說：

> 所云釋迦牟尼者：釋迦，此云能仁。牟尼，此云寂默。能仁者，即心性無邊，含容一切。寂默者，即心體本寂，動靜不干。故號釋迦牟尼，覺此名佛。……阿彌陀者：此云無量壽，即如理為命，以一心真如性無盡故，乃曰無量壽。（《宗鏡錄》，頁548a）

永明禪師在此處指出阿彌陀佛「即如理為命」，是引用智者《妙法

❼　《萬善同歸集》，頁968a。

❽　「大集月藏經云」見《安樂集》，大正藏第47冊，頁13c。

❾　《萬善同歸集》，頁967b。

蓮華經文句》的思想❿，而他在解釋釋迦牟尼佛時主張，釋迦的「能仁」是義指「心性無邊，含容一切」，也就是說他是以一心思想來解釋釋迦牟尼的含意，這種解釋法是受到天台宗觀心釋的影響。安藤俊雄曾說：「所謂的『觀心釋』，即經文中一字一句皆是觀心的對境，以求自心的昇華與實證者是也」⓫，是指天台宗在解釋經典中的諸佛名號之時，為了幫助修行者在觀想佛的名號同時，能夠反照自心也具有如此的功德，就會運用到觀心釋。天台宗在運用觀心釋解說釋迦佛陀時，並不會因為能仁有心性無邊的意思，就認為釋迦佛陀只是此心。同樣的他們在解釋阿彌陀佛，指出無量壽是「即如理為命」的意義時，也沒有因此認為阿彌陀佛只是此心，並進而否定往生西方⓬。

永明禪師在解釋無量壽的意義時，引用天台思想中智者「即如理為命」的看法，他認為無量壽並不只是如一般人所解釋的，壽命無量永久的字面意義，他指出如理是指「一心真如性無盡故」，也就是他希望學佛者在以阿彌陀佛為觀心的對境時，能進一步反思自心的無盡功德與佛不二。而永明禪師在認為心、佛無二之外，也不否定往生淨土，可見其立場與智者是一致的。

---

❿ 《宗鏡錄》，頁 902c 曾說：「法華疏釋如來壽量品云：壽者，受也。……法身如來以如理為命。」引文見於《妙法蓮華經文句》，大正藏第 34 冊，頁 128b。

⓫ 安藤俊雄《天台學》（蘇榮焜譯，臺北：慧炬出版社，1998 年 10 月初版），頁 53。

⓬ 《摩訶止觀》，大正藏第 46 冊，頁 12c 在闡釋般舟三昧時說：「當如是念，數數念莫得休息，用是念當生阿彌陀佛國」，可見智者並不否定往生西方的思想。

永明禪師還認為《佛說觀無量壽佛經》的觀想法門是以觀心為主，他說：

> 天臺無量壽疏云：夫樂邦之與苦域，……誠由心分垢淨，見兩土之昇沈，行開善惡，睹二方之麤妙，……乃至可謂微行妙觀，至道要術者哉！此經心觀為宗，實相為體。（《宗鏡錄》，頁 532b）

他指出淨土中的七寶、華池、瓊樹等殊勝的樂果，是由於行者的心淨和行善而顯現的業報。「誠由心分垢淨」的提出，標示了心法在淨土法門中的重要地位。他以為「此經心觀為宗」，就是受到天台思想中觀心法的影響。此外，永明禪師也引到天台思想中的四種三昧，他說：

> 四種三昧明第五停心者。此四三昧，皆修念佛，破障道罪。……常行三昧，諸佛停立，現前睹法界佛也。常坐三昧者，繫緣法界，一念法而念佛也。半行半坐三昧者，思惟諸佛實法。……非行非坐三昧者，行住坐臥語默等皆是摩訶衍，以不可得故。（《宗鏡錄》，頁 896c）

這段引文出自《四念處》，是由智者所說，灌頂所記的[13]。四種三昧是隨著身儀的不同，而分為常坐、常行、半行半坐、非行非坐等

---

[13] 見於《四念處》，頁 574b。

四種行法，而這四種三都是念佛三昧。永明禪師在日常的實踐中也有修行法華三昧，《自行錄》並記載他發願以法華三昧的功德往生西方⑭，可知天台法門中的念佛思想及修法，對他的淨土思想有很大的影響。

在華嚴宗方面，他引用過的論述有《大方廣佛華嚴經疏》、《大方廣佛華嚴經隨疏演義鈔》、《新華嚴經論》等，主要是澄觀的著作為多。永明禪師曾說：

> 般舟三昧經云：如人夢見七寶，親屬歡喜，覺已追念，不知在何處？如是念佛，此喻唯心所作，即有而空，故無來去。又如幻非實，則心佛兩亡。而不無幻相，則不壞心佛。空有無閡，即無去來。不妨普見，見即無見，常契中道。（《萬善同歸集》，頁 967a－968b）

引文中對般舟三昧的闡釋是引自《大方廣佛華嚴經疏》中「如夢對」及「如幻對」的觀點⑮，他接受了澄觀對念佛的看法，認為念佛時必須觀想佛是唯心所作，他還以如夢、如幻的比喻，指出見佛實際上是「見即無見」，以此來破除行者對見佛的執著。

此外，他攝取了華嚴思想中的圓融無礙思想，來說明他對淨土的看法，他在回答「欲淨其土，當淨其心，則心外有土，何成自

---

⑭ 《自行錄》，頁 157：「同證法華三昧，咸生彌陀淨方」。同書，頁 163：「親證法華三昧，……隨願往生西方淨土。」

⑮ 《大方廣佛華嚴經疏》，大正藏第 35 冊，頁 928a。

淨」時說：

> 至極法身，常寂光土，離身無土，離土無身。依報是心之相，正報是心之體，體相無礙，依正本同。所以攝境歸心真空觀中，則攝相歸體，顯出法身；從心現境妙有觀中，則依體起用，修成報身；若心境秘密圓融觀中，則心境交參，依正無礙。心謂無礙心，諸佛證之以成法身；境謂無礙境，諸佛證之以成淨土。（《宗鏡錄》，頁 866a）

這段引文是出自《修華嚴奧旨妄盡還源觀》的說法⑯，他指出「攝境歸心真空觀」可以顯示法身，真空是指法身的體性是無生無滅的。「從心現境妙有觀」可以顯示報身，妙有是指報身有其無邊妙用。「心境秘密圓融觀」則顯示心是無礙的，土也是無礙的，心境交參，圓融無礙，此時因為學佛者已具有中道正觀，因此不會執著淨土為有相的一邊。

在唯識宗方面，他引用過的論述有《稱讚淨土佛攝受經》、《阿彌陀經疏》、《大唐大慈恩寺三藏法師傳》、《釋淨土群疑論》等，引用最多的是懷感的《釋淨土群疑論》。永明禪師曾說：

> 攝論云：於他修行地中，由佛本願自在力故，彼識似眾生變異顯現，故名變化身，以此文證，如來化身如釋迦等，皆是

---

⑯ 「攝境歸心真空觀」等觀法，見於《修華嚴奧旨妄盡還源觀》，大正藏第 45 冊，頁 640a。

> 凡小自心變作，以妄見佛成道化生後，還妄見如來滅度，此妄見者由佛變故。（《宗鏡錄》，頁890b）

他引到《攝大乘論釋》中提到見佛有二種因緣，一是由於佛的願力，一是由於眾生的識所變現⓱，因此他認為佛的變化身是由自、他二力和合而成的。他對於見佛的問題，多引用唯識思想來解答，主要是為了強調修行時心的關鍵地位，他說：

> 眾生如像上之模，若除模，既見自佛，亦見他佛。何者？雖見他佛，即是自佛，以自鑄出故，亦不壞他佛，以於彼本質上雖變起他佛之形，即是自相分故。變與不變，皆是一心。（《宗鏡錄》，頁505a）

他指出見佛時，「雖見他佛，即是自佛」，他認為諸佛是唯識所變，本來不離一心，所以見到佛時，絕不可執著有一個他佛的實體。不過，他並不會因為強調唯識思想，就否定外境，他說：

> 因了相空，方談唯識。若執有相，唯識義不成；若執無相，真空理不顯。以無相即相，方達真空；相即無相，始名唯識。……念若不起，相不現前，以因內生外故，攝末歸本，全境是心，何者？若心不起，境本空故，一切境界，唯心妄動。（《宗鏡錄》，頁845c）

⓱ 《攝大乘論釋》，大正藏第31，頁249c。

他指出說有相，或者是無相，都是執著，不合於中道。他認為「一切境界，唯心妄動」，因此心不起念，相就不會現前，例如心不在焉的話，就不會注意到眼前的事物，也就是說此處所謂的「境本空」，並沒有否定外境的意思。根據此種唯識思想永明禪師認為一切境皆是唯心所現，而且心即是佛，心外並無一切法，所以他說：「是以佛實不來，心亦不去，感應道交，唯心自見，如造罪眾生，感地獄相，唯識論云：一切如地獄，同見獄卒等……罪人惡業心現，並無心外」⑱。他指出見佛時佛並沒有離開淨土，來到娑婆世界眾生面前，是「唯心自見」，就罪人感到地獄之報，也是唯心所現。

在禪宗方面，他在著作中並沒有引到道信等人以念佛為方便的文字，他所引用到的是禪師論述心外無佛的觀點，例如他曾說：

> 第六祖慧能大師云：汝等諸人自心是佛，更莫狐疑，心外更無一法而能建立，皆是自心生萬種法。……行住坐臥皆一直心，即是淨土。（《宗鏡錄》，頁940a）

慧能提出心即是佛的思想，認為自心即具足一切功德，能夠生起一切諸法，修行若能在日常的行住坐臥間，任運此真心一直行去，沒有妄想扭曲，則心清淨時，一切法隨之清淨，當下就是淨土。此外，他還說：

---

⑱　《萬善同歸集》，頁967b。

如今諸人，與古聖何別……爾一念清淨光，是爾屋裡法身佛。爾一念無分別光，是爾屋裡報身佛。爾一念差別光，是爾屋裡化身佛。（《宗鏡錄》，頁943c）

這段文字原為臨濟對佛三身的解說[19]，永明禪師是從相信即心是佛的自力角度，引用到這段文字，他指出自心的清淨之體就是法身佛，自心對一切法無分別執著時就是報身佛，自心對一切法的差別清楚明白，能任運自在時，就是化身佛。由可知他認為學佛者要求解脫煩惱，必須從自心著手以求明心見性，求取解脫之道，卻捨心向外，無異緣木求魚。

他引用到慧能直心即是淨土，和臨濟即心是佛的文字，顯示出《宗鏡錄》側重心外無別淨土，不需向外求佛法的立場。雖然，禪宗人士裡面也有紹巖等發願往生西方，但是永明禪師卻沒有在著作中舉為例證。

在淨土宗方面，他引用過的論述有《安樂集》、《上都儀》、《安國鈔》、《慈悲集》、《往生西方淨土瑞應傳》等，其中被引用最多次的是道綽的《安樂集》，但是對永明禪師禪淨雙修思想影響最大的則是慈愍。永明禪師認為「妙體絕相」，不過他也指出諸佛的相好莊嚴也是從心所現的，他並引到道綽的思想來證明此種觀點，他說：

諸佛法身如真金，相好似金莊嚴具。以金作具，體用全同。

---

[19] 《鎮州臨濟慧照禪師語錄》，大正藏第47冊，頁497b。

從心現色，性相無二。……所以天親云：廣略相入者，諸佛有二種身。一法性法身、二方便法身。由法性法身故，生方便法身。由方便法身故，顯出法性法身。此二種身，異而不可分，一而不可同。是故廣略相入，法身無相故，則能無不相。是故相好莊嚴，即是法身也。法身無知故，則能無不知。是故一切種智，即是真實智慧。（《宗鏡錄》，頁 534c－535b）

「天親云……」的引文見於道綽的《安樂集》⑳，道綽是宣揚淨土的人，他提到了諸佛有法性身和方便身，當諸佛證入真心時，即證得法性法身，而方便法身是由法性法身所生，所以二種身只是體、用之別。永明禪師引用此說來說明真心無形無相，這是心的本體，而報化莊嚴等事是心之相，可見他認為「妙體絕相」是從體性上說的，而絕相並非否定報化莊嚴等事相，因為色相也是從心所現。他並引用道綽阿彌陀佛有法性法身和方便法身的說法，指出阿彌陀佛的法性身與方便身都是不離一心的。

從永明禪師的著作來看，雖然他也曾提到過般舟三昧，但是他所引用的文字，有時是出自《般舟三昧經》，有時是出自天台宗對四種三昧的闡釋，並沒有提到慧遠提倡般舟三昧的情形，可見他並沒有直接受到慧遠念佛思想的影響。另外，他曾說：「東都英法師

---

⑳ 天親的原文在《無量壽經優婆提舍》，大正藏第 26 冊，頁 232b 是說：「此三種成就願心莊嚴，略說入一法句故，一法句者，謂清淨句，清淨句者，謂真實智慧無為法身故。」永明禪師的引文是出自《安樂集》，大正藏第 47 冊，頁 7a。

講華嚴經，入善導道場，便遊三昧」㉑，他也曾引到上都儀中對觀像念佛的解說㉒，可見他也知道善導一系中有關定慧與念佛的關係，但是在著作中，他卻不曾引到善導有關禪定與念佛的敘述，可見他也沒有直接受到善導念佛思想的影響。永明禪師在提到禪淨雙修時，卻只有提到慈愍而已，慈愍主張念佛法門可以幫助制心一念，他說：「聖教所說正禪定者，制心一處，念念相續，離於昏掉，平等持心。若睡眠覆障即須策動念佛誦經，禮拜行道，講經說法。教化眾生萬行無廢，所修行業迴向往生西方淨土」㉓，他認為修行禪定若遇到睡眠昏沈，可以念佛幫助攝心，這對於永明禪師的禪淨雙修很有啟發。而且慈愍一系對教、禪、淨、戒的重視，對他的萬善修行也有很大的影響，形成了永明禪師修行門中圓修萬行的一種特色㉔。此外，慈愍主張「萬行無廢」，並將所有萬善功德迴向西方，也影響到永明禪師的「合集功德，迴向此時」的思想㉕，

㉑ 《萬善同歸集》，頁 965c。

㉒ 《萬善同歸集》，頁 961b。「上都儀云」現今無法查明其出處，柴田泰在〈中国淨土教における唯心淨土思想の研究〉（1），頁 61 認為此段引文極類似於善導大師《觀無量壽佛經疏》，頁 267b 的說法，因此他判定此文與善導有關，今查二段引文確實相近，因此認同其看法。

㉓ 《萬善同歸集》，頁 963c。

㉔ 劉長東《晉唐彌陀淨土信仰研究》（四川大學中文系，1998 年博士論文），《中國佛教學術論典》第 22 冊《法藏文庫》碩博士學位論文集，佛光山文教基金會印行，2001 年 4 月初版一刷，頁 434 大陸學者劉長東曾指出：「唐代中期的慧日、承遠、法照一系的思想是禪淨雙修、教禪淨戒並重，在修持上觀想和持名兩種念佛法兼行。」

㉕ 《萬善同歸集》，頁 985c。

因此就有後人認為他的禪淨雙修思想是直接受到慈愍的影響㉖。

綜合上述討論可知，永明禪師的淨土思想並不只是單純的折衷禪、淨二宗的思想而已，這可由他著作中所引用的淨土思想來證明，他所用的文獻資料是多元的，包括了天台、華嚴、唯識、禪、淨土等各宗與淨土有關的思想，可見他的淨土思想是透過和會各宗的淨土思想而成的，這是因為他所教授的禪法，從思想理論的內容上來說，是一種禪、教和會的法門，而淨土思想就包括在教之中。

二、以一心思想和會各宗的淨土思想

永明禪師的著作多是由問答所組成，因此從問答中也可以看出他以一心思想和會各種淨土思想的特色，例如有人問永明禪師「心外無法，佛不去來，何有見佛及來迎之事」，他在回答時先提出他的解說：「唯心念佛，以唯心觀，遍該萬法。既了境唯心，了心即佛，故隨所念，無非佛矣」㉗，由引文可知他是以一心思想為原則，來說明淨土思想中有關見佛的問題。然後他在回答中又引到許多經論來證明他的觀點，他所引的經論有《般舟三昧經》、《唯識論》、《智論》、《安國鈔》、《釋淨土群疑論》、《安樂集》㉘等。

此外，他在《觀心玄樞》中在回答「若不觀心，何生淨土」

㉖ 《中國淨土教理史》，頁 182 提到慈愍時說：「奠定後代延壽等之禪淨雙修之基礎」。

㉗ 《萬善同歸集》，頁 967a。

㉘ 《萬善同歸集》，頁 968a 所引到的目連所問經及大集月藏經，實際上是引自《安樂集》，大正藏第 47 冊，頁 14a。

時，也引用到與淨土思想有關的多種經論，他說：「故云：三世一切諸佛，皆無所有，唯依自心……或生極樂淨土中。又云：智習唯識通，如是取淨土。……昔人有言：萬事萬形，皆由心成……佛土常淨，豈待變而後飾……」㉙。引文中的「三世一切諸佛……或生極樂淨土中」，是引到《如來不思議境界經》㉚。「智習唯識通，如是取淨土」，是引自《阿彌陀經疏》㉛。而昔人說的「佛土常淨，豈待變而後飾」，則是引自《注維摩詰經》㉜。他在引用經典之後說：「然分別本空而無，異而無異，情非理外，差而無別，可謂一道真心，始終無變矣」㉝，他認為雖然事上有種種差別的淨土，但是這些分別，從真心的理體上來說，卻是沒有差異的。可見他在解說觀心與淨土的關係時，也是用一心思想來和會多種說法的。

永明禪師在引用各種有關淨土的思想時，時常並列不同宗派的觀點，並且以一心思想來和會諸說，例如他說：「故知自心之外，無法建立。十身具足，四土圓收。雖總包含，不壞內外。皆稱法界，豈隔有無」㉞，引文中的十身是華嚴宗的說法，而四土則是天台宗的說法，他曾具體引到十身的詳細內容說：

㉙ 《觀心玄樞》，頁 850。

㉚ 《大方廣如來不思議境界經》，大正藏第 10 冊，頁 911c。

㉛ 《阿彌陀經疏》，大正藏第 37 冊，頁 313a。

㉜ 《注維摩詰經》，大正藏第 38 冊，頁 338a。

㉝ 《觀心玄樞》，頁 851。

㉞ 《萬善同歸集》，頁 969a。

又佛總具十身，一眾生身、二國土身、三業報身、四聲聞身、五緣覺身、六菩薩身、七如來身、八智身、九法身、十虛空身。（《宗鏡錄》，頁 500a）

此十身是引自華嚴宗澄觀的說法㉟，而他也曾具體引到四土的詳細內容說：

台教云：佛國有四，一染淨國，凡聖同居。二有餘國，方便人住。三果報國，純法身菩薩居，即因陀羅網無障礙土。四常寂光，即妙覺所居。（《宗鏡錄》，頁 903a）

此處有關四土的引文是出自天台宗湛然的說法㊱，他認為十身或四土都不外一心，並將華嚴宗與天台宗的思想並列在一起。

永明禪師指出「自心之外，無法建立」，換句話說自心之外也無他佛的實體存在，這種說法就表示出禪宗心即是佛的觀點，這是屬於自證法門。不過他又從教化眾生的方便來說，在著作中提出十身、二身、四身等種種差別說法㊲。此外，「自心之外，無法建

㉟ 《大方廣佛華嚴經》，大正藏第 10 冊，頁 200a：「此菩薩知眾生身、國土身……虛空身」。引文中的「緣覺身」，《大方廣佛華嚴經》作「獨覺身」。而《大方廣佛華嚴經疏》，頁 505c 作「緣覺身」，而且內容與永明禪師的引文相似，可見他並非直接引經，而是從疏中所引。

㊱ 「台教云」見《維摩經略疏》，大正藏第 38 冊，頁 564b。

㊲ 《宗鏡錄》，頁 500a 中有學者問他如果一切眾生即心是佛，為何佛經卻說要多生的積功累德才能成佛，他回答說：「此論自證法門，非述化儀方便」。

立」，當然也沒有各種佛土的分別，但是永明禪師在著作中也引到十土[38]、四土的不同說法，也就是說對他而言，他不是不清楚經論中對於佛身、佛土的敘述有很多種，但是在一心思想的和會之下，各種說法都被一心給「總包含」了，所以他進一步提出：「又三身、十身，隨用而說，約其本性，唯一身而已」[39]。永明禪師還強調說：「言總體，則皆以一心法界如來藏性為體，以法爾故」[40]，也就是說他認為所有佛身、佛土的體性，其實都是「一心法界如來藏性」，原本都是不二的，但是卻隨著眾生修、證的境界不同，而感應佛身、佛土的各種差別相。「以一心法界如來藏性為體」的說法，即呼應他所說的十身、四土，都不在自心之外的思想。

總之，他的和會思想主導了他在選擇文獻時的考量，因此他在引用有關淨土思想時，會從無諍的角度來斟酌取捨相關資料，並且把華嚴和天台原本有別的身土思想都和會在一心之下。

他以一心和會了不同宗派對淨土的解說，因此從理論上看包含了不同系統的學理解說，例如他曾說：「佛地論以佛自在無漏心為體」，認為淨土的體性是清淨無染的[41]。他又引用《釋淨土群疑論》的觀點提到淨土有體淨相穢、體穢相淨、體相俱淨、體相俱穢

[38] 《宗鏡錄》，頁 568c：「觀和尚於一心門，立十淨土，成十種如來，坐十種道場，說十種法門。」

[39] 《宗鏡錄》，頁 548c。

[40] 《宗鏡錄》，頁 903a。

[41] 《宗鏡錄》，頁 532a：「慈恩疏云：問：淨土以何為體？答：准攝論云：以唯識智為體……。若佛地論以佛自在無漏心為體，非離佛淨心外，別有實等淨心色也。」

等不同種類[42]，可見他對於淨土體性的看法並沒有定說。

此外，他曾引到華嚴宗澄觀法性土、實報土、色相土、他受用土、變化土的說法[43]，以及天台宗凡聖同居、方便有餘、實報莊嚴、常寂光等的說法，他又曾說：「或遊化國見佛應身，或生報土睹佛真體」[44]，則是採取淨影寺慧遠化土、報土，應身、真身的觀點[45]。如果他只是提出應身、真身之說就好了，他又曾引用唯識宗的自性身、受用身（自受用、他受用）、變化身的說法[46]。也曾舉到華嚴宗復禮的三身說[47]，還有淨土宗道綽的法性法身、方便法身的說法[48]。可見單從他著作中對於淨土、佛身的引文來看，他所和會的淨土思想還真是多元。

永明禪師和會了各宗的淨土思想，而他的一心思想則主要是以禪宗的宗旨為最高原則，他曾說：「今依祖佛言教之中，約今學人隨見心性發明之處，立心為宗」[49]。反之，他主張如果不能以見性為主則「罔識正宗，多執是非，紛然諍競，皆不了祖佛密意，但徇

[42] 《宗鏡錄》，頁 534b。
[43] 《宗鏡錄》，頁 903a。
[44] 《萬善同歸集》，頁 968b。
[45] 淨影慧遠在《觀無量壽經義疏》，大正藏第 37 冊，頁 173b 提到：「觀佛平等法門之身是真身觀，……真身之觀如維摩經見阿閦品說觀身實相，觀佛亦然……」。同書，頁 173c 提到：「其應身觀如彼觀佛三昧海經，……」。
[46] 《宗鏡錄》，頁 900b。
[47] 《宗鏡錄》，頁 901a。
[48] 《宗鏡錄》，頁 535b。
[49] 《宗鏡錄》，頁 417b。

言詮」[50]。因此當他以一心思想來和會禪淨時，是以禪宗立場來解釋淨土教義的，釋恆清曾說：「對永明禪師來說，淨土思想只是方法，而非究竟的目的」[51]，這個觀點是非常正確的，因為《自行錄》中曾說：

> 第二十一，午時禮皈依主安樂世界阿彌陀佛，普願一切法界眾生，頓悟自心，成妙淨土。（《自行錄》，頁 157）

引文提到永明禪師禮拜阿彌陀佛是為了「頓悟自心」，可見他主張修習淨業是為了明心見性，他並且認為明心見性才能證得妙淨土，可見他是以禪宗立場來解釋淨土教義。

此外，他還說：「欲託質蓮台，永拋胎藏，生極樂等諸佛國土，遊戲神通者，皆能了達自心，無不化往」[52]，他認為明心見性之後，就可以自在往生十方淨土，當然想要到極樂世界也可以。由明心見性而無不化往的說法，也可以看出他是以禪宗的明心為先的。

他還運用了他的觀心法門來解釋淨土經典，他曾說：

> 阿彌陀經云：水鳥樹林，皆悉念佛念法念僧。是知境是即心

---

[50] 《萬善同歸集》，頁 959a。

[51] "*The Ch'an-Pure Land Syncretism In China: With Special Reference To Yung-Ming Yen-Shou*", (doctor of philosophy (Buddhist Studies) at the University of Wisconsin Madison 1984)，頁 215。

[52] 《宗鏡錄》，頁 592b。

之境，心是即境之心。能所似分，一體無異。若能見境識心，便是密傳之旨，終無一法與人。（《心賦注》，頁56b）

《佛說阿彌陀經》裡面提到在極樂國土中，有佛變化所作的種種奇妙雜色之鳥，而這些鳥所唱的聲音都是在念佛、念法、念僧[53]。經文原本是在讚美極樂世界的殊勝，但是永明禪師卻提出了水鳥樹林，是「即心之境」，他認為這些境界都是由自心所生。如果瞭解到這些境界即是自心變化所作，就能夠見境識心。由於他認為淨土經典中所記載的所有勝境即是一心，所以透過這些經典的學習，也可以幫助學佛者明心見性。也就是說他主張學習淨土經典，也是為了證悟一心，這也是以禪宗立場提倡修行淨土法門。

總之，永明禪師提倡以禪宗立場來修行淨土法門，他主張修行淨業可以幫助明心見性，而明心見性之後就可以自在往生，也就是說他認為禪淨不但不相妨礙，而且可以相輔相成，這即是他獨特的禪淨融合思想。

第二節　和會的唯心淨土思想

永明禪師在一心思想的原則下，提出了唯心淨土思想，而他的唯心淨土思想也是和會前人的不同說法後，形成他自己的唯心淨土思想。

---

[53]　「阿彌陀經云」見《佛說阿彌陀經》，大正藏第12冊，頁347a。

一、永明禪師之前的唯心淨土思想

歷史上出現的唯心淨土思想，可以大略分成二類。第一類的唯心淨土思想，是認為心淨即為淨土，因此心外別無淨土。第二類的唯心淨土思想，除了認為淨土不離一心，並且以唯心思想來闡釋淨土思想中的佛土、佛身及修行法門之外，也發願要往生淨土。

首先，第一類的「唯心淨土」思想認為心淨即為淨土，因此心外別無淨土。從現存的文獻資料來看，「唯心淨土」一詞最早是由唐代的李通玄在《新華嚴經論》中所提出的，而他的說法即是屬於這一類的唯心淨土，他說：

> 第九唯心淨土，自證自心，當體無心，性為真智，不念淨穢，稱真任性，心無恚癡，無貪瞋癡，任大悲智，安樂眾生，是實淨土。以自淨故，教化眾生，令他亦淨故。是故維摩經云：唯其心淨，即佛國淨，欲生淨土，當淨其心。
>
> （《新華嚴經論》，大正藏第36冊，頁759b）

李通玄將經論中的淨土分成十類，唯心淨土是其中的一種，他在解說此種淨土時舉《佛說維摩詰經》所說的淨土為代表。經文指出「唯其心淨，即佛國淨，欲生淨土，當淨其心」，李通玄把此種淨土解釋為是「自證自心」的境界，他認為唯心淨土是眾生內心的淨土，而且是實而非權的淨土。除了唯心淨土之外，李通玄所說十種淨土中的第一種淨土是阿彌陀經淨土，而第二種淨土是無量壽觀經淨土，他認為這二種淨土「是權非實」[54]。他曾指出：「是為十方世界，共為一佛國，無別西方別有阿彌陀」[55]，又說：「觀世音在西方阿彌陀佛所者，總是如來密意方便，表法成名……而實佛國一方滿十方，一塵含法界，何有方所而存自他隔得別佛也」[56]，可見他認為西方淨土是佛陀為教化方便而設立的權淨土。

六祖慧能曾提出：「自性悟，眾生即是佛，慈悲即是觀音……能淨是釋迦」[57]，他認為自心即是佛、菩薩，離心之外沒有他佛，因此不必念佛求生西方。慧海也曾說：

> 經云：欲得淨土，當淨其心，隨其心淨，即佛土淨。若心清淨，所在之處，皆為淨土。譬如生國王家，決定紹王業。發心向佛道，是生淨佛國。其心若不淨，在所生處，皆是穢土，淨穢在心，不在國土。（《景德傳燈錄》，頁443c）

他認為學佛者要自信心即是佛，由此發決定心，上求菩提佛道，就可以生在淨佛國土。反之，若是學佛者的心不清淨，被分別妄念牽著造作惡業，則時時刻刻都在煩惱苦業之中，所在之處就是穢土。由「淨穢在心，不在國土」，可見慧海也是主張淨土在心而不在外的唯心淨土思想。

此外，道信把念佛視為攝心的一種方便，而他對於西方的看法

---

[54] 《新華嚴經論》，大正藏第36冊，頁759b。
[55] 《新華嚴經論》，大正藏第36冊，頁863a。
[56] 《新華嚴經論》，大正藏第36冊，頁981c。
[57] 《六祖壇經》，大正藏第48冊，頁341b。

則是：「若知心本來不生不滅，究竟清淨，即是淨佛國土，更不須向西方……今向西方，不為利根人說也」[58]，可見他認為頓悟了自心清淨染的人，就能了知一切法沒有生滅，沒有虛妄煩惱，不必往生西方，當下就是清淨的境界，可見他也是第一類的唯心淨土思想。

一直到後世主張這一種唯心淨土思想的人，大都否定十方淨土及諸佛，如宋代王日休說：「世有專於參禪者云：惟心淨土，豈復更有淨土？自性彌陀，不必更見阿彌」[59]。甚至到印光在〈淨土決疑論〉中還說：「倘念佛偏執唯心而無信願」[60]，可見到了清末民初，有些持「唯心淨土，自性彌陀」思想的人，對西方並沒有生起信願之心。

第二類的唯心淨土思想，認為淨土既然不離一心之外，因此不妨祈求往生。《佛說觀無量壽佛經》提到「是心是佛，是心作佛」，又教導學佛者十六種觀想淨土的法門，就是此類的唯心淨土思想。還有《般舟三昧經》所說的般舟三昧，是在定心中見到阿彌陀佛方佛，也是一種唯心念佛的修行法門。此外，《安樂集》中也有一段文字顯示出第二類的唯心淨土思想，道綽為了破斥心外無法的觀點，提到有人問他說：「所觀淨境，約就內心，淨土融通，心淨即是，心外無法，何須西入」，可見當時就有人主張心淨即是淨土，不必求往生西方淨土。而道綽認為心淨即是淨土的淨土是指法

---

[58] 《楞伽師資記》，大正藏第 85 冊，頁 1287c。

[59] 《龍舒增廣淨土文》，大正藏第 47 冊，頁 255c。

[60] 《印光法師全集》第一冊，《印光法師文鈔》卷二〈淨土決疑論〉，頁 367。

性淨土，這是上根人所入的淨土，而中下根的人由於「未能破相，要依信佛因緣，求生淨土」[61]。總之，道綽的淨土思想認為心淨即是淨土，但是他也教導眾生念佛往生西方。

從發展的時間來看，第二類唯心淨土思想的傳承歷史非常久遠，但是這些淨土經論卻並沒有提出「唯心淨土」一詞。永明禪師是最早使用「唯心淨土」一詞，表達第二類唯心淨土思想的人。

二、永明禪師的唯心淨土思想

綜合永明禪師的著作來看，雖然《宗鏡錄》中並沒有出現「唯心淨土」一詞，但是書中提到佛身、佛土的有關問答時，也可以看出他的唯心淨土的思想。而《萬善同歸集》、《觀心玄樞》、《自行錄》、《心賦注》等著作，則都出現過「唯心淨土」一詞及有關的思想。《萬善同歸集》裡面有二處出現「唯心淨土」[62]。《觀心玄樞》有一處出現「唯心淨土」，裡面的內容有部份同於《萬善同歸集》的內容[63]。另外，在《自行錄》中有二處提到「唯心淨土」[64]。而《心賦注》裡也有一處提到「唯心淨土」[65]。

前文曾述及唯心淨土有二類，而永明禪師的「唯心淨土」思想

---

[61] 《安樂集》，大正藏第47冊，頁8c－9a。

[62] 《萬善同歸集》，頁966b及993a。

[63] 《觀心玄樞》，卍續藏第114冊，頁850。其中的「如來不思議境界經云……故知識心方生唯心淨土，著境秖墮所緣境中。既明因果無差，乃知心外無法」，引文內容同於《萬善同歸集》，頁966b。

[64] 《自行錄》，頁158。另外在同書頁167的地方則引到了〈萬善同歸頌〉。

[65] 《心賦注》，頁38：「高僧傳云……凡言唯心淨土者，則一淨一切淨，可謂即塵勞而成佛國也。」

則二類都有。他有第一類的唯心淨土思想，例如《宗鏡錄》中引到六祖所說的直心便是淨土，昔人偈的「寧神泯是非，現身安樂國」[66]等，正是這一類的唯心淨土思想。他在為《心賦》「意根淨而寶坊淨」所作的注文說：

> 淨名經云：心淨即佛土淨。又云：心淨故眾生淨，心垢故眾生垢。如一切垢淨世界，及台教四土，祇是一自性清淨心。此心若淨，一切佛土皆悉淨也。（《心賦注》，頁67－68）

引文中雖然並未提到「唯心淨土」一詞，但是從「此心若淨，一切佛土皆悉淨也」來看，正呼應了李通玄「自證自心」的「唯心淨土」意義。此外，他還說：

> 傅大士三諫歌云：……若欲求念彌陀佛，東西南北是西方。西方彌陀觸處是……天蓋正是彌陀屋，木孔木穿彌陀房。天上空中彌陀路，草木正是彌陀鄉。日夜前後嘈嘈鬧，正是彌陀口放光。若欲禮拜彌陀佛，不用思想強干忙。……若欲往生安樂國，只是箇物是西方。（《宗鏡錄》，頁589a）

〈三諫歌〉中提到「只是箇物是西方」，其中的「箇物」就是一心，由於心周遍十方，因此傅大士認為「西方彌陀觸處是」，而且他認為想要往生安樂國，只要淨心就可，不必向外求取。這也是第

---

[66] 《宗鏡錄》，頁848a。

一類的唯心淨土思想。

永明禪師第一類的唯心淨土思想，與他身為禪師有關，由於他認為禪宗門下「但了即心是佛，便入祖位」㊼，所以他主張：「但自直下內了自心，莫疑外境，心若得了，外境皆虛，一法纔通，萬像盡歸心地」㊽，他認為「直下內了自心」，就能明白一切外境都是虛妄的，並且知道一切森羅萬法都不外一心所現。而「直下內了自心」，就是當下頓悟，明心見性，這即是禪宗的宗旨。他並指出「萬像盡歸心地」，也就是當一心清淨的當下，則能了知萬像原本清淨無染，而一切佛土也隨之清淨，這種淨土思想正符合了李通玄「唯心淨土」的原意。

不過從永明禪師著作中的一些問答，卻可以看出他不只有這一類的唯心淨土思想，例如《宗鏡錄》中提到「問：豈都無外佛可見耶？」㊾、「問：即自心成佛者，還立他佛不？若決定不立，則無諸佛之所威神建立加被護念等，便成斷見。」㊿、「問：既心外無佛，見佛是心。云何教中有說化佛來迎，生諸淨剎？」(71)、「問：如前剖析理事分明，佛外無心，心外無佛。云何教中更立念佛法門？」(72)，這些問題的問者都是站在即心是佛，心外無佛的觀點，而質疑外佛、往生淨土、念佛法門等思想，這些都代表第一類的唯

㊼　《心賦注》，頁 18。
㊽　《宗鏡錄》，頁 589a。
㊾　《宗鏡錄》，頁 514b。
㊿　《宗鏡錄》，頁 505a。
(71)　《宗鏡錄》，頁 505c。
(72)　《宗鏡錄》，頁 506a。

心淨土思想。此外，《萬善同歸集》也提到「問：即心是佛，何須外求？若認他塵，自法即隱。」⑬、「問：心外無法，佛不去來。何有見佛及來迎之事？」⑭、「問：唯心淨土，周遍十方。何得託質蓮台，寄形安養，而興取捨之念。豈達無生之門？欣厭情生，何成平等？」⑮，這些問題的問者也是屬於第一類的唯心淨土思想，不過由永明禪師的回答可知，他除了贊同心外無法的思想外，也承認有淨土與諸佛，可見他也有第二類的唯心淨土思想，他曾說：

> 唯心佛土者，了心方生。……故知識心方生唯心淨土，著境秖墮所緣境中。既明因果無差，乃知心外無法。又平等之門，無生之旨，雖即仰教生信。其乃力量未充，觀淺心浮，境強習重，須生佛國，以仗勝緣。忍力易成，速行菩薩道。
>
> （《萬善同歸集》，頁966b）

他主張「識心方生唯心淨土」，可見他的唯心淨土思想是基於心外無法的思想。不過，他又指出心外無法的思想，卻不是「觀淺心浮」的人所能了解的，因此他又提到要依仗佛力及往生佛國的思想。也就是說對他而言心外無法的思想，與阿彌陀佛的極樂世界的思想，是同時並存的。因此他的第二類唯心淨土思想，就顯示出禪淨融合思想的特質。

---

⑬ 《萬善同歸集》，頁961c。
⑭ 《萬善同歸集》，頁967a。
⑮ 《萬善同歸集》，頁966b。

此外，他又指出「唯心淨土」並不違背「因果無差」的真理，他認為修行淨業當然就會往生淨土，只是他更強調淨土是由淨心所感，他並認為如果只是執著於淨土的外相，就會墮在所緣境中，不能如願往生。所以他所提倡的禪淨融合思想會以一心思想，圓融禪淨之間自力、他力，無生、往生，無念、念佛等不同。例如《自行錄》中曾經提到他：「初夜禮慈悲導師安樂世界大勢至菩薩摩訶薩，及一切清淨大海眾，普願一切法界眾生，引導利濟眾生，同了唯心淨土」[76]，顯示出他在日常的實踐中，禮拜西方的大勢至菩薩，並希望藉著禮拜的功德了知唯心淨土的真諦，可見他的唯心淨土思想中，不是只求自淨其心而已，他會藉著求助佛菩薩的他力，來幫助眾生明心見性。此外，他不但主張心淨即是淨土，又在《萬善同歸集》提到了「願生惟心淨土」[77]，可見他的唯心淨土思想還兼容了無生與往生的思想在內。

在永明禪師的唯心淨土思想中，一心具有重要的關鍵性，他曾說：「夫樂邦之與苦域，……誠由心分垢淨，見兩土之昇沈。行開善惡，睹二方之麤妙」[78]，他指出既然垢、淨是由於心的分別所產生，樂與苦也是由眾生造作善惡之行的結果，因此就有娑婆與淨土的差別。也就是說他認為對眾生而言，淨土其實是唯心所生的，表示了在他的淨土思想中，一心是很重要的。他又說：

---

[76] 《自行錄》，頁158。

[77] 《萬善同歸集》，頁993a。

[78] 《宗鏡錄》，頁532b。

> 是以境無心有，境便現前。境有心無，境終不現。例一切法，悉亦如然。可驗唯心，成就宗鏡。（《宗鏡錄》，頁850a）

他指出若是心有，即使無境，也會由心的幻化變出境相，顯現在目前。反之，若是心無，則即使面前出現境界，也會因為心的漠視而不被感知。也就是說他認為心的有無才是造成苦、樂境界的根本原因，由此可知他在提出唯心淨土思想之時，重點在於強調修行時心的關鍵地位，並沒有否定外境的意思。他還指出：

> 心雖即佛，久翳塵勞，故以萬行增修，令其瑩徹。但說萬行由心，不說不修為是。又萬法即心，修何礙心。故云卷舒變化，唯心所在；壽夭得喪，唯心所宰。（《宗鏡錄》，頁603c）

他主張眾生的心本來與佛一樣都是清淨的，因此無時不是在淨土中。但是，眾生被無明塵垢遮蔽，由妄心而產生了垢與淨，苦與樂的分別。他認為一切法的變化「唯心所在」，一切法中即包括了淨土的依、正，所以淨土也是不離一心所現。此外，他還提到「萬行由心」，也就是他認為想要離苦得樂而修行淨業，而一切淨業的修行也是由心所生的。他並且說既然萬法即是一心，因此任何的修行也不會障礙一心，因為他有「修何礙心」的觀點，所以他不但不否定念佛，而且還提出唯心念佛的法門。

他曾說：「唯心念佛，以唯心觀，遍該萬法。既了境唯心，了心即佛，故隨所念，無非佛矣」[79]，他認為一心遍及一切法，所以境不離心，淨土並不在心外。而且心即是佛，以清淨心念佛，念佛者當下就是佛。他並舉《般舟三昧經》中念佛見佛就好像人在夢中見到七寶，醒來時卻不可追尋一樣，他指出唯心念佛時所見的佛，是「即有而空，故無來去」的。也就是在他的唯心淨土思想中，佛是「即有而空」，不可以執著在有無二邊的。他還說：

> 又依般舟經見佛略有四喻：一夢喻，如夢所見，從分別生，見一切佛，從自心起。二水影喻，水喻心性，則佛之月影皆是眾生真心中物，心佛交徹，唯真心也。三幻喻，自心猶如幻術，一切佛如幻所作，謂有能幻法，方成幻事，無能念心，無所見佛。四響喻，譬如空谷，隨聲發響，悟解自心，隨念見佛。上之四喻，一正喻唯心，二唯心故空，三唯心故假，四唯心故中。（《宗鏡錄》，頁517a）

他以四種比喻來說明般舟三昧的定心見佛，而這四喻都與唯心有關。主要在表明學佛者修行般舟三昧的定心見佛時，應該體悟到所見的佛如夢、如幻，不可執為像物質一樣的實體。而眾生見佛則如空谷回聲，必須眾生的自心清淨才能感應道交。其中提到「如夢所見，從分別生，見一切佛，從自心起」，可見「唯心」是指真妄交徹的一心，這是眾生的真心為無明所蔽，因此對一切法產生分別，他說：

[79] 《萬善同歸集》，頁967a。

> 故知地獄天堂，本無定處。身猶未往，已現自心。境不現前，唯心妄見。可驗苦樂之境，本無從出。善惡之事，唯自召來。空是空非，妄生妄死。（《宗鏡錄》，頁 848a）

他指出苦、樂的境界，都是「唯心妄見」，可見會感受到有苦有樂的心是分別的妄心。他並認為隨著每個人的我執不同，造業不同，所現的佛國淨土也就各有不同。因此他還強調說：「一切境界，唯心妄動」[80]，他指出：

> 若一念心，瞋恚邪淫，即地獄業。慳貪不施，即惡鬼業。愚癡闇蔽，即畜生業。我慢貢高，即修羅業。堅持五戒，即人業。精修十善，即天業。證悟人空，即聲聞業。知緣性離，即緣覺業。六度齊修，即菩薩業。真慈平等，即佛業。若心淨，即香臺寶樹，淨刹化生。心垢，則丘陵坑坎，穢土稟質。（《萬善同歸集》，頁 968c）

他認為眾生由於心的妄動，造業受報，一切境界就會現前。造惡業的眾生，感應苦果，就現出穢土的境界，甚至墮落入三惡道中。反之，造善業的眾生，感應樂果，就現出樂土的境界。因此就緣起的道理而言，修行淨業就會感應淨果，並現出淨土的境界，所以他在提倡圓修萬善時，也舉到許多念佛法門的淨業修持。

永明禪師的著作中具有二類的唯心淨土思想，而且還以一心思

---

[80] 《宗鏡錄》，頁 845c。

想來和會這二種唯心淨土思想，他說：

> 雖同一旨，約相差別不無；雖云有異，順體一如不動。何者？若言其一，則安養寶方，娑婆丘隴；若言其異，十方佛國，一道清虛；若言其有，無邊淨剎，猶若虛空；若言其無，妙土交羅，如天帝網。所以精超四句，妙出百非。道不可以一言詮，理不可以一義宣。故如上所說，身土唯心。（《宗鏡錄》，頁534c）

他提出「身土唯心」的看法，也就是他認為身、土與一心有關。而且他還從真、俗的不同角度來談唯心淨土。從真諦來說，他指出身、土本來並沒有一、多、淨、穢的差別，因此他說「十方佛國，一道清虛」、「無邊淨剎，猶若虛空」，這是第一類的唯心淨土思想。此外，他又指出從無始以來，因為眾生的真如之心不守自性，隨著染、淨因緣，而感受垢、淨不同的依報，所以「約相差別不無」，也就是從事相上看，十方諸佛或淨土各有不同，因此會有「安養寶方，娑婆丘隴」的分別，這是第二類的唯心淨土思想。也就是說永明禪師在理上，肯定了所有的身土都是不離一心的，而且他也在事上，肯定了十方世界「妙土交羅，如天帝網」。由此可知他的唯心淨土思想，不但強調心淨即國土淨，心外別無淨土，也認為十方淨土包括西方極樂世界，也並不是心外之法。

此外，綜合他所提到的唯心，有真心及真妄交徹的一心二種，如他提到見佛是「心佛交徹，唯真心也」[81]，這裡所指的心是絕對的真心，也就是自性清淨心，他在《心賦注》中指出《淨名經》中「心淨即佛土淨」的心，也是指自性清淨心[82]，而此自性清淨心並具有「處凡而不垢，在聖而不淨」的特質[83]。永明禪師說：「世界身土，法爾如然，不可執一執異，自性情見。若言法爾者，即法如是，或云法性者……當知依即正，正即依，不出一心真性矣」[84]，可見這裡的唯心也是指真心。他在《心賦注》中也曾說：

> 金剛經云：若見諸相非相，則見如來。以心無形相，故號無相法門，亦名無相道場。若於一切相見無相之理，即見唯心如來。（《心賦注》，頁125）

他認為《金剛經》中提到「若見諸相非相，則見如來」，可知如來的法身是無相的。由於一心也是無形相的，而且遍於一切處，所以學佛者如果能在一切法相中，諦見無相之理，就能夠見到「唯心如來」。此處無形相而且遍於一切處的心，也是絕對的真心。

永明禪師所說的唯心也是指真妄交徹的一心，如前文提到「境不現前，唯心妄見」即是，還有他又說：

> 三界之法，唯是心之所變，離心之外，更無一物，此亦為遮

[81] 《宗鏡錄》，頁517a。
[82] 《心賦注》，頁67。
[83] 《宗鏡錄》，頁556b。
[84] 《宗鏡錄》，頁852c－853a。

> 我法二執，但是妄情執有，舉體全無，唯有內心，故言唯心。（《宗鏡錄》，頁 768b）

他認為一切萬法都是一心所變現的，並無實體自性。而且真心遍於一切處，「離心之外，更無一物」，所以不論是極樂淨土，或是娑婆世界都是離不開一心的。但是眾生因為無明遮蔽了真心，隨著情識執著，妄生分別，因此才不斷輪迴。而此分別垢、淨、苦、樂的心，若能了知妄不離真，就能去除二執，回歸真心。

不論唯心是指絕對的真心，或是真妄交徹的一心，都與永明禪師的一心思想有關，而且他還從一心思想的角度肯定念佛法門也是頓入法門，他說：

> 若能說文知義，見法識心，方入宗鏡中，頓消疑慮，則不用天眼觀，徹見十方界；不用天耳聽，遍聞法界聲，……如般舟三昧經云……菩薩心當如是念時……目亦不蔽，心亦不礙……不持天眼徹視，不持天耳徹聽……便於此間坐見阿彌陀佛，聞所說法，悉受持得，從三昧起，悉能具足，為人說之。如上所說，皆是頓入之門，以備上根，非為權漸。（《宗鏡錄》，頁 559b－559c）

他指出《宗鏡錄》的一心之旨就是要教導人「見法識心」，因此不論是何種法門，只要可以幫助學佛者識心，就會被他重視引用。他在此舉出般舟三昧為例，他認為修行般舟三昧就能夠在定心中見佛，而此時之所以能夠不用天眼、天耳等神通，就見聞到阿彌陀佛說法，是因為眾生的一心與佛心一樣，都是遍一切處，無有障礙。因此當學佛者透過般舟三昧的念佛修持，能夠達到「心亦不礙」時，就能當下明心見性，了知心、佛、眾生三無差別，因此稱為頓入之門。

總之，永明禪師的唯心淨土思想，是以他的一心思想，將心外無法的唯心思想，與淨土往生思想所作的融合。他並且指出淨土法門的修持，也可以達到禪宗頓悟明心的宗旨，因此要更深入理解他的唯心淨土思想，就必須探討他的一心思想，以及他禪淨融合思想的內涵。

第五章
永明禪師一心法門的特色

永明禪師以一心思想融合禪淨，不過他的一心思想並不只是一種理論而已，而是理、事圓融的大乘菩薩法門，他曾說：

> 如一切菩薩求道修行，若未到宗鏡，心終不止。所以宗鏡略有二意：一為頓悟知宗，二為圓修辦事。（《宗鏡錄》，頁653b）

他認為修行菩薩道時，心具有重要的關鍵地位，若是不明白一心的道理，即使修行再多的法門，心的妄動習氣仍舊不能止住，所以他強調應當學習宗鏡之理，也就是學習一心法門。此外，他也指出《宗鏡錄》雖然有百卷之多，但是歸納其大旨卻不出理、事二者。理的部分，就是明白一心之理，他稱之為「頓悟知宗」。而事的部分，就是圓滿六度萬行，他稱之為「圓修辦事」。

第一節　頓悟知宗

在永明禪師的一心法門中，「頓悟知宗」和「圓修辦事」二者是圓融無礙的，但是它們仍有先後之別，他在回答「立心為宗，以何為趣」時曾說：

> 以信行得果為趣。是以先立大宗，後為歸趣。……遂得斷深疑，起圓信，生正解，成真修，圓滿菩提，究竟常果。（《宗鏡錄》，頁 448b）

他認為學佛者必須「先立大宗」，也就是要先明白一心法門的教、理，從理上破除修行時所產生的各種疑惑，使人對一心法門產生圓信。有了圓信之後，透過不斷的聞理與思索，原本的疑惑轉為正解，學佛者就會有真實而正確的實踐，然後達到無上正等正覺。由於永明禪師主張「先立大宗」，所以本章的討論從「頓悟知宗」先開始，論述他的一心法門是以一心為宗的圓頓法。

一、頓悟法門

永明禪師提出「頓悟知宗」一詞，顯示出他要強調頓悟、知宗二個觀點，他曾多次提到「頓悟」，如「了心頓入」、「頓悟一心」、「頓悟圓修」、「頓悟自心」等❶，他認為由於萬法為一心

---

❶ 「了心頓入」見於《宗鏡錄》，頁 523c；「頓悟一心」見於《宗鏡錄》，頁 541b；「頓悟圓修」見於《宗鏡錄》，頁 614a；「頓悟自心」見於《宗鏡

所現，所以悟心的同時，即刻就能了悟萬法，兩者沒有時間的前後，而《宗鏡錄》正是闡明心法無二的「圓頓門」❷，他還說：

> 若不了心宗，皆成迷倒，觸途成壅，證入無門。……若不得唯心之訣，正信無由得成，纔得斯宗，千門自闢，道不待求而頓現，行弗假修而自圓。（《宗鏡錄》，頁 460b）

他指出對一心不瞭解時，就會有「證入無門」的遺憾，反之，若能明白一心，則是「千門自闢」，可見他雖然肯定修行大乘菩薩道時，要法門無量誓願學，但是他認為一個學佛者，其修學成功與否的關鍵卻是在於一心。由於一切法皆是從心所生，因此了悟一心，就能「道不待求而頓現」，可見他的一心法門在強調先頓悟知宗。

永明禪師在回答「如何是頓漸四句」的問題時，說到悟、修的關係有「一、漸修頓悟，二、頓悟漸修，三、漸修漸悟，四、頓悟頓修」等四種，這種說法是其實是源自宗密❸，而他自己在《宗鏡錄》裡則主張「頓悟漸修」、「頓悟頓修」二種，他說：

> 今取頓悟漸修，深諧教理。首楞嚴經云：理雖頓悟，承悟併

錄》，頁 862c。

❷ 《宗鏡錄》，頁 627b。

❸ 《宗鏡錄》，頁 627a－627b「禪原集云：頓門有二……」是引到宗密在《禪源諸詮集都序》，大正藏 48 冊，頁 407b－407c 中的觀點。而他在《萬善同歸集》頁 987b 也提到：「圭峰禪師有四句料簡，一、漸修頓悟……。二、頓修漸悟……。三、漸修漸悟……。四、頓悟頓修……。」

> 消。事在漸修，依次第盡。如大海猛風頓息，波浪漸停。猶孩子諸根頓生，力量漸備。似曦光之頓出，霜露漸消。若即文之頓成，讀有前後。或頓悟頓修，正當宗鏡。如華嚴宗取悟如日照，即解悟證悟皆悉頓也。（《宗鏡錄》，頁 626c）

他指出契入《宗鏡錄》的一心之理是一時頓證的，沒有漸次，所以在理上是頓悟的。而事上則因眾生根機的不同，又有「頓悟漸修」和「頓悟頓修」的分別。從「頓悟漸修」來說，他引用首楞嚴經的「理雖頓悟」、「事在漸修」為證明，他認為對某些習氣重的眾生來說，悟到心即是佛的道理，還必須悟後起修，在事上對治習氣，才能圓滿成佛，而事修則是有次第的，所以稱為漸修。此外，他又提出「頓悟頓修」，並且引到華嚴經的日照之說為證明，他認為悟了一心之理，若能當下懺悔過去的業行，則一心的光明頓時顯現，一心所具足的無量功德，也頓時圓滿，所以「行弗假修而自圓」，也就是悟與修是一時頓成的。他並解說：

> 今依四悉，普為群機，於真緣二修中，是無作真修，頓漸四句中，若約上上根，是頓悟頓修，若約上根，或是頓悟漸修。（《宗鏡錄》，頁 626b）

他認為依據佛法中的四悉壇，可針對不同根機的眾生而有不同的修行法門，如上上根適合「頓悟頓修」，上根則適合「頓悟漸修」，因此《宗鏡錄》中會特別提倡「頓悟頓修」及「頓悟漸修」。而不論是「頓悟頓修」或「頓悟漸修」，都顯示出他的一心法門是強調頓悟的。

二、一心爲宗

永明禪師以一心思想為主，說學佛要「先立大宗」，而且指出「頓悟自心，成佛妙軌」❹，可見他認為修行者從學佛最初的立宗，到最終的成佛都不離一心，所以他說：

> 舉一心為宗，照萬法如鏡。編聯古製之深義，撮略寶藏之圓詮，同此顯揚，稱之曰錄，分為百卷。（《宗鏡錄》，頁417a）

由「舉一心為宗」可知，他在《宗鏡錄》所說的「宗」就是指一心。此外，他也指出「宗」具有尊、本的意思❺，顯示出一心思想在他的佛學思想中具有重要及根本的地位。而《宗鏡錄》所說的「鏡」也有一心的意思，他曾說：「唐朝太宗皇帝云：朕聞以銅為鏡，可以正衣冠。……今以心為鏡，可以照法界」❻，可見「鏡」也是指一心。他提出「以心為鏡」，是因為他認為「心鏡」的作用，可以「洞該性地，鑒徹心原，遍了無生，廣明真俗，有無俱察，隱顯咸通」❼，由超越真俗、有無、隱顯的敘述可知，「以心

---

❹ 《宗鏡錄》，頁 862c。

❺ 《宗鏡錄》，頁 417c－418a 說：「或言宗者，尊也，以心為宗。……或稱為本者，以心為本……。」

❻ 《宗鏡錄》，頁 473a。

❼ 《宗鏡錄》，頁 473a。

為鏡」是指絕對無待的一心。

另外，他曾說：「以妄想心鏡，現三有形儀」❽，顯示出他的「以心為鏡」，也是指以妄心為鏡，因為眾生都是以妄想心為鏡，所以會有業報輪迴，不能脫離三有。而永明禪師認為眾生的妄心，實際上卻不離真心，所以他的「以心為鏡」，有時是指真妄交徹的一心。

綜合永明禪師在著作中對於一心思想的闡釋之後，發現他的一心思想有和會各宗思想的一心、絕對無待的一心、真妄交徹的一心等三項特色，以下將分別論述。

㈠ 和會各種經論及宗派思想的一心

從一心思想的發展史來看，永明禪師並非最早提出一心法門的人，在他之前，有許多修行者已經注意到修行時心的的重要性，因此他們對心法的闡述非常之多，永明禪師的一心思想可謂集前人之大成，是和會各種經論及宗派思想的一心，他說：

> 故知此一心門，能成至道。若上根直入者，終不立餘門。為中下未入者，則權分諸道。……般若唯言無二，法華但說一乘，淨名無非道場，涅槃咸歸祕藏，天台專勤三觀，江西舉體全真，馬祖即佛是心，荷澤直指知見。……如維摩經以不思議為宗，金剛經以無住為宗，華嚴經以法界為宗，涅槃經以佛性為宗，任立千途，皆是一心之別義。……乃至或名靈臺妙性，寶藏神珠，悉是一心，隨緣別稱。（《宗鏡錄》，頁

---

❽ 《宗鏡錄》，頁 415c。

427c）

他認為般若、法華、淨名、涅槃等不同的經典，都曾提到一心思想。還有天台、江西、馬祖、荷澤等不同的宗派，也都在闡發一心思想。他並指出「法界」、「佛性」、「靈臺妙性」、「寶藏神珠」等，都是「一心」的別名，由本段引文可見他的一心思想，是和會各宗思想的一心。

永明禪師還在《宗鏡錄》中引用到與一心有關的種種修行法門，例如他提到眾生由於分別妄心所產生的顛倒，可以運用四念處來加以對治❾。他也引用唯識思想來分析妄心的相狀，讓學佛者能夠認清妄心，並學習如何轉識成智。還有，他也詳述了天台宗和華嚴宗的安心法門❿。除了以上這些教義繁瑣的法門之外，他在書中也提供了不少禪宗的直捷法門，如道信的「內外唯一心，是智慧相」，弘忍的「但守一心，即心真如門」，懷讓的「達磨西來，唯傳一心之法」，行思的：「是以迷悟總在一心」，也都與一心有關⓫。還有，他的念佛法門，也不離一心認，他為念佛法門的設立，其實也是在幫助「不信自心是佛」的學佛者來瞭解自心是佛的道理

---

❾ 《宗鏡錄》，頁 645c 提到：「修四念處觀，破八顛倒，於中而般涅槃」，而且他從 645a－648b 也引到阿含經、涅槃經及天台宗論典中與四念處有關的文字。

❿ 《宗鏡錄》，頁 676b－678c 引用了不少天台宗的五百安心法門，而他在《宗鏡錄》，頁 678c－679b 則提到了華嚴宗的安心法門。

⓫ 道信、弘忍所說見於《宗鏡錄》，頁 940a。懷讓所說見於《宗鏡錄》，頁 940b，行思所說見於《宗鏡錄》，頁 940c。

⓬。

總之，他的一心法門和會了各宗的一心思想之後，在修行的方便上呈現了多元性與豐富性，更能順應不同根性眾生的需求。而永明禪師會將不同宗派思想的佛法闡釋，都圓融總攝在一心之下的觀點，則是受到宗密觀點的影響⓭。不過，《宗鏡錄》中對於一心思想的論述，比宗密更為細密，因此冉雲華指出他的一心法門是中國佛教心學的新系統⓮。

㈡ 絕對無待的一心

永明禪師認為一心是絕對無待的，所以不可以用文字來解說，或是以情識來思量，他說：「以真心妙體，不在有無，智不能知，言不可及，非情識思量之境界，故號不思議」⓯，他在此指出真心不能夠用有、無，內、外等相對的概念來解釋，此處的真心就是指絕對無待的一心。為了凸顯一心是超越分別二邊的，他又使用了「全揀門」及「全收門」來詮釋一心，他說：

又此一心宗，若全揀門，則心非一切，神性獨立。若全收

⓬ 《宗鏡錄》，頁 506a：「只為不信自心是佛，向外馳求。若中下根，權令觀佛色身，繫緣麤念。以外顯內，漸悟自心。若是上機。只令觀身實相，觀佛亦然。」

⓭ 《禪源諸詮集都序》，大正藏第 48 冊，頁 401c：「但歸一心，自然無諍」。

⓮ 《永明延壽》，頁 110：「到了延壽的筆下，『一心』不但包含著印度佛教的心識理論體系，並且是按照華嚴哲學的詮釋，再加上禪宗祖師的心學偈語及天台宗的一心三觀及觀心理論，於是形成一個中國佛教心學的新系統。」

⓯ 《宗鏡錄》，頁 427c。

門，一切即心，妙體周遍。若非收非揀，則遮照兩亡，境智俱空，名義雙絕。（《宗鏡錄》，頁475b）

從「全揀門」來說一心，就是「心非一切」，也就是用否定的方式來說明一心，例如他說：「若入宗鏡，我法俱空，心境自亡，是非咸寂，神性獨立，對待無從」⑯，他用了俱空、自亡、咸寂等詞，形容「對待無從」的一心境界。此外，他還強調真心是無住、不可修、不可證、不可得的⑰，也表現出一心的絕待性。他所以會用否定的方式說明一心，是怕學佛者生起我、法，心、境，是、非等分別。

另外，他又怕學佛者誤以為「對待無從」是空無一切，所以他又用肯定的方式來說明一心，也就是用「全收門」的「一切即心」來形容真心，例如他提到眾生自心之體，杜順稱之為「自性清淨圓明體」，《佛地論》稱之為「清淨法界體」，都是指真如妙心⑱。他又將真心稱為「妙圓覺心」，認為一心具有湛然寂照、含虛任緣、不出不入、非有非無、明明不昧、了了常知等功德⑲，也就是說他認為絕對無待的一心，並不是斷滅空無的一心，他說：

又此絕待無作真心，非是斷空但空。若眾生一切妄心，世間一切幻法，以情識分別不及故，目之為空。（《宗鏡錄》，頁

⑯　《宗鏡錄》，頁848a。
⑰　《宗鏡錄》，頁543c。
⑱　《宗鏡錄》，頁417c。
⑲　《宗鏡錄》，頁499a。

652b)

他認為眾生的妄心有生有滅，所以由妄心所執著的一切法都是如夢如幻，從緣起來說則有生有滅，因此佛陀才會強調性空。而真心則不生不滅，所以不空，他並指出：「所言不空者，已顯法體空無妄故，即是真心，常恒不變，淨法滿足，則名不空」[20]。

永明禪師真心「不空」的觀點，除了受到禪門自性本自具足的影響外，也受到華嚴宗性起思想，及天台宗性具思想的影響，在性起思想方面，他說：

> 眾義同歸，若太虛包含於萬像；千途競入，猶多影靡凝於澄潭。若論一心性起功德，無盡無邊。(《宗鏡錄》，頁426c)

他認為一心的體性具足一切，而萬法皆為眾生的自性生起，所以稱為「一心性起功德」，從性起思想來說，「真心是群生之本，眾法之源」[21]，因此他認為一心具有生起一切萬事萬物的本體意義。由於一心既具有無盡無邊的功德，所以萬法也具備無盡無邊的功德。

另外，在性具思想方面，他說：

> 以一切法界，十方諸佛，諸大菩薩，緣覺聲聞，一切眾生，皆同此心，諸佛已覺，眾生不知，今為未知者，方便直指，

---

[20] 《宗鏡錄》，頁880a。
[21] 《萬善同歸集》，頁985c。

以本具故不虛，以應得故非謬。（《宗鏡錄》，頁424c）

他指出眾生的一心，與聲聞、緣覺、菩薩、佛等四聖都是相同的，而且「以本具故不虛」。「本具」，是說明一心原本具足一切功德，成聖時不增，成凡時不減。而「不虛」，則是說明一心是真空妙有的，眾生只要返妄歸真，也可以像佛、菩薩一樣，運用一心之妙用來自利利他。

不論永明禪師是從否定，或肯定的方式來形容一心，都是為了要表達一心「神不可測，無依無住，非古非今，只是有而不可見聞，非是一向空寂」的妙處[22]，由於心法妙不可言，因此他對一心有時說空，有時說不空，這並不是他的一心思想自生矛盾，而是因為一心中道的特質，本來就超越了二邊，為了對機的方便，所以才有時說空，有時說不空，他說：

今言中道者，即菩薩道，離中無別道，離道無別中。即以道為中，即以中為道。此之中義，即是一心。道即是心，心即是道，以真心遍一切處故。所以云：一色一香，無非中道。前辯所見不同，故論得失。若入宗鏡，則泯同平等，三乘五性，若內若外，無非一心中道矣。（《宗鏡錄》，頁887b）

他指出一心是中道的，其體性為真空，所以說「無依無住」、「非古非今」、「不可見聞」。而一心的相用則是妙有，所以說「妙用

[22] 《宗鏡錄》，頁649c。

無盡」、「靈通莫測」。他認為既然真心遍於一切處，萬法皆不離一心，所以他不但從正面說：「以一切法即真如一心故」㉓，又從反面說：「無一法而非心故」㉔。此外，他認為萬法皆是唯心所現，所以一切法的法性皆無差別。而且因為萬法皆不離一心，所以從世間的種種法中，就可以去體悟菩提妙道。他這種將一心結合法性的說法，可以幫助學佛者從身邊切近的諸法來體悟一心，他說：

> 一心是諸法自性，如一珠有八萬四千孔，入一孔全收珠體；似一月影現一切水，一一影不離月輪。……是則一法明心，萬緣指掌，皎然法喻，可以收疑。（《宗鏡錄》，頁613c）

他指出「一心是諸法自性」，觀察周遭的每一法，都可以有助於明心，所以他認為明心之後，瞭解萬法的緣起，就如同將萬法放在掌上觀察一樣清楚明白。他還認為既然一切法都可以幫助明心見性的話，則「豈有一法非佛事乎」？所以他認為眾生在日常生活中所接觸到的事事物物，如菩提樹、衣服、臥具、音聲、色相等，都可以使眾生得到開悟的因緣㉕。

永明禪師非常重視絕對無待的一心，他在《宗鏡錄》中所標舉的「一心為宗」，就是絕對無待的真心㉖。他在書中提到與一心思想有關的最後一項問答中，也指出了真心是絕對無待的：

㉓ 《宗鏡錄》，頁874c。

㉔ 《宗鏡錄》，頁658a。

㉕ 《宗鏡錄》，頁552b－554b。

㉖ 《心賦注》，頁63說：「如宗鏡錄中立真心為宗」。

> 問：乞最後一言？答：化人。問：幻士谷響。答：泉聲，欲達吾宗旨，泥牛水上行。（《宗鏡錄》，頁 956a）

此處的「最後一言」，即是《宗鏡錄》中對於一心之旨的最後表述㉗，但是他在此並沒有長篇大論的闡述自己的意見，也沒有多方引用各宗不同的道裡，他的回答非常簡潔，採取的是禪門慣用不說破的方法去點化學者，他為了表達一心的絕對無待性，特別運用文學性的象徵語言來回答問者的疑惑。「化人」等詞究竟為何種意思，永明禪師並未加以解釋，因為他認為任何可思議的語言文字都有其限制性。所以在《宗鏡錄》的許多解釋文字之後，他以「化人」、「泉聲」、「泥牛水上行」等回答，來解說一心宗旨是絕對無待的。

㈢ 真妄交徹的一心

永明禪師把絕待真心又稱為「無諦」，因為這時沒有真、俗二諦的分別。而真、俗二諦的提出，是為了教化的方便㉘。他並提到由真心轉變為妄心的過程，顯示出真心與妄心交徹的關係，他說：

> 絕名相之端，無能所之跡。最初不覺，忽起動心，成業識之由，為覺明之咎。因明起照，見分俄興，隨照立塵，相分安布，如鏡現像，頓起根身。次則隨想而世界成差，後即因智

㉗ 《宗鏡錄》，頁 956a 的最後一問是「集此宗鏡有何功德」，與宗鏡的一心意旨無關。

㉘ 《宗鏡錄》，頁 795a：「無諦者，即絕待真心，非是對有稱無，故云絕待……又從此一實，對機約教，或分開二諦等，此二諦者，約情智而開。」

而憎愛不等，從此遺真失性，執相徇名……約依處則分二十五有，論正報則具十二類生，皆從情想根由，遂致依正差別。（《宗鏡錄》，頁 415b）

引文提到「絕名相，無能所」，就是形容絕對無待的一心，這是不論凡、聖都同樣具有的。但是，因為一念不覺而心動，眾生的真心被無明迷惑而成妄心，妄心緣慮有五種行相，即率爾心、尋求心、決定心、染淨心、等流心㉙。由此妄心生起對外境的攀緣執著，於是開始造作或善或惡的三業，由於不同的業力，而感得各種的依報（二十五有）、正報（十二類生）。他並引用了十法界的觀點，來說明真心隨緣而造成不同眾生的情形，他認為真心是平等的一真法界，沒有佛與眾生之別，隨著染、淨的因緣而有凡、聖的不同。而最初的清淨心究竟為何會生起一念不覺，卻無法探究其因，所以稱為無始無明㉚。他並把妄心稱為「無始生死根本」，把真心稱為「無始菩提涅槃元清淨體」㉛，希望凸顯出一心是眾生輪迴或是還滅的關鍵。不過，他仍然強調雖然從俗諦上說，有真心、妄心之分，但是真即妄，妄即真，並非實有二種心。

永明禪師曾提到在傳統佛教中，對一心有四種解說，他說：

且約一心，古釋有四。一紇利陀耶，此云肉團心，身中五藏

㉙ 《宗鏡錄》，頁 434a。

㉚ 《宗鏡錄》，頁 844c。

㉛ 《宗鏡錄》，頁 430b。

> 心也，如黃廷經所明。二緣慮心，此是八識，俱能緣慮自分境故……三質多耶，此云集起心，唯第八識積集種子，生起現行。四乾栗陀耶，此云堅實心，亦云貞實心，此是真心也。……前三是相，後一是性，性相無礙，都是一心，即第四真心，以為宗旨。（《宗鏡錄》，頁434c）

他指出經典中翻譯為「心」的詞語有四種，即肉團心、緣慮心、集起心和堅實心，前三種是妄心，最後一種是真心，真心是「性」，而妄心是「相」，性、相兩者都是屬於一心。他的這種觀點是引用宗密《禪源諸詮集都序》的說法㉜，而宗密的說法則承襲了《大乘起信論》一心開二門的見解。永明禪師也受到《大乘起信論》的影響，他說：

> 所言宗者，謂心實處。約其真心之性，隨其義開體用二門，即同起信立心真如門，心生滅門。真如是體，生滅是用。然諸識不出體用二心。一、體心是寂滅心，即九識體。二、用心是生滅心，即前八識用。體用隱顯，說為二心。……體用互成，皆歸宗鏡。（《宗鏡錄》，頁742c）

他認為一心可開展為體、用二門，一心的體性是是不生不滅的，所以等同於《大乘起信論》的心真如門。而一心的相用則是有生有滅的，所以等同於《大乘起信論》的心生滅門。他並指出：

㉜　《禪源諸詮集都序》，大正藏48冊，頁401c。

……或言體者，性也。以心為體。……或言智者，以心為智，即是本性寂照之用。……若約義用而分，則體宗用別；者（若）會歸平等，則一道無差。（《宗鏡錄》，頁417c）

他認為一心之體是寂然不動而平等無分別的，一心之用則可以智照一切萬法。也就是說真心是「以靈知寂照為心，不空無住為體，實相為相」，這是凡、聖所同具的，而真心一旦為無明所蔽成為妄心，就是「以六塵緣影為心，無性為體，攀緣思慮為相」㉝。雖然永明禪師提到一心有真妄之分，但是他認為真妄交徹，法爾一心，他說：

故知真妄常交徹，亦不壞真妄之相。則該妄之真，真非真而湛寂；徹真之妄，妄非妄而雲興。如水該波而非水，濕性凝停；波徹水而非波，洪濤洶涌。則不存不泯，性相歷然。一一融通，重重交徹。無障無礙，體相用收。入宗鏡中，自然法爾。（《宗鏡錄》，頁442c）

他用水和波作比喻，來說明真、妄之心的圓融交徹。他認為眾生雖然是由妄心作主，無明生起貪瞋癡時，就像海上的波浪一樣洶湧動盪，但是眾生的真心卻一直沒有失去，就像波浪雖然動盪不安，但是其本質仍舊是水，還是具有濕性。同樣的眾生雖然在煩惱之中，其原本的真心體性卻不曾改變。所以他認為不論是受輪迴之苦的眾

㉝ 《宗鏡錄》，頁431b。

生，或是證得解脫的聖賢，都是離不開此一心的，他並指出：「但有迷悟之名，不離一心之體，更有何法而作凡聖名字為差別乎」㉞，既然凡聖無別，都是離不開此一心的話，他就主張眾生可以從觀察自身的妄心，為修行入手的方便，他說：

> 真心約理體，妄心據相用。今以理恒是心，不得心相。心恒是理，不動心相。如水即波，不得波相。波即是水，不壞波相。是以動靜無際，性相一原。當凡心而是佛心，觀世諦而成真諦。（《宗鏡錄》，頁433c）

他認為眾生以妄心來分別世間的一切法，因此產生愛恨執著，如果了悟這些世間法皆不離一心，就能夠在一切境界中，不起憎愛煩惱，這時就能轉凡心為佛心，從痛苦中解脫。也就是說學佛者在面對日常生活中的一切境界時，若發現到對萬法心生分別時，當下就要反省這些分別都是妄心的作用，瞭解到妄心有分別，一切法無分別，就能夠從中體悟一切法的如實意義。

永明禪師把如來藏及佛性都稱為一心，他說：

> 如來藏者，是真識心。是真心中，具有一切恒沙佛法。如妄心中，具有恒沙染法。是心與法，同一體性，故名如來藏，即一切眾生有如來藏，能為佛因，名有佛性……如是一切世間法中，皆有涅槃性，此性即是眾生自實，故名為我，我即

㉞　《宗鏡錄》，頁480c。

> 佛性，隱則名為如來藏，顯則名為法身。（《宗鏡錄》，頁857b）

他指出當一心處在隱藏的狀態時，稱為如來藏；而一心處在顯發的狀態時，則稱為法身。他認為肯定了眾生有成佛的可能，也就肯定了一心在修行實踐時的重要性，所以他把眾生視為隱藏的如來，具有鼓勵學佛者效法如來的意義。此外，他在說明眾生具有成佛的可能性時，「心」與「性」都被引用過，例如「菩提妙明元心」，和「妙性」都是指人人都有成佛的正因㉟。

永明禪師認為雖然一切眾生都有正因佛性，卻只是理即佛而已，還不是究竟即佛，所以他引用到天台思想中「六即佛」的觀念，強調學佛者必須理行兼顧，他說：

> 是以六即揀濫，十地辨功，若以即故，何凡何聖？若論六故，凡聖天隔。又若論其理，初地即具足一切地，若言其行，後地則倍倍超前。（《萬善同歸集》，頁976b）

他指出人人皆有如來藏，因此人人皆可成佛，不過這是從理上來說的，眾生雖有正因佛性，但是要轉凡成聖，還需要萬行才能圓滿，所以他指出從「即」來說，眾生與佛並無差別，凡心與佛心一樣具

㉟ 「菩提妙明元心」見於《宗鏡錄》，頁431c：「經云：……菩提妙明元心……即同初祖直指人心，見性成佛。」「妙性」見於《宗鏡錄》，頁523c：「是以妙性無虧，迷悟自得。」

足一切功德。但是從「六」來說，則眾生與佛的淨界卻是天地之隔，眾生逐漸去除一分一分的無明，才能接近佛地。所以他又說：「萬法皆相待而有，若入宗鏡，自然諸法絕待，歸本真心」[36]，顯示出若能夠證入一心，也就可以從歷然的萬法中破迷歸真。他並說：

> 凡曰有心，正因悉具，未得緣了，法身不成。了因智慧莊嚴，正解觀察；緣因福德莊嚴，妙行資發。三因具足，十號昭然，自利利他，理窮於此。（《萬善同歸集》，頁986a）

他指出眾生只要有心就具有成佛的「正因」，但是想要成就究竟的法身，還要有「了因」及「緣因」的輔助。他指出「了因」即是般若智慧，重在自覺，要透過般若來觀察性空之理；而「緣因」即是六度萬行，重在覺他，要透過萬行來幫助其他的眾生。他認為學佛者必須以「了因」修慧，以「緣因」修福，因為只有福慧兩足尊，自覺覺他圓滿，方能成佛。此外，他還強調一心法門重在親身證驗，並不是只在言說上玩弄識智辯聰而已，他說：

> 此不思議真性解脫法門，一入全真。真外無法，意消能所。情斷是非。……此圓頓教門，唯一無分別耳。無有際畔，不涉一多。以即邊而中故，無法可比。以即妄而真故，無法可待。豈更佛法待於佛法，唯一絕待，如來法界故。出法界

---

[36] 《宗鏡錄》，頁853b。

外。無復有法。無所可待，亦無所絕。唯證相應，不在言說。（《宗鏡錄》，頁598c）

他指出「真外無法」、「唯一絕待」，此即是絕對無待的一心，在此境界沒有能、所、是、非的分別執著，也沒有凡與聖的不同。眾生雖然受了無明風動，而起了妄心狂波，但是這時的妄心只是假相，也就是「即妄而真」，如果執著妄心是真實的，就更加的遠離真心。反之，若了達妄心是虛妄的，就能證入絕對無待的一心。而所謂真實解脫，必須是實際證入而非口頭說說而已，否則眾生在無明習氣的染著下，只從文字中聽聞一心的道理，是無法真實去除貪瞋癡等煩惱的，所以永明禪師非常重視般若思想，他認為要想超越一切分別，就必須有般若的觀照。

三、般若與一心

永明禪師承繼了德韶重視般若的門風[37]，在一心思想中特別強調般若的地位，他曾說：「先明般若，以辨真心」[38]，指出了般若與一心的關係，他認為先開發了般若的無所得慧，就可以用觀照慧力來破除妄心的攀緣，回復到真如一心。此外，他還肯定六度萬行必須以般若為導，他說：

---

[37] 《景德傳燈錄》中德韶的傳記，錄有他在般若堂開示的十二會，其中有許多有關般若的思想，如，大正藏 51 冊，頁 408b 第一會中提到：「此是般若之真宗」，頁 409a 第六會上堂提到：「般若無知，對緣而照」。頁 409c 的第九會也說：「……如是會得，喚作般若現前」。

[38] 《萬善同歸集》，頁 985c。

> 五度如盲，般若如導，若布施無般若，唯得一世榮，後受餘殃債，若持戒無般若……若忍辱無般若……若精進無般若……若禪定無般若……若萬善無般若，空成有漏因，不契無為果……若般若不明，萬行虛設。（《宗鏡錄》，頁906a）

他認為由五度發展出來的萬行，如果沒有般若的無所得慧，則只是修福而已，如果自以為福德就是功德，很容易會被福報的觀念所限，變成只追求世間的榮耀名譽而已。此處所謂的「虛設」並非要否定萬行，而是在說明眾生廣修福德資糧，如果對福報心生執著，則雖然可以獲得人天福報，卻無法究竟成佛。這種「萬善無般若，空成有漏因，不契無為果」的論點在《萬善同歸集》中也曾說過[39]，顯現出他認為般若是菩薩道成佛的根本，所以才會在著作中一再強調。永明禪師不只是從正面來強調般若的意義，他也從反面提出不信般若的過失，他說：

> 此一心實相之門，般若甚深之旨，於難信之中，或有信者，法利無盡，唯佛能知。若有毀者，謗般若罪，過莫大焉，現世受殃，生身陷獄。何以受報如此廣大？以般若是一切世出世間凡聖之母……。（《宗鏡錄》，頁919c）

他指出因為般若超越二邊，所以很難讓眾生相信，而不相信般若的人，由於沒有不執著的智慧，往往會隨逐著無始的煩惱習氣不斷去

---

[39] 《萬善同歸集》，頁985b。

造作惡業，而且由於不理解而去毀謗般若，不但會在此生受到災殃，更有可能會墮落到地獄去受苦報。由此可見般若在一心法門中的重要性。

永明禪師的論述，有時會有一些看似矛盾的文句，這時就需要以般若的角度來思考，例如他認為多聞可以增廣智慧，但是有時他又會認為多聞者若陷在文字相裡，就不能成就菩提[40]，他究竟贊成或反對多聞？實在是不能斷章取義，因為他是站在般若的無所得慧的立場，針對不同情境而提出他的看法。還有，他對修行有無次第的看法，也是要以般若的角度才能明瞭，他說：

> 此無住真心，實不可修，不可證，不可得。……若論地位，即在世諦行門，亦不失理。……若圓融門，寂滅真如，有何次第？若行布門，對治習氣，昇進非無。又染淨階位，皆依世俗名字，則似分階降，不壞一心。（《宗鏡錄》，頁 543c－544a）

他認為從圓融門來看，真心本具一切功德，在聖不增，在凡不減，無作無修，所以修行是沒有次第的。而從行布門來看，則修行時對治妄心，必須經歷「染淨階位」，一步一步破除妄心，才能證得真心。由以上二例的說明可知，如果認定永明禪師站在「以多聞而廣其智慧」，或是站在「縱多聞習誦，俱不成就」的立場，就會落在

---

[40] 《宗鏡錄》，頁 660a：「以多聞而廣其智慧，免成孤陋而面牆」。《宗鏡錄》，頁 652a：「若未入宗鏡，不了自心，縱多聞習誦，俱不成就。」

有、無二邊。同樣的，如果認定永明禪師是堅持立於「有何次第」，或立於「升進非無」，也是執著二邊，而實際上他的一心思想是超越於二邊的，因此想要瞭解他的一心思想就必須以般若思想來體證。

永明禪師曾提到般若有二種，即「真實常住般若」及「觀照有用般若」[41]，前一種是體，後一種是用。他在回答心性本淨，寂照無遺，何必還要主張般若智慧的問題時說：

> 心是正因，雖然了照，以客塵煩惱所遮，若無智慧了因而不能顯。……今宗鏡所錄，深有所以，只為眾生無智不修，而墮愚闇，不照心性，枉陷輪迴，若不得宗鏡之智光，何由顯於心寶？（《宗鏡錄》，頁488a）

他認為心本來即具有觀照的作用，因此「以心為智，即是本性寂照之用」[42]，這就是「觀照有用般若」，但是眾生的一心被無明煩惱所遮蔽不能發揮其功能，所以需要靠般若來顯發，當一心回復其即寂即照的體性時，就是「真實常住般若」。引文中的「宗鏡之智光」可以有三解，一種是一心的實相般若（體），第二種是一心的觀照般若（用），第三種是《宗鏡錄》一書所顯示的文字般若。一、二兩種解釋中的「宗鏡」都是指一心，這二類般若是指自力，第三種解釋中的「宗鏡」則是指《宗鏡錄》一書，而文字般若則是

---

[41] 《宗鏡錄》，頁880c。

[42] 《宗鏡錄》，頁417c。

他力，可見永明禪師認為要顯發一心，必須要具足自、他力才能圓滿。

永明禪師肯定多聞，就是因為經論即是文字般若。而且他認為文字般若的取得途徑，除了多閱讀經典文字之外，還可以多親近善知識，他說：「因人聞法，因法悟道，因道修行，因行成佛。……故世尊言：我今得成佛，最初皆因遇善友因緣」[43]，他指出親近善知識可以增長聞慧，這是靠他力，而思慧及修慧的證得，則必須靠自己努力。他認為即使是佛陀在成佛之前，也要有善知識的幫助，才能聽到殊勝的法門，因此一般人初學佛法之時，更不可輕言離棄善知識。

除了以般若思想來融通了自力和他力外，他又用般若思想來超越世俗對有、無認知的鴻溝，他曾說：

> 夫諸佛境界，唯趣不思議一心解脫之門，何謂不思議解脫？以一切法，非有而有，有而非有……既以非有而有，即不住於無；有而非有，即不住於有，有無不住，即於諸法，悉皆解脫，以一切法不出有無故。（《宗鏡錄》，頁 594b）

他認為在世俗諦中，有、無是截然不同的相對概念，一般人不是執著於有邊，就是執著於無邊，對於有、無生起得、失之心，遂造成身心的無限痛苦。然而「有無不住」就是靠般若來破除妄心的分別執著，以般若觀照一切都是緣起性空，就能有不執著一切法的智

---

[43] 《宗鏡錄》，頁 661a。

慧。在此他並指出諸佛的「不思議一心解脫」境界，就是對於諸法能夠不取不捨，他認為學佛者雖然以般若觀照，明白了沒有任何眾生可度的空性之理（不取），但是因為大悲心的緣故，仍然會堅持以萬行莊嚴淨土，並且教化眾生（不捨）[44]，也就是說真實的解脫並不可以遠離世間的煩惱眾生。

般若不但能夠超越二邊，而且有「無住」的特性，他說：

> 若住法，則不見般若，若住般若，則不見法，以法有相，般若無相，有無相反故爾。又非離有相法，別立無相般若，以相即無相，全是般若故。……設住般若，亦成愚闇，但一切處皆無住，則無非般若。（《宗鏡錄》，頁936a）

他認為般若是一種無所得慧，因此不但是對一切法不可執著，甚至連般若也不可執著。若是執著有一個般若可求，就住在般若的相上，反而不能證到般若。他並指出不住在一切法上，連般若也不住，才能夠處處自在。而且由於有般若的觀照慧光，眾生被無明所推動，處於虛妄攀緣的習氣就能夠逐漸消除，才能夠發揮出一心本來的光明[45]，並且還更進一步的予以善加利用，他說：

> 以心外無法故，方成無所得慧……遂乃發無能作之智照，開

---

[44] 《萬善同歸集》，頁 966c：「又經云：雖知諸佛國及與眾生空，常修淨土行，教化諸群生。」

[45] 《定慧相資歌》，大正藏第 48 冊，頁 997a：「般若慧，莫能量，自然隨處現心光」。

無所捨之檀門……建立水月之道場……大作夢中之佛事，廣度如化之含識，同證寂滅之菩提。（《宗鏡錄》，頁542c）

他指出有了般若之後，雖然了知三輪體空，卻以慈悲之心大行布施。雖然了知沒有可度的眾生，卻廣行方便度化一切有緣的眾生。可見他所說的「心外無法」，並不是斷滅空，他認為雖然一切法都是「無所得」，卻要在「無所得」中「成辦無邊佛事」[46]。所謂的「水月道場」、「夢中佛事」，就是以般若來悟透一切有為法的如夢如幻，這即是「心外無法」。而開檀門、建道場等佛事，實際上也是不離一心，這也是「心外無法」。所以他的「心外無法」主張在要一心的真空妙有中，圓滿自利利他之行。也就是說他主張「心外無法」的一心法門，在般若智慧的觀照中，不但去除了學佛者執事廢理的執著，也去除了他們執理廢事的執著，達到理事圓融的境界。

第二節　圓修辦事

永明禪師的一心法門是以頓悟知宗為本，而輔以圓修辦事，他說：

但悟一心無礙自在之宗，自然理事融通，真俗交徹。若執事而迷理，永劫沈淪；或悟理而遺事，此非圓證，何者？理事

---

[46] 《宗鏡錄》，頁936a。

不出自心，性相寧乖一旨。若入宗鏡，頓悟真心。尚無非理非事之文，豈有若理若事之執。但得本之後，亦不廢圓修。（《宗鏡錄》，頁 496b）

他指出在一心之中，「自然理事融通，真俗交徹」，所以不可以執事迷理，也不可以執理廢事。不過他認為修行時如果只是在事相上用功，並不能真正的解脫煩惱，只有明心見性才可以證得無礙自在，所以學佛者要以明理為本。此外，他並指出真正明白一心宗旨的人，由於了解到理與事是融通不二的，所以不但不會鄙棄事修，反而因為已經得本，更能夠在事修中隨緣不變，圓融自在。

永明禪師既然提倡圓修，因此他在強調般若時，也重視其他五種波羅蜜，他認為如果只是「但行」般若，而沒有其他五度的事行配合，反而是一種邪見，他比喻說修行解脫就像是料理食物，必須要眾味調和，才能美妙可口，因此唯有理、事圓融，才能成就究竟的菩提㊼。他並將一切法都視為萬善，強調說：「俗諦門中，不捨一法，凡興有作，佛事門收」㊽。

永明禪師還指出：「若約正宗，十地猶如空中鳥跡。若約圓修斷惑，對治習氣非無。理行相資，闕一不可」㊾，他認為若從頓悟一心來看，學佛者必須了知所有的修行其體性都是空性的，是不可執著的。若從圓修萬行來看，學佛者則必須了知斷一分無明業惑，

㊼ 《萬善同歸集》，頁 972a。

㊽ 《萬善同歸集》，頁 972c。

㊾ 《宗鏡錄》，頁 690c。

就能證得一分菩提正覺。

從永明禪師對圓修的論述，可以看出他所謂的圓修辦事意涵深刻，包括了圓融無礙、萬善莊嚴、業因緣起等三項要點，以下再一一加以說明。

一、圓融無礙

永明禪師主張的圓修辦事，具有圓融無礙的特性，這是受到華嚴思想的影響，他曾表示法性融通，隨緣自在的思想正是「華嚴所宗」[50]，他又進一步指出：

> 此論見性明心，不廣分宗判教。單提直入，頓悟圓修。……若依教，是華嚴，即示一心廣大之文；若依宗，即達磨，直顯眾生心性之旨。（《宗鏡錄》，頁614a）

由引文可知在「頓悟知宗」方面，他仍然是以禪宗思想的「單提直入」為主導，而在圓修辦事方面，他則特別重視華嚴思想中圓融的精神，並指出「若華嚴圓旨，具德同時，理行齊敷，悲智交濟」[51]，也就是他主張一心思想落實在實踐中，必須理、事兼顧，自、他共利，福德與智慧齊修。

華嚴的圓融思想也給予他法性融通的啟發，他在回答「此宗鏡錄中德用所因，有何因緣，令此諸法混融無礙」時說：

---

[50] 《萬善同歸集》，頁992a。

[51] 《萬善同歸集》，頁958c。

> 約華嚴宗有其十義，一、唯心現者……二、無定性者……三、緣起相由者……四、法性融通門者，謂若唯約事，則互相礙，不可即入，若唯約理，則唯一味，無可即入，今則理事融通，具斯無礙……斯即總意，別亦具十玄門……故知此理，塵塵具足，念念圓融，無有一法，而非所被。……五、如幻夢者……六、如影像者……七、因無限者……八、佛證窮故者……九、深定用故者……十、神通解脫故者……。（《宗鏡錄》，頁469c－470c）

問者問到他的一心思想從理體來論述一切法的無二無別，並無問題，但是在現實中，各自具有不同德用的事法，又如何能夠圓融無礙呢？他引到華嚴宗思想的十義，並指出此十義能夠「令此諸法混融無礙」。也就是說他是透過華嚴宗的圓融思想，發展出他一心思想中理、事圓融的觀點。以「法性融通門」為例，他指出從華嚴的圓融思想來觀察一切法之時，不會只側重在理的角度，或是事的角度，而是從法性上明白一切事法事原本就是融通無礙的。此外，他也提到透過華嚴宗的十玄門，就能夠達到「塵塵具足，念念圓融」的境界，他並指出：

> 本是一心真如妙性無盡之理，因體用卷舒，性相即入，理事包遍，緣性依持，義分多種，略即六相，廣乃十玄，乃是諸佛菩薩德相業用，一行一法，皆具十玄，悉入宗鏡之中一心無盡之旨。（《宗鏡錄》，頁579c）

他認為十玄門正可顯示一心真如妙性的無盡之理，了達體、用、性、相、理、事都不離一心。他並指出悟到一心之理以後，更加明白一切法有無限的德用，而諸佛菩薩則自在運用這些德用來教化眾生，所以諸佛菩薩才顯示出各自不同的德相業用。他認為修行大乘菩薩道的人，若是明白一行一法都具有十玄的妙用時，必然不會產生執理廢事的弊病。他又進一步提出圓融與行布不二的思想說：

> 所以若約事備陳，則凡聖無差而差。若就理融即，則生佛差而不差。是以差與不差，俱不離真如之體。如華嚴演義云：無差之差者，是圓融上之行布也。差之無差者，是行布上之圓融也。……如是妙解，方被宗鏡之光。離此見生，悉乖不二之旨。（《宗鏡錄》，頁499c－500a）

他指出從事相來看，雖然眾生與佛都不離一心，但是卻有成凡與成聖的差別，因此稱為「無差而差」。再從理上來看，眾生輪迴六道，諸佛解脫煩惱，而二者的一心之體並無減少或增加，此即「差而不差」。他並認為加入了華嚴思想中的圓融與行布，就能夠使宗鏡之光充實照耀。由此解說可知了悟「差而不差」的圓融之理，就是「頓悟知宗」。而實踐「無差而差」的各種事善，就是「圓修辦事」。

受到了華嚴思想的啟發，永明禪師在《萬善同歸集》中更將圓修之義開展成十大項，他說：

> 總明萬善同歸，別開十義……一名理事無閡，二名權實雙

行，三名二諦並陳，四名性相融即，五明體用自在，六名空有相成，七名正助兼修，八名同異一際，九名修性不二，十名因果無差。（《萬善同歸集》，頁992a）

在此他提出了萬善同歸十義，第一項的「理事無閡」是總綱領，而全段運用二而不二的敘述方法，理、事、權、實、二諦（真、俗）、性、相等是「二」的敘述，而無閡、雙行、並陳、融即等則是「不二」的敘述。這種二而不二的敘述方法，明顯的表現出他的中道不二思想。另外，此萬善同歸的十義與他在《宗鏡錄》中說到的「不礙一心，雙存二諦」互相呼應[52]，代表他的一心理論必須落實到萬行的實踐中。

二、萬善莊嚴

永明禪師雖然肯定人人本具的如來藏中自有萬善的功德，是成佛的正因，但是他也認為初學或根鈍的眾生，必須藉由各種修行以對治習氣，他說：

心雖即佛，久翳塵勞，故以萬行增修，令其瑩徹，但說萬行由心，不說不修為是。又萬法即心，修何閡心。（《萬善同歸集》，頁958c）

他指出眾生心與佛心原無不同，但是卻被塵勞覆蓋，而萬行卻能夠

---

[52] 《宗鏡錄》，頁569c。

使心瑩徹。也就是他認為眾生的妄心習氣，必須靠事修加以對治，既然萬行是使妄心恢復清淨的增上緣，因此他又提出萬善莊嚴的觀點，他在《萬善同歸集》中說道：

> 若般若未通，真心由昧，應須歸命一體三寶，懺悔三世愆瑕。以尸羅而檢過防非，用禪定而除昏攝亂，親敬善友，讚誦大乘，萬善熏治，多聞修習，助顯真性，直至菩提。障盡而妙定自明，慧發而真心豁淨，既能自利，復愍未聞。廣作福因，具行諸度。（《萬善同歸集》，頁985c）

本段引文有五項要點，第一，他認為萬行之所以可以「瑩徹」一心，是由於萬行有對治習氣的功能，例如持戒可以檢過防非，禪定可以除昏攝亂。眾生無始以來，累積了無量無邊的煩惱習氣，因此必須藉用萬行來對治。第二，他在此處具體提出了萬行的內容，包括三皈依、懺悔、持戒、禪定、親敬善友、讚誦大乘、多聞等。第三，他認為修行佛法有其順序次第，先要諸惡莫作，眾善奉行，才能除去二障。沒有了二障，修行禪定才易獲得三昧。有了戒行、禪定之後，才能開發般若的真實智慧。有般若之後，就能證悟真心。第四，他認為圓修萬行能夠自利，並發揮慈悲利他之心，所以學佛者要悲智雙運，就必須修行萬善。第五，他認為要成就佛法不離因果，唯有福慧雙修才能圓滿菩提。

永明禪師提倡修行萬善，除了是因為初學或根鈍的眾生，必須藉由各種修行來對治習氣之外，還因為他認為深奧的一心之理並不是所有的眾生都能理解的，他在引用湛然「上根唯觀一法，謂觀不思議境」的觀點時曾說：

> 上根一觀，橫竪該攝，便識無相，眾相宛然。若中下根，不逗此門，則隨機差別，教分多種。雖說種種道，其實為佛乘，佛乘不動，種種隨心，猶玻璃珠，隨前塵而變眾色。（《宗鏡錄》，頁868a）

他認為上根者觀不思議境時，能夠了悟眾相宛然的實相是本無有相。而中下根者不能觀不思議境，則可以藉助其他的觀心法門來作為修行的方便。他並且指出雖然佛教中的方便法門很多，但是其究竟目的都是歸向於一佛乘。總之，他認為不同根性各有不同相應的觀心法門，唯有因材施教才能獲得最好的成效。而眾生的妄心習氣不同，不能於言下頓悟知宗的眾生，就教導他們修行一切萬善。

此外，早期的習禪者多主張要在深山遠離紅塵處修行坐禪，禪宗行者也主張修萬行只是在造生死業，還不如成為一個無事人[53]，所以禪宗的末流就有人偷懶不修，永明禪師有鑑於此，提倡萬善同歸，主張以萬善來莊嚴娑婆世界，並將功德迴向真如一心。從其著作來看，他提倡萬善同歸，也曾經提到「兼行六度」[54]、「定慧雙修」[55]、「權實雙行」[56]，而禪淨雙修的說法則並未出現過，不過

---

[53] 《臨濟語錄》，大正藏第47冊，頁499b：「設有修得者，皆是生死業。你言萬度萬行齊修，我見皆是造業。」

[54] 《宗鏡錄》，頁896b。

[55] 《宗鏡錄》，頁941a。

[56] 《萬善同歸集》，頁972a。

從《自行錄》的記載卻可以看出他日常所實踐的萬行中，兼有坐禪與念佛二種修行的，他並且認為習戒定慧六度萬行、供養大齋、施食等佛法修行也可以迴向往生[57]，可見他提倡的萬善莊嚴，受到淨土行者修善根福德觀念的影響。

還有因為吳越國的信仰偏重於現世利益，所以永明禪師也會強調萬善不但能夠自利，並且對於個人的家庭，或者是社會國家，都有莫大的利益，他說：「佛法眾善，普潤無邊，力濟存亡，道含真俗。於國有善則國霸，於家有善則家肥。所利弘多，為益不少」[58]，他認為佛法雖然是以出世間法為主，但是在「諸惡莫作，眾善奉行」的原則下，卻能夠使學佛者蒙利，不但可以使個人的家庭富裕，也能夠使整個國家強盛。他雖然沒有具體說明佛法如何能使國霸家肥，但是他對「利」和「益」的強調，必然吸引了為政者及一般的百姓。

永明禪師強調為了用欲鉤牽動眾生學習佛法的動機，所以特別提出學佛法可以當生就獲得世間的利益，不過他認為眾生要從修有為之善開始，轉成修無為的善法，他說：

> 慈愍三藏錄云：若言世尊說諸有為，定如空華，無有一物，名虛妄者，虛妄無形，非解脫因。如何世尊教諸弟子，勤修六度，萬行妙因，當證菩提涅槃之果。（《萬善同歸集》，頁973c）

---

[57] 《自行錄》，頁165。
[58] 《萬善同歸集》，頁990c。

慈愍認為修持萬行可以成就菩提，永明禪師承襲他的說法，也肯定萬行是解脫成佛的妙因。例如他指出修行十善的主要目的，正是在於成就佛果，他說：

> 十善何過？弘在於人。若貪著，則果生有漏之天；不執，則位入無為之道。運小心，墮二乘之位；發大意，昇菩薩之階。乃至究竟圓修，終成佛果。（《萬善同歸集》，頁960a）

一般人認為修行十善，其果報可得人天之福，可是他認為十善是萬善的基礎，修行十善不但得人天福報，更可以證得佛果。他指出修行十善時，如果分別心起就成了有為法，因為修行十善時心生分別的話，還是會讓行者生起有漏的煩惱。不過，他認為只要心不貪著，即使是修行十善也可以達到究竟無為的境界。也就是說他在詮釋時將十善的意義轉化了，他把十善原來有為的不了義，改變成了有助於成佛的究竟了義。他在此還提出了「弘在於人」的觀念，也就是他認為「人」才是萬行圓修的關鍵，每一個學佛者只要發下大心，則不論世出世間之法，都可以成為莊嚴佛國的方便。

總之，他認為萬善可以對治眾生無始劫來的習氣，可以適應不同根性的眾生，又可以幫助眾生從有為之法證得無為之果，因此不論世出世間所有的善行都在他的弘揚之列。

三、業因緣起

永明禪師說《宗鏡錄》是「括盡因門，搜窮果海」[59]，可見他認為各種經論所教導的佛法都不離因果法門，他並且還說：

> 此宗鏡一心之旨，名具足道，是圓頓門。就緣起則無邊，約真性則無二，一多交徹，存泯同時。（《宗鏡錄》，頁 570a）

他指出《宗鏡錄》中所說的一心，就一實諦來說，其真性之理是「無二」，也就是指絕對無待的一心。而從俗諦來說，則有無邊的緣起法。他認為理與事有「一多交徹」的關係，因此無待真心與「緣起」的世間萬法，並不相妨，而此「一多交徹」的觀點正是受到華嚴思想的影響。他還說：

> 夫真俗二諦，一切諸法，不出空有。空有之法，皆從緣生。緣生之法，本無自體。依心所現，悉皆無性。以緣生故無性，以無性故緣生。以此緣性二門，萬法一際平等。（《宗鏡錄》，頁 456a）

他將般若思想的緣起與性空之說，用「依心所現，悉皆無性」的觀點，將二者圓融在一起了。他的一心思想認為，萬法唯心而隨緣起生生滅滅，此為不變隨緣。而生滅的萬法，因為唯心所現，故而

---

[59] 《宗鏡錄》，頁 416c。

「一際平等」，此為隨緣不變。也就是說他認為一切法從心所現，並沒有固定不變的本體，因此一切法是性空的。此外，一切法雖然隨著因緣起滅，變動無常，不過生萬法的一心卻是不動的，因此一切法也是妙有的。若能從一心的角度來思考一切法，就不會落在空有二邊。

永明禪師在論述因緣果報的觀點時，也引用到唯識的思想，例如他說：

> 祖立言詮，佛垂教跡。但破遍計所執，不壞緣起法門。遍計性者，情有理無。……依他性者，即是因緣，若隨淨緣，即得成聖，若隨染緣，即乃為凡。是以從緣無性，故號圓成。（《萬善同歸集》，頁 986c）

他指出不論宗門或教下的思想，都不能違背緣起法門。他在此引用唯識的三性說來解釋緣起法門，並認為依他起性是眾生成凡或成聖的關鍵，他指出依他是淨緣時，則能夠使眾生成聖，而依他是染緣時，則能夠使眾生成凡。而永明禪師所謂的依他，是指依自心的種子，他說：

> 境隨情起，識逐緣生。情唯遍計之心，緣是依他之性。……內識體是依他故，必依種子因緣所生。非體全無，如遍計境。彼實我法，猶如龜毛，識依他有，故非彼類。（《宗鏡錄》，頁 794c）

他解釋說眾生所認識的外境其實是由情識的分別所起，而情識產生遍計所執則是由依他而起，他並指出所謂依他起性是表示眾生依種子因緣生起諸識。也就是從唯識的觀點來看，並沒有客觀的外境，只有因主觀妄心分別執著所起的情境。他認為一切法從心所生，所以他強調說：「是心作因，是心成果」[60]。他還提出既然是外境是一心的影子，則受到無明塵垢蒙蔽所造的業行，也都是虛妄不實的「業影」，所以能夠深達一心之理，則「業影」會自然除滅，他說：

> 義海云：除業報者，為塵上不了自心，為心外有法，即生憎愛，從貪業成報。……故知迷悟唯止一心，如手反覆，但是一手。如是深達，業影自消。（《宗鏡錄》，頁882c）

他指出眾生被塵勞所蔽，不瞭解憎愛是妄心分別所導致的，所以造業受報，輪迴不已。而從理上來講，所有的業行不過都是一心的影現而已，因此一切有為法皆如夢幻泡影。在一心思想下，他不但提到「業影」，還提出了「業空」的觀點，他說：「是以了心無作，即悟業空，觀業空時，名為得道」[61]，他認為眾生所造的善、惡業都是性空不實的，因此只要頓悟一心，就能消除業障，而且進而證得菩提。

不過他認為業果雖然性空，卻實有業用，造了惡業還是會受惡

---

[60] 《宗鏡錄》，頁547c。

[61] 《宗鏡錄》，頁469b。

報，而受報的眾生，也會感受到深刻的痛苦，因此從俗諦來說，他又提出了「不壞緣生」的觀點，他說：「從心所生，皆無真實。……是以善惡之業，理皆性空。不壞緣生，恆冥妙旨」[62]，他認為一切法都是從心所生，並沒有真實的自性之體，因此不論善行或惡行，從自性上來說都是本來皆空的。但是性空之理，「不壞緣生」，從緣起來說，善行或惡行的業用卻是不空的，為了要避免學佛者誤解了業影幻化，而生起沒有善惡果報的斷見，他說：

> 一切法皆從心生，悉如幻化，雖幻化不實，亦可作善惡之因緣，受昇沈之報應，不可生於斷見，但了體虛，莫生取捨。（《宗鏡錄》，頁857a）

他認為了悟一心中道，就能夠「但了體虛，莫生取捨」。不取，是指以「業空」來對治定業不可改變的執著。不捨，則是指以「作善惡之因緣，受昇沈之報應」，對治善惡無報的執著。所以他在《警世》中，還用到「業輪」一詞，來譬喻因果的輪迴，警惕學佛者要謹言慎行[63]。

永明禪師強調業報思想是有感而發的，雖然他所生長的吳越國非常的安定和富足，但是整個的五代卻是政治混亂與戰爭不休，觀察現實的苦難，讓他痛切的感受到果報不虛，痛苦與煩惱常是修道

---

[62] 《宗鏡錄》，頁883a。

[63] 《警世》，大正藏第48冊，頁997c：「遇境生心，隨情動念，或美或惡，俱不稱懷，皆長業輪，盡喪道本。」

的障礙。此外，當時有些學佛者昧於因果，自以為本具佛性，「便說飲酒食肉，不礙菩提；行盜行婬，無妨般若」[64]，他認為這些人妄稱不須持戒，而實際上卻正在造地獄之業，實在是可憐無知。所以他特別會強調業報來警惕學佛者。他認為業報既然是唯心所造，就不必對果報感到悲觀，而且由於果報是自作自受，所以每個人都必須對自己負責。

永明禪師認為能夠聽聞佛法的正教，是極為難得的因緣，對於推動佛法他具有很大的責任感，他說：

> 今者與諸有緣信士，遇茲正教之人，自緬曩生，障深垢重，諸佛出世，不睹毫光，得廁嘉筵，親聞正法。復思夙願，微有良因，於末法中，偶斯遺教。既欣遭遇，傍愍未聞，遂乃略出要詮，遍示後學。可謂醍醐之正味，不覺不知，甘露之妙門，不問不信。如斯大失，實可驚心。（《宗鏡錄》，頁561c）

他指出在末法時代，眾生的業報是「障深垢重」，更需要一心的教法作為指導，引文中所謂的甘露妙門，就是指宗鏡的一心思想。他並且指出《宗鏡錄》所說的就是「一心緣起法門」，他說：

> 故知唯是一心緣起法門，以法無自性，隨心所現。所現之法，全是自心。終無心外法，能與心為緣。所以本末相收，

---

[64] 〈永明禪師垂誡〉，大正藏第48冊，頁993b。

皆歸宗鏡。（《宗鏡錄》，頁819b）

他認為萬法皆是唯心所現，本無實體可得，所以沒有什麼好執著不放的，他在此聯繫了一心與緣起法的關係，也就是說他強調業報最主要的目的，是讓學佛者體悟業報不離緣起，因此「障深垢重」的眾生，如果能了悟一心的不垢不淨，則痛苦與煩惱也可以是修道的增上緣，他曾說：「極惡違境，尚為助發知識；美德嘉善，寧非進趣道乎？」[65]，他並且提出了「惡是善資」的觀念，他說：

台教云：惡是善資，無惡亦無善。法華經云：惡鬼入其身，罵詈毀辱我，我等念佛故，皆當忍是事。惡不來加，不得用念，用念由於惡加。（《萬善同歸集》，頁976c）

由「台教」可知這是受到天台思想的影響[66]，他指出被惡人責罵，如果以妄心分別，則覺得恥辱痛苦，如果以念佛來清淨心，卻能夠不受影響，也就是說透過般若的觀照，能夠反省逆境對人的真實意義，就可以把惡法轉化成莊嚴自身的增上緣。

他認為眾生畏果，菩薩畏因，所以從因上可以修行萬善來累積功德，他說：「夫業難頓移，惡非全斷，漸積功德，以趣菩提。若更積惡不修，惡無有盡，須行善業，以奪惡因」[67]，他認為不修善

[65] 《萬善同歸集》，頁983a。

[66] 「台教云」見《妙法蓮華經玄義》，大正藏第33冊，頁744b。

[67] 《萬善同歸集》，頁990c。

業，惡報就沒有窮盡的一天，反之，不好的因果，卻可以靠善業來轉化。所謂「奪惡因」並非指不必再受因果，而是表示學佛者在行萬善時，就不會再造新的惡業，而且從理上明白「業影」及「業空」之後，也能在受報時安忍不動瞋心，可見他認為善業可以幫助除去修行中的障礙，達到究竟的解脫。此外，他認為苦樂之果，是由自己的善惡之心因所造，所以要離苦得樂，就必須善護一心[68]。更進一步他又強調：「故知一切歸心，萬法由我，欲得淨果，但行淨因」[69]，他認為學佛者要了悟一心的宗旨，作自己的主人翁，不被妄想境界所轉，並以清淨心修行萬善，自利利他，因此他所提倡的淨因包括了各宗的修行法門，也涵蓋了念佛的淨業在內。而且他還認為由淨因感得淨果時，也要了悟一切法不離一心，不執著在清淨的境界上，如此才真正是善護一心。

永明禪師肯定業報思想，但是現實之中卻有許多不能符合善有善報、惡有惡報的例子，所以「積善受殃」的疑問是提倡萬善的最大阻礙，許多人以為果報為虛而心生退轉，對此他提出了三點解釋：

> 一者是諸佛菩薩示現施為，隨順世間，同其苦樂，千變萬化，誘引勞生……斯乃密化之秘術，非凡小之所知。二者善惡無定，果報從緣。故涅槃經云業有三報，一現報……二生報……三後報……。三者或善根深厚，修進堅牢，……則現

[68] 《宗鏡錄》，頁 831a：「是以一切含識，唯以自心造善惡因，招苦樂果。」
[69] 《萬善同歸集》，頁 969a。

受輕報，能斷深愆。（《萬善同歸集》，頁990a－990b）

他指出知因識果的人看到「積善受殃」，並不會懷疑「善有善報，惡有惡報」的因果論，因為他們認為這可能是諸佛菩薩的示現方便。他又提到果報是要從三世來看的，如果眾生現生作業卻沒有受報，業報的力量並不會消失，下一生或未來數生，只要因緣成熟了還是要受報。還有他認為作善業者由於精進修行的功德，使得重報輕受，現世雖然看似受到災殃痛苦，但是未來就不必再受到更嚴重的果報了。也就是說他認為學佛者對於緣起法要抱持信心，因為修行萬善是功不唐捐的，即使現世沒有看到善果，因緣成熟時自然就會有感應的。

第三節　以一心思想融合「頓悟知宗」、「圓修辦事」

永明禪師的「頓悟知宗」、「圓修辦事」二者，其實是遵循了傳統佛學所說的真、俗二諦，他說：

諸佛說法，不離二諦，以真統俗，無俗不真，以俗會真，萬法宛爾。經云：成就一切法，而離諸法相。成就一切法者，世諦諸法也。而離諸法者，第一義諦無相也。（《萬善同歸集》，頁966c）

他指出「真諦」又稱為「第一義諦」，其主旨在說明一切法緣起性空的真理，他認為萬法的實相從性空來看其實是無相的，因此「真諦」教導學佛者，在成就一切諸法的當下，必須不執著於「有」。他又指出當學佛者如實地瞭解到世間萬法無自性的真理時，也不可以執著於「空」，還要以積極的態度成就萬法，來莊嚴世間。從提出「無俗不真」，進而強調「成就一切法」，顯示出他看待世法的積極態度。

二諦之說，在《宗鏡錄》中又稱為「正宗門」和「佛事門」，他說：

> 若以正宗門，尚無在世之人，亦無滅度之者，何況有能化、所化之異乎？若以佛事門，則教海宏深，智燈廣照，隨機善巧，寧容暫廢耶？（《宗鏡錄》，頁 527c）

他認為從「正宗門」來說，沒有能化、所化的差別，也就是所謂的「正宗門」，是指一切法都是無生無滅，亦即真諦所說的「一切諸法，皆歸寂滅」，這是屬於「理」的部分。因此學佛者一旦明白不生不滅的無生之理，就能頓時了悟到其實並沒有能化（佛）和所化（眾生）的分別。另外，「佛事門」則是順從俗諦的「事」來說的，他認為修行者雖然已經明白了第一義諦的真理，卻因觀察到眾生對真諦的無知，而生起悲愍之心，想要運用各種方便法門來幫助眾生。此外，他也提到了想要圓融「正宗門」的真空，和「佛事門」的妙有，必須具有般若，他指出學佛者在自利時，要以般若來觀照諸法的實相，才能不落二邊，證得菩提正覺。而在利他時，也要以般若去深入瞭解眾生的不同根機，才能以各種的方便善巧，幫助眾生獲得解脫。

另外，他又將「正宗門」所顯示的空性無為稱作「畢竟門」，而把「佛事門」所顯示的方便有為稱作「方便門」，他說：

> 夫宗鏡所錄，皆是佛說……此有二義，一者約畢竟門，則實不可說。如起信論云：一切諸法，從本已來，離言說相，離名字相，離心緣相……此是引導一切初發菩提心人，且令自利，理行成就，歸於實智，究竟指歸宗鏡矣。二者約方便門，是利他行，故云：如來善巧方便，假以言說，引導眾生。……若分別門，不無二說；若畢竟門，言思絕矣。（《宗鏡錄》，頁 955a）

他指出「畢竟門」中一切不可說，學佛者上求菩提，獲得畢竟實智之後，了知實相是「言思絕矣」的境界，他並引《大乘起信論》所說一切法本來就是離於言說、名字、心緣等三相，來說明一切法的畢竟空。而「畢竟門」可以引導發菩提心上求菩提的眾生，在自利成就時將所一切的功德迴向實相般若。此外，「方便門」則是屬於利他的法門，他認為佛陀一切的教說，都是在教化眾生時的善巧方便，因為有許多眾生不能契入畢竟空義，所以要透過文字般若的假以言說，以俗諦來教導眾生。他進一步說：

> 畢竟空門，理無眹跡。分別之道，事有開遮。妄心者，從能所生，因分別起，發浮根之暫用，成對境之妄知，若離前塵，此心無體，因境起照，境滅照亡，隨念生塵，念空塵

謝。（《宗鏡錄》，頁 499a）

他認為「畢竟門」是指一心本無實體，所以稱為「理無眹跡」，這是從法性上說的，因此也可稱為「法性融通門」。而「方便門」則因為眾生的一心被無明覆蔽，對一切法產生分別的妄見，因此也可稱為「因緣對待門」。他曾說：

若法性融通門，皆歸一旨，無復分別。今論正宗，取勝而言，約法性宗說，若總包含，如海納川，以本攝末，豈唯性相，無有一法而遺所照。（《宗鏡錄》，頁 473c）

他認為從法性來說，一心是融通無分別的一心，也就是絕對無待的一心，也是法性宗所論述的一心之性。此外，他指出《宗鏡錄》的正宗，就是在闡述「法性融通門」中泯合性相分別的思想。他還指出「方便門」是從俗諦的角度提出一心有真心和妄心的分別。眾生由於妄心作主，六根對六塵時生起執著，於是要以種種事法對治，而這些事法皆是由緣起而生，因此「方便門」又稱為「因緣對待門」。不過他認為若能頓悟《宗鏡錄》的正宗，就能了悟「此心無體」，他說：

心有二種，一隨染緣所起妄心，而無自體，但是前塵，逐境有無，隨塵生滅……二常住真心，無有變異，即立此心，以為宗鏡……。（《宗鏡錄》，頁 601b）

他認為被妄塵所覆的一心，由於所見皆虛妄不實，因此稱作妄心，而妄心本無自體，一心雖然隨緣卻並不會改變其體。此一心真實不虛，因此也稱作真心。他並強調《宗鏡錄》正是立此真心為正宗。

永明禪師曾指出法性宗和法相宗的不同，就是對於一心的認識與解說不同，法性宗偏重於體，而法相宗偏重於相，他說：

> 若因緣對待門，以法相宗即本識為鏡……法性宗即如來藏為鏡……又占察善惡經立二種觀門，為鈍根人立唯心識觀，為利根人立真如實觀。又起信論云：心若馳散，即當攝來令住正念，其正念者，當知唯心無外境界，即復此心，亦無自相，念念不可得故。若唯心識觀及正念唯心，當法相宗。若真如實觀與其心念念不可得，即法性宗。（《宗鏡錄》，頁473c－474a）

他指出法性宗是以如來藏為鏡，法相宗是以本識為鏡，而且本識與如來藏都是一心之別名。法性宗直指一心之體，所以其觀心法門是「以真如觀真實心」的理觀，若對照《大乘起信論》則知從真如實觀來觀一心時，會了知一心並無自相，這是針對上根利智者的觀法。另外，法相宗則分析諸識的作用，其觀心法門是「以心識觀緣慮心」的事觀，若對照《大乘起信論》則知唯心識觀，是在了知妄心的相用之後，能夠生起一切外境都是唯心所生的正念，因此妄心若是動亂不定，就以正念攝之，從這是針對中下根者的觀法。他並且說：

> 一切理事，以心為本。約理者：經云：觀一切法，即心自性。成就慧身，不由他悟。此以真如觀真實心為本。約事者：經云：心如工畫師，能畫諸世間。五蘊悉從生，無法而不造。此以心識觀緣慮心為本。真實心為體，緣慮心為用。用即心生滅門，體即心真如門。約體用分二，惟是一心。即體之用，用不離體。即用之體，體不離用。開合雖殊，真性不動。（《萬善同歸集》，頁991a）

他指出法性宗的真如實觀是理觀，法相宗的唯心識觀是事觀，而理觀所觀的心自性是一心的體，事觀所觀的心識緣慮是一心的用，因此理觀、事觀，是體、用的關係，二者都不離一心。由於他的一心法門認為「用不離體」、「體不離用」，因此他主張法性宗和法相宗不必互相爭執。

綜合以上論述可知，永明禪師的一心思想是「總該萬有以為一心，事理本末無別異故」，所以他自稱為圓教一心[70]。從理上來說，他認為絕待真心即是一切法的真如實相，此心「皆歸一旨，無復分別」，因此他又稱之為真諦、無諦。但是，為了順應眾生的分別習性，他又將本無分別的一心思想，從真、俗，或理、事的不同角度來說明，也就是說雖然一心不動，但是隨緣而有真心和妄心的分別，但是這時所說的分別，其實仍是歸本一心，不可執為實有分

---

[70] 《宗鏡錄》，頁 584b：「今約五教略而辯之，一愚人法聲聞教，假說一心。……二大乘權教，明異熟賴耶以為一心……三終教，說如來藏以為一心……四頓教，泯絕染淨以說一心……五圓教，總該萬有以為一心，事理本末無別異故。……所以宗鏡雖備引五教一心證明，唯指歸圓教一心。」

別。總之，因為他認為真俗交徹、理事融通，二而不二，不二而二，因此他在對待門中所說的一心，是真妄交徹的一心，並不是說他在真心之外又令立了一個妄心。

從他的一心思想可知，他主張理、事圓融，因此他所提倡的修行法門就包括了「頓悟知宗」和「圓修辦事」。他指出眾生與佛一樣，皆有圓滿具德的一心，雖有迷、悟的差異，但一心本體仍然是如如不動的。而且由於眾生的迷惑是由無明而來，因此可以藉由般若正觀來使無明轉變成明，達到轉迷成悟，轉凡成聖，這就是為「頓悟知宗」的大旨。而從他提倡「圓修辦事」可知，他認為在說明心見性之後，還要圓修萬行，並透過般若正觀來學習如何才能利益一切眾生。不論是「頓悟知宗」或是「圓修辦事」，都建立在般若思想的基礎上，而當兩者都圓滿時，就是自利利他的圓滿，也就是大乘菩薩道的完成，其究竟即是佛道的完成。

第六章　永明禪師禪淨融合思想的內涵（上）

永明禪師認為自心的體性，遍於一切法，所以隨處都可以證入自心，因此不論是禪宗或教下的法門對他而言都是平等無高下之分的，他說：

> 又此自心之性，遍一切處，隨處得入，非獨見聞，或意消香界而入圓通……或入水觀而達性……當此大悟之時，終不見有一境可生，一言可執，今只為迷性徇文，背心求道者，假以言說，指歸自心，從此一向內觀，捨詮究理，斯則豈不是因言悟道，藉教明宗……遂使初心學者，信有所歸，便能息外馳求，迴光反照，頓見自己，了了明心。（《宗鏡錄》，頁675a）

他指出從理上來看，自心的體性周遍一切處所，因此在事行上透過淨土法門的觀法❶，也能夠幫助修行者「指歸自心」，所以他肯定

❶　《宗鏡錄》，頁 623b：「夫觀門略有二種……二依觀門觀心似現前境，雖權立假相，悉從心變。如觀經中立日觀、水觀等十六觀門」。可見水觀就是指觀想極樂世界的七寶池、八功德水，是淨土法門的十六觀之一。

修行水觀者也可以達到明心見性。可以說永明禪師的禪淨融合思想正是基於此「自心之性，遍一切處，隨處得入」的觀點，首先，「自心之性，遍一切處」顯示出他認為自心具有絕對無待的特性，由於真心平等無二，沒有眾生和諸佛的差別，因此他在此肯定自心之性，也就是在闡揚禪宗即心是佛的思想。其次，由「隨處得入」可知他認為眾生透過各種修行實踐都可以見性成佛，例如修行水觀時，學佛者藉由淨土經典的教導，進而結合反境內觀的觀心法門，就能夠「頓見自己，了了明心」。

「自心之性，遍一切處，隨處得入」的觀點，表現出永明禪師的一心法門是兼顧理與行的，他倡導的是「以理導行，以行圓理」的法門❷，從記錄他日常實踐的《自行錄》可以發現到他的日常實踐是以禪淨二種法門為主，再綜合他的著作後更歸納出他的禪淨融合思想包含了信、願、行三者。

從信來說，第一，他不但從禪宗的角度強調即心是佛的道理，指出人人本具的一心皆有成佛的無量功德，要眾生要相信自己一心的力量。而且他也指出要相信他力，他認為末法眾生若無法依靠自力時，必須相信諸佛有大悲願力可以救度苦難的眾生。第二，他從第一義諦的觀點相信無生之理，認為由一心所生的萬法是無生無滅的。因此往生是生即無生，無生即生。而在事相上他則舉出經證及往生事例，顯示他相信往生淨土是不虛的事實。

從願來說，他提出了圓滿菩提作為修行者的最終理想，因此不論是禪者或是淨土行者都必須發菩提心。不過對於那些受到根機及

---

❷ 《萬善同歸集》，頁959b。

業障所限的眾生，他則教導他們先發願求往生淨土，給這些在現實中受到苦楚的人，有無窮的希望。

從行來說，第一，他為了圓滿菩提，結合了理善與事善，他主張任何事行都可以積累行善的功德，而這些功德可以回向往生西方，也可以回向究竟菩提。第二，為了願求往生，他認為念佛三昧的定慧不二，最能幫助往生西方，因此他提出了實相、觀想等念佛法門。第三，他所教導修行的萬善都強調反境觀心，都與觀心法門有關。

綜合以上論述可知，當永明禪師的一心思想，真正落實到生命實踐時，他的禪淨融合思想包含了信、願、行三者，是一種兼顧理、行的修行法門。他以一心思想來圓融禪淨之間的不同，使得禪淨之間自力、他力，無生、往生，無念、念佛等矛盾達到了和會無諍的目標。以下製作一簡表來清楚顯示永明禪師禪淨融合思想的內涵，簡表如下。

<table>
<tr><td colspan="3">一心</td></tr>
<tr><td></td><td>禪</td><td>淨</td></tr>
<tr><td rowspan="2">信</td><td>自力</td><td>他力</td></tr>
<tr><td>無生</td><td>往生</td></tr>
<tr><td>願</td><td>圓滿菩提</td><td>願求往生</td></tr>
<tr><td rowspan="3">行</td><td>理善</td><td>事善</td></tr>
<tr><td>無念</td><td>念佛</td></tr>
<tr><td colspan="2">觀心法門</td></tr>
</table>

第一節　自力與他力

永明禪師曾宣稱：「若了此一心大旨，即是起一切眾生大乘信根」❸，而他的一心思想則圓融了自力與他力的信仰。在相信自力方面，他認為人人本具的一心皆有成佛的無量功德，因此眾生要相信自己的佛性，由信自而發心至圓滿菩提。此外，在相信他力方面，他也指出信心不足的眾生要相信諸佛有大悲願力，發願要救度苦難的眾生，由信他而發願能往生淨土。

一、自力

永明禪師在《宗鏡錄》中時常強調信心的重要，他曾說：

> 分為百卷，大約三章，先立正宗，以為歸趣；次申問答，用去疑情；後引真詮，成其圓信。（《宗鏡錄》，頁417a）

他指出《宗鏡錄》的〈標宗章〉是「先立正宗」，而其中說道：「此是難解難入之門，難省難知之法……唯在信心，別無方便」❹，可見本章的主要目的是在揭示一心的宗旨，並使學佛者建立佛法的信心。此外，〈問答章〉是以問答的方式幫助眾生「去疑情」，去疑也是為了要生起信心。而〈引證章〉則是引用經論證明，「成其圓信」，由他對這三章所設立的學習目標可以看出他對

---

❸ 《宗鏡錄》，頁645c。

❹ 《宗鏡錄》，頁561a。

於「信」的重視。除了正面肯定之外，他也從不信的角度，來反證「信」的重要性，他說：

> 夫疑者，於諸諦理，猶豫為性，能障善品為業故，疑有多種，略說具三，一疑自，謂己不能入理；二疑師，謂彼不能善教；三疑法，謂於所學為令出離，為不出離。……若具前三疑，終不能決定信入。（《宗鏡錄》，頁 954a）

疑即是不信，疑自就是不相信自己即心是佛。疑師就是不相信師父，認為師父不會教導。疑法就是不相信所學的教法可以解脫煩惱。而他認為不論是疑自、疑師或是疑法，對於覺悟真理而言都是一種蓋障，所以沒有「信」，就不能得到佛法的利益。此外，他並且指出萬善是成就菩提的資糧，而對佛法有信心的人，才能夠不畏一切艱難的修行萬善。反之，沒有「信」就會因為逆境而障礙「未行善、欲行善」，因此他認為「信」是成佛之道的大門❺。總之，他認為如果不相信自心，而往外攀緣妄求，即使修行時再怎麼積極精進，也無法得到究竟的解脫❻。

永明禪師提出的信自，就是要堅信自心具足一切功德，他說：

---

❺ 《萬善同歸集》，頁 986b：「萬德眾善，菩提資糧，惟除二法，能成障閡，一者不信，二者瞋恚。不信障未行善、欲行善，瞋恚滅已行善、現行善。……因信入菩提之戶。」

❻ 《宗鏡錄》，頁 489c：「是知若不自信心佛，求他勝緣，功業雖勤，終非究竟。」

> 如上廣引委曲證明，只為即生死性中有不思議性，於塵勞內具大菩提身，以障重之人，聞皆不信，甘稱絕分，唯言我是凡夫，既不能承紹佛乘，弘持法器，遂乃一向順眾生之業，背覺合塵，生死之海彌深，煩惱之籠轉密。（《宗鏡錄》，頁493c）

他在此提到的「信」，是相信眾生的自性與佛無異，即使眾生在生死輪迴和煩惱塵勞中，仍具有不可思議的菩提身，可惜眾生被無明障蔽不肯相信自心是佛，隨著妄心造作惡業，因此背離了菩提正覺，不過他認為眾生若能夠了悟真心，即能覺悟成佛。他還說：

> 是以信心是佛，罕遇其機，乃諸佛出世之本懷，祖師西來之正意……今則廣引遍搜，探微撮要，所冀證成後學，決定無疑，頓悟自心，成佛妙軌。（《宗鏡錄》，頁862c）

他認為祖師西來的正意，就是在教人明白「信心是佛」的道理。他還說自己著書的目的與祖師西來的用意相同，就是在教導後學對於自心能決定無疑。他不但自己相信頓悟自心就可以成佛的道理，並且希望能有更多的人瞭解佛與眾生的無二無別。所以他又稱《宗鏡錄》為自信法門❼，並且在書中廣泛地引證經論，就是希望能藉此來幫助學佛者，對自心生起決定的信力。此外，他在《心賦注》中

---

❼ 《宗鏡錄》，頁474b：「若親見性，入宗鏡中，乃是自信法門，決定無惑，則日可使冷，月可使熱。縱千途異說，終不能易。」

也說：「信自心故，知一切眾生皆有心，悉皆是佛故」❽，他認為一切眾生「皆有心」，都有成佛的正因，所以一切眾生與佛原本不二。而且他還指出一切眾生對成佛有了自信，才能夠精進不已的修行佛法，證得真性解脫，他說：

> 此一心門，是真性解脫。古佛慈敕，諸佛解脫，只令於眾生心行中求，不於餘處求。何以故？只謂眾生心，是諸佛心。諸佛解脫，是眾生解脫。隨緣轉變，自號眾生。緣性常空，真佛不動。如冰元是水結，若欲求水，應當就冰，冰水雖殊，濕性不壞。時節有異，體性無虧，如是信入，名真解脫。（《宗鏡錄》，頁592a）

他指出一心法門就是要教導學佛者達到「真性解脫」，所謂「真性解脫」是指從真性而言，諸佛解脫即是眾生解脫，也就是如實明白此心的實相，就能夠得到究竟的解脫。他認為眾生心的實相就是諸佛心，雖然眾生處在塵勞煩惱中，但是一心的本體卻是如如不動的。就好像冰與水都具有濕性，只是因為時節因緣不同，才有不同的相與用。而能夠相信眾生與佛都具有此如如不動的真性，就稱為「真解脫」。

永明禪師提出要相信自心之後，更進一步提出了「信即是道」的觀點，他說：

---

❽　《心賦注》，頁41。

> 是知十方諸佛中，無有一佛不信此心成佛。二十八祖內，無有一祖不見此性成祖。如今聞而不成祖佛者，皆為信不及見不諦故。但學其語，不照其心。但執其解，不深其法。何者？信即是道故。經云：信是道原功德母，見即無疑。故經云：見苦諦，習亦除。何況現行，心外境界。但入宗鏡，方悟前非。心光透時，餘瑕自盡。（《宗鏡錄》，頁 518a）

他指出「信」就是成佛的道路，因為他認為相信自心是佛，對於一切法不會再有疑惑，了悟到從前的向外追求都是執著，而心光一透就能見性成佛。這種觀點正是禪門傳承的教義，也是禪門強調自力的立場。既然諸佛都是信心成佛，禪宗祖師都是見性成祖，因此他還提出了「決定不從他學」的觀點，他認為自心包含一切功德，這是本自圓成的，因此反照自心就能證得菩提，而不是從外在能學得的，所以他強調了悟一心之理，就能夠「己眼圓明」，而且在日用中的行住坐臥，每一步都顯現出無盡法門的妙用❾。

在《宗鏡錄》中，他還提到了信有「正信」和「依通之信」二種，他說：

> 信有二種，一若正信堅固，諦了無疑，理觀分明，乘戒皆急，如此則一生可辦，誰論退耶？若依通之信，觀力粗浮，習重境強，遇緣即退。（《宗鏡錄》，頁 582a）

---

❾ 《宗鏡錄》，頁 651b：「是以若入此宗鏡，己眼圓明。一一皆照自心，決定不從他學。」

他認為「正信」是透過般若觀照，相信自心是佛，並對一切法的實相能夠如實了解，而產生的堅固信心，有了「正信」修行，就不會隨著逆緣而輕易改變初發心。「依通之信」則是有所依的信，由於一切法都是有生有滅的緣起，因此有所依的信就會隨著緣起的生滅而生滅，這樣的信並不十分牢固，如果學佛者的修行觀力和定力還不夠，原本的無明習氣又非常頑強，一旦受到外在環境中各種順逆因緣的影響，很容易就會改變信心，甚至產生退轉。因此只有「正信」才能成就究竟的菩提。他還說：

> 若不觀心，何以成信？以菩薩十信之初創發心時，即觀本識自性，緣起因果之體，得成正信。故云：信心不二，不二信心，言語道斷，非去來今。（黃繹勳"*A Study of Yanshou's The profound pivot of the Contemplation of Mind*", (A Dissertation Presented to the Faculty of the University of Virginia in Candidacy for the Degree of Doctor of Philosophy, 2001)，頁300）

他指出「正信」就是「信心不二」、「不二信心」。他認為十信位的菩薩初發心時，以般若觀照，了悟本識自性即是緣起法的本體，因此緣起雖然有變，自性本體卻如如不動，能夠有此「正信」，則能生起對一心的信力。此時信與心是不二的，稱為「信心不二」。而這種對一心的自信，能夠使修道不生退轉，因此稱為「不二信心」。

雖然他指出「正信」才能成就究竟的菩提，但是他也認為「依通之信」也有教化的作用，他說：

> 中下之機，不無學路。童蒙之訓，豈斷今時。故楞伽經云：宗通為菩薩，說通為童蒙。助觀之門，深有利益。……設爾外學得成，皆非真實……如今若要真成，但能淨意內觀，則了然寂現，猶臨明鏡，自見其形。若以見聞妄求，如撈水月，豈有得時。（《宗鏡錄》，頁657b）

他認為上根者在聞道時即能「淨意內觀」，證悟到寂然真心，並獲得堅固不壞的正信，此即《楞伽經》所謂的「宗通」。不過，中下根機的眾生，被無明業障所遮蔽，真心無法顯露自性之光，所以要靠外學來幫助觀照本心，此即《楞伽經》所謂的「說通」，他認為透過「說通」而生起的「依通之信」，雖然會隨著緣起的生滅而或有或無，但是卻可以幫助觀心。他並且還指出「依通之信」可以經由般若觀慧轉為「正信」，他說：

> 是以若上上根人，頓了心空，入真唯識性，現行餘習種子俱亡，則何用更立地位？只為中下之根，或有緣信，或有正信，或有解悟，或有證悟，根機莫等，見解不同，於妄功用中，分其深淺，雖即明知信入唯識，心境俱空，以微細想念不盡，未得全除，分分鍊磨，於昇進中，故有地位差別。（《宗鏡錄》，頁898b）

他指出上上根人在「頓了心空」的當下，即能證入「正信」。而中下之根只要透過經論的學習，加上不斷的修行萬善，也可以逐漸對一心的道理產生「正信」，他並認為雖然是中下之根，透過修行而層層昇進，最終也能夠證得究竟的佛果菩提。

永明禪師又從理事圓融的觀點提到「圓信」，他說：

> 又理實應緣，無礙事之理。事因理立，無失理之事。如今不入圓信之者，皆自鄙下凡，遠推極聖，斯乃不唯失事，理亦全無。但悟一心無礙自在之宗，自然理事融通，真俗交徹。（《宗鏡錄》，頁496b）

他認為證「圓信」者不會只是高談空理而沒有事行，也不會自甘卑下，放棄事修。也就是眾生一旦了悟即心是佛的道理，證得堅固的正信，自然就會理事並重。他曾指出：「既頓悟一心，全成圓信」[10]，可見信一心之理是「圓信」的基礎，而了悟一心之理以後，就可以隨緣盡份修行善事，也就是說「圓信」之所以為圓，就是因為有理有事才能圓滿。他還說：

> 今宗鏡所錄，皆是正直捨方便，但說無上道。隨聞一法，盡合圓宗，實可以斷深疑，成大信。（《宗鏡錄》，頁954a）

他認為修行無上道的學佛者，相信自己與一切眾生都具佛性，必然會發起廣大的菩提心，不捨一切眾生，因此他也提到了「大信」。最後，當學佛者圓滿達到「一心無礙自在之宗」時，並不會因為自己已經得到「正信」、「圓信」、「大信」等就驕傲自滿，所以永

---

[10] 《心賦注》，頁137。

明禪師還強調一種「無信之信」，他說：

> 但不動一心，不住諸法，無能所之證，亡智解之心，則是無信之信，不入之入，人法二空，心境雙寂。（《宗鏡錄》，頁474a）

他認為學佛者得到「正信」、「圓信」、「大信」之後，在般若的慧觀下，放下一切執著，沒有了能、所之分，此時不但不會執著有實體的自我，也不會執著於一切諸法，一心隨緣而能如如不動，不但超越了人法二空，也泯除了心境的分別，換句話說真正悟道的自信者，其所證得的信是「無信之信」，並不會因為自信而生起人、我、心、境等分別之見。

二、他力

永明禪師主張相信自力外，又提倡相信他力，有幾點理由，首先，他所提倡的一心思想並不容易理解，他在回答「既有能說，必對所機，此宗鏡錄當何等機」時，曾說：

> 當上上機，若已達者，憑佛旨而印可；若未入者，假教理以發明。又若圓通之人，不俟更述，自覺聖智，無說無示，真如妙性，無得無聞。若闇昧之者，須假助成，因教理而照心，即言詮而體道。若宗明則教息，道顯則言空。絕待真心，境智俱亡矣。（《宗鏡錄》，頁918a）

他指出《宗鏡錄》的讀者是上上之機，因為書中所論述的是「諸法之性」、「一心之原」，只有「自覺聖智」的人才能當下悟入，而這些了悟真如妙性的人也即是相信自力的人。不過，《宗鏡錄》不只是針對上上之機教導而已，它實際上是三根普被的，因為永明禪師曾說：「此宗鏡錄，不揀內道外道，利根鈍根，但見聞信入者，皆頓了一心，理事圓足」⓫，可見雖然他是立於禪宗的立場，所以把直指明心見性的上上之機作為主要的教化對象，但是他也以無量的慈悲心，關注到鈍根的眾生。他深感鈍根者要瞭解他的一心思想並不容易，所以他曾說道：「故知宗鏡難信，悟者希奇」⓬。他並且在回答「此宗鏡門，還受習學不」時說：

> 學則不無，略有二義，一者若論大宗，根本正智，不從心學，非在意思，圓明了知，不因心念，……此論上上根器，聞而頓悟，親自證時。二者若未省達，亦有助發之力，印可之功。或機思遲迴，乃至中根下品，及學差別智門，須依明師，以辯邪正，先以聞解信入，後以無思契同。（《宗鏡錄》，頁 954c）

他認為上根者由於正信一心之理，不必再向外學，但是中下根者則必須依靠他力，例如向善知識請教來分別邪正的道理。由於在現實之中，眾生不但有種種不同的根機，而且中下者還要佔比較多的數

⓫　《宗鏡錄》，頁 561a。
⓬　《宗鏡錄》，頁 831a。

量，所以他在《宗鏡錄》的〈引證章〉中，不但廣博的引證經典來說明何謂一心法門，而且反覆的解答修行者對一心的疑惑⓭。而對於一心思想的難信之理，他提出了「仰教生信」的觀點，也就是他認為無法生起自信的人，必須藉用他力來幫助生起信心，他說：

> 又平等之門，無生之旨，雖即仰教生信。其乃力量未充，觀淺心浮，境強習重，須生佛國，以仗勝緣。忍力易成，速行菩薩道。起信論云：眾生初學是法，欲求正信，其心怯弱。以住於此娑婆世界，自畏不能常值諸佛，親承供養。懼謂信心難可成就，意欲退者。當知如來有勝方便，攝護信心。謂以專意念佛因緣，隨願得生他方佛土，常見於佛，永離惡道。（《萬善同歸集》，頁 966c）⓮

他認為不能體悟深妙的一心思想時，可以「仰教生信」，「教」就是聖言量，亦即不能「自覺聖智」的眾生，就要依靠聞法來對真理生起信心，他引到《大乘起信論》來作證，書中指出如果學佛者體會到自力的不足時，可以尋求他力的「勝方便」來尋求救度，而所謂的「勝方便」就是淨土法門。在此永明禪師也肯定了學佛者「欲求正信」，可以透過他力的淨土法門獲得。也就是他認為相信他

⓭ 《宗鏡錄》，頁 924a：「夫所目宗鏡，大旨煥然。前雖問答決疑，猶慮難信。上根纔覽頓入總持之門，中下雖觀，猶墮狐疑之地。今重為信力未深，纖疑不斷者，更引大乘經一百二十本，諸祖語一百二十本，賢聖集六十本，都三百本之微言。」

⓮ 《大乘起信論》，大正藏第 32 冊，頁 583a。

力，對一心之理也能產生圓解正信。總之，對他而言，為了「廣被信根」⓯，不論是相信自力的禪門或是相信他力的淨土法門，他都全力提倡，因為他認為這二者對於證得「正信」都有莫大的幫助。

其次，永明禪師有很深的末法思想，他認為在他的時代是末法時期，眾生業多障重，無法只信靠自力就證得解脫，因此他也會提倡他力。他的末法思想是前有所承的，例如他曾引到《大集月藏經》的末法之說，並認為在末法時代可以仰信淨土的他力法門⓰。還有，他也引到《證道歌》中對末法時代眾生惡業的形容，認為末法時代「魔強法弱」，眾生福報淺薄，邪見又深⓱。對照他所處的五代亂世，就他自己在當時所觀察到的一些亂象，也讓他有末法時代的憂患，例如佛教界的宗派相諍，使他想到經典中提到末法時的徵兆，就是佛教內的自我相諍⓲。此外，當時還有不守戒律、觀淺心浮、眾生二障、理事雙亡等亂象，也讓他感受到末世的危機感。

有關末法時代眾生不守戒律的情形，他說：「如今末代宗門中，學大乘人，多輕戒律，稱是執持小行，失於戒急」⓳，他指出禪門之內，有某些人自以為是，認為戒律是「小行」，漸漸產生不

⓯ 《宗鏡錄》，頁 619b：「若無此一心為宗，則教門無一法可興，諸佛無一字可說。既全歸心旨，廣備信根，圓解已周，纖疑不起。」

⓰ 《萬善同歸集》，頁 968a：「大集月藏經云：末法時中，億億眾生起行修道，未有一得者，當今末法，現是五濁惡世，唯有淨土一門，可通入路」。

⓱ 《宗鏡錄》，頁 652b：「證道歌云：嗟末法，惡時代，眾生薄福難調制，去聖遠兮邪見深，魔強法弱多冤害。」

⓲ 《大方等大集經》〈月藏分第十二分布閻浮提品第十七〉，大正藏第 13 冊，頁 363b：「次五百年，於我法中鬥諍言頌白法隱沒損減堅固。」

⓳ 《宗鏡錄》，頁 965b。

遵守戒律的弊端，例如他曾經在〈垂誡〉中指出：「便說飲酒食肉，不礙菩提；行盜行婬，無妨般若」[20]，他看到這些無知者妄稱不須持戒，而違犯五戒，造下地獄之業的亂象。

有關末法時代眾生觀淺心浮的情形，他說：「但以時當末代，罕遇大機，觀淺心浮，根微智劣，雖知宗旨的有所歸，問答決疑，漸消惑障，欲堅信力，須假證明」[21]，他指出末法時代就他所見大機利根者稀少，多是根機中下的人，大眾對於般若不執著的智慧難於體悟，卻自恃聰明慧黠，於俗事之中攀緣浮動不已，不斷盲目的向外追求，不願意回光反照，深入止觀的學習。這些人雖然聽聞一心宗旨，卻無法生起堅固的正信，對於如實的真諦充滿了疑惑。

有關末法時代眾生二障的情形，他說：「何況末法機劣之人，遮障既深，見惑尤重，情塵尚壅，欲火猶燒，而能荷檐斯大事者歟」[22]，他指出末法時代的人充滿了煩惱、所知二障，不但情緒上易於受到私欲的蠱惑而起煩惱，在認知上也各自堅持己見而互不相讓，所以社會上常會有爭勇鬥狠的狀況發生。

有關末法時代眾生理事雙亡的情形，他說：

> 今時則劫濁時訛，志微根鈍，我慢垢重，懈怠障深，一行無成，百非恆習，乘戒俱喪，理事雙亡，墮無知坑，坐黑暗獄。不達即事即理之旨，空念破執破病之言。（《萬善同歸

---

[20] 〈永明禪師垂誡〉，大正藏第 48 冊，頁 993b。

[21] 《宗鏡錄》，頁 417b。

[22] 《宗鏡錄》，頁 561a。

集》，頁 987b）

他看見末世的眾生由於我慢深重，對即心是佛產生誤解，只偏重於理善而廢棄事修，因此願意發心上求下化的人並不多見。此外，即使有人想要修行卻因為無知和懈怠，而造成「一行無成，百非恆習」的問題。

總之，他認為末法時代的眾生離佛久遠，而且根機不高，業障深重，想要依靠自力成佛，實在難如登天，所以他也提倡藉助他力來輔助自力。

永明禪師所提倡的他力，包括了佛力、法力、善知識力。在佛力方面，他在《神栖安養賦》中說：「奇哉！佛力難思，古今未有」㉓，他對於佛力有很深的讚嘆，所以他會修行念佛法門並發願往生西方淨土。此外，《宗鏡錄》雖以說明自心為主，但是他也曾在慨嘆自力有限的時候，求助於佛力，他說：「只為此心深奧故難信，秘密故難知，乃至菩薩大智，尚須佛力所加，豈況淺劣而能知者」㉔，他曾指出《宗鏡錄》所教導的對象是上上機，但是即使是上上機的眾生，與菩薩的智慧相比卻還是卑微渺小的，他認為連菩薩也需要有諸佛的加持，遑論是一般的眾生，因此學佛者想要了悟一心深奧的義理並據以成就佛道，更須要依靠佛力。

永明禪師深信佛力，也相信佛有感應的力量，他說：

㉓　《樂邦文類》，大正藏第 47 冊，頁 215a。

㉔　《宗鏡錄》，頁 954b。

是知佛力難思，玄通罕測，如石吸鐵，似水投河，慈善根力，見如是事，志心歸者，靈感昭然。（《萬善同歸集》，頁962b）

他指出眾生與佛感應道交，是因為佛力的不可思議，他並稱佛力為「如來慈悲本願功德種子增上緣力」㉕，由於諸佛在因地時，都曾以慈悲心發下大願在成佛後要度化眾生，因此只要眾生專一心志歸向念佛，必然會與佛力感應。在此，他提到必須「慈善根力」和「志心歸向」才能有所感應，而「慈善根力」是指眾生以善根修行的功德力，「志心歸向」則是指眾生歸信諸佛的發願力，可見他在提倡佛力時，也重視眾生修行的自力。他也曾明白指出他相信阿彌陀佛的大願，因為阿彌陀佛在因地時發下四十八大願要救度眾生，所以他認為想要解脫煩惱苦輪的眾生，可以向阿彌陀佛「一心求救」，他並且發願要盡此報身，精進修行念佛法門，從他自述日常的行、住、坐、臥都要面向西方，表示出他對阿彌陀佛的深刻信仰㉖。此外，他還肯定以他力為主的淨土法門是「易行道」，他曾說：

大集月藏經云：我末法時中，億億眾生，起行修道，未有一得者。當今末法，現是五濁惡世，唯有淨土一門，可通入路。當知自行難圓，他力易就……實為易行之道，疾得相

㉕　《宗鏡錄》，頁505c。

㉖　《萬善同歸集》，頁968c。

應。（《萬善同歸集》，頁 968a）

「自行難圓」點出他並不廢棄自行，只是他認為在末法之時，想要依靠自行圓修成佛是很困難的，因此，他強調依靠自力是「難行道」。反之，淨土法門有他力幫助，是「易行道」，所以在末法時代是最適合眾生根機所修的法門。

在法力方面，法是指佛所教導眾生的真理，原本是記錄佛說法的三藏十二部經典，但永明禪師所謂的佛法卻包含廣泛，他認為不論大乘經、諸祖語、賢聖集都是佛法㉗，甚至於眾生言論、外道經書等，如果不離佛意，也都被他所重視㉘。

而他在書中也引到不少提到淨土法門的大乘經論，可見他所提倡的法力，也包括了淨土法門。他曾指出「宗鏡所錄皆是佛說，設有菩薩製作，法師解釋，亦是達佛說意，順佛所言」㉙，所以他認為閱讀《宗鏡錄》就可以悟道，他說：

> 況收宗鏡之中，前後無非真實，言言可以悟道，字字唯是標宗。直須曉夜忘疲，兢兢研究。忽從聞省，悟我真心。頓為得道之人，永紹菩提之種。（《宗鏡錄》，頁 665c）

引文提到「忽從聞省，悟我真心」，就是指他認為透過閱讀《宗鏡

㉗ 《宗鏡錄》，頁 924a。

㉘ 《宗鏡錄》，頁 947b：「是以眾生言論，悉法界之所流；外道經書，盡諸佛之所說。」

㉙ 《宗鏡錄》，頁 955a。

錄》就可以藉由廣學多聞、自我省思，進而悟到真心的實相。在此，顯示出他所提倡的法力，重在由外聞而啟發自省，正包括了他力與自力二者。

在善知識力方面，他指出師友的重要性，他說：「如木中火性，是火正因，未遇人工，不成火用。如身中佛性，是佛正因，不偶淨緣，難成妙用」[30]，他引用譬喻來說明修行時須要有善知識的幫助，例如木中有火性是自力，但是使木柴著火的「人工」就是一種他力。他認為雖然人人皆有佛性，都有成佛的正因，但在無明的蒙蔽下，也要有清淨的因緣來幫助提昇，而師友就是幫助我們對治無明習氣的增上緣。

他也指出任何人都可以是學佛者的善知識，他說：

> 若佛法中有諍友，則學般若道侶，保無過失。故書云：道吾惡者是吾師，道吾好者是吾賊。又云：三人同行，必有我師焉。況佛法內學，出世良因，寧不依師匠乎？（《宗鏡錄》，頁666c）

他引用《論語》的「三人行必有我師」為證，說明他人的優點可以學習，而他人的缺點也可資警惕，因此所有的人都是解脫道上的善知識。他並且認為學習佛法，必須有諍友作為道侶，因為諍友所說的逆耳忠言，有時更能對治我們的習氣。雖然他強調善知識的重要，但是從引文中也可以看出他在提倡善知識力時也非常重視自

---

[30] 《宗鏡錄》，頁702a。

力，因為在選擇諍友來作為自己的「般若道侶」時，還必須要靠自省判斷的能力才可以，否則沒有智慧判斷就很容易會交到損友。

從以上的論述可知，永明禪師的他力包括了佛力、法力、善知識力，這點與某些淨土行者只強調他力中的佛力並不相同。此外，他相信阿彌陀佛的淨土法門，並祈求往生西方，但是他在提到他力時，也非常重視自力，他認為唯有圓融自、他二力，才能在末法時代獲得究竟的解脫。

三、以一心思想圓融自力與他力

永明禪師會提到自、他二種力的分別，是順從俗諦的角度來說的，因為他認為眾生的妄心總是對一切法有所分別，當眾生認定有自力與他力的二種不同時，為了教化的方便，他也就採取這樣的說法，他說：

> 諸佛法門，亦不一向，皆有自力、他力，自相、共相。十玄門之該攝，六相義之融通。隨緣似分，約性常合。從心現境，境即是心；攝所歸能，他即是自。……智者大師云：夫一向無生觀人，但信心益，不信外佛威加益。經云：非內非外，而內而外。而內故，諸佛解脫於心行中求。而外故，諸佛護念，云何不信外益耶？夫因緣之道，進修之門，皆眾緣所成，無一獨立。若自力充備，即不假緣。若自力未堪，須憑他勢。（《宗鏡錄》，頁961c）

他指出自力與他力的不一，實際上只是「似分」，也就是說他認為這種分別並不是真實的，這只是諸佛為了隨順眾生的因緣，所以有時說自力，有時說他力。因為從真性的角度來看，自力與他力卻是「常合」的，他並說：「佛地無自他，汝強謂自佛他佛者，眾生心不盡耳」㉛，也就是他認為自、他實際上是不二的，因此如果堅持只有自力，或是堅持只有他力，都是眾生的妄心在分別而已。他並在文中引到智者的觀點，來說明學佛者為何要兼顧自力與他力。智者認為自、他二力都是修行的增上緣，因為成佛的關鍵本在於一心，假使利根上智者，能夠依靠自力返觀自心，則修行者就不必再外求他力的幫助。不過，如果是初學或中下根者，不能夠依靠自力了悟一心的奧義，則必須假借他力，透過諸佛悲願的加持，以消除無明對真心的障蔽㉜。永明禪師不止一次強調過智者「外佛威加益」的觀點，他又說：

> 台教云：夫一向無生觀人，但信心益，不信外佛威加益，此墮自性癡。又一向信外佛加，不內心求益，此墮他性癡。……自性癡人，眼見世間牽重，傍力助進，云何不信？罪垢重者，佛威建立，令觀慧得益。又汝從何處得是無生內觀，從師耶？從經耶？從自悟耶？師與經，即是汝之外緣，若自悟者，必被冥加，汝不知恩，如樹木不識日月風雨等恩。經云：非內非外，而內而外。而內故，諸佛解脫於心行中求。而外故，諸佛護念，云何不信益也。又若論至理，無

㉛ 《宗鏡錄》，頁 514c。
㉜ 《法華玄義》，頁 763b。

> 佛無眾生，豈云感應？若於佛事門中，機應非一。若無眾生機，諸佛則不應，豈可執自執他，論內論外，而生邊見耶？（《宗鏡錄》，頁765a）

智者指出執著自力或他力者，都是邊見，都是癡人。他認為只相信自心是佛而不信諸佛的慈悲願力，就是自性癡。反之，一心只向外求佛保祐而不知道自心具有無限的功德，只要努力修行正道就可以成佛，就是他性癡。他並且指出任何人都知道學習一般的知識學問，除了自己要奮發用功之外，也要靠老師或經典等來引導才能進步，這些外緣就是他力。因此學佛者想要成佛，也必須兼顧自力與他力才能圓滿。此外，智者在文中還提到感應的發生，也是靠自他力相合而得，對此永明禪師也很認同，他說：

> 若論化現門中，此是諸佛因地悲願之力，令機熟眾生自心感現，眾生心中諸佛應現無窮，諸佛心內眾生機緣不盡。所以法身無相，遇感成行，妙應無方，應念垂跡。（《宗鏡錄》，頁513b）

他指出諸佛的悲願，就是他力，眾生自心的感現，即是自力，而感應道交就是自、他二力和合的結果。他認為諸佛有法身和應身的不同，諸佛的法身無相，而且是不生不滅的，所以是超越自、他力的不二境界。但是，諸佛的應身千變萬化，則隨著眾生的因緣而有所感應，只要是機熟的眾生，就可以與諸佛相互感應。他在回答：「豈都無外佛可見耶？」的問題時，即說：

> 自他不二，但如來有同體大悲，眾生有熏習之力，扣擊同體智鏡，隨此心上感見相好，鏡中之像，然不離鏡，而非即鏡，隨照好醜，感者千差，相亦萬品……斯皆由感者一念之心，謂佛色身來應，佛實無來去之勞。（《宗鏡錄》，頁514b）

他認為從絕對無待的一心來說，自、他本是不二的，但是從佛事因緣的化現門來說，是有所謂的感應，而感應必須兼具自、他二力才成。所以眾生要先有熏習之力，才能與如來的大悲願力相感。他在此提出了「一念之心」，即在說明自力熏習的重要，不過，「皆由感者一念之心」並不是說只有自力就可以得到感應，因為沒有如來的悲願，只有感者的一念之心，則感應也將會落空。他還運用譬喻來說明感應，他指出感應時所看到如來的相好，就如同鏡子中的影像，感者的一念之心則如明鏡，他認為這時佛與心的關係如鏡子現像一般，是「不離鏡」而且又「非即鏡」的，「不離鏡」顯示出他認為化現的佛是由心所現，所以自與他是不二的，而「非即鏡」則顯示出化現的佛是如來在因地的悲願所成，所以自與他是不一的。

《宗鏡錄》中有人問他「即自心成佛者，還立他佛不？若決定不立，則無諸佛之所威神建立加被護念等，便成斷見」，其中的「即自心成佛」就是禪宗的思想，而「諸佛之所威神建立加被護念」就是淨土行者的思想，二者之間是矛盾不相容的，他在回答時則以一心思想來圓融二者，他說：

> 以自心性遍一切處故，所以若見他佛，即是自佛，不壞自他

之境，唯是一心。……所以因眾生迷悟二心，有見不見自他之理，若約真性，迷悟何從？自他俱泯。以法身無形，無自他相見之相。（《宗鏡錄》，頁505a）

從「唯是一心」來看，同於「皆由感者一念之心」的觀點，好像永明禪師認為所謂見佛的感應只是依靠自力而已。不過，實際上，他的一心思想卻認為「此心不縱、不橫，非他、非自」[33]，所以他指出「唯是一心」若從真性來說其實是「自他俱泯」的，而且他也認為「法身無形」，因此在沒有分別心的佛的境界中，自他也是不二的。只是因為眾生心的真性被無明覆蔽，而妄心對一切法有著強烈的執著分別，所以才會去分別自佛或者他佛。另外，他又提到「不壞自他之境」，是從俗諦來說的，可見他的一心思想並不破壞眾生已認定的自他二力，他並認為如果執著只有自力而否定他力，就變成偏執的斷見。總之，他的見佛思想是依般若觀照，才提出「唯是一心」與「不壞自他之境」的觀點，他認為透過般若了知「唯是一心」之理，才能夠對淨土與諸佛，有不取的智慧，而且符合禪宗「即自心成佛」的思想。此外，學佛者又透過般若了知「不壞自他之境」，才能夠對淨土與諸佛，有不捨的智慧，所以他並不否定淨土行者「諸佛之所威神建立加被護念」的思想。而這種不取、不捨的中道思想，就是他「唯心淨土」的要義。

由於永明禪師的一心思想圓融了自力與他力，因此他提出「唯是一心」和「不壞自他之境」，也就是他在論述「信」的時候，就

---

[33] 《宗鏡錄》，頁955b。

同時包括了信自性佛與信十方佛的思想。他所提出的「不壞自他之境」與《六祖壇經》提到：「迷人念佛生彼，悟者自淨其心」[34]，主張只信自力而視念佛求他力者為迷人的禪者有別。而他的「唯是一心」觀點，也與淨土行者在《往生禮讚偈》中提到：「深心，即是真實信心，信知自身是具足煩惱凡夫，善根薄少，流轉三界，不出火宅，今信知彌陀本弘誓願，及稱名號，下至十聲一聲等，定得往生，乃至一念無有疑心，故名深心」[35]，主張眾生自身業障深重，對於自心功德不敢承擔，而只祈求他佛救度的思想大不相同。

第二節　無生與往生

永明禪師相信透過努力的修行必然能夠證果，而他所提到的果報則分成無生與往生二者，並且他在迴向時，也有迴向真如一心和迴向西方的不同。

一、無生

永明禪師指出讀《宗鏡錄》可以「言下契無生，聞之成大道」[36]，可見他認為多聞能夠幫助契入一心不生不滅的實相。他更進一

---

[34] 如《六祖壇經》，大正藏第 48 冊，頁 341。

[35] 如《往生禮讚偈》，大正藏第 47 冊，頁 438c 提到：「深心，即是真實信心，信知自身是具足煩惱凡夫，善根薄少，流轉三界，不出火宅，今信知彌陀本弘誓願，及稱名號，下至十聲一聲等，定得往生，乃至一念無有疑心，故名深心。」

[36] 《宗鏡錄》，頁 564b。

步說：「無有一法不入一心無生之旨」[37]，顯示出不但透過經論中的文字般若可以證入無生，所有的諸法也以證入無生，他將「無生」與「大道」並舉，又提出「一心無生之旨」，表現出可「無生」在他的一心思想中具有重要的地位。

永明禪師的無生思想與他相信自力有密切的關係，他指出凡夫雖然在生死之中不斷的輪迴，但是其不可思議的自性卻是無生無滅的，所以他說：「遍集祖佛言教，頓釋群疑，令於言下發明，直見無生自性，方知與佛無異，萬法本同，始信真詮，有資深益」[38]，他在《宗鏡錄》中直指學佛者當明心見性，相信眾生的自性與佛無異，與萬法本同。而他所謂的見性就是指要「直見無生自性」，也就是說他認為眾生的正因佛性是無生的，此無生自性了成就究竟的佛果時也是無生的。他還進一步提出「無生性空妙旨」，將無生與性空連結在一塊，他說：

> 畢竟更無一法現於心外及在心中，乃至下及眾生無明，上該諸佛種智，皆是無生性空妙旨。如摩訶般若經云……乃至般若波羅蜜不生，若不生是不名般若波羅蜜。乃至一切種智不生，若不生是不名一切種智。故知萬法都會無生，千途盡歸宗鏡。（《宗鏡錄》，頁558c－559a）

他指出「畢竟更無一法現於心外及在心中」，也就是說他的一心思

---

[37] 《心賦注》，頁44。

[38] 《宗鏡錄》，頁493c。

想不但是指心外無法，也不可執著心中有法，因為一生起執著之心，則般若波羅蜜乃至一切種智，都無法證得。他並強調雖然眾生被無明所覆蔽，諸佛已證得一切種智，但是眾生與諸佛的一心本體都是無生無滅的，這是因為一心本體是「性空」的，所以在凡時一心本體不減，成聖時一心本體不增。此外，他引用到阿難七處徵心的典故，說明妄心是依他起故有生有滅，而真心則是無生無滅的，他並說：

> 是故應知一切無著，名覺知心，無有是處。如上所推，即今生滅身中，妄心無寄，現量所知，分明無惑，可謂頓悟真心，直了無生矣。（《宗鏡錄》，頁 877a）

他指出眾生之所以輪迴生滅，是因為妄心造業的結果，而此一念妄心是「依他假有」，並非有妄心的實體存在，所以若能念起即覺，就可以了知「妄心無寄」，而放下一切分別執著。他並且認為學佛者如果能夠對一切法不起執著，心不隨著緣起生滅而妄動，就能了悟一切法的無生之理，並能當下轉變妄心成為真心。

不過，他所謂的「無生性空妙旨」，並不是否定一切法的斷滅思想，他說：

> 是以解第一義空，方成般若，見無生自性，始了圓宗。以真空不壞業果，尊卑宛然，不同但空，不該諸有。（《宗鏡錄》，頁 508b）

他指出「無生性空妙旨」不是「但空」，而是「第一義空」。他認為自性雖空而不壞業果宛然，因此他所主張的無生並不違礙諸有的緣起法門。也就是說他的無生思想圓融了性空與妙有。此外，為了避免因強調無生，而使學佛者產生「但空」的誤解，他又曾指出：「設有說無生無得之理，皆是一期隨宜方便」㊴，他認為無生只是教化的一種方便，因此不可以對無生法門心起執著。他又說：

> 真覺大師歌云：是以禪門了卻心，頓入無生慈忍力。以此無生一門，一成一切成，乃至三身、四智、八解、六通，無漏無為，普賢萬行，悉於無生，一時圓滿。（《宗鏡錄》，頁460b）

他在此處把永嘉所說的「禪門」解說成「無生一門」，他並且認為禪宗的無生法門是「一成一切成」，與普賢萬行一樣都是「一時圓滿」，也就是說對他而言無生不只是性空，又是一種妙有的境界。他還曾引到龐居士臨終前對于相公所說的話：「但願空諸所有，慎勿實諸所無」，並且加以評論說：「斯亦不墮有無之見，妙得無生之旨矣」㊵，可見他認為無生是超越有、無二邊的。由於無生不落於有、無二邊，因此他主張學佛者必須有般若觀照，才能悟得無生的實旨。

永明禪師認為學佛者在了悟自性、真心的無生實相之後，由此

㊴ 《宗鏡錄》，頁927c。

㊵ 《宗鏡錄》，頁537c。

而展開的修行才是真正的修行，他說：

> 詳夫諸大乘經，祖佛正意，凡從今日去紹佛乘人，先須得本。悟自真心不生不滅為因，然後以無生之旨，遍治一切。所以華嚴論云：若有習氣，還以佛知見治之。若不入佛知見，設有修行，但成折伏，終不能入諸佛駛水之流。（《宗鏡錄》，頁 653c）

他指出學佛要先「入佛知見」，而佛知見就是指了悟真心的不生不滅之旨，也就是他所說的頓悟知宗。所以他把悟無生視為「得本」，他認為學佛者悟宗之後的修行才是圓修，否則只有表面的伏住煩惱習氣，並不可能徹底從苦、集中解脫成佛。此外，他認為「悟自真心不生不滅為因」，再由此理悟落實到事修上，對治煩惱習氣，破除無明，並將一切功德迴向真如，他說：

> 今宗鏡大意，所錄之文。或祖或教，但有一字一句，若理若事，若智若行，皆悉迴向，指歸真如一心。……凡有一毫善根，悉皆迴向。……所以但契一如，自含眾德。如華嚴經中，真如相迴向有一百句，一一句中，無不同指，皆為成就一心妙門。（《宗鏡錄》，頁 921b－921c）

他指出學佛者既然了悟真心的不生不滅之旨，就要將修行時所有的善根與妙行，都迴向真如一心，也就是說他雖然主張一心「自含眾德」，但是並不會因此而執理廢事，他認為修行萬善並「指歸真如一心」，才是一心法門的妙義。而從因果法門來看，他認為真如一心的因是無生無滅的，當然所證的佛果也就是無生無滅的。

二、往生

永明禪師的往生思想則與他相信他力有著密切的關係，他相信有諸佛及淨土，並肯定修行淨業所證之果，必定是往生淨土。他認為十方都有諸佛與淨土，例如他引到《大方廣佛華嚴經》所提到的安樂世界阿彌陀如來、栴檀世界金剛光明如來、妙香世界寶光明如來、蓮華世界寶蓮華光明如來、妙金世界寂靜光如來、妙喜世界不動如來、善住世界師子如來、鏡光明世界月覺如來、寶師子莊嚴世界毘盧遮那如來❹❶。還有，在《自行錄》中，他提到禮十方佛時，則包括了東方善德佛、東南方無憂德佛、南方栴檀德佛、西南方寶施佛、西方無量明佛、西北方華德佛、北方相德佛、東北方三乘行佛、上方廣眾德佛、下方明德佛等❹❷。而在《自行錄》中，他還提到念七如來名號，包括了寶勝、離怖畏、廣博身、甘露王、妙色身、多寶、阿彌陀等七佛的佛名❹❸。

雖然，他在著作中提到的淨土與如來有很多，但是他在發往生的信願時，只提到西方淨土和彌勒淨土❹❹，其中又以西方淨土最常被提及。他對於西方淨土的信仰非常虔誠，他在《神栖安養賦》中說：

---

❹❶　《宗鏡錄》，頁 603b。

❹❷　《自行錄》，頁 156。

❹❸　《自行錄》，頁 159。

❹❹　《自行錄》，頁 158。

> 彌陀寶剎，安養嘉名。處報土而極樂，於十方而最清。……爾乃畢命受持，一生歸命。（《樂邦文類》，大正藏第 47 冊，頁 214c）

他認為西方極樂世界在十方淨土中最為清淨，因此他希望學佛者能專心受持彌陀名號，並發願往生西方。他在此提到極樂世界是屬於報土，實際上綜合他在著作中的說法，會發現他認為彌陀具有三身，而且西方淨土兼有報土、化土等性質，他曾說：「或遊化國見佛應身，或生報土睹佛真體，……故釋迦世尊親記文殊，當生阿彌陀佛土位登初地」[45]，也就是他主張彌陀有應化身、報身（真體），西方是化土、報土。此外，他還提到過彌陀的法身[46]，由此推測西方也是法性土。

由於他認為西方淨土在十方淨土中最為清淨，因此他對於西方淨土不但引經作證，也針對往生的佛土、往生的動機、往生的行業、往生的品位、往生的實證等提出他的看法。

在引經作證方面，他引到不少有關西方淨土的經典，借用聖言量來證明往生西方是真實不虛的，例如在《萬善同歸集》中他引到

---

[45] 《萬善同歸集》，頁 968b。

[46] 他在《宗鏡錄》，頁 548a 說：「諸佛之果，顯於法身，……阿彌陀者，此云無量壽，即如理為命，以一心真如性無盡故，乃曰無量壽」，提到阿彌陀佛因為是一心真如之性，所以其壽命沒有止盡，又名為無量壽佛，可見他認為阿彌陀佛是法身佛。

《稱讚淨土佛攝受經》說到諸佛出廣常舌證明往生的真實[47]。另外，他說：

> 佛說法華經，出舌至梵天；說阿彌陀佛經時，舌覆大千世界……以佛說法華一乘等心地法門時，舌出過凡聖之上，以表所說心法真實，起眾生信故。（《心賦注》，頁114a）

他指出《法華經》、《佛說阿彌陀經》都是闡揚一乘教法的心地法門，佛陀在經中出廣常舌相，證明淨土是真實無妄的，由於佛是實語者，不妄語者，才會有廣常舌相，因此出廣常舌相表示經典所說的佛法都是真實的。還有，他也引到了《佛說無量壽經》中提到釋迦佛向彌勒說到娑婆世界中，有六十七億不退菩薩將往生西方[48]。他更綜合不同經典中對於淨土的描述，說：「又按諸經云：生安養者，緣強地勝，福備壽長，蓮華化生，佛親迎接。……尚無惡趣之名，豈有輪迴之事」[49]，雖然他並未明指「諸經」是哪些經典，不過從內容來看，應該是與西方淨土有關的經典，由這些引文可知他相信往生西方是真實不虛的。

在往生的佛土方面，他曾自述發願要往生的佛土，有西方淨土

---

[47] 《萬善同歸集》，頁 968b。《稱讚淨土佛攝受經》，大正藏第 12 冊，頁 350a－351a。

[48] 《萬善同歸集》，頁 968b。《佛說無量壽經》，大正藏第 12 冊，頁 278b：「彌勒菩薩白佛言：世尊！於此世界有幾所不退菩薩生彼佛國？佛告彌勒：於此世界有六十七億不退菩薩往生彼國。」

[49] 《萬善同歸集》，頁 967b。

及彌勒淨土。

不過，在《自行錄》中他曾提到要往生西方淨土的次數，較往生彌勒淨土為多[50]，可見他所發願往生的佛土應以西方為主。

在往生的動機方面，他認為眾生是由於厭棄娑婆，才會欣往極樂，因此他提出了淨土與娑婆的對比，在娑婆之苦方面，他說：

何乃愛河浪底，沈溺無憂，火宅焰中，焚燒不懼。密織癡網，淺智之刃莫能揮；深種遺根，汎信之力焉能拔。幸災樂禍，卻非清淨之邦，顧戀恐畏之世，燋蛾爛繭，自處餘殃，籠鳥鼎魚，翻稱快樂。故知佛力不如業力，邪因難趣正因，且未脫業身，終縈三障，既不愛蓮臺化質，應須胎藏稟形，若受肉身，全身是苦，既沈三界，寧免輪迴。今於八苦之中，略標生、死二苦……死苦者，風刀解身，火大燒體，聲虛內顫，魄悸魂驚……或倒生地獄，或陰受鬼形……。

（《萬善同歸集》，頁 967b）

他把娑婆視如火宅或愛河，因為他認為五濁就像大火或河流一樣，

---

[50] 提到往生彌勒淨土的只有《自行錄》，頁 158：「第三十九，初夜普為一切法界眾生，旋繞念彌勒慈尊佛，願生內院，親成法忍」。而提到要往生西方淨土的，則有：《自行錄》，頁 154：「第三，常修安養淨業……同回向往生」、頁 157：「第十七……慕極樂之圓修」、頁 157：「第十五……咸生彌陀淨方」、頁 163：「第七十七……同生西方淨土」、頁 163：「第七十八……隨願往生西方淨土」、頁 164：「第九十二，受持往生真言，願臨命終時，與一切法界眾生，同生淨土」。

會障礙眾生修行佛法，讓眾生沈溺輪迴。他並且指出如果不能跳出三界，就得忍受各種的苦事，而最根本的苦就是八苦。他甚至認為眾生只要感應到肉身的業報，就會「全身是苦」，因為肉身必然要經歷生老病死的過程，以死苦為例，他指出眾生在臨終時四大會分解散壞，肉體如受刀割火燒一般，四肢無法控制，意識逐漸渙散，想要告訴至親的人也沒有辦法，只能獨自承受恐怖的煎熬。而實際上不論是生苦、老苦、病苦、死苦都會因痛苦難忍造成眾生的煩惱，增強輪迴的業力。他認為眾生在痛苦的業海中，如果對於佛力無知，不能夠相信諸佛悲願的救度，想要靠自己的「淺智」來解脫煩惱，脫離業力之苦，無異是緣木求魚。

此外，在極樂之樂方面，他說：

> 安國鈔云：所言極樂者，有二十四種樂，一欄楯遮防樂、二寶網羅空樂、三樹陰通衢樂、四七寶浴池樂……十六經行本國樂……十八六時聞法樂……二十三千國同聲樂、二十四聲聞發心樂……群疑論云：西方淨土有三十種益，一受用清淨佛土益……七速證無上正等菩提益、八諸大人等同集一會益……二十二衣食自然益……如上略述，法利無邊，聖境非虛，真談匪謬。（《萬善同歸集》，頁967b）

他引到《安國鈔》、《釋淨土群疑論》所提到的極樂世界有各種樂事，例如在自然環境上有寶樹、寶網、寶池等建設，在社會環境上則有衣食無缺，與諸大善人共具一處等福利，在教化環境上有聞法、經行、發心等活動。他指出這些引述只是西方淨土的概略情形，而且各種樂事都是「聖境非虛」的「真談」。他還認為學佛者只要對極樂世界生起嚮往的心，並發起往生的大願，就能獲得無邊的利益。

此外，他還綜合了不同經典中所論述的極樂世界殊勝之處，他說：

> 又按諸經云：生安養者，緣強地勝，福備壽長，蓮華化生，佛親迎接。便登菩薩之位，頓生如來之家。永處跋致之門，盡受菩提之記。身具光明妙相，跡踐寶樹香臺。獻供十方，寧神三昧。觸耳常聞大乘之法，差肩皆鄰補處之人。念念虛玄，心心靜慮。煩惱焰滅，愛欲泉枯。尚無惡趣之名，豈有輪迴之事？（《萬善同歸集》，頁 967b）

他認為有許多經典都曾敘述到極樂世界，裡面有寶樹香臺，沒有惡趣眾生。而且往生西方淨土者，因為具有殊勝的福德因緣，在臨終時都是由阿彌陀佛及觀音、勢至菩薩來親自迎接。他們往生西方後，在寶池的蓮華中化生，身上放出無量的光明，並且有無量的壽命。往生者在西方精進修道，每一個都是不退轉菩薩，由於聽聞阿彌陀佛說法，破除了無明煩惱的障礙，並且能夠證得無生法忍，被授記成為未來之佛。

在往生的發願方面，他曾說：「坐臥之間，常面西向。……念佛發願之時……願脫苦輪，速證無生」[51]，他認為要學佛者修持淨

---

[51] 《萬善同歸集》，頁 968c。

土法門，日常的行住坐臥都必須面向西方，而且要深切發願，如此才能夠往生西方。

在往生的行業方面，他提到修行萬善，當中也有念佛法門。其詳細情形留待下章再加以敘述。

在往生的品位方面，他依據西方經典所說，指出往生的品位分為九品，他並在《萬善同歸集》中指出修行者若能以定心「修定習觀」，則能往生上品。其次，若能以專心持念佛號，並且修行萬善，迴向發願，也可以往生下品[52]。

在往生的實證方面，他指出學佛者在往生時，會有「運來而天樂盈空，時至而異香滿室」的瑞相為證[53]。此外，他認為往生淨土是不虛的事實，他曾說：

> 若約事論，故非一等，九品往生上下俱達。或遊化國見佛應身，或生報土睹佛真體，……今古具載，凡聖俱生，行相昭然，明證目驗。（《萬善同歸集》，頁968b）

他認為從古到今有許多往生的實例，因此從事相上說是「行相昭然，明證目驗」，他並且提出智者往生到西方[54]，而玄奘則往生到

---

[52] 《萬善同歸集》，頁968c。

[53] 《樂邦文類》，大正藏第47冊，頁214c《神棲安養賦》。

[54] 《萬善同歸集》，頁968b：「智者大師一生修西方業，所行福智二嚴，悉皆回向，臨終令門人唱起十六觀名，乃合掌讚云：四十八願莊嚴淨土，香臺寶樹易到無人。火車相現，一念改悔者尚乃往生，況戒定慧薰修行道力，終不唐捐。佛梵音聲，終不誑人」。

彌勒淨土作為實證[55]。

在迴向功德方面，他說：「教化眾生萬行無廢，所修行業迴向往生西方淨土」[56]，也就是說他認為修行萬善為因，而發願將此善因的功德迴向西方，則所證的果就是臨終時往生淨土。

綜合上述可知，永明禪師對於往生西方的論述是非常完備的，這在禪師中是極為特殊的例子。因為志通、紹巖、文輦等，雖然也是以禪師的身份修行淨土法門[57]，但是他們都未留下與淨土法門的相關文獻，所以無法瞭解他們的淨土思想。

三、以一心思想融合無生與往生

從永明禪師對無生的論述，可以看出他的禪淨融合思想，他有時是以禪門所說的無生思想為主，有時也從淨土的角度論述無生。對禪宗而言，明心見性就能夠頓入無生，這是依靠自力來悟無生。如果學佛者認為自力「未充」，難以體會無生之理，只有仰信佛的聖言量，依靠佛的他力為增上緣，來累積淨業，幫助了悟無生[58]。

---

[55] 《萬善同歸集》，頁 990b：「唐三藏法師……弟子問云：和尚決定得生彌勒內院不？報云得生」。

[56] 《萬善同歸集》，頁 963b。

[57] 《宋高僧傳》，大正藏第 50 冊，頁 858c〈晉鳳翔府法門寺志通傳〉：「因覽西方淨土靈瑞傳，變行迴心願生淨土，生常不背西坐」。《宋高僧傳》，頁 860b〈宋杭州真身寶塔寺紹巖傳〉：「決以安養為期」。《宋高僧傳》，頁 860c〈宋天台山文輦傳〉：「望諸賢……念佛助我往生」。

[58] 《萬善同歸集》，頁 966b：「又平等之門，無生之旨，雖即仰教生信。其乃力量未充，觀淺心浮，境強習重，須生佛國，以仗勝緣。忍力易成，速行菩薩道。」

他更進一步指出發願往生，並不只是只求自己的安樂而已，而是希望在西方淨土中「速證無生」，並返回娑婆廣度無量眾生[59]，可見對他來說往生西方的究竟目的還是在於悟入無生的平等無二之理。而修行淨土法門在證入無生之理以後，就會了知往生其實是「生即無生，無生即生」，他說：

> 十疑論云：智者熾然求生淨土，達生體不可得，即真無生，此謂心淨故即佛土淨。愚者為生所縛，聞生即作生解，聞無生即作無生解。不知生即無生，無生即生。不達此理，橫相是非。此是謗法人邪見人也。（《萬善同歸集》，頁 966c）

《淨土十疑論》指出具有般若無所得慧的智者，體證到真心之體是不可得的，所以雖然「熾然求生」，卻不會對往生產生執著之心。反之，愚人沒有般若觀照就會陷溺於無生、往生二邊。例如有些愚人聽聞到往生的道理，就執著一定要有往生的形相，結果念佛時妄心亂起，不得淨念相續。而有些愚人則聽聞到無生的道理，就執著說往生是虛假的，結果毀謗淨土，造作口業。這二種人互相指責對方的不是，其實他們都並不瞭解真正的佛法。因為真正了達無生之理，就明白實相是不生不滅的，生與無生是平等無二的，所以就不會對往生或無生再起妄念。《淨土十疑論》的這段文字原來是針對「諸法體空，本來無生，平等寂滅，今乃捨此求彼，生西方彌陀淨土，豈不乖理哉？又經云：若求淨土，先淨其心，心淨故而佛土

[59] 《萬善同歸集》，頁 968c。

淨，此云何通？」的問題而提出的回答[60]，是作者為了解決無生與往生的對立而闡釋的一番道理，作者認為一切法性空無生，平等無二，所以對於淨土也不可生起取捨之心。而永明禪師引用到此文，顯示出他的一心思想中，無生與往生也沒有任何矛盾。

永明禪師說過：「諸佛說法，不離二諦」[61]，而從二諦來看，往生與無生也是不二的。他在解說：「如上所說真體則湛然不動，化則不來而來，正是心外有他佛來迎，云何證自心是佛」的問題時，曾說：

> 佛身湛然常寂，無有去來。眾生識心，託佛本願功德勝力，自心變化，有來有去。……則不來不去，約諸佛功德所云；有往有還，就眾生心相所說。是知淨業純熟，目睹佛身，惡果將成，心生地獄。（《宗鏡錄》，頁 506a）

他認為從「約諸佛功德」來看，諸佛所證的法身是第一義諦的無為法，因此淨土往生者見佛來迎，而佛實在是「不來不去」的。此外，眾生的自心與諸佛心是不二的，因此眾生的往生也是「不來不去」的，這是從真諦的角度來說明往生即是無生。其次，從「就眾生心相」來看，眾生以生滅的妄心修行淨業，到臨終時見到化佛來迎，因此認為往生淨土是有往有還的，也就是緣起法門中實有往生之事，這是俗諦的角度來說的。總之，永明禪師在一心思想下提出

---

[60] 《淨土十疑論》，大正藏第 47 冊，頁 78a。

[61] 《萬善同歸集》，頁 966c。

的「生即無生，無生即生」觀點，正符合傳統佛教的二諦之說。

永明禪師提出的淨土思想中，除了往生是「生即無生，無生即生」的觀點之外，也有關於見佛是「見即不見，不見即見」的觀點，他在回答「既心外無佛，見佛是心。云何教中有說化佛來迎，生諸淨剎」時說：

> 法身如來，本無生滅。從真起化，接引迷根。以化即真，真應一際，即不來不去，隨應物心。又化體即真，說無來去，從真流化，現有往還。即不來相而來，不見相而見也。不來而來，似水月之頓呈；不見而見，猶行雲之忽現。（《宗鏡錄》，頁505c）

他認為佛有法（真）身、化（應）身，法身是體，應身是用，在他體用無別的一心思想中，諸佛的法身即是化身，而化身即是法身。他並指出諸佛法身本無生滅，更沒有來去之相，所以眾生見佛之時，從法身來說其實是「見即不見」的。其次，諸佛的化身則會隨著眾生心而顯現出不同的樣相。眾生在往生西方時所看見的佛相，實際上只是佛的化身，而佛的化身就如同水中之月一般，並非真月，不過雖然不是真月，卻能顯現在淨業成熟的眾生面前，因此從化身來說，眾生在見佛之時，就是「不見即見」。因此，永明禪師所謂的見佛，就有「見即不見，不見即見」，這樣看似矛盾的說法，實際上這種「見即不見，不見即見」的觀點，在他的一心思想中卻並不衝突，因為他認為法身是一心之體，而化身是一心之用，而一心的體、用本是不二的，也就是說永明禪師是從真諦的角度提出了「真應一際」，並提出眾生見佛是「見即不見」的。然後他又從俗諦的角度提出了「從真流化」，並提出眾生的見佛是「不見即見」。總之，從二諦的圓融無礙來看，真身與化身無二無別，因此他提會出見佛時是「見即不見，不見即見」的觀點，也是很自然的事。

第三節　圓滿菩提與願求往生

一、圓滿菩提

永明禪師為了避免禪宗門徒「守愚空坐，以滯真修」[62]，因此特別主張修行萬善，圓滿菩提。他曾引到禪宗第二十七祖般若多羅傳法偈中有「果圓菩提滿」[63]，也引到六祖慧能傳法偈中有「菩提果自成」[64]，也就是他認為禪宗門徒追求明心見性，也要以圓滿菩提作為最終的理想。而他的《宗鏡錄》更是由始至終都不離對菩提道的闡發，書一開始的序文中曾提到《宗鏡錄》在教導學佛者「知成佛之端由」[65]，而書的最終部分則提到他教導學佛者要發願成就「佛菩提」[66]，總之，他提倡的一心法門是以成佛為究竟目標的大

---

[62] 《萬善同歸集》，頁 958a。
[63] 《宗鏡錄》，頁 939a。
[64] 《宗鏡錄》，頁 940a。
[65] 《宗鏡錄》，頁 416c。
[66] 《宗鏡錄》，頁 957b。

乘菩薩道修行[67]。他還說：

> 是以此錄全為修習菩薩道，圓滿普賢門。遂乃廣集了義金文，先德遺旨，皆令信順，與道相應。該括始終，自他兼利。以真如一心，性無盡故。法爾如是，順性而行。無有匱息，自然圓滿。（《宗鏡錄》，頁 654a）

他主張學佛者要了知「真如一心，性無盡故」，也要「修習菩薩道，圓滿普賢門」，也就是說他不但強調心即是佛的道理，也肯定在事修上要效法普賢行願，修習大乘菩薩道，可見他兼顧了理、行二者。他還提出要「自他兼利」，認為學佛者不但要自己了悟心即是佛的道理，也要幫助其他眾生了悟心即是佛的道理，不但要自己「順性而行」，也要幫助其他眾生「順性而行」，表現出他的法門具有自行及化他的特色，因此 Albert Welter 認為永明禪師不但是禪師，也是淨土法門的修行者，而且更是一位大乘菩薩行的提倡者[68]。

另外，歸納了《萬善同歸集》的要義以後，發現到他在著書時也是提倡要成就佛菩提，他曾說：「萬行及智，但是福智莊嚴。故

---

[67] 《宗鏡錄》，頁 605a：「今宗鏡所錄，總諸大乘經了義妙旨，只為悟宗，行菩薩道故」。

[68] 詳細內容可以參見其所寫的論文“Yung-Ming Yen-Shou:Ch’an Master, Pure land Master, or what? (Bodhisattva Practice and Pure land Practice in the Writing of Yung-Ming Yen-Shou)”。

用真如一心為自，一切福智為他」[69]，他指出「萬行」及「智」是修行者得以莊嚴自、他的二大要項，顯示出萬行屬於福，側重在說明「為他」的事。而同歸則屬於智，側重在說明「為自」的真如一心之理。順著福、智二足尊的意義來說，也可以看出《萬善同歸集》中所倡行的修行法門，正是一種福慧雙修的成佛之道。還有，他說：「但運一心，廣大無際，功德智慧，二種莊嚴，六度萬行，無不圓滿」[70]，他認為在理事圓融的一心思想下，圓修萬善而不執著時，則萬行不但是福德也是功德。

由於以圓滿菩提為學佛主旨，永明禪師很重視發菩提心，他說：

> 華嚴經云：菩提心者，猶如種子，能生一切諸佛法故。菩提心者，猶如良田，能長眾生白淨法故……善男子，菩提心者，成就如是無量無邊乃至不可說不可說殊勝功德，若有眾生發阿耨多羅三藐三菩提心，則獲如是勝功德法。如上略錄華嚴大教一百二十門，讚發此心功德廣大無邊。（《宗鏡錄》，頁464c－466b）

《大方廣佛華嚴經》指出菩提心就像種子、良田，能使學佛者的心地開發成長，而他引用了經中一百二十項對菩提心的說明，是為了讚嘆發菩提心的功德無量無邊。此外，他還把發菩提心視為「萬善

[69] 《宗鏡錄》，頁626b。
[70] 《宗鏡錄》，頁487c。

之門」、「眾行之首」⓻①，他認為發菩提心是修行萬善的入門關鍵，所以發菩提心為學佛者修行的第一要務。他也引用了《大智度論》所說「作福無願，無所樹立」的觀點⓻②，來說明學佛者要先有大願，而後再修行萬善才能有所成就。

永明禪師認為發心不論大、小都很珍貴，他曾說：

> 若論福業，遍行門中，萬行莊嚴，不捨一法。皆能助道，顯大菩提。……於正法中，發一微心。皆是初因，終不孤棄。（《宗鏡錄》，頁963b）

他指出修福業要「遍行」，必須不捨一法，所以不論是參禪或者是念佛，都是助道之法，都可以去除妄心顯發真心，也都可以使學佛者達到菩提正覺。他還認為即使是最初的最微小的發心，最後都有可能成就大菩提。因此不但要眾善奉行，而且對於小善也不可放棄。

此外，他也提到了發心的內容，他說：

> 止觀云：發真正菩提心者……即起大悲，興兩誓願，眾生無邊誓願度，煩惱無邊誓願斷。雖知眾生如虛空，誓度如虛空之眾生；雖知煩惱無所有，誓斷無所有之煩惱。……故起大

---

[71] 《萬善同歸集》，頁977b：「夫從凡入聖，先發菩提心最為第一，乃眾行之首，履道之初，終始該羅，不可暫廢。」

[72] 《萬善同歸集》，頁979c。

慈，興兩誓願，謂法門無量誓願知，佛道無上誓願成。雖知法門永寂如空，誓願修行永寂如空；雖知菩提無所有，無所有中吾故求之。（《宗鏡錄》，頁864b）

他這段話是引用了《摩訶止觀》的觀點[73]，智者指出「發真正菩提心」的菩薩，要發四弘誓願，四弘誓願包括了大悲與大慈，因為有了慈悲心才能不捨一切眾生。而永明禪師認為四弘誓願能夠上求菩提，下化眾生，做到自利與利他圓滿，所以是真正的菩提心。

至於發菩提心的「發」是何種意涵呢？永明禪師歸納出在傳統佛學中，「發」的意義有「起發」和「開發」二種，他指出「起發」即是一乘十信之首，「開發」即是一乘十住之初，而「若宗鏡所讚，多取圓信起發之發」[74]，可見他認為發菩提心的「發」，其義是指「起發」。「起發」之意，可以將發心與信心配合，他說：「菩薩十信之初，創發心時，即觀本識自性緣起因果之體，得成正信」[75]，他指出學佛者在十信位之首位，因為觀察而了悟自心是緣起的本體，也是迷、悟的關鍵，這時就能得到正信。他並且認為學佛者因了悟自心的本體而悟宗，由於一心的特性是遍於一切處，所以悟宗後的發心者「即無所發，終不離心有菩提，離菩提有心」[76]，也就是說悟宗後的發心者，不會執著有一個發心的相，因為此時他已了悟心與菩提是不二的。

---

[73] 《摩訶止觀》，頁55c－56b。

[74] 《宗鏡錄》，頁468a。

[75] 《宗鏡錄》，頁603a。

[76] 《宗鏡錄》，頁864b。

此外，他有時提到四種菩提，有時提到三種菩提[77]，而他所最為重視的就是佛菩提，他說：

> 今所讚者，是四種之中，依上上根佛之菩提。……又今論發者，不依人依法，頓悟自心，萬行圓足，故稱曰發。……是知菩提之心，不生不滅，無得無依。（《宗鏡錄》，頁 468a－468b）

他指出菩提心是不生不滅的，所以與無為法相應，因此真正發菩提心的人就是頓悟自心的人。而且他認為頓悟自心之外還要，萬行圓足才能夠圓滿佛菩提，可知他認為佛菩提是理事圓融的境界，只有具足理事才能夠證得究竟之佛果。

二、願求往生

永明禪師的《萬善同歸集》中，有許多願求往生的文字，綜合這些文字來看，他之所以會提出願求往生，是因為他認為淨土法門可以適應的眾生更多。他指出發心成佛者，不論是上中下根，初學或久修，都可以願求往生，他說：

> 智論云：譬如嬰兒，若不近父母。或墮坑落井，水火等難。

---

[77] 《宗鏡錄》，頁 468a：「若約橫論，隨根所證，有四種菩提。若約豎論，依初中後有三種菩提」。不過在引文中他並未明白指出四種菩提或三種菩提的詳細內容為何？

乏乳而死，須常近父母，養育長大，方能紹繼家業。初心菩薩多願生淨土，親近諸佛，增長法身，方能繼佛家業，十方濟運。有斯益故，多願往生。（《萬善同歸集》，頁967b）

他認為發心成佛的人想要繼承佛法大業，必須親近諸佛菩薩等善知識，就像小孩在成長中要有父母良好的照顧一樣，而往生淨土就能與諸上善人聚會一處，福、慧可以得到增長。也就是說娑婆多染緣，淨土多淨緣，為了使道業精進，究竟圓滿，所以他提出願求往生。

以初學的眾生來說，如果根性駑鈍，欠缺信心，可以願求往生，他說：

起信論云：眾生初學是法……懼謂信心難可成就，意欲退者。當知如來有勝方便，攝護信心。……如修多羅說：若人專念西方極樂世界阿彌陀佛，所修善根回向，願求生彼世界，即得往生。（《萬善同歸集》，頁966c）

他認為初學者若是沒有信心，很容易在遇到逆境時就生起退心，而淨土法門是一種勝方便，可以幫助自信不足的人繼續修行。另外，業障重者，也可以願求往生，他說：

摩訶衍云：菩薩不離諸佛者而作是言：我於因地遇惡知識，誹謗般若墮於惡道，經無量劫雖未得出。復於一時依善知識，教行念佛三昧，其時即能併遣諸障，方得解脫。有斯大

益故，不願離佛。（《萬善同歸集》，頁967a）

他認為業障重的眾生最怕因無明遠離佛法，又遇到惡知識而造業墮落惡道。如果遇到善知識，就應慚愧懺悔修行念佛，因為念佛可以遣除業障，淨化妄念，因此若要不墮惡道，就要修行念佛並願求往生。

他在《自行錄》中曾多次提出發願，希望能夠與眾生一同往生西方，如以修行法華三昧的功德往生西方，或是眾生能收攝六根，不受外塵所染，就能轉妄念為淨念，並以此功德往生西方。還有，以念阿彌陀佛及其真言的功德，遠離惡趣，證悟佛心，往生西方[78]。從永明禪師這些日常的實踐可知，他將所有修持的功德，都發願迴向往生西方。

三、以一心思想融合圓滿菩提與願求往生

永明禪師認為不論是發心、修行、證果，都不離《宗鏡錄》所說的一心，他說：「故知初則信心而入道，後則證心而得果，始終不出宗鏡矣」[79]，他指出從開始初發心的「信心」，到最終證得圓滿菩提的「證心」，都不離此一心。

---

[78] 《自行錄》，頁157：「普願一切法界眾生，同證法華三昧，咸生彌陀淨方」。同書，頁158：「願攝諸根，淨念相繼，託質蓮臺。」同書，頁160：「念阿彌陀如來，願一切眾生，離惡趣形，神栖淨土。」同書，頁160：「念阿彌陀佛心真言，悉願證悟佛心，同生安養」同書，頁163：「同與一切法界眾生發願……隨願往生西方淨土。」

[79] 《宗鏡錄》，頁461a。

在「信心」方面，他認為禪宗的究竟目的是在「頓悟自心」，也就是說直了自心即佛之理，當下就能證得菩提，此為圓頓之教[80]。但是，受到無明業障所限的眾生，要直了自心是有困難的，就可以修行淨土法門，而念佛的究竟目的也是「頓悟自心」[81]。

而在「證心」方面，他指出明心見性就是真性解脫，眾生心、諸佛心「時節有異，體性無虧」，也就是他認為不論是在凡時的眾生，或是成聖時的諸佛，一心的體性都是不垢不淨，不增不減的，而能夠了悟此一心之理，就能證得真正的解脫[82]。此外，他也提出念佛時，菩提心越廣大，所見的佛也就越多，他說：

> 所見多少，皆從念生。心狹見少佛，心廣鑒多形，舒卷由心，開合在我，離心之外，實無所得。（《宗鏡錄》，頁881c）

也就是說他認為修行念佛法門之人，心量必須廣大，若能夠發嚴土熟生的菩提大願，則越能夠與佛菩薩感應。從「由心」、「在我」

---

[80] 《宗鏡錄》，頁 626b：「若直了真如心即成佛者，是圓頓宗，若不了此心，妄有修證者，是藏通等教灰斷之果。若依此心發行別修者，是別教大乘，與圓教即心便具者，所有行位功程，日劫相倍。」

[81] 《自行錄》，頁 157：「午時禮皈依主安樂世界阿彌陀佛，普願一切法界眾生，頓悟自心，成妙淨土」。

[82] 《宗鏡錄》，頁 592a：「此一心門，是真性解脫。……只謂眾生心，是諸佛心。諸佛解脫，是眾生解脫。隨緣轉變，自號眾生。緣性常空，真佛不動。如冰元是水結，若欲求水，應當就冰，冰水雖殊，濕性不壞。時節有異，體性無虧，如是信入，名真解脫。」

的敘述，可見永明禪師認為見佛不只是因為佛有悲願，眾生自心的悲願也很重要。

永明禪師發願祈求要往生西方，但是往生西方並非他的最終目的，他認為往生西方主要是為了證得菩提，所以他說：「教有明文，唱一聲而罪滅塵沙……非但一期暫拔苦津，託此因緣終投覺海」[83]，他這個「終投覺海」的觀念是繼承自淨土經典的，例如《佛說阿彌陀經》中就提到了欲生阿彌陀佛國者「皆得不退轉於阿耨多羅三藐三菩提」[84]，《佛說無量壽經》中也強調淨土行者要「發無上菩提之心」[85]。受到這些影響他也說：

> 往生論云：遊戲地獄門者，生彼國土，得無生忍已，還入生死國，教化地獄，救苦眾生，以此因緣，求生淨土。（《萬善同歸集》，頁 966c）

他指出修行菩薩道而願求往生，是因為到了西方能夠更進一步強化自度度他的能力，並且在淨土證得了「無生」之後，再回到娑婆世界的「生死國」來廣度眾生。也就是說他認為往生並不是離開此方到達他方就結束了，所謂「一期暫拔苦津」，這只是自度而已，而他所提倡的往生之願，是以圓滿自度（得無生忍）、度他（救苦眾生）的佛菩提為最終目的。

---

[83] 《萬善同歸集》，頁 962a。

[84] 《佛說阿彌陀經》，大正藏第 12 冊，頁 348a。

[85] 《佛說無量壽經》，大正藏第 12 冊，頁 272b：「其有眾生，欲於今世，見無量壽佛，應發無上菩提之心，修行功德，願生彼國。」

總之，他在以一心圓融禪淨思想的同時，也融合了圓滿菩提與願求往生的二大願望，他認為對禪宗的明心見性來說，頓悟自心的當下即是圓滿菩提，而淨土行者則是在往生後，證得無生法忍，再圓滿菩提。因此圓滿菩提才是永明禪師提倡自利利他的菩薩道，所致力追求的究竟目標。實際上，對於永明禪師而言，念佛與參禪都列在萬行莊嚴之中，而這二者都只是標月的「指」而已，真正的「月」——究竟的菩提佛果，才是他佛法實踐的最終理想。

第七章　永明禪師禪淨融合思想的內涵（下）

永明禪師的唯心淨土思想所強調的「唯心」，包括一心的理論及由一心落實在日常生活的事修，他教導學佛者修行要達到教理行果，才算究竟，他說：

> 以信行得果為趣。是以先立大宗，後為歸趣。故云：語之所尚曰宗，宗之所歸曰趣。遂得斷深疑，起圓信，生正解，成真修，圓滿菩提，究竟常果。又唯識性，具攝教理行果四法。心能詮者，教也。心所詮者，理也。心能成者，行也。心所成者，果也。（《宗鏡錄》，頁448b）

他指出教與理是一心的能詮與所詮，這是屬於信、願的部分，也就是要先立大宗以「斷深疑，起圓信，生正解」。他又指出「心能成者，行也」，顯示出二點要義，第一他認為行與心有密切的關係，如果是由妄心所作的修行，因為是有生滅的有漏法，所以並非真修，而悟後起修才不會出錯。第二他認為行是心「能成」，因此實踐時心具有能動性，主動性，也就是學佛者要能作得主人翁才行。

此外，他指出果是一心所成，也就是學佛者有深信、切願與篤行之後，就能「圓滿菩提，究竟常果」。

他還說：「行願相從」❶，所以在說明他的菩提大願之後，就提到他如何以圓修萬行來幫助達成願景。

第一節　理善與事善

永明禪師對於理、事的論述，會隨著對機的不同而有不同，例如他在《宗鏡錄》中，偏重的是理方面的闡述。而在《萬善同歸集》中，他則是偏重在事方面的論說。雖然在論述理、事時，有不同的重點，但是他認為理、事對於證果都是有幫助的，所以他的一心法門一直都在強調必須要理事圓融，才能達到究竟。

一、理善

何謂「理善」？永明禪師指出「理善即第一義」，他說：

> 一理善即第一義，二事善即六度萬行。今時多據理善，若是理善，闡提亦具，何不成佛？……凡曰有心，正因悉具，未得緣了，法身不成。（《萬善同歸集》，頁 986a）

---

❶ 《萬善同歸集》，頁 979c：「或發大願者，萬行之因。……成道利生，皆因弘誓。是以有行無願，其行必孤；有願無行，其願必虛。行願相從，自他兼利。」

他指出「理善即第一義」，表示他是從絕待真心的角度來說「理善」的。他認為「若是理善，闡提亦具」，即是正因佛性，可見在此他所謂的「理善」，就是指人人本具的佛性，由此可見「理善」具有遍一切處及無生無滅的特性，由這種定義的「理善」而入道就稱為「理入」，他說：

> 理入者，深信眾生，不異真性，不一不共，但以客塵之所翳障，不去不來，凝住覺觀，諦觀佛性，不有不無，無己無他，凡聖不二，金剛心地，堅住不移，寂靜無為，無有分別。（《宗鏡錄》，頁 895a）

他認為眾生皆有與佛不二的佛性，而「理入」就是從深信此不變的真理為修行的入手。眾生的真性不二，此性「堅住不移，寂靜無為，無有分別」，又稱為「金剛心地」，也就是一心之體。

從絕待真心的角度來說「理善」的話，悟、修是不二的，所以任何有為的修行都是多餘的，他說：

> 諸聖以無為而得名，圓修以無作而成行，不分別諸境，是真調伏心。了一切法空，則常在三昧。……故知一切諸法頗有不由心者，心攝一切，如如意珠，無不具足。（《宗鏡錄》，頁 565b）

他認為「心攝一切」，萬善同歸於一心之體，無法以人為的事修予以增損，因此從絕對的體來看，無為、無作就是圓修萬善。他並且說：

> 今宗鏡中依無作三昧觀真如一心，念念冥真，念念圓滿。如台教明修無作三昧，觀真如實相。不見緣修作佛，亦不見真修作佛，亦不見真緣二修合故作佛，亦不離真緣二修而作佛。若無四修，即無四作，是無作三昧。（《宗鏡錄》，頁626a）

文中提到天台宗的無作三昧，他把無作三昧與一心聯合，變成觀心的一種方式，他認為觀心法門在達到定慧等持的三昧境界之後，就能與真如實相契合。也就是說入於無作三昧，雖然沒有任何作為卻有無不作的大功用。證入一心，悟此宗鏡，雖然「無作」卻能「念念圓滿」。

永明禪師有時也從真妄交徹的一心角度來論述「理善即第一義」，他說：

> 大凡理事二門，非一非異，如大智度論云：有二種門，一畢竟空門，二分別好惡門。今依分別門中，則理是所依為本，事是能依為末。（《宗鏡錄》，頁496b）

他認為從絕待真心的角度來說，理、事「皆歸一旨，無復分別」❷。但是為了教化眾生的方便，卻必須從分別門來說，這時「理

---

❷ 《宗鏡錄》，頁474a。

善」和「事善」有本、末的不同。例如他將禪定分為理定和事定，而這二者就有本、末的不同。何謂「理定」？他說：「理定，唯當直下觀心性」❸，這是受到六祖的影響，慧能曾經說：「此法門中，一切無礙，外於一切境界上念不去為座；見本性不亂為禪。外離相曰禪，內不亂曰定」❹，慧能認為並不是維持著枯坐不動的姿勢，就叫做坐禪，他對禪的特殊見解是「見本性不亂」，永明禪師承此思想，所以又將「理定」稱為「自性定」❺。從「內見自性不動，名為禪」來說，他關於禪的觀點是「唯約宗說」，有別於教下的說法，他說：

> 此宗鏡所集禪定一門，唯約宗說，於諸定中，而稱第一，名王三昧，總攝諸門，囊括行原，冠戴智海，亦名無心定，與道相應故；亦名不思議定，情智絕待故；亦名真如三昧，萬行根本故；亦名一行三昧，一念法界故；亦名金剛三昧，常不傾動故；亦名法性三昧，恆無變異故。諸佛智光明海，無量觀行，皆從此生，若不體此理，非佛智故……要見此理，方成佛耳，此理即是一心。（《宗鏡錄》，頁 862b）

他指出《宗鏡錄》的禪定名為無心定、不思議定、真如三昧、一行三昧、金剛三昧、法性三昧等，這些不同名稱的三昧定，就是從不

---

❸　《定慧相資歌》，大正藏第 48 冊，頁 997a。

❹　《六祖壇經》，大正藏第 48 冊，頁 353b。

❺　《宗鏡錄》，頁 862c。

同面向來描述一心的特性。他指出「要見此理，方成佛耳」，也就表示他認為「理定」才是成佛之本。也就是在分別門中，他肯定「理定」比「事定」重要，他認為學佛者坐著不動，只是讓六根減少外塵的染污，妄心在表面上被制伏了，卻由於習氣沒有斷除，一旦因緣成熟，仍然會造作惡業❻，因此了悟一心之旨的「理定」更為重要，他說：

> 此一念信解心，心同佛心，信齊佛信。入真實般若之性，到究竟解脫之原。所以無量無數劫中，修五波羅蜜之功德，校量信解宗鏡一念之功，萬不及一。故云不識玄旨，徒勞念靜。是以先悟宗鏡，然後圓修。理行無差，方為契當。
>
> （《宗鏡錄》，頁 635b）

他指出「先悟宗鏡，然後圓修」，否則不能破除執著，有為法修得再多，想要成就無為法，只是徒勞無功。

但是他也認為只有知解上的悟理卻沒有實踐，並不能達到圓滿的菩提，他說：「先悟後修，應須理行冥合，若但取一期知解，不慕進修，欲證究竟菩提，無有是處」❼。而且為了對治某些禪宗後學不打坐、不修行的懈怠懶惰，他也指出「理定」也必須「事定」輔助才行，他說：

---

❻ 《宗鏡錄》，頁 862c：「若唯修事定，但集世禪，雖曰修行，猶生惡覺，以不制意地，未斷其原，長劫練磨，返沈苦道。」

❼ 《宗鏡錄》，頁 625b。

> 欲知法要，守心第一，若一人不守真心得成佛者，無有是處。故云：制心一處，無事不辦。（《宗鏡錄》，頁588b）

他認為「事定」具有守住真心的作用，所以對於習氣熾盛的修行者來說也非常重要。總之，對永明禪師而言，「理定」、「事定」都不可或缺，但是二者有先後之分，他說：

> 既信一心，須以禪定冥合。……若能諦了自心，以此定慧相應，則能不動塵勞，便成正覺。（《警世》，大正藏第48冊，頁998a）

他指出悟理為先，然後再修「事定」，如此就可以堅固信力，達到保任的功效，逐漸的修行者達到定慧等持的境界，就能調伏妄心對一切法的執著，而證得菩提正覺。

他並且指出從分別門來說，「理善」和「事善」有體、用之分，他說：

> 一切理事以心為本。……真實心為體，緣慮心為用。用即心生滅門，體即心真如門。約體用分二，惟是一心。即體之用，用不離體。即用之體，體不離用。開合雖殊，真性不動。（《萬善同歸集》，頁991a）

將一心分為真如門、生滅門是受到《大乘起信論》的影響，他認為「理善」是一心之體，而「事善」是一心之用。例如他在《萬善同歸集》裡提到道場有理道場、事道場的不同，他說：「理道場者，周遍剎塵」❽，而「事道場者，淨地嚴飾」❾，也就是說從心無分別的學佛者來看，一切處都是修行的道場。而從分別心熾盛的學佛者來看，就必須特別選定一處所在加以清淨並莊嚴，然後舉行法事，才能與道相應。

從體上來說是「真性不動」，而從用上來說，他認為要以事善來令一心瑩徹，他說：

> 古德釋云：心該萬法，謂非但一念觀佛由於自心，菩薩萬行，佛果體用，亦不離心，亦去妄執之失。謂有計云：萬法皆心，任之是佛，驅馳萬行，豈不虛勞？今明：心雖即佛，久翳塵勞。故以萬行增修，令其瑩徹。但說萬行由心，不說不修為是，又萬法即心，修何關心。（《萬善同歸集》，頁958b）

他指出「心雖即佛，久翳塵勞」，所以眾生會流轉生滅，而修行事善可以去除妄心的執著，回復真心。他並且說：「情塵障厚，卒淨良難。若非萬善助開，自力恐成稽滯」❿，他認為「情塵障厚」是由於妄心造作惡業而成，所以就要以善業來除去障蔽真心的情塵。此外，他還指出「心該萬法」、「萬法即心」，因此可以從日常的

---

❽ 《萬善同歸集》，頁961a。
❾ 《萬善同歸集》，頁961a。
❿ 《萬善同歸集》，頁963b。

事行中，學習觀照一心的諦理，他進一步說：

> 是知直觀本理，理具諸法。若無妙觀，日用不知。若能了知，則見一切萬法，皆具一心不思議圓頓之理。故肇法師云：聖遠乎哉！體之即神。道遠乎哉！觸事而真。可謂心境俱宗矣。若得宗鏡之明，任運能照，若色若心，無不通達。（《宗鏡錄》，頁553a）

他指出一切法都不外依心所現，因此可以從事善中學習妙觀，而妙觀就是直觀本理。而他認為一切法「皆具一心不思議圓頓之理」，所以能夠從諸法中直觀本理，此即僧肇所說的「觸事而真」。他強調了悟宗鏡的一心法門，則不論色法或心法，都可以通達入道，所以他更進一步指出藉著修行萬善就可以「契真顯本」[11]。

二、事善

永明禪師認為理與事必須具足才能圓滿成佛，因此他在《萬善同歸集》中舉出了許多的事善，他說：「頓了心性，即心是佛，無性不具，而須積功，遍修萬行」[12]。何謂「事善」？永明禪師指出「事善即六度萬行」[13]，他並說：

---

[11] 《宗鏡錄》，頁 530a：「夫萬行之由，皆為契真顯本，若違真逐末，不識教宗。」

[12] 《萬善同歸集》，頁 975b。

[13] 《萬善同歸集》，頁 986a。

> 以萬行由心，一切在我。……欲外安和，但內寧靜。心虛境寂，念起法生。……但正自心，何疑別境。經云：為善福隨，履惡禍追。響之應聲，善惡如音。非天龍鬼神所授，非先禰後裔所為。造之者惟心，成之者身口矣。（《萬善同歸集》，頁 991a）

他指出「造之者惟心，成之者身口矣」，也就是清淨身、口、意三業，對學佛者而言就是事善，能夠清淨三業，不只是自己可以受利，也能夠利益他人。在此他強調「萬行由心，一切在我」，所謂的「我」不是指有一個有自性的我，而是指一心具有主動性，是行善或作惡的關鍵，他說：「是知淨業純熟，目睹佛身，惡果將成，心生地獄」⓮，他認為學佛者必須作自己的主人翁，而不要把果報歸咎於天龍鬼神或前代祖先所為。

永明禪師會提倡修行萬善，是受到了師承的影響，法眼宗的初祖法眼就十分強調修行的重要⓯，而且據蔣義斌的研究法眼宗一派的法門特色正是「強調理事圓融，肯定差別的重要」⓰。永明禪師對於禪門之中只是枯坐而不修事行的弊病也有深刻的反省，所以他提出「心雖即佛」來從理上肯定自力，然後他又提出「萬善助開」來從事上說明提倡自力並不要廢棄事修，以免禪師們落入執理廢

⓮ 《宗鏡錄》，頁 505c。

⓯ 《金陵清涼院文益禪師語錄》，大正藏第 47 冊，頁 589a：「問：如何是正真之道？師云：一願也教汝行，二願也教汝行。」

⓰ 蔣義斌〈法眼文益的禪教思想〉（《中華佛學學報》第 13 期，2000 年），頁 453。

事，理事雙亡的弊病⓱。而且在他之前的淨土行者如慈愍等，就曾經批評禪門中有些人空論無作無修是懈怠懶惰的藉口⓲，為了免於禪門墮落，也是為了解決禪、淨的相諍，所以他特別提倡要修行事善。他並且指出廣修事善可以圓滿自利利他的佛道，他說：

> 是以須行事善，莊嚴顯理，積大福德，方成妙身。……凡曰有心，正因悉具，未得緣了，法身不成。了因智慧莊嚴，正解觀察；緣因福德莊嚴，妙行資發。三因具足，十號昭然，自利利他，理窮於此。（《萬善同歸集》，頁986a）

他在《宗鏡錄》中曾說：「若依宗鏡如說修行，所有一毫之功，畢趣菩提之果」⓳，還有他在《萬善同歸集》也說：「萬德眾善，菩提資糧」⓴，可見他認為修行事善是達成圓滿菩提大願的增上緣。

永明禪師所以重視事善還與他所處的時代背景有關，由於吳越的百姓在信仰佛教時非常重視現世的利益㉑，因此他會提出修行他所提倡的一心法門具有很大的功德，他在回答「集此宗鏡，有何功

⓱ 《萬善同歸集》，頁 987b：「今時則劫濁時訛，志微根鈍，我慢垢重，懈怠障深，一行無成，百非恆習，乘戒俱喪，理事雙亡，墮無知坑，坐黑暗獄。不達即事即理之旨，念破執破病之言。」

⓲ 《慈悲集》，頁 1236b：「觀彼向來，禪師所見，錯謬彌甚，違經反理，乖背佛意，豈有凡夫但住空門，不斷不修，懈怠懶惰而得解脫者哉」。

⓳ 《宗鏡錄》，頁655a。

⓴ 《萬善同歸集》，頁986b。

㉑ 王翠玲《永明延寿の研究》，東京大學博士論文人文社会系研究科アジア文化研究专攻，2000年3月10日，頁32－44。

德」時即說：

> 此不思議大威德法門，但有見聞，深獲善利。……可謂直紹菩提之種，全生諸佛之家。何況信解受持，正念觀察，為人敷演，傳布施行。約善利門，無法比喻。……以滿空珍寶，供養恒沙如來。化十方眾生，盡證辟支佛果。未若弘宣斯旨，開演此宗。（《宗鏡錄》，頁 956a）

他把一心法門稱為「不思議大威德法門」、「善利門」，甚至指出弘揚一心法門的果報功德之大，只有佛陀才能知道㉒，為了順應社會大眾信仰的需要，他必須提出具體的「事善」以供社會大眾遵循來修集福德。而且他強調修行事善必須身體力行，他在回答「上上根人，頓悟自心，還假萬行助道熏修不？」的問題時，曾說：

> 若約自利則何假萬行熏修，無病不應服藥。若約利他，亦不可廢，若不自作，爭勸他人。（《萬善同歸集》，頁 987c）

他認為教化眾生時身教很重要，傳授佛法者應該有為人師範的擔當，若是自己不能先確實做到，如何能夠勸勉他人，使之心悅誠服！

㉒ 《宗鏡錄》，頁 659c：「又此中文包義富，宗贍理圓。搜之而句句盡徹根原，編之而一一遍含旨趣，何況信解悟入，正念修行，書寫受持，開演傳布，格量功果，唯佛乃知。非算數之可量，豈讚揚之所及。」

關於永明禪師所提倡修行的事善，總說即是「六度萬行」，分說就非常複雜了，概略可以畫分成二大類，一類與佛教的修行有關，另一類則屬於世間法的修行。第一類事善與佛教的修行有關，潘桂明等大陸學者研究整理《萬善同歸集》時曾指出這類事善說：

在《萬善同歸集》中，延壽例舉了三十餘種具體修行，幾乎包容了全部大小乘佛教的修行。如：供養三寶，恭敬佛像，廣興法會，稱念佛號，誦讀佛經，修習禪定，行道念佛，禮佛拜佛，奉持戒律，懺悔罪業，講唱大乘，制論譯經，著文解義，翻譯大乘，廣行經咒，慈心孝順，供養父母，十度四攝，放生贖命，嚴格苦行（如燃指、燒身、遺身、投巖、赴火）等。……由以上研究可知淨土法門的修行，也包括在永明禪師的萬善之中。㉓

這一類「事善」都是與佛教法事有關的修行，包含了大小乘佛教的修行，其適合修行的對象包括了出家人和在家人。引文中的慈心孝順、供養父母等，本文則將之歸入第二類「事善」之中。

第一類「事善」的內容有很多，下面僅舉出幾項事善作概略說明，例如圓修五品及四種三昧，他說：

若圓信人，初有五品位。台教據法華經分別功德品依圓教立

㉓ 潘桂明、董群、麻天祥《中國佛教百科叢書 3 歷史卷》（高雄：佛光出版社，1999 年 8 月初版），頁 522。

> 五品位。第一品，初發一念信解心。第二品，加讀誦。第三品，加說法。第四品，兼行六度。第五品，正行六度。從初品須依靜處建立道場，於六時中行四三昧，懺六根罪，修習五悔。五悔者：一懺悔，破大惡業罪。二勸請，破謗法罪。三隨喜，破嫉妒罪。四迴向，破諸有罪。五發願……。」
>
> （《宗鏡錄》，頁 896a）

他引到天台的教法指出圓信一心之旨的初學者，除了必須修行發心、讀誦、說法、兼行六度、正行六度等事善，還要在六時中精進不懈的修行四種三昧，懺悔眼、耳、鼻、舌、身意等六根所造的罪業，並修習懺悔、勸請、隨喜、迴向、發願等五悔。很重要的是他認為四種三昧，其實都是念佛法門㉔。

此外，他的第一類「事善」中還包括了戒定慧三學，他說：

> 經中所斥三藏學者，即是小乘戒定慧。戒則但持身口，斷四住枝葉之病苗。定則形同枯木，絕現外威儀之妙用。慧則唯證偏空，失中道不空之圓理。故稱貧所樂法，墮下劣之乘，為淨名所訶，是愚人之法。今此圓宗定慧，尚不同大乘初教無相之空，及大乘別教偏圓之理，豈與三藏灰斷定慧之所論乎？此宗鏡錄戒定慧，乃至一事一行，一一皆入法界，具無邊德。是無盡宗趣，性起法門，無礙圓通，實不思議。
>
> （《宗鏡錄》，頁 605a）

㉔ 《宗鏡錄》，頁 896c：「此四三昧，皆修念佛，破障道罪。」

他指出《宗鏡錄》中所說的戒定慧不像小乘一般偏在取相，不像大乘初教一般偏在證空，也不像大乘別教一般只是偏圓，而是屬於圓宗，超越了空有的二邊，圓融無礙的境界。以下簡述他對戒、定的看法，而有關般若智慧方面，將在下一段中再加以討論。

以持戒來說，他指出偏於有者，在持戒時，往往只是重視在戒律條文的遵守，被條文名相所拘限，不能行菩薩的方便，所以他特別重視菩提心戒。另外，他認為偏於空者，在持戒時，常以無相之空來破除戒相，其甚者還犯下破戒之罪而不自知㉕。所以他特別在強調菩提心戒的同時，也提醒修行者要注意戒律的開遮持犯。他還認為修行淨土法門的人也要持守戒律，他說：

> 若生安養，教受九品之文，上根受戒習禪，中下行道念佛，眾生根器不等，不可守一疑諸。……若但令一門念佛往生，則九品虛設上品，大乘孤然可棄，從上諸佛，不合制戒及禪定多聞，但說一門以度群品。（《受菩薩戒法並序》，卍續藏第105冊，頁20）

他認為念佛法門普被三根，上根的人雖然頓悟一心之旨，仍然受戒習禪，不會破戒或懈怠不修，中下根的人受到業障所限，真心被客塵蒙蔽，必須藉著行道念佛來消除障礙，瑩徹真心。

從修定來說，永明禪師認為修定不只是端坐不動，形同枯木，

㉕　〈永明禪師垂誡〉，大正藏第48冊，頁993b：「便說飲酒食肉，不礙菩提；行盜行婬，無妨般若」。

在日常生活的行事中，隨時隨處都可以修習禪定，但是他也肯定修習事定的初期，不妨遠離塵世，選一靜處，從事靜坐，他在回答「菩薩大業，以攝化為基，何乃獨宿孤峰，入深蘭若，既違本願，何成利人」時說：

> 菩薩本為度他，是以先修定慧，空閑靜處，禪觀易成，少欲頭陀，能入聖道。（《萬善同歸集》，頁974b）

他認為在空閑靜處坐禪，可以免除外務的擾亂，而少欲苦行則可以減輕煩惱的障礙，這些事善都有助於禪觀入定。這段引文的描述可謂是他的經驗之談，因為他自己在出家早年就曾隱居在天台山上修習禪定，過著少欲的清修生活，並且獲得了很深的定境。他還將坐禪與念佛並列，形成他禪淨雙修的法門，他說：

> 經云：如坐禪昏昧，須起行道念佛。或志誠洗懺，以除重障，策發身心，不可確執一門，以為究竟。（《萬善同歸集》，頁963b）

他認為坐禪、念佛、懺悔等都是修行時「策發身心」的方便法門。他曾說：

> 是以或因念佛而證三昧，或從坐禪而發慧門，或專誦經而見法身，或但行道而入聖境。但以得道為意，終不取定一門。惟憑專志之誠，非信虛誕之說。（《萬善同歸集》，頁964a）

他認為「以得道為意，終不取定一門」，所以念佛、坐禪等修行他都提倡，可見他提倡禪淨雙修是為了更快速的得道成佛。

由於永明禪師提倡的第一類「事善」都是與佛教的修行有關，所以他非常重視興建「事道場」，他曾說：

> 乃至廣興法會，建立壇儀，手決加持，嚴其勝事。遂得道場現證，諸佛威加。皆是大聖垂慈，示其要軌。或睹香華之相戒德重清，或見普賢之身罪源畢淨。因茲法事圓備，佛道遐隆。現斯感通，歸憑有據。（《萬善同歸集》，頁961b）

他指出「道場現證，諸佛威加」，認為「事道場」中有清淨的法壇，莊嚴的法相與肅穆的行儀，可以使學佛者能夠生起虔誠恭敬的信心，並且由於清淨三業而獲得諸佛菩薩的加持。為了幫助學佛者安心的精進修行，他一生中建造了許多「事道場」，例如他認為興造法華道場有莊嚴淨土的大功德㉖，所以他就建立許多的法華堂來推廣法華三昧懺法的修行。他的傳記中還提到吳越王請他行方等懺法㉗，因此推測他也建立過行方等懺法所需的道場。此外，他接受吳越王之邀請參與靈隱寺的復興建設，使靈隱道場恢復舊觀，而且發揮教化的功用。

在第一類事善中他還提到「遺身」，這不是一般人能夠接受與

㉖ 《自行錄》，頁154：「一生隨處建法華堂，莊嚴淨土。」

㉗ 《宋高僧傳》，大正藏第50冊，頁887b〈宋錢塘永明寺延壽傳〉：「漢南國王錢氏最所欽尚，請壽行方等懺」。

實踐的，而他對於「遺身」則非常的讚許，他認為釋迦的本生傳中就有許多捨身的事蹟㉘，還有傳藹、僧崖、天台宗滿禪師、智者門人淨辯、傳大士等都是「遺身」的例子㉙。

當時也曾有人對「遺身」提出質疑批評，他說：

> 八萬法門，無非解脫，一念微善，皆趣真如……善須知時，自量根力，不可評他美惡，強立是非。（《萬善同歸集》，頁971b）

他指出「遺身」必須是有條件的，即「善須知時，自量根力」，也就是想要「遺身」的人，在「知時」方面，必須先瞭解眾生的時節因緣是否成熟？而在自我衡量方面，必須問自己是否能放棄對肉體的執著？是否有能力可以不畏疼痛？也就是是否已經「得忍」？他說：

> 得忍菩薩，雖證生法二空，為利他故，破慳貪垢，尚乃燒臂焚身，如藥王菩薩，僧崖之類。若未具忍者，雖知以智慧火，焚煩惱薪，了達二空，不生身見，其或現行障重，未得相應，起勇猛心，運真實行，酬恩供佛，代苦行慈，欲成助道之門，不起希求之想，若不欺誑，事不唐捐。脫或智眼未

㉘ 《萬善同歸集》，頁 971a：「自古及今，遺身不少，皆遵釋迦之正典，盡效藥王之遺風。」

㉙ 《萬善同歸集》，頁 971b。

明，猶生我執，但求因果，志不堅牢，擬傚先蹤，不在此限。（《萬善同歸集》，頁971b）

所謂「得忍」就是指證得眾生忍和法忍，他認為了知我空與法空，沒有身見之後，對肉身能夠不起執著，如此才可以「遺身」，這時不論燒臂或焚身都是對佛的供養，因為「遺身」有去除我執的妙用，他說：

故知心正事正，心邪事邪。若未達一心，觸途皆偽。正行亦成邪行，佛門變作魔門。若入宗鏡之中，無往不利。苦行亦成妙行，邪宗即是正宗。只如五熱炙身，外道一法。若了之，則勝熱為無分別智焰之門。若昧之，則尼乾作大我見嚴熾之解。是以法無邪正，道在變通。（《宗鏡錄》，頁567b）

他認為能夠明白一心之理，則所作所為都是事善，也就是從一心之體發出的用，必然都可以成為教化的善行。如《華嚴經》中的勝熱婆羅門即是「心正事正」的代表，勝熱婆羅門所教的是苦行，但是對善財而言卻使他成長般若智慧。總之，永明禪師認為「法無邪正，道在變通」，如果修行人先悟得一心的理善，則任何修行都會成為妙行，這樣的話「遺身」就不是苦行，而是能夠幫助人成就菩提的事善。

其次，第二類「事善」屬於世間法的修行，綜合《萬善同歸集》可知有補路、修路、造船、建橋、建立亭臺、種植路樹、布施衣食及醫藥、安養孤兒或老人、放生贖命、代誅贖罪、沒命救人、赦宥刑罰、歸復遷客、招召逋民、停置關防、放諸商稅、盡忠立孝、濟國治家、敬養父母、承事尊賢等㉚。從廣泛的內容可以發現二個重點，第一，其中有許多「事善」與社會福利政策有關，可見他提出這些「事善」的對象除了一般民眾以外，主要是為了教化有權有勢的為政者。第二，其中有許多「事善」與儒家思想有關，正符合吳越王三教融合的治國思想㉛。

永明禪師的第二類「事善」，除了與儒家思想有關之外，還受到禪、淨二家思想的影響。他認為不論是禪宗的不離世間求菩提，或是淨土法門的西方境界助成正念，都是證得佛道的方便法門，他曾說：

> 又以無邊佛事，皆從一心而起。……故菩薩不待莊嚴成就諸法，以一心自具故。是以觸境皆心，盡成佛事。……毛孔光明，皆能說法。……極樂佛國，聽風柯而正念成。……既語默視瞬皆說，則見聞覺知盡聽。苟能得法契神，何必要因言說？（《觀心玄樞》卍續藏 114 冊，頁 855）

他指出「無邊佛事，皆從一心而起」，所以舉凡眼見、耳聞、鼻嗅等日常生活中，六根所觸的一切萬法都可以成為入道的因緣。這正符合禪宗不離世間而求菩提的思想，禪宗非常重視現世此土，因此

㉚ 《萬善同歸集》，頁 981a－982c。

㉛ 如吳越忠懿王在《宗鏡錄》頁 415b 所作的序文中說：「正君臣、親父子、厚人倫……惟此三教，並自心修」，就可看出他的治國理想。

認為砍柴、挑水都可以明心見性。而淨土法門所說的極樂世界也不離一心，所以聽聞風聲、鳥語也都可以幫助明心見性。因此從「觸境皆心，盡成佛事」來說，禪與淨土各有證道的因緣時節。

此外，淨土思想原本以厭棄此土的大苦，欣羨他方的極樂為訴求，經過了幾世的流傳，在民間信仰中已有一些改變，到了唐代的淨土行者，除了向彌陀佛祈求往生之外，也會祈求他庇佑現實的生活，可見淨土思想也開始重視到現實世間的需求㉜。永明禪師則更積極的吸收並轉化此種淨土思想，第一，他把民間祈求彌陀救苦的被動性，轉變成學習法藏法師為了成就極樂世界而發大願的主動性。所以他提出許多方法，希望透過學佛者的用心，積極的給眾生拔苦、與樂。第二，他吸收淨土經論中對於自然環境和社會人文的描述，並把這些啟示變成對現實中缺憾不足的改造，如《佛說觀無量壽佛經》曾提出了淨業三福說：「欲生彼國者，當修三福，一者孝養父母，奉事師長，慈心不殺，修十善業。二者受持三歸，具足眾戒，不犯威儀。三者發菩提心，深信因果，讀誦大乘，勸進行者。……此三種業，乃是過去未來現在三世諸佛淨業正因」㉝，比對永明禪師在《萬善同歸集》列出的二類事善，可以發現他所提出

㉜ 據大陸學者劉長東對唐代一些造像記和抄經題記作過研究後發現，淨土行者在現實的苦難中也會祈求彌陀的救度，例如其所著《晉唐彌陀淨土信仰研究》，頁 504 就說：「在唐代的實際信仰活動中，彌陀佛不僅僅被人們視為終極歸宿之土的教主，同時也被人們視為現實生活中拔苦解難的救星」。

㉝ 《佛說觀無量壽佛經》，大正藏第 12 冊，頁 341c。

的世出世間善法，受到了《佛說觀無量壽佛經》很大的啟發[34]。此外，他還曾說：

> 安國鈔云：所言極樂者，有二十四種樂。……樹陰通衢樂……群疑論云：西方淨土有三十種益……衣食自然益……。（《萬善同歸集》，頁967b）

其中的「樹陰通衢樂」屬於自然環境之樂，而「衣食自然益」屬於社會人文之樂，永明禪師的第二類「事善」中也有「在路旁栽植華果」、「施食……衣服」，是對於世間依、正二報的改善，希望能達成心目中的理想淨土，他說：

> 或平治坑塹，開通道路。或造立船筏，興置橋梁。或於要道建造亭臺，或在路旁栽植華果，濟往來之疲乏，備人畜之所行。……或施食給漿，病緣湯藥，住處衣服，一切所須。……或施無畏，善和諍訟，哀愍孤露，救拔艱危。（《萬善同歸集》，頁981a－981b）

他認為填補已有路面的坑洞不平、修築新的連絡道路，還有造船、

---

[34] 「孝養父母，奉事師長」參見《萬善同歸集》，頁982b。「慈心不殺」參見同書，頁981c。「修十善業」參見同書，頁960a。「受持三歸」參見同書，頁977c。「具足眾戒，不犯威儀」，參見同書，頁965a。「發菩提心」參見同書，頁977b。「深信因果」，參見同書，頁968c。「讀誦大乘」，參見同書，頁962c。

建橋等，可以開發交通建設，使民眾來往更為便利。而建立亭臺，種植路樹，可以美化環境，提供休閒場所。還有，布施衣食及醫療藥物等給弱勢無依的人，或是安養孤兒或老人等則是與社會福利救濟有關。從引文可知他的基本信念是「慈濟之心」，並由此分成與樂、拔苦二支事善，如開通道路、栽植華果等屬於「安樂有情」的慈行，而病緣湯藥、哀愍孤露等屬於「撫綏沈溺」的悲行，可見他對於嚴土熟生的菩薩道，作出了具體而細密的構想藍圖，其他如建立亭臺、布施醫藥、安養孤兒或老人等，也都是希望能夠改變此土為樂土。如果他這些「事善」能夠真正在社會落實，就可以改善不少世間的痛苦處境，使娑婆之苦轉化成淨土之樂。

簡言之就是他希望以大乘菩薩的慈悲之行，來淨化此土的人心及環境，以作為成佛之道。他認為體悟了一心之理的修行者，在日常生活中隨時、隨處、隨緣、隨份都可以行善，也就是說每一個當下都可以修菩薩的利他行。

也許就因為他在《萬善同歸集》中提出了許多改變現實世間的事善，所以贊寧在《宋高僧傳》中的序文中把他列入〈興福〉之中，贊寧所謂的〈興福〉就是「為己為他，福生罪滅，有為之善，其利博哉」㉟，不過贊寧的作法卻引來慧洪的不平㊱，平心而論，如果從永明提倡的佛事門來說，贊寧將他列入〈興福〉之中也不無道理，因為永明禪師正是「為己為他」的興福典範。不過，贊寧只認為他所提倡的萬善是有為之善，顯示出他對永明禪師的理事圓融

㉟　《宋高僧傳》，大正藏第50冊，頁710a。

㊱　慧洪《林間錄》，卍續藏第148冊，頁587。

思想並不十分瞭解，因為永明禪師之所以提倡圓修辦事，其主要的目的是藉著有為之善以達無為之果，他曾說：

> 菩提者，以行入無行。以行者，緣一切善法。無行者，不得一切善法。豈可滯理虧行，執行違理。（《萬善同歸集》，頁959b）

他認為「行」就是修行事善，「無行」就是以般若思想不執著一切的萬善，而「以行入無行」正是永明禪師圓修辦事的最高境界。而且所謂「萬善同歸」就是「萬行度門，咸歸實相」[37]，既然他認為究竟的宗旨在於實相，那麼他的「事善」就不可只認為是限於有為之善了。

三、以一心思想融合理善與事善

在永明禪師的著作中時常看到理事並列的文字，例如理善、事善一組，理定、事定一組，理道場、事道場一組等，他通常都會強調兩者的圓融關係，例如他舉到理道場、事道場時，說：

> 道場有二。一理道場，二事道場。……然因事顯理，藉理成事。事虛攬理，無不理之事。理實應緣，無閡事之理。（《萬善同歸集》，頁961a）

---

[37] 《萬善同歸集》，頁963b。

他指出「因事顯理，藉理成事」，就是理事圓融的意思，雖然他認為理與事應該「無礙雙行」，但是如果從修行的歷程來說，他又把理、事關係分為二種，即理、行同時和先悟後修，他說：

> 今取頓悟漸修，深諧教理。首楞嚴經云：理雖頓悟，承悟併消。事在漸修，依次第盡。如大海猛風頓息，波浪漸停。猶孩子諸根頓生，力量漸備。似曦光之頓出，霜露漸消。……或頓悟頓修，正當宗鏡。如華嚴宗取悟如日照，即解悟證悟皆悉頓也。（《宗鏡錄》，頁626c）

他認為頓悟頓修「正當宗鏡」，就是指一心思想理、行是同時的，另外，他也認為頓悟漸修「深諧教理」，就是指某些根機的眾生，必須依著修行的次第先悟理以後再慢慢累積修行的功德。

永明禪師提出理、行同時，所對的根機為上上根。他說：「若約上上圓根，大機淳熟，無諸遮障，頓了頓修」㊳，他認為頓悟一切法皆由一心，則悟理就是最好的修行，不必再興起任何的有為法，若能了悟一心則無不具足㊴，所以他更進一步還提出「頓悟頓修，更無漸次」㊵，當然此處所說的一心的道理是指心真而非妄

㊳ 《萬善同歸集》，頁963b。

㊴ 《宗鏡錄》，頁 565b：「諸聖以無為而得名，圓修以無作而成行，不分別諸境，是真調伏心。了一切法空，則常在三昧。……故知一切諸法頗有不由心者，心攝一切，如如意珠，無不具足。」

㊵ 《宗鏡錄》，頁 862b：「此理即是一心，總該萬有，頓悟頓修，更無漸次。」

心，他曾說：

> 若未悟自心無生之理，唯以生滅心為因，欲求無生之果。如蒸砂作飯，種苦求甘。因果不同，體用俱失。邪修妄習，猶九十六種。捏目生華，趣寂執權。似三乘道人，勞神費力。（《宗鏡錄》，頁 653c）

他認為從絕對真心的立場來說是無生之理、無生之果，所以他也肯定無作、無修、無證、無得的觀點㊶。

永明禪師提到先悟後修，所對的根機為中、下根。他認為除了上上根的人能夠知行合一之外，中、下根的人必須以悟理為先，他說：

> 夫未遇宗鏡正法之日，一心實智之海。歸前所有一切修行三昧諸行，皆是無常。不成上善，以未究竟故。（《宗鏡錄》，頁 654a）

他認為如果沒有先了悟一心的無生之理，卻以妄心來從事修行，則這些「事善」都是生滅無常的，雖然也是善法，卻並不能稱為「上善」。然而悟理之後，必須遵照教理實行，他說：

> 但先求信解悟入，後即如說而行。口演心思，助開正慧。若

㊶ 《宗鏡錄》，頁 543c：「此無住真心，實不可修，不可證，不可得」。

> 未窮宗旨，且徇文言。雖不親明，亦熏善本。（《萬善同歸集》，頁963b）

他認為認為順著「信解悟入」的歷程而得到聞、思二慧，再加上「如說而行」的修慧，依著這個次第來修行，就不會走錯了方向。如果中、下根的人難於悟理，則必須多行事善，以累積善本的功德淨除無明的障蔽，一旦業障盡除，就能夠對一心之理豁然悟解，達到所謂的「口演心思，助開正慧」。

永明禪師還以一心思想來圓融理事，他說：

> 若論大旨，尚不得一淨，何況多門？此乃一心真如，不守自性，隨緣對處，有淺有深，或垢或淨，不可滯理妨事，守一疑諸……雖同一旨，約相差別不無；雖云有異，順體一如不動。（《宗鏡錄》，頁534c）

他指出「一心真如，不守自性，隨緣對處，有淺有深，或垢或淨」，可見他認為一心原本是絕待的，因此沒有淺、深、垢、淨之分，但是眾生卻因為無明所蔽，而隨著染緣或淨緣不停輪迴，也才有了理事上的差別。既然「此一心法，理事圓備」[42]，所以他更提出只要悟得《宗鏡錄》的「一心無礙自在之宗」就能夠理事圓融，他說：

---

[42] 《宗鏡錄》，頁424c。

> 但悟一心無礙自在之宗，自然理事融通，真俗交徹。若執事而迷理，永劫沈淪。或悟理而遺事，此非圓證。何者？理事不出自心，性相寧乖一旨。（《宗鏡錄》，頁496b）

他指出「理事不出自心」可見一心思想是理事圓融無礙的基礎。他認為理即是一心的體，而事就是一心的用，所以當「理善」、「事善」能夠具足圓滿，就可以獲得究竟的清淨他並且說：

> 今宗鏡本意，要理事分明，方顯一心體用具足。若有體而無用，如有身而無手足。若有用而無體，如有手足而無身。若無身手，人相不具。若無體用，法身不圓。（《宗鏡錄》，頁702a）

他認為一心有體有用，所以在修行時必須理事圓備，能夠理事圓備的修行人在成佛時所證得的法身才能圓滿具足。此外，他說：

> 此心雖自性清淨，終須悟修，方得究竟。經論所明有二種清淨，二種解脫。或只得離垢清淨解脫，故毀禪門即心即佛；或只知自性清淨解脫，故輕於教相，斥於持律坐禪調伏等行，不知必須頓悟自性清淨、自性解脫，漸修令得離垢清淨、離障解脫，成圓滿清淨，究竟解脫。若身若心，無所壅滯，同釋迦佛。（《宗鏡錄》，頁615a）

他認為此心是「自性清淨」的，但是必須悟之、修之，如此才能達到自性清淨及離垢清淨二種解脫，所謂的悟之即是「理善」，而修之即是「事善」。

永明禪師提出「無修」，又提出「修之」，並非自我矛盾，此即受到般若思想的影響，他說：

> 夫真俗二諦，一切諸法，不出空有。空有之法，皆從緣生。緣生之法，本無自體。依心所現，悉皆無性。以緣生故無性，以無性故緣生。以此緣性二門，萬法一際平等。（《宗鏡錄》，頁 456a）

他指出從真諦來說，一心的理體是無自性的，所以依心所現的一切法也是無自性的，他藉著緣生無性的理善，鼓勵修行人對一切法不要執著，因為即使長久的修行不明白空性也只是累積福報，卻不能成就佛果菩提㊸。還有，從俗諦來說，所有的事法都是隨緣生滅，而且這些隨緣生滅的諸法仍然世不離此心，所以諸法也是無自性的。由此他提出無性緣生的事善，來鼓勵修行修行人勤修萬善，他認為事修的有為法，雖然是幻化不實的，但卻是輪迴的動力，如果執著廢事不修，也是一種很可怕的斷見㊹。簡言之，就是以般若緣生無性的無礙觀點來提倡理善與事善圓融的觀念，幫助修行人完成自度度他的菩薩道。

㊸ 《宗鏡錄》，頁 957a：「若背宗鏡，不識自心，設福智齊修，終不成就。如求乳鑽水，離山鑿金，任歷三祇，豈有得理？」

㊹ 《宗鏡錄》，頁 857a：「一切法皆從心生，悉如幻化，雖幻化不實，亦可作善惡之因緣，受昇沈之報應，不可生於斷見，但了體虛，莫生取捨。」

他認為「一心具足萬行」，所以直了此心就是六度，這是指六度的「理善」，但是六度還必須具體在生活中落實為事善才能度他，所以他亦提到要實行布施、持戒等六度的「事善」[45]。以持戒為例，他也是以一心思想來圓融持戒的理善與事善，他說：

> 以凡小不了唯心，證空取相。取相者，成罪福之垢。證空者，背圓常之門。若入宗鏡之中，自成戒德。則不為空有諸緣所動，豈非第一耶？戒法既爾，萬行例然。（《宗鏡錄》，頁 530c）

他指出「若入宗鏡之中，自成戒德」，也就是了悟心、佛、眾生的不二，就自然不會去殺害或侵犯眾生，不必持戒也具足戒的功德，這是指持戒的「理善」，所以他又提到「若入宗鏡究竟一乘門中，方云持戒」[46]，也就是證悟一心就是學習菩薩的無量慈悲，因此他主張「受菩薩戒而行菩薩心」[47]，提倡大乘菩薩戒。但是他還非常重視持戒的「事善」，所以到了晚年他還到天台山去傳戒[48]。他認為雖然一心原本清淨，但是眾生不免為無明而造業，為了檢過防非，所以佛陀要制訂戒律。此外，他認為各種的善法功德都是由戒

---

[45] 《宗鏡錄》，頁 592b。

[46] 《宗鏡錄》，頁 544a。

[47] 《受菩薩戒法並序》，卍續藏第 105 冊，頁 20：「溥願法界含識，凡有見聞，受菩薩戒而行菩薩心，發菩提願而圓菩提果耳。」

[48] 《景德傳燈錄》，大正藏 51 冊，〈杭州慧日永明寺智覺禪師延壽〉頁 422a：「開寶七年入天台山度戒，約萬餘人。」

而生，因此持戒不但是定、慧的基礎，更是萬善的基礎㊾，所以持戒的「事善」，除了可以消極的幫助人達到諸惡莫作之外，還可以積極的幫助人由一心的清淨，進而達到眾善奉行，利益他人。

接下來再舉念佛法門方面為例，來瞭解他如何透過一心思想來結合了理善與事善？他曾說：

> 無量壽經云：諸佛如來是法界身，入一切眾生心想中。是故汝等，心想佛時，是心即具三十二相，八十隨形好。是心作佛，是心是佛。諸佛正遍知海，從心想生。此無量壽經為中下之機，作十六觀想。令韋提夫人等，暫現佛身，恐生外解，故有此說，是心是佛之文，令生實見。（《宗鏡錄》，頁501c）

他認為《無量壽經》中的十六觀就是「事善」，而「是心作佛，是心是佛」就是「理善」，他認為修十六觀時如果「生外解」則不是「實見」，應該明白心佛不二的「理善」，才是見佛的「實見」，可見觀想念佛也於一心中圓融了理善與事善。

他在《神栖安養賦》中描述到西方淨土說：「一真境內現相而雖仗佛威，七寶池中覩境而皆從心出」㊿，從第一句的「一真境內現相而雖仗佛威」來看，他指出西方世界即是一真法界，而此一真法界是由阿彌陀佛的悲願所成就的。其次，從第二句的「七寶池中

㊾　《萬善同歸集》，頁965a：「戒為萬善之基。」

㊿　《樂邦文類》，大正藏第47冊，頁214c《神棲安養賦》。

覩境而皆從心出」來看，他指出西方世界由阿彌陀佛積功累德所成就的一切莊嚴事相，如寶樹、寶池等妙樂之境，都不外是由心所生的，也就是他認為西方世界有理有事的，也是理事圓融的。

綜合上所述可知，他一心思想中所說的圓修辦事，受到般若思想的影響，已超越了證空與取相二邊，所以當他在提倡萬善時，因為有「理善」，他不會像某些取相者一樣，只重視一切法表面的事相。因為有「事善」，所以他也會不像某些證空者一樣，把圓融無礙當成偷懶隨便的藉口。飛錫曾經提出「萬善同歸皆成三昧門」的觀念[51]，永明禪師更進一步指出所有「事善」的實踐都是為了歸向最究竟的實相，所以他主張要把所有「事善」的功德迴向一心，他說：

> 今宗鏡大意所錄，或祖或教，但有一字一句，若理若事，若智若行，皆悉迴向，指歸真如一心。何者？心之實性名曰真如。性以不改為意，真以無偽得名，如則不變不異。以此心性，周遍圓融，橫該十方，豎徹三際，至一切時處，未嘗間斷。凡有一毫善根，悉皆迴向，念念合真如之體，體無不寂；一一順真如之用，用何有窮？所以但契一如，自含眾德。如華嚴經中真如迴向有一百句，一一句中，無不同指，皆為成就一心妙門。（《宗鏡錄》，頁921b）

他詳細引用了《華嚴經》中舉出的真如迴向共有一百句，並且認為

---

[51] 飛錫《念佛三昧寶王論》（大正藏第47冊），頁144a。

不論是理或是事，凡有一毫善根都迴向真如一心。由於萬善同歸真如實相，所以他還提出了「行成解絕」的觀念[52]。他認為實踐「事善」圓滿時，透過無所得慧與真如迴向，會證入「理善」的第一義境界，這時候所有的解悟和修行都必須放下，因為在「言說道斷，心行處滅」中並沒有理事之分。也就是說修行人到了不二的境界時，方才明白之前的解悟和實踐也都只是方便法，因此不可再對它們有任何的執著，必須者同時捨棄。

第二節　無念與念佛

永明禪師同時提倡無念法門和念佛三昧，而念佛三昧能夠達到念而無念，無念而念的境界，就是一種禪淨融合的思想。

一、無念

禪宗很重視無念，六祖慧能認為了悟般若的人就能夠無念，他曾說：

> 悟般若三昧，即是無念，何名無念？無念法者，見一切法，不著一切法，遍一切處，不著一切處，常淨自性，使六賊從六門走出，於六塵中，不離不染，來去自由，即是般若三昧自在解脫，名無念行。（《六祖壇經》，大正藏第 48 冊，頁 340c）

[52] 《宗鏡錄》，頁 428b：「內證自心第一義理……此是行時，非是解時。因解成行，行成解絕，則言說道斷，心行處滅。」

他指出無念法門的特性在於「不著」，透過般若的觀照，遠離對一切法的執著，如此就能證得自在解脫。永明禪師也曾引述六祖慧能的觀點說：

> 故六祖云：本性自有般若之智，自用智慧觀照，不假文字，若如是者，何用更立文字？今為未知者，假以文字指歸，令見自性，若發明時，即是豁然還得本心，於本心中，無法不了，故云：悟無念法者，萬法盡通，悟無念法者，見諸佛境界。是知若入無念法門，成佛不出剎那之際，若起心求道，徒勞神於塵劫之中。（《宗鏡錄》，頁 498c）

慧能認為自性已具足一切，其中也包括般若智，只要能夠遠離對一切法的執著，就是悟無念法，永明禪師受其影響認為證得無念法門就能夠還得本心，剎那成佛。永明禪師在引文中提到「本性自有般若之智」、「於本心中，無法不了」，可見他認為本性即是本心，也就是絕待真心。

慧能之後的荷澤也提倡無念，永明禪師曾引到他的觀點說：

> 顯宗論云：我此禪門一乘妙旨，以無念為宗，無住為本，真空為體，妙有為用。夫真如無念，非念想能知；實相無生，豈色心能見？真如無念，念者即念真如……。（《宗鏡錄》，頁 949a）

荷澤指出「真如無念，念者即念真如」[53]，也就是他認為絕對無待的真心，沒有任何分別的妄念，因此要證入無生實相，必須「以無念為宗」。永明禪師受到慧能及荷澤的影響，認為無念之人「見一切法，不著一切法」，也就是於一切法能夠「無住」。他認為無念法門並不是教人不起任何念頭，而是不起妄念。起妄念只是徒增煩惱，在塵勞中輾轉輪迴不得休息。他教導學佛者在隨緣應物時不妨起念，而且要起「念真如」的念，在起念的當下，頓悟自心與真如實相是不二的。

永明禪師認為無念，可以幫助眾生從妄念紛擾之中解脫，並且達到成就佛果菩提的目標。他並且將無念的境界分成三種層次，他認為不起任何念頭，像木石一般，不受外在塵緣所動，並非無念的最高境界。《宗鏡錄》中有一段關於無念的問答：

> 求佛施功早晚成，若以息念歸無念，如同寒木死灰，與木人何別？豈有成佛之期耶？……若以息念歸無念……斯乃尚未知即念而無念，寧知一念頓圓乎？（《宗鏡錄》，頁 637b）

問者提出的問題指出如同「寒木死灰」的無念之人，與禪宗提倡的活潑潑精神不同，而且無念之人可以覺悟成佛嗎？如果無念法門只是把人造就成無情的木頭、石頭，為何還要提倡無念法門？他的回答指出「以息念歸無念」只是無念修行的初步，其上還有「即念而

---

[53] 荷澤之說見於《景德傳燈錄》，大正藏第 51 冊，頁 458c《荷澤大師顯宗記》。

無念」和「一念頓圓」。

從他的一心理論來看，「以息念歸無念」、「即念而無念」是建立在真妄交徹的一心理論上，而「一念頓圓」則是建立在絕對無待妄的真心理論上。

第一種無念是「以息念歸無念」。這時的無念有多種詮釋的可能性，把「無」當作動詞用，無念就有止息妄念的意思。他認為欲達無念，要先息妄念，妄念從何而來？他說：

> 自心常開六識門，何曾暫閉，日夜計較，緣想一切不善事，遍諸境界，念念恆造生死地獄。經云：集起心想，名為地獄。……以無念故，萬境不生，當處解脫，若有念起，非獨開惡趣之門，二十五有，一時俱現。（《宗鏡錄》，頁912b）

他指出念起是由於「集起心想」，集起心原本是唯識的思想，他藉來表示妄念的生成原因。他認為妄念是從六識的分別而來，眾生透過六根與六塵相接而產生六識，妄念也隨之不斷出現，此即造業的「六賊」。而念與境有很密切的關係，念起則境生，無念則萬境不生，息掉妄念，就可以解脫煩惱。他並且說：

> 無念一法，眾行之宗。微細俱亡，唯佛能淨。故經云：三賢十聖住果報，唯佛一人居淨土。況居凡地又在初心，若無助道之門，正道無由獨顯。（《宗鏡錄》，頁965a）

他指出無念是指念頭「微細俱亡」，他認為沒有任何的妄念，才算是真正的清淨。他指出「無念一法，眾行之宗」，就是肯定要以佛的無念境界，為修行的最終目標。此時無念的「無」是形容詞，用來描述佛地的清淨。

他認為一般人經由各種修行，雖然能夠使粗念不再生起，但是仍然有細微的念頭存在，即使是菩薩也有微細的念頭未斷。由於眾生都有妄念，所以要用無念法門來斷除妄念，隨著宗派的不同，息念的方法也有差別，在永明禪師的著作中就引用了許多種息念的方法。因為把無念視為一種修行的法門，因此他也提出了「無念但是行之一也」的觀點，他說：

> 此離念而求無念，尚未得於真無念。況念無念而無闕乎？又無念但是行之一，豈知一念頓圓。如上所引，佛旨煥然，何得空腹高心，以少為足。（《萬善同歸集》，頁959a）

引文中的離念即是「以息念歸無念」，他指出以這種方式達到的無念，並不是真正的無念，如果修行者因為自滿於息念或離念，就是以少為足，因為他認為真正的無念是一念頓圓的境界，執著於息念或離念，反而不能了悟念與無念其實是圓融無礙的。

第二種無念是「即念而無念」。他認為初學者由「以息念歸無念」入手後，在學習息念的過程中，必須進一步透過般若的觀照，了知「念本無念」，他說：

> 眾生雖起念，不覺念本無念，與佛無念等，妄墮有念中，佛得無念，知念本無，眾生雖現在念中，佛知念即無念，斯則

> 佛無念與眾生無念義同。又以眾生不知念空，於念成事，似有差別，若實了念空，則於苦樂境，不生執受。何者？以境從念生，心空則境何有？既無有境，相縛自除，能所俱空，誰生取著？既不取著，生死自無。（《宗鏡錄》，頁540a）

他認為眾生由於無明，有生起妄念的習性，所以時時都在念中，他稱之為「有念」，只有覺悟的佛陀才是無念的，因此他認為對治之法就是教導眾生「以息念歸無念」。雖然眾生的妄念不斷，但是從真妄交徹的一心來看，妄念本來的體性就是空寂的，亦即「念即無念」。此外，他也提出了「念空」的觀點，所謂「念空」，並不是說要眾生到達空無一切的念頭，因為這是不可能的，他認為「念空」即是「心空」，妄念本無自性，因為一心的體性本來即空。因此，對治妄念，息念只是治標而已，即念而無念才是真正的治本，這與六祖「悟般若三昧，即是無念」的觀點是相通的。

此外，他透過佛與阿難七處徵心的典故來說明妄念只是緣起法，他說：

> 此一念心，亦不孤起，依他假有，內外皆空。此一念暫起覺了能知之心，如阿難妄執在其七處，世尊一一推破，俱無所在。然因依之處，不過此七，世人同執，熏習堅牢，若非大聖子細推尋，情見無由可脫。此七處既破，則一切處皆無，可以即今現知，無勞更執。（《宗鏡錄》，頁875c）

他認為妄念是緣起法，是依他而有本性為空的，此一念不在內、外、中間，但眾生卻執持有一個實體的我，由我執、我所執，又發展出法執，但是其本質卻是緣起性空的，所以他在回答「六塵境界但依妄念而有差別，若無念之人還見一切境界不」時，說：

> 妄念執有前塵，作實知解，妙性不通，遂成差別。若無念之人，非是離念，但是即念無念，念無異相，雖有見聞，皆如幻化。又一念頓圓，常見十法界萬法中道之理。（《宗鏡錄》，頁 915b）

他認為眾生總是執持外境是真實的，這種念頭即是一個妄念，而無念之人卻能透過般若空觀，將一切見聞境界視為幻化。總之，他認為能於一念中了達心與境皆為性空，此即為正念[54]。不過，他也指出無念之人除了觀真空之外，還要能觀妙有。因此修習無念法門到了「即念而無念」，還必須更上一層樓不執著在無念上。

第三種無念是「一念頓圓」，也就是說一念中即具「十法界萬法中道之理」，他說：

> 雙照有空，不住內外，似谷答聲而絕慮，如鏡鑑像而無心，妙湛圓明，寂而常照，故云常在正念，亦名正知。非是有念有知，亦非無念無知，有無皆想，俱非正知。但無念而照，

---

[54] 《宗鏡錄》，頁 869b：「正念者，即一心本法，心境俱虛，了無所得，於諸妄心，亦不息滅者。即推初念，不見起處，何須斷滅？不見起處，是名真滅。」

> 名曰正知，若唯無念，寂而失照，若但照體，照而失寂，並稱不正，正在雙行。（《宗鏡錄》，頁780a）

他認為無念之人是沒有妄念，而且「常在正念」的人，這種人是寂、照不二的，也就是說無念之人還必須超越「即念無念」的「寂」，而達於「無念而照」的「正知」。他所謂的「無念而照」就是以妙湛圓明的心鏡雙照空、有，他引到《還原觀》說：

> 定光顯現無念觀者，謂一乘教中，白淨寶網，萬字輪王之寶珠。此珠體性明徹，十方齊照，無思成事，念者皆從，雖現奇功，心無念慮。若有人入此大妙止觀門中，無思念慮，任運成事，如彼寶珠，遠近齊照。（《宗鏡錄》，頁481b）

他認為「一念頓圓」的境界，就像如意寶珠一樣，任運無念而能光照十方，因此無念之人看似無念無為，卻能成就妙法。可見「一念頓圓」的無念，並不是斷滅一切，而是圓融真空妙有的中道境界。他曾經以詩偈「瑞草生嘉運，林華結早春」來形容無念而知的境界[55]，他指出無念之人的心靈境界，是活潑潑而且生機無限的，如春日裡的瑞草百花正欣欣向榮一樣，悟得此「一念頓圓」，就能達到六祖所謂的「於六塵中，不離不染，來去自由」的境界。

---

[55] 《宗鏡錄》，頁460b。

二、念佛

永明禪師身為法眼宗的禪師，卻肯定念佛思想，因此首先就要探討他提倡念佛法門的原因，他認為禪宗所提倡「自心是佛」的理論雖然高妙，但不能適應所有根機的眾生，因此為了對機，又提出念佛法門，念佛法門可以普被三根，適合佛教教化的推廣56。此外，再以時代的現實來看，五代受到政治、戰爭、災疫所苦的人們，深覺自力的渺小，此時如果只是高唱「自心是佛」的口號，很難鼓舞亂世中受創的人心，此時念佛的他力思想卻剛好適合。但是從他強調「不識自心是佛，反求他法者，背道修道」，可知他在提倡念佛法門時，他的禪師立場仍是非常堅定的。

為了適應社會人士從福報的角度來學佛，他廣引經論以證明念佛有無上的功德，例如他引到《佛說阿彌陀經》的「受持佛名者，皆為一切諸佛共所護念」57，《安樂集》的「若人但能菩提心中，行念佛三昧者，一切惡魔諸障，直過無難」58，《大寶積經》的「高聲念佛，魔軍退散」59。此外，他也引到《大智度論》所提到

---

56 《宗鏡錄》，頁 506a：「只為不信自心是佛，向外馳求，若中下根，權令觀佛色身，……若是上機，只令觀身實相，觀佛亦然。」

57 《萬善同歸集》，頁 962b。《佛說阿彌陀經》，大正藏第 12 冊，頁 348a 說：「聞是經受持者，及聞諸佛名者，是諸善男子善女人，皆為一切諸佛共所護念，皆得不退轉於阿耨多羅三藐三菩提。」

58 《宗鏡錄》，頁 951c《安樂集》，大正藏第 47 冊，頁 5b。

59 《萬善同歸集》，頁 962a。「寶積經云」出處不明。

的稱佛名號，其福報超過以七寶布施佛陀[60]。還有，他綜合了一切教導念佛的經典中所讚嘆的念佛功德，這些經典指出稱名念佛可以滅除如塵沙一般多的罪業，不但可以拔除一期生死的苦楚，更能夠藉此因緣證得無上的佛菩提。

從永明禪師所引用的淨土思想典籍可知，他所提倡的念佛法門引用了前代許多宗派中淨土行者的理論與修法，不只是限於西方淨土經典所教授的念佛法門而已。綜合其著作來看，他所提到的念佛方法有總、別之分，總的來說即是唯心念佛。別的來說，隨著他在分類時原則的不同，又有二種念佛方法及四種念佛方法的劃分。

首先，他的念佛法門總稱為唯心念佛，「唯心念佛」一詞在永明禪師現存的著作中只出現過一次。他曾說：「唯心念佛，以唯心觀，遍該萬法。既了境唯心，了心即佛，故隨所念無非佛矣」[61]，他指出從理上說，一心遍於一切法，所以隨所念的境，不論是以佛的法身、色身、佛號等為對象，無非都是一心所現。他認為觀佛的法身，即是指念佛時所念的是佛的法性。而觀佛的色身，即是指念佛時所念的是佛的法相。他認為心、佛不二，性、相也不二，而不論是哪種類型的念佛都是不離一心，因此總稱之為唯心念佛。

其次，永明禪師的念佛方法又可分成二種及四種，先說二種的念佛方法，他曾將念佛法門分成觀佛的法身、觀佛的色身。還有，定心念佛、專心念佛。及臨終念佛、平時念佛。

---

[60] 《萬善同歸集》，頁 962a：「智論云：譬如有人初生墮地，即得日行千里，足一千年滿中七寶，以用施佛。不如有人，於後惡世，稱一佛聲，其福過彼。」

[61] 《萬善同歸集》，頁 967a。

首先，提到觀佛的法身、觀佛的色身二種念佛，他曾指出：「權令觀佛色身」、「觀身實相」二種類型，第一種是針對中下根機所立，第二種是針對上根所立[62]。他還曾具體的引用經文來說明這二種類型的念佛，他說：

> 無量壽經云：諸佛如來是法界身，入一切眾生心想中。是故汝等，心想佛時，是心即具三十二相，八十隨形好。是心作佛，是心是佛。諸佛正遍知海，從心想生。此無量壽經為中下之機，作十六觀想。令韋提夫人等，暫現佛身，恐生外解，故有此說是心是佛之文，令生實見。（《宗鏡錄》，頁501c）

他在此段引文中將《佛說觀無量壽佛經》的念佛法門大略分成二種類型，文中提到「諸佛如來是法界身，入一切眾生心想中」，即是觀佛的法身，他認為此法適合上機所修。另外，他指出經中教導的十六觀，則是觀佛的依正莊嚴，念如來的相好色身，以此色身為緣來繫住眾生粗重的妄念，再「以外顯內，漸悟自心」，此法能轉粗妄為細妄，最後將妄念化為淨念，有其次第步驟，適合中、下機所修。

永明禪師把佛身分成法身和化身，是受到淨土行者的影響，他在回答「夫真心無形，妙體絕相，云何有報化莊嚴等事」時說：

---

[62] 《宗鏡錄》，頁506a。

> 諸佛法身如真金，相好似金莊嚴具。以金作具，體用全同。從心現色，性相無二。……所以天親云：「廣略相入者，諸佛有二種身。一法性法身、二方便法身。由法性法身故，生方便法身。由方便法身故，顯出法性法身。此二種身，異而不可分，一而不可同。是故廣略相入，法身無相故，則能無不相。是故相好莊嚴，即是法身也。法身無知故，則能無不知。是故一切種智，即是真實智慧。」（《宗鏡錄》，頁534c）

這段解釋天親廣略相入的文字，是引自道綽的《安樂集》，從引文可知淨土法門的行者認為法身與應化身有體、用的關係，而永明禪師更指出法身與應化身二者都是「從心所現」，所以法身與應化身是不二的，這一點他在回答「既心外無佛，見佛是心。云何教中有說化佛來迎，生諸淨剎？」的問題時也提到：

> 法身如來，本無生滅。從真起化，接引迷根。以化即真，真應一際，即不來不去，隨物應心。又化體即真，說無來去，從真流化，現有往還。即不來相而來，不見相而見也。不來而來，似水月之頓呈；不見而見，猶行雲之忽現。（《宗鏡錄》，頁505c）

文中指出「真應一際」，可見他認為法身即是化身，化身即是法身，因此無論是觀佛的無相法身，或是觀佛的相好莊嚴的色身，都能證入一心的實相。也就是說將念佛法門畫分為觀佛的法身、化身，是為了適應眾生的根性而有不同，但是從一心實相之理來說，二種類型的念佛方法其實是平等的，並沒有高下之別。

另外，他又依據《佛說觀無量壽佛經》的九品說，將念佛分成定心與專心二種，他在回答：「觀經明十六觀門，皆是攝心修定，觀佛相好。諦了圓明，方階淨域。如何散心而能化往？」時說：

> 九品經文自有昇降，上下該攝不出二心。一定心，如修定習觀，上品往生。二專心，但念名號，眾善資熏，迴向發願，得成末品。（《萬善同歸集》，頁 968c）

他指出「定心者」的法門是修定習觀，其果報可得上品往生。「專心者」的法門是稱名念佛，修行萬善，並將功德迴向西方，其果報可得下品往生。若比照《佛說觀無量壽佛經》來看，他認為「定心」能夠上品往生，則定心即相當於至誠心、深心、迴向發願心等三心，《佛說觀無量壽佛經》說：「上品上生者，若有眾生願生彼國者，發三種心即便往生。何等為三？一者至誠心，二者深心，三者迴向發願心，具三心者，必生彼國」[63]，經文提到上品上生的條件是具足三心，而永明禪師則認為經過修定習觀，獲得定慧等持的三昧，就可以往生上品。另外，就他的念佛法門來說，稱名念佛本是止息妄念的一種方便，也可以算是止觀的法門，所以引文提到的「專心」，是呼應問題中的「散心」，也就是說永明禪師所謂的「專心」是指雖然專稱名號，而尚未至一心不亂，因此還是稱之為

---

[63] 《佛說觀無量壽佛經》，頁 344c。

散心。而與「專心」相對的「定心」則是指妄念已經透過念佛法門轉化為淨念，也就是他所謂的「定心」已經達到了《大智度論》所說：「定心者，定名一心不亂，亂心中不能得見實事，如水波蕩不得見面，如風中燈不得好照」的境界[64]。總之，永明禪師認為念佛法門不但能夠將妄念攝住，並且可以達到於諸法如如不動的一心境界。

永明禪師的念佛法門還分成臨終念佛、平時念佛二種。臨終十念的說法源自《佛說觀無量壽佛經》，經文提到：

> 下品下生者，或有眾生，作不善業，五逆十惡，具諸不善……如此愚人，臨命終時，遇善知識，種種安慰，為說妙法，教令念佛，彼人苦逼，不遑念佛，善友告言：汝若不能念彼佛者，應稱歸命無量壽佛，如是至心，令聲不絕，具足十念，稱南無阿彌陀佛，稱佛名故，於念念中，除八十億劫生死之罪，命終之時，見金蓮華，猶如日輪，住其人前，如一念頃，即得往生極樂世界。（《佛說觀無量壽佛經》，頁346a）

永明禪師肯定臨終時至心稱念佛名，則十念就可以往生，曾有人質疑「一生習惡積累因深，如何臨終十念頓遣？」他則回答說：

> 是心雖時頃少而心力猛利，如火如毒雖少，能作大事。是垂

---

[64] 《大智度論》，頁248a。

> 死時心決定勇健故，勝百歲行力，是後心名為大心，及諸根事急故。如人入陣，不惜身命名為健。」故知善惡無定，因緣體空。跡有昇沈，事分優劣。真金一兩，勝百兩之疊華。（《萬善同歸集》，頁 967a）

他引用《那先經》的譬喻，指出惡業如大石塊而佛力如大船，眾生雖然作惡卻能依靠念佛的功德遠離地獄之苦。另外，他引到《大智度論》的觀點認為眾生在臨終時，念佛的心力最大，因此在臨終時即使是十念的功德，也可以幫助修行者往生淨土。但是，他也強調平時念佛的重要，他說：

> 如或言行不稱，信力輕微。無念念相續之心，有數數間斷之意。恃此懈怠，臨終望生。但為業障所遮，恐難值其善友。風火逼迫，正念不成。何以故？如今是因，臨終是果。應預因實果則不虛，聲和則響順，形直則影端故也。如要臨終十念成就，但預辦津梁。合集功德，迴向此時。念念不虧，即無慮矣。（《萬善同歸集》，頁 968c）

他指出學佛者平時必須「預辦津梁」，他認為臨終十念是淨土法門為惡業眾生所開的的方便，如果眾生平時沒有預辦往生的資糧，臨終時會被業障所遮，恐怕很難有因緣遇到善知識來教導念佛，因此根本無法得到十念的功德。

綜合永明禪師的念佛思想，又可以分成實相念佛、觀想念佛、觀像念佛和稱名念佛等四種類型，雖然他在著作中並沒有明白指出此四種分法，但是從其分散在書中的念佛方法可以綜合出此四種念佛[65]。二種類型中的觀佛法身、觀佛色身與四種類型的念佛方法，在表面形式及數量上雖然有不同，但是從內涵上看並沒有差別。首先，觀佛的法身，即「觀身實相」（實相念佛）。其次，觀佛的色身，是以佛的應化身為緣，將妄念制於一處，由此又再發展成以觀想佛的依正莊嚴（觀想念佛）、觀察佛像的慈悲安詳（觀像念佛）、稱念佛的名號（稱名念佛）等三種念佛。

第一種實相念佛，即念如來的實相。永明禪師引到「無量壽經云：諸佛如來是法界身，入一切眾生心想中」[66]，文中提到觀想如來的法界身，即是一種實相念佛。他還曾引到《佛藏經》說：

> 念佛者，離諸想。諸想不生，心無分別。無名字，無障礙。無欲無得，不起覺觀。……舍利弗，隨無所有，無覺無觀，無生無滅，通達是者，名為念佛。如是念中。無貪無著，無逆無順，無名無想。舍利弗！無想無語，乃名念佛。是中乃至無微細小念，何況麤身口意業，無身口意業處，無取無攝，無諍無訟，無念，無分別，空寂無性，滅諸覺觀，是名念佛。……是法皆空，無有體性，不可念一相，所謂無相，

---

[65] 此四種念佛法門的名稱源自宗密的觀點，宗密在《華嚴經行願品疏鈔》，卍續藏第 7 冊，頁 914 提出了「稱名念」、「觀像念」、「觀想念」、「實相念」。雖然在永明禪師的著作中，並沒有直接論述到這四種念佛法門，但是筆者綜合他的著作後發現，他的念佛法門包含了此四種方法，因此借用宗密的觀點，來整理永明禪師的念佛法門。

[66] 《宗鏡錄》，頁 501c。

是名真實念佛。（《宗鏡錄》，頁506a）

引文指出念佛時「諸想不生，心無分別」，不但不去區分諸佛的名字，而且念的是無相佛，經文還提到念佛是「無生無滅」、「無名無想」、「空寂無性」等，可見《佛藏經》中的「真實念佛」也是一種實相念佛。

此外，永明禪師在《心賦注》及《宗鏡錄》中提到密宗教授的如來法身觀也是實相念佛[67]，他說：

> 如來法身觀者……復應觀自心，心本不生，自性成就，光明遍照，猶如虛空。復應生起悲念，哀愍眾生不悟自心，輪迴諸趣，我當普化拔濟，令其開悟，盡無有餘。復應觀察自心、諸眾生心、及諸佛心，本無有異，平等一相，成大菩提心。瑩徹清淨，廓然周遍，圓明皎潔，成大月輪，量等虛空，無有邊際。（《心賦注》，頁64a）

引文提到的「如來法身觀」即是觀如來的法身，並且了知自心、眾生心、諸佛心的不二，三者都是「平等一相」，而此心體是「量等虛空，無有邊際」的，了悟此心原本即不生不滅，才能進一步證得如來法身，可見此觀法也是實相念佛。

第二種為觀想念佛，即觀想佛的依正莊嚴。包括有六念法門、

---

[67] 「如來法身觀者……」見於《大方廣佛花嚴經入法界品頓證毘盧遮那法身字輪》，大正藏第19冊，頁709b。

《佛說觀無量壽佛經》的十六觀[68]、《般舟三昧經》的定心見佛[69]、《佛說觀普賢菩薩行法經》的憶念十方諸佛、《佛說華手經》的一相三昧門[70]，《自行錄》中提到的《大佛頂如來密因修證了義諸菩薩萬行首楞嚴經》「淨念相繼」的念佛方法[71]，及華嚴法門中的觀想佛光等[72]，以下舉出其中的幾種觀想念佛方法並簡單加以說明。

在永明禪師所提到的觀想念佛中，歷史最久遠的就是六念法門，他在《自行錄》曾提到「六念」，這時的念佛是重自力的，他說：

> 第五十九，晨朝普為一切法界眾生，受持大乘六念，一念佛，願成佛身。二念法，願轉法輪。三念僧，欲覆護眾。四念戒，欲滿諸願。五念施，捨諸煩惱。六念天，欲滿天中天一切種智。（《自行錄》，卍續藏第111冊，頁160）

他指出念佛是「願成佛身」，並沒有提到念佛是為了祈求佛力的加被而獲得救度，而其他五念如念法的「願轉法輪」，念戒的「欲滿諸願」及念天的「欲滿一切種智」等，都是以自力為主，可見他在

---

[68] 《宗鏡錄》，頁501c。

[69] 《宗鏡錄》，頁559b。

[70] 《宗鏡錄》，頁930a。

[71] 《自行錄》，頁158：「第四十，初夜普為一切法界眾生，旋繞念大勢至菩薩摩訶薩，願攝諸根，淨念相繼，託質蓮臺。」

[72] 《宗鏡錄》，頁942b。

此認為念佛是是重自力的。

此外，永明禪師曾說：「且六念之法，能消魔幻，增進功德，扶策善根。十觀之門，善離貪著，澡清濁念，密契真源」[73]。從引文來看他受到了《摩訶止觀》文字的影響[74]，可見在此他的「六念」中的念佛思想，也是圓融了自力與他力二者。

他還引到《佛說觀普賢菩薩行法經》憶念十方諸佛的念佛法門，他說：

> 普賢觀經云：爾時行者，聞普賢說，深解義趣，憶持不忘，日日如是，其心漸利，普賢菩薩教其憶念十方諸佛，隨普賢教，正心正意，漸以心眼見東方佛，身黃金色，端嚴微妙，見一佛已，復見一佛，如是漸漸遍見東方一切諸佛，心想利故，遍見十方一切諸佛。（《宗鏡錄》，頁 501b）

經中指出普賢菩薩所教授的念佛方法，是以心眼來憶念十方諸佛，並且由於心眼漸利，能於心中遍見十方諸佛，可見《普賢觀經》所說即是一種觀想念佛。

---

[73] 《宗鏡錄》，頁 965a。

[74] 《摩訶止觀》，大正藏第 46 冊，頁 129c：「云何因禪發得念佛三昧？行者若發根本等諸禪，於定心中忽然憶念諸佛如來……與心相應豁豁明了……明見光相，瞻奉神容，的的分明者，此非是魔，能增進功德，扶疏善根，因於念佛，廣能通達六念法門」。同書頁 130a 到「佛遍示所喜身，遍示所宜身，遍示對治身，……一切色像隨得見時與法門俱發，又能增長本之善根，乃名念佛三昧」。修禪而得定心，此為自力，而於定心中所見之佛是屬於佛示現的化身，此則為他力。

此外，他也曾引用《般舟三昧經》定心中見佛的念佛法門，他說：

> 如般舟三昧經云：何因致現在諸佛悉在前立三昧如是。跋陀和。其有比丘、比丘尼、優婆塞、優婆夷，持戒完具，獨一處心。西方阿彌陀佛今現在，隨所聞當念。去是間千億萬佛剎，其國名須摩提，在眾菩薩中央說經，一切常念阿彌陀佛。……所聞西方阿彌陀佛，當念彼方佛，不得缺戒，一心念，若一日晝夜，若七日七夜，過七日已後，見阿彌陀佛。於覺不見，於夢中見之。（《宗鏡錄》，頁559b）

《般舟三昧經》所說的「常念阿彌陀佛」，就是要學佛者一心觀想阿彌陀佛在西方說法，經過一日到七日的一心思惟，就能於定中見佛，可見般舟三昧也是一種觀想念佛。

此外永明禪師曾說：「一定心，如修定習觀，上品往生」[75]，可見他認為修觀想念佛時，若能攝心入定，證悟一心之體如如不動，即可以往生上品。

第三種為觀像念佛，即是觀察佛像的相好。永明禪師說：

> 上都儀云：夫歸命三寶者，要指方立相，住心取境，不明無相離念也。佛懸知凡夫繫心尚乃不得，況離相耶？如無術通人，居空造舍也。依寶像等三觀，必得不疑。佛言：我滅度

[75] 《萬善同歸集》，頁968c。

後，能觀像者，與我無異。（《萬善同歸集》，頁 961b）

引文中的〈上都儀〉現已亡佚，但是柴田泰卻發現本段引文與善導《觀無量壽佛經疏》的文字非常相似[76]。〈上都儀〉指出要凡夫去繫心觀想佛的依正二報，是非常困難的，因為一般人的妄念太多了，很難做到一心思惟，所以要藉助莊嚴的雕刻或畫像，來幫忙制心一處。永明禪師不但肯定觀像念佛是一種定心的方便，而且他認為作佛形像也有往生西方的功德，因此他也鼓勵信徒多多造像，他說：「作佛形像經云……若當有人作佛形像，功德無量不可稱計。……後皆得生無量壽國」[77]。

第四種為稱名念佛，是口念諸佛的名號，從念的對象來說，除了佛號之外，也包括了菩薩的名號[78]，和往生咒[79]。

一般人以為稱名是很簡單的，所以誤以為只有下根人才會修稱名念佛，但是永明禪師卻很重視稱名念佛，他指出「以此土眾生皆以聞慧入三摩地故，須以音聲為佛事」[80]，也就是他認為娑婆眾生

---

[76] 柴田泰〈中国淨土教における唯心淨土思想の研究〉（1），頁 61 提到〈上都儀〉這段文字與善導《觀無量壽佛經疏》（大正藏第 37 冊），頁 267b 的內容大致相同。

[77] 《萬善同歸集》，頁 980a。

[78] 念菩薩之名包括有觀音、大勢至等菩薩。以念觀音為例，如《宗鏡錄》，頁 589a：「乃至如念觀音名號，火不能燒等，此託觀音為增上緣，並是自心所感，致茲靈驗。」

[79] 《自行錄》，頁 164：「第九十二，受持往生真言，願臨命終時，與一切法界眾生，同生淨土，念往生咒一遍。」

[80] 《宗鏡錄》，頁 955a。

的耳根最利，所以適合提倡稱名的念佛法門。他並且更進一步提出「聲為法界」的觀點，他說：

> 即聲為法界，是故直觀本理，理具諸法，若無妙觀，日用不知，則見一切萬法皆具一心不思議圓頓之理。（《宗鏡錄》，頁 553a）

他認為音聲就是法界，同時也具有一心不思議圓頓之理，因此眾生在稱名念佛時，如能一心念佛也可以與諸佛的法身相應。永明禪師曾引到「融大師云：悟此宗人，道佛不是亦得。若未信者，設念佛亦成妄語」[81]，表示他的一心思想重視無念與念佛的融合，他認為不識一心之旨，以妄念念佛，念佛當然就成了妄語。反之，識一心之旨念佛，則念佛即是念而無念，無念而念。關於這種觀點，釋恆清曾說明其中的道理，他說：

> 一個開悟的聖者和一個染著的凡夫，同樣都是稱念佛號，雖然我們所聽到他們發出「阿彌陀佛」的聲音都一樣，然而聖者是由已經啟悟覺性、證入不二的真心而念，凡夫卻是由充滿執著和分別的染心而念。[82]

---

[81] 《宗鏡錄》，頁 500b。

[82] 釋恆清"*The Ch'an-Pure Land Syncretism In China: With Special Reference To Yung-Ming Yen-Shou*", doctor of philosophy (Buddhist Studies) at the University of Wisconsin Madison 1984，頁 245。

他指出「啟悟覺性、證入不二的真心而念」，可以說是對稱名念佛的最佳詮釋，能夠如此的稱名念佛，即能契入「聲為法界」的念佛三昧境界。但是，若以妄心念佛，即使稱名的數量再多，也不一定能夠與佛相應。由於永明禪師把稱名的哲理層次提高，使得稱名念佛也適合上根的人來修行。

永明禪師認為稱名念佛可以清淨三業，在身業方面，從身儀來說，他的稱名念佛又分為坐念與行道念佛二種，前者是端坐念佛，行道念佛是指除了端坐稱念佛號之外，還加上禮拜、繞佛等其他的萬善修行。他曾較量坐念與行道念佛的功德說：

> 坐念一口，尚乃八十億劫罪消。行念功德，豈知其量？故偈云：行道五百遍，念佛一千聲。事業常如此，西方佛自成。若禮拜則屈伏無明，深投覺地。致敬之極，如樹倒山崩。（《萬善同歸集》，頁 964b）

他認為端坐而念，每念一聲佛號就可以消除八十億劫的罪業。而行道念佛及禮拜念佛的功德較坐念更為深厚，這是因為永明禪師的念佛法門受到慈愍的影響，主張要修行各種萬善，他說：

> 慈愍三藏云：聖教所說正禪定者，制心一處，念念相續……若睡眠覆障即須策動念佛誦經，禮拜行道，講經說法。教化眾生萬行無廢，所修行業迴向往生西方淨土。（《萬善同歸集》，頁 963c）

他認為念佛誦經，禮拜行道，講經說法等的功德都可以迴向西方。此外，他還提到修行《維摩經》的八法也可以生往淨土，他說：

> 理須具足，此屬大根。八法無瑕，成就上品。如其中下，但具一法，決志無移，亦得下品。（《萬善同歸集》，頁968b）

他認為「八法無瑕，成就上品」，而是八法指：饒益眾生而不望報，代一切眾生受諸苦惱，所作功德盡以施之，等心眾生謙下無閡，於諸菩薩視之如佛，所未聞經聞之不疑，不與聲聞而相違背，不嫉彼供不高己利，而於其中調伏其心。常省己過不訟彼短，恒以一心求諸功德[83]，這八法也包括在他的萬善之中。行道念佛在念佛時，不但身不造殺、盜、淫等惡業，而且能積極的行各種淨業，所以其功德是無法測量的。總之，不論是坐念或行道念佛，都可以清淨身業。

在口業方面，他指出修稱名念佛時，要高聲念佛，以成就《業報差別經》所說的十種功德，包括能排睡眠、天魔驚怖、聲遍十方、三塗息苦、外聲不入、心不散亂、勇猛精進、諸佛歡喜、三昧現前、生於淨土等[84]。而且在稱名時念聲要相續不斷[85]，口不再造妄言、綺語、兩舌、惡口等惡業，而能以佛名清淨口業。

在意業方面，他的稱名念佛法門可以藉由「以音聲為佛事」，

---

[83] 《維摩詰所說經》，大正藏第14冊，〈香積佛品第十〉，頁553b。

[84] 《萬善同歸集》，頁968c。

[85] 《萬善同歸集》，頁962a：「文殊般若經云：眾生愚鈍，觀不能解。但令念聲相續，自得往生佛國。」

達到三摩地的境界。《自行錄》中曾說：「旋繞念大勢至菩薩摩訶薩，願攝諸根，淨念相繼，託質蓮臺」[86]。引文中的旋繞念菩薩就是行道念佛，而其功德可以收攝六根，使淨念相續不斷，並能隨願往生淨土。

三、以一心思想融合無念與念佛

永明禪師以一心思想融合無念與念佛，他曾說過「非念非無念，一心中絕」，可見他認為一心是超越於無念與念佛的，他說：

> 先德云：俗務者，非但執耒運斤名為俗務；坐馳五塵六欲，即是世務；又專念空無相願，亦是世務……若能念念於無念，非念非無念，一心中絕，方非世務。（《宗鏡錄》，頁689b）

他認為執耒運斤是俗務；表面端坐不動而內心卻充滿五塵六欲的妄念，是俗務；念念執著在出世間的空無相願，也是「俗務」。只有「非念非無念，一心中絕」，才是真正的超脫世俗。從無念與念佛來說，「非念」可以指無念法門，而「非無念」則可以指念佛法門。「非念非無念，一心中絕」顯示出在他的一心思想下，融合了無念與念佛。值得注意的是「一心中絕」，並非指一心思想下要否定一切行門，相反的，永明禪師超越了二邊之後，並且將禪、淨的理論與方法圓融在日行的佛事當中，形成了禪淨雙修法門。

---

[86] 《自行錄》，頁158。

首先，「以息念歸無念」的無念法門結合念佛時，即是一種禪淨雙修，不論觀想佛的依報莊嚴、觀察佛像的慈悲安詳、稱念佛的名號，都可以成為制心一處的方便。還有，永明禪師曾說到「六念」是「修禪之妙軌」[87]，總之，他是以念佛來幫助斷除妄念，把無念和念佛都當作制心一處的方便。由於他的「事定」把念佛作為是定心的一種方便，因此藤吉慈海在研究永明禪師的〈禪淨雙修論〉中提到「禪是指禪定，以進入三昧為目的」[88]。還有，釋宏一說到永明禪師「以禪觀為主，念佛為輔，主張唯心淨土說。……藉念佛而入禪定，不同一般念佛求生西方」[89]，他們二人都是把禪淨雙修的禪，視為「事定」來結合念佛。

其次，「即念而無念」的無念法門結合念佛時，也是一種禪淨雙修，永明禪師曾引到《佛藏經》的「以是畢竟空無所有法念佛」即是屬此[90]，他認為修念佛時，可運用般若觀照來破除對外相的執著，妄想執著漸減，慢慢即可達於無念。

最後，「一念頓圓」的無念法門結合念佛時，也是一種禪淨雙修，而「一念頓圓」又有頓悟漸修和頓悟頓修二種，在頓悟漸修方面，他認為透過念佛將妄念制之一處，最終證得念而無念，無念而念的三昧境界，這時由念佛逐漸達到的「一念頓圓」。在頓悟漸修

---

[87] 《萬善同歸集》，頁965a。

[88] 藤吉慈海〈禪淨雙修論〉（《禪文化研究所紀要四》，昭和47年7月），頁91。

[89] 釋宏一〈永明延壽禪師思想探源——與萬善同歸集之要義〉，《佛教文化學報》第九期，1980年11月，頁38。

[90] 《佛藏經》，大正藏第15冊，頁785b。

方面，他曾說：

> 是故西方國土，水鳥樹林悉皆說法。說法之處，即如如心。所以如來一一根門，遍塵剎土，乃至毛端，而說妙法。如今但得離念，便同如來真實知見。（《宗鏡錄》，頁870a）

他認為經典提到西方的水鳥樹林皆能說法，而「說法之處，即如如心」，說明了西方的一切不出心外，因此修行者聽聞水鳥樹林說法時，皆能當下頓悟實相。也就是說在永明禪師的一心思想下，「唯當直下觀心性」的「理定」與實相念佛結合，就是頓悟頓修的「一念頓圓」無念法門。

此外，他曾引到飛錫的念佛觀點說：

> 高聲念佛三昧寶王論云：浴大海者，已用於百川。念佛名者，必成於三昧。亦猶清珠下於濁水，濁水不得不清；念佛投於亂心，亂心不得不佛。既契之後，心佛雙亡。雙亡定也，雙照慧也，定慧既均，亦何心而不佛？何佛而不心？（《萬善同歸集》，頁962b）

他指出念佛可以使亂心清淨，此即是「以息念歸無念」。其次，他認為「既契之後，心佛雙亡」，此即是「即念而無念」。最後，他認為達於定慧均等的念佛三昧時，「何心而不佛？何佛而不心」，此即是「一念頓圓」。由此可知他的稱名念佛法門在一心思想下也已圓融了無念與念佛。

總之，對永明禪師來說念佛與參禪都只是標月的「指」而已，而不可思議的一心本體才是「月」，他認為不論念佛與參禪都是為了要頓悟此心，由念佛也是為了頓悟此心的宗旨來看，釋恆清指出永明禪師在圓融禪淨時，「是以禪宗立場來解釋淨土教義」的觀點是非常正確的[91]。

第三節　觀心法門

永明禪師是以一心來圓融禪、淨思想的，他在提倡唯心淨土思想時，不論是理論或者是實踐都不離一心，而一心思想從理論要落實在日常的修持上，其關鍵就是觀心法門。他認為觀心有助於自覺覺他，所以他在《宗鏡錄》中曾引到智者的觀心論，並且說「若能信受是真報恩」[92]。在《唯心訣》中，他也曾指出「欲知妙理，唯在觀心」[93]。另外，在《觀心玄樞》中，他曾在論及「若不觀心，皆成顛倒」時，強調說觀心為「總持」法門[94]，他並在書的結尾強調說：

---

[91] 釋恆清《禪淨融合主義的思惟方法》，頁 243：「永明以融合主義的思惟方法，奠定了禪淨會通的理論基礎。不過有一點值得注意的是，永明的融會方法是以禪宗的觀點來解釋淨土教義」。

[92] 《宗鏡錄》，頁 589c。

[93] 《唯心訣》，頁 996c。

[94] 《觀心玄樞》，卍續藏 114 冊，頁 867：「今得聞此重重委曲真實之談，若更不肯信入此總持觀心法門，謂之大失。」

> 此觀心一門，無邊妙義，或得手擎頂戴，口誦心思，目矚耳聞，意緣念想，則熏於識，染于神，發其機，繼其種，不可輕慢，自起障心。（《觀心玄樞》，頁868）

可見觀心法門在永明禪師的思想中具有極重要的地位。

綜合其著作來看，有關他對觀心法門的分類有以下三類，第一類，他依據宗派的不同性質而將觀心法門分為真如實觀、唯心識觀二種，他說：

> 法相宗以本識為鏡……法性宗即如來藏為鏡……又占察善惡經立二種觀門，為鈍根人立唯心識觀，為利根人立真如實觀。又起信論云：心若馳散，即當攝來令住正念，其正念者，當知唯心無外境界，即復此心，亦無自相，念念不可得故。若唯心識觀及正念唯心，當法相宗。若真如實觀與其心念念不可得，即法性宗。（《宗鏡錄》，頁473c）

他指出《占察善惡業報經》曾為根性不同的人，設立真如實觀、唯心識觀二種觀法，法性宗依據真如實觀為其所立宗旨，而法相宗則依據唯心識觀為所立宗旨。從《宗鏡錄》立一心為鏡的立場來看，他認為法性宗的人是以如來藏為鏡，由於了知心外無境，能觀真如之實相，並且能反觀此心發現「其心念念不可得」。另外，他指出法相宗的人是以本識為鏡，並說：「二識、三識、八識、九識、十一識等，不出一心宗」[95]，所以他認為法相宗的人透過分析瞭解心、境、識的關係，就可以達到轉識成智的目的。

第二類，他依據理、事的不同，把觀心法門分成理觀、事觀二種，他說：

> 一切理事以心為本。約理者：經云：觀一切法，即心自性。成就慧身，不由他悟。此以真如觀真實心為本。約事者：經云：心如工畫師，能畫諸世間。五蘊悉從生，無法而不造。此以心識觀緣慮心為本。真實心為體，緣慮心為用。用即心生滅門，體即心真如門。約體用分二，惟是一心。即體之用，用不離體。即用之體，體不離用。開合雖殊，真性不動。（《萬善同歸集》，頁991a）

他指出理觀是「以真如觀真實心」，事觀則是「以心識觀緣慮心」，他認為理觀、事觀也是體、用的關係，二者都不離一心。他並說：「用即心生滅門，體即心真如門」，可見受到《大乘起信論》一心開二門思想的影響。

上述的二類觀心法門因其涉及的教義範圍非常廣泛，而且有關一心的體、用關係，或者有關法性、法相的關係，在前面的章節中曾隨文稍作分析過，此處不擬再多加探討。而第三種觀心法門的分類，則與永明禪師的禪淨融合思想有較為深切的關係，他依據學佛者根性性的不同，而分觀心法門為無觀之觀、權立假相二種，他

[95] 《宗鏡錄》，頁742c。

說：

> 夫觀門略有二種，一、依禪宗及圓教，上上根人，直觀心性，不立能所，不作想念，定散俱觀，內外咸等，即無觀之觀，靈知寂照。二、依觀門觀心，似現前境，雖權立假相，悉從心變。如觀經中立日觀、水觀等十六觀門。（《宗鏡錄》，頁623b）

他認為第一種無觀之觀是直觀心性，如禪宗所說的明心見性即是。第二種權立假相是藉助事相，來幫助學佛者瞭解一切法都是從心所變，如淨土法門中觀想落日或八功德水等的十六觀門即是。這裡將禪宗及圓教，還有觀經的十六觀門分別敘述，似乎他認為淨土法門不在圓教之列，其實綜合他的念佛思想來他看，他的念佛法門就包含有上述二種的觀門，也就是一種圓融禪淨思想的觀心法門。例如他在《宗鏡錄》中回答「如前剖析，理事分明。佛外無心，心外無佛。云何教中更立念佛法門」時說：

> 只為不信自心是佛，向外馳求。若中下根，權令觀佛色身，繫緣麤念。以外顯內，漸悟自心。若是上機。只令觀身實相，觀佛亦然。（《宗鏡錄》，頁506a）

他指出念佛法門是為了「不信自心是佛，向外馳求」的人而設立的，可見出他是把念佛法門看做是一種觀心法門，他認為念佛法門中有「只令觀身實相，觀佛亦然」的觀法，此即第一種「直觀心性」的方法，這種觀法能讓人頓悟自心，他曾說：

> 若觀心非空非有，則一切從心生法，亦非空非有。如是等一切諸法，在一心中。當知觀此心原，與如來等，若作如此圓觀，其人行住坐臥，皆應起塔，生如來心，如此觀心，名觀佛心也。（《宗鏡錄》，頁634c）

他指出「當知觀此心原，與如來等」，由於心、佛、眾生三無差別，所以直觀心性就是觀佛心。也就是說他認為實相念佛法門「只令觀身實相，觀佛亦然」的觀法，就是教導學佛者觀佛心的一種圓觀，這種圓觀與依禪宗直觀心性的無觀之觀在無差別的平等心中是相通的。此外，念佛法門中「觀佛色身，繫緣麤念」的十六觀法則是第二種「權立假相」的方法，這種觀法的目的在於教導眾生「以外顯內，漸悟自心」，也是以觀心、佛、眾生三無差別為究竟，可見「權立假相」的方法從對機來說是一種方便法門，但是從念佛法門的究竟宗旨來說，也是一種圓觀。他認為透過觀心法門，則一切佛法的教義都是了義之教，他說：

> 如前問言，小乘不得約觀心解釋者，何故聲聞經中，佛為牧牛人說十一法，皆一一內合比丘觀心，如是等例，豈非方等及三藏經，對諸法門觀心明義也。故知了義教，不了義教，皆是了義，以唯一心故。（《宗鏡錄》，頁600b）

所以對永明禪師而言，念佛法門是因對機的不同，而有不同的教授，不可認為對中下根所說的「權立假相」就是不了義之教。總之，他認為不論是「直觀心性」，或是「權立假相」，只要能運用觀心法門的妙觀則「無不通達」，他說：

> 是知直觀本理，理具諸法。若無妙觀，日用不知。若能了知，則見一切萬法，皆具一心不思議圓頓之理。故肇法師云：聖遠乎哉？體之即神。道遠乎哉？觸事而真。可謂心境俱宗矣。若得宗鏡之明，任運能照。若色若心，無不通達。（《宗鏡錄》，頁553a）

他指出「若得宗鏡之明」則不論心法、色法，都可以獲得圓觀。也就是說「直觀心性」的心法，能夠觀照一心不思議一圓頓之理。而「權立假相」的色法，也能從一切萬法來觀照一心不思議一圓頓之理。他還說：

> 故云：三世一切諸佛皆無所有，唯依自心。菩薩若能了知諸佛及一切法皆唯心量，同隨順忍，或入初地，捨身速生妙喜世界，或生極樂淨佛土中。……若能頓明意地，唯從諸法流，直了心源，不求脫於諸塵，不繫縛於一法，可謂究末遇本，尋流得源矣。遂乃無功而自辯，無作而自成。顯此一心，萬法如鏡。如是開示，究竟指歸。……若聞此觀心，佛界種子自然開發。又此是真性中緣起自在無礙法門，一一皆談如理實德，以法如是故。……覺心不起，名不動智佛。前迷作眾生，雖唯是識；後悟而成佛，亦不出心。……可謂一

道真心，始終無變矣。（《觀心玄樞》，頁 850）

他指出眾生與佛不二，皆具此心，但是眾生卻因捨本逐末，使得真心放失，而任由妄心隨逐塵緣。所謂「一道真心」是指一心遍一切處，本無能、所之分，諸佛即依此心而成佛並成就淨土。因此結合了觀心方法的念佛法門，可以開發佛界種子，成為一種「真性中緣起自在無礙法門」，不但可以使眾生頓悟自心，轉迷成悟，並且可以依此心而自在往生淨土。

他提倡圓融禪淨思想的念佛法門，並主張學佛者要「反境觀心」，他認為透過念佛法門也能夠「尋流得源」，並契入真心。也就是說永明禪師在提倡觀心法門之時，並沒有否定外境，他說：

> 攝境從心不壞境者，即示心境有無……以無心者，無心於萬物，萬物未嘗無，此得在於神靜，失在於物虛，謂物實有故。若唯心壞境，則得在於境空，失在於心有故。以境由心變，故說唯心，所變不無，何必須壞，若以緣生無性，則心境兩無。（《宗鏡錄》，頁 778a）

他的一心思想認為「境由心變」，而為了特別強調心的作用，所以有時他會提出「唯心」的觀點，不過他也指出從性空而言，則「心境兩無」，心與境既然都不可執為實體，所以學佛者也必須打破對心的執著。另外，若從緣起來說，他認為執著於心而否定一切諸法，就是所謂壞境，而壞境則會違背俗諦。所以他的唯心淨土思想，從攝境從心不壞境的立場來看，必然會發展出禪淨圓融的觀心法門。由於他的念佛法門是禪淨圓融的觀心法門，所以他對中下根教授的「權立假相」之法，其主旨仍然是在「以外顯內」，他說：

> 若能迴光就己，反境觀心，佛眼明而業影空，法身現而塵跡絕……則物我遇智火之焰，融唯心之爐，名相臨慧日之光，釋一真之海，斯乃內證之法，豈在文詮，知解莫窮，見聞不及。（《宗鏡錄》，頁416a）

他認為修行任何法門都必須「反境觀心」，才能成為內證悟道的法門，結合念佛法門來看，當念佛者作日觀的修行時，透過「反境觀心」，明白所觀想的西方落日之境，實在並不出於一心之外，總之，他所提倡的禪淨圓融的觀心法門，是一種「心境具宗」的念佛法門。既然，永明禪師認為修行日觀就能夠達到顯發自心的目標，可見對他而言念佛法門與禪宗一樣，都是可以達到明心見性的。

另外，他認為「一切萬法，皆具一心不思議圓頓之理」，因此他有時又把「反境觀心」的方法稱為「引物歸心」，他說：

> 故知初後皆心，因果同證。只為根機莫等，所見不同。若以一法逗機，終不齊成解脫。須各各示現，引物歸心。雖開種種之名，皆是一心之義。若違自心，取外佛相勝妙之境，則是顛倒。（《宗鏡錄》，頁547c）

他認為念佛法門為了適應不同的眾生根機，而教人觀想「佛相勝妙之境」，是希望學佛者能從妙境回歸自心，了知一切法都是一心所變現的，若是執取外相則成為顛倒，他並且說：

> 故知識心方生唯心淨土，著境秖墮所緣境中。既明因果無差，乃知心外無法。（《萬善同歸集》，頁966b）

所謂的顛倒就是指學佛者，在修念佛法門時墮入所緣的境界，他認為唯心淨土必須識心方才能夠往生，因為顛倒執著即是妄心，以妄心念佛的因緣，無法感得佛國淨土的果報。此外，他還指出發願往生淨土的學佛者，在修持觀心法門時，要能「於自心靜念」，他說：

> 一切眾生，皆有佛性。凡是有心，定當作佛。究竟涅槃，常樂我淨。皆令安住祕密藏中，以此教法，本從世尊一真心體流出，亦只是凡聖所依一心真體，隨緣流出。展轉遍一切處，一切眾生身心之中。只各於自心靜念，如理思惟，即如是如是顯現。於宗鏡中，了然明白。（《宗鏡錄》，頁627b）

他指出「如理思惟」即是「於自心靜念」「一切眾生，皆有佛性」，所以不但修禪者在內觀靜念時，要自信「一切眾生，皆有佛性」，即使是修淨土者也要在內觀靜念時，自信「一切眾生，皆有佛性」。若能相信自心是佛，就不再會向外馳求，所以當學佛者識心之時，就能夠往生唯心淨土。他在《觀心玄樞》中曾提出「若不觀心，何生淨土」的觀點[96]，他認為「佛相勝妙之境」皆由心生，因此修行念佛法門也可以「令自內觀，冥合真性」[97]。

永明禪師提倡的禪淨融合思想，不論其中禪的意義，是事定的坐禪，或是理定的禪宗宗旨，其法門的最究竟處即是念佛三昧，而此念佛三昧的達成都必須依靠觀心法門，他說：

> 是以事中即理，何曾有礙？心外無境，念自不生。如是則入宗鏡之一心，成止觀之雙運，方能究竟定慧莊嚴，自利利他，圓無盡行。……如前所述安心之門，直下相應，無先定慧。定是自心之體，慧是自心之用。定即慧故，體不離用；慧即定故，用不離體。雙遮則俱泯，雙照則俱存。體用相成，遮照無礙。（《宗鏡錄》，頁679b）

他指出「定是自心之體，慧是自心之用」，因此不論是坐禪或是念佛，想要達到定慧等持的三昧境界都必須要觀心。也就是說透過觀心，不論坐禪或是念佛，都能夠達到制心一處的目的。他認為坐禪時，若能觀照「心外無境，念自不生」，則能不起妄念，證入甚深禪定。而念佛時，若是能觀照「心外無境，念自不生」，則能了悟心佛不二，達於念而無念。

此外，禪淨融合中的禪若是指理定的禪宗宗旨，則結合念佛法門時也必須依靠觀心，他說：

---

[96] 《觀心玄樞》，頁850。

[97] 《宗鏡錄》，頁624c。

> 夫觀佛三昧者，則諦了自心，名為觀佛。既識心已，不為境亂，湛然常定，名為三昧。（《宗鏡錄》，頁932b）

他指出觀佛三昧就是結合「諦了自心」與「觀佛」的念佛法門，此心「湛然常定」，正同於與六祖所說的「內見自性不動，名為禪」[98]，可見觀佛三昧是一種禪淨雙修的法門。他認為在念佛時，了知自心與佛無二無別，都具此「真如一心」，而且他進一步說：

> 內外一切境界，皆從真如一心而起。真心不動，故稱為三昧王。以統御一切萬法萬行故，得稱為王，無有一法，不從一心真如三昧起，此是一切三昧根本，了此根本，則從本所現，念念塵塵，盡成三昧，以本末無異故。（《宗鏡錄》，頁865a）

他指出眾生的自心「湛然常定」，如如不動，即是三昧之王，能夠如此觀照就能夠明心見性。他還指出由於自心的特性是不生不滅，遍一切處的，因此透過觀心法門來念佛，可以入念佛三昧見到十方諸佛，他說：

> 所觀是一，能觀自殊……法是心體，觀是心用。自心起用，還照自體。……如華嚴經，善財參見彌伽長者，徹見十方佛海。顯此定者，唯心之觀。知眾生界無量無邊，皆心現故。

---

[98] 《六祖壇經》，大正藏第48冊，頁353b。

> 明隨心念佛，諸佛現前，以唯心觀，遍該萬有。（《宗鏡錄》，頁 867c）

此處提到了彌伽長者所修的定心見佛，其重點即在於「唯心之觀」，他認為了知眾生唯心所現，諸佛亦是唯心所現，能深入此觀，可以入甚深三昧，此時不再分別能念、所念，就能夠隨心念佛而徹見十方佛海。

綜合上述可知永明禪師設立觀心法門的原因，主要是為了眾生被無明隱蔽了真心，妄心顛倒，不能了知「一切眾生，皆有佛性」，因此必須以觀心法門回歸真性，他曾引到永嘉之說來強調「非觀何以明心」，他說：

> 為未達本無生，而欲向外妄修者，令自內觀，冥合真性。如永嘉集云：「誡其疏怠者。然渡海先須上船，非船何以能渡？修心必須入觀，非觀何以明心。心尚未明，相應何日。」此勸守愚空坐，不慕進修者。如欲渡關津，非船靡濟。將窮生死，無智焉明。（《宗鏡錄》，頁 624c）

他指出觀心的終極目的是為了明心，而明心即是證得「無心」，而他認為不論參禪或念佛都是觀心以達無心的方便法門。他又指出「無心」分為二種，他說：

> 又無心約教有二，一者澄湛令無，二者當體是無。澄湛令無者，則是攝念安禪，蠲消覺觀，虛襟禁慮，漸至微細。當體

是無者，則直了無生，以一念起處，不可得故。（《宗鏡錄》，頁 680b）

他認為第一種無心是「澄湛令無」，這是從真妄交徹的一心來說的，如果參照無念法門來看，即是先從「以息念歸無念」入手，透過「即念而無念」的般若觀照，再達於「一念頓圓」的漸悟過程。也就是指運用觀心以遠離妄心，他說：「出要之術，唯有觀心。乃至若舉一心門，一切唯一心」[99]，他指出從「一切唯一心」來說，觀心可以對治妄心達到無心。在念佛法門中，觀想、觀像、稱名等方法都類似此種無心法門。

第二種無心是「當體是無」，這是指從絕待真心來說的，如果參照無念法門來看，也就是當下頓悟一心的「一念頓圓」，禪宗裡直顯心性的一派就是屬於此種觀心法門[100]，還有融大師提倡的「無心用功」[101]、永嘉提倡的「即心為道」[102]，還有而念佛法門裡的實相念佛也屬此。

不論是澄湛令無，或是當體是無，都與般若思想有密切的關係，他在回答「若正觀成時，以有心成？以無心成？」時曾說：

---

[99] 《宗鏡錄》，頁 941b。

[100] 《宗鏡錄》，頁 614b：「直顯心性宗者……於中指示心性……若頓悟此空寂之知，知且無念無形，誰為我相人相？覺諸相空，心自無念，念起即覺，覺之即無，修行妙門，唯在此也。」

[101] 《宗鏡錄》，頁 496b：「融大師信心銘云：欲得心淨，無心用功。」

[102] 《宗鏡錄》，頁 943a：「真覺大師云：……是以即心為道者，可謂尋流而得源矣」原文引自《禪宗永嘉集》，大正藏第 48 冊，頁 391b 的「觀心十門」可見是屬於觀心的一種。

> 夫入此宗，不可以有無求，不可以能所辯。若以有念析歸無念，此念還成有，若以無心作空無會者，即成斷滅，皆落意地，不出見知。又若逆之，則不合事理。若順之，又成能所。只可以妙會，不可以事求。所以華嚴會意云：並須除念會意……是知法無動念，不可以有念求。又非無念，不可以無心得。應可玄會，取其意耳。（《宗鏡錄》，頁636c）

他指出若是學佛者以為無心的無，是指空無一切的話，就落入斷滅見。當止息妄念的功夫做到無念之時，卻認為有一個無念存在的話，這個執著無念的念，仍舊是一個妄念，因此他認為觀心法門的正觀，必須以般若觀照超越有、無二邊，所以他說：「不以智眼正觀，遂陷凡夫業道」[103]。此外，他還指出正觀如過河之筏，若證得正觀時，連觀心法門也必須捨去，他說：

> 若能就旨圓融，自無取捨，則塵塵合道，信行同法行之機；念念歸宗，教門等觀門之旨。如是則無一心可照，誰執觀門？無一法可聞，孰論教道？方入宗鏡，與此相應。（《宗鏡錄》，頁676b）

引文提到「無一心可照」，就是指學佛者要超越一心的所照，而「誰執觀門」，就是指學佛者要超越一心的能照。他認為超越能、所二邊，才能夠真正與宗鏡的一心思想相應。他並且進一步說：

---

[103] 《宗鏡錄》，頁625c。

> 若迷心而觀色，則通塞宛然；若了色而明心，乃是非決矣。所以古德云：若知色即空，觀色非耶……若迷斯旨趣，雖空觀以恆邪。且夫眾生不了二空皆為執心色實有，觀心不妙，照境無功。（《宗鏡錄》，頁 532c）

他指出觀心法門的奧妙在於以般若觀照了知心、色二空，他認為透過般若，可以知曉色法乃空無自性，都是由心所生。從一切法都是由心所生來看，他特別強調唯心。為了破除對色法的執著，所以他主張觀心法門。而為了說明眾生雖被妄心所迷，實際上其真心並無染著[104]，所以他又主張無心的思想，他說：

> 普賢觀云：觀心無心，法不住法，我心自空，罪福無主，即是無心無數，名為正觀。是心數塵勞若不盡者，觀則不訖。故經言：眾生不度，我不成正覺，即此意也，若能如是解者，無一佛菩薩名，及一法門，不於正觀心中現。（《宗鏡錄》，頁 550a）

他指出「觀心無心」，因此他的觀心法門是「心境具宗」與「心境兩無」同時並存，落在念佛法門上，他認為觀心與見佛並不相悖。他在論及見佛的因緣時，特別指出必須兼具自、他二力才能與佛感應道交，他在回答「即自心成佛者，還立他佛不？若決定不立，則

---

[104] 《宗鏡錄》，頁 908b：「若妄念心起，悉以正觀觀之，令此正觀，與法性相應，妄念不能毀，不能染，不能礙。」

無諸佛之所威神建立加被護念等，便成斷見」時說：

> 唯憑自善，外感勝緣。寶藏論云……然彼法身非相非非相，何謂非相？本無定相。何謂非非相？緣起諸相。……釋曰：何謂非相，本無定相者，以因心所現，外相無體，從心感生，緣盡即滅，何相之有？故云：本無定相。何謂非非相緣起諸相者，既稱無定，但隨緣現，因緣和合，幻相不無，故云：緣起諸相。若能不生分別，不執自他，內不執有而取諸蘊，外不執無而謗正法，則開眼合眼，舉足下足，非見非非見，為真見佛矣。（《宗鏡錄》，頁 504a）

他認為見佛是自（自善）、他（勝緣）二力和合而成，所以真正的見佛是「非見非非見」，「非見」表示不能執著有邊，「非非見」則表示不能執執著無邊。他曾說：

> 乃至如念觀音名號，火不能燒等，此託觀音為增上緣，並是自心所感，致茲靈驗。災祥成敗，榮辱昇沈，無不由心者矣。（《宗鏡錄》，頁 589a）

他肯定〈觀世音菩薩普門品〉所說的念佛或菩薩的名號，可以得到見佛菩薩的「靈驗」[105]，這即是肯定念佛法門是「非非見」。從「託觀音為增上緣」來說，即是認為念佛法門與他力有關。另外，

---

[105] 《妙法蓮華經》，大正藏第 9 冊，頁 57c。

他指出「靈驗」是「自心所感」，所以念佛法門又是「非見」，而佛菩薩既由心生，則念佛法門又與自力有關。也就是說他主張在正觀心中的見佛，是屬於「非見非非見」，所以見佛時必須要以不取不捨的態度來看待。他在回答「凡所有相，皆是虛妄。但有好境，取即成魔。何得著相興心而希冥感耶？」時也說：

> 修行力至，聖境方明。善緣所生，法爾如是。故將證十地，相皆現前。是以志切冥加，道高魔盛。或禪思入微而變異相，或禮誦懇志，暫睹嘉祥。但了惟心，見無所見。若取之，則心外有境，便成魔事。若捨之，則撥善功能，無門修進。（《萬善同歸集》，頁 962c）

他認為對於「非見非非見」的感應，須要有般若。為了要對治眾生取相的執著，他強調見佛時的嘉祥異相皆是唯心所現，若是執著則「心外有境，便成魔事」，所以他就提出「唯心淨土」、「唯心如來」、「唯心念佛」的觀點。此外，若是眾生執著無相，以為一切感應都是唯心所現，就不去增廣福慧，則永遠都不可能圓滿佛道。他認為修行達到某種境界之時，自然而然就會感應聖境，這是合乎因果的道理，所以唯心淨土在強調一切唯心的同時，也不會捨棄有關淨土、如來、念佛等他力的思想。

永明禪師提倡念佛必先識心，與只強調自力的禪宗信徒或只強調他力的淨土行者不同。他認為學佛者要先識心以明白心外無法，此是符合禪宗明心見性的立場，而他又提倡念佛能夠往生佛國，則是符合淨土行者的願望。總之，他認為眾生由妄心作主，既執色又執心，所以要強調二空之理。而當學佛者透過觀心法門，去除妄心，由真心作主時，則可以說「心境具宗」，也可以說「心境兩無」，因為在一心思想中，心與境是冥合為一的[106]。也就是說永明禪師的一心法門理論，經由般若觀心法門，落實在日用修行之中，則不論是「直觀心性」的心法，或是「權立假相」的色法，都可以讓學佛者證悟大道，成就佛菩提。

---

[106] 《宗鏡錄》，頁 646b：「夫四念處者，念即觀慧之心，處即智照之境，能所冥合，唯是一心。」

第八章　永明禪師
禪淨融合思想的影響與再評議

永明禪師逝世之後，由於著作的不傳，及法眼宗的逐漸走向衰落，因此直到南宋，幾乎沒有人宣揚他的思想，楊傑在題《宗鏡錄》的序文時曾說：

> 初吳越忠懿王序之，祕於教藏，至元豐中，皇弟魏端獻王，鏤版分施名藍，四方學者，罕遇其本。元祐六年夏，游東都法雲道場，始見錢唐新本，尤為精詳，乃吳人徐思恭請法涌禪師，同永樂法真二三耆宿，遍取諸錄，用三乘典籍聖賢教語，校讀成就，以廣流布，其益甚博。（《宗鏡錄》，頁 415a－b）

他敘述了《宗鏡錄》的流傳經過，本書之前雖然有忠懿王的序文，但是不知是何原因卻「祕於教藏」之中不傳於世，無人研讀，因此在永明禪師逝後，大家都不瞭解他的思想。後來魏端獻王將其書鏤版刻印分送寺院，想學的人還是「罕遇其本」，難得有機緣一窺其妙，直到元祐年間《宗鏡錄》出版，並廣為流布，對後世的人才產生影響力。《石門文字禪》也說：

> 右宗鏡錄一百卷……禪師既寂，書厄於講徒，叢林多不知其名。熙寧中，圓照禪師始出之……於是衲子爭傳誦之。元祐間，寶覺禪師……因措其要處為三卷，謂之冥樞會要，世盛傳焉。（《石門文字禪》卷二十五（《禪門逸書初編》第四冊，漢聲出版社），頁 339）

引文中提到《宗鏡錄》是由「叢林多不知其名」，經「衲子爭傳誦之」，再到「世盛傳焉」的流傳過程。與楊傑的說法一致，都顯示出永明禪師示寂之後，他的思想並未引起注意，一直到南宋，由於《宗鏡錄》的刻板流傳，才讓一般人瞭解他的思想。

傳說他在永明寺之時就度化了一千多位弟子，教化的勢力鼎盛，到了契嵩時還曾說：「正宗至大鑒傳既廣……而雲門、臨濟、法眼三家之徒，於今尤盛，為仰已熄，而曹洞者僅存」❶。不過，契嵩之後，就少有記載到法眼一宗傳人的事蹟，可見其宗派的勢力已逐漸式微。其實他所屬的法眼一派，在他逝世之後就不再有受人注意的大禪師了，他的法嗣杭州富陽子蒙禪師、杭州朝明院津禪師都沒有任何的傳記留下。與其他禪宗門派相比，法眼宗的傳承已經失勢，魏道儒即說：「宋代禪宗的主要代表人物，幾乎沒有引用過延壽的著作，因此，延壽的思想在宋代禪宗史上的影響是十分有限

---

❶ 《傳法正宗記》，大正藏第 51 冊，頁 763。

的」❷。

雖然永明禪師對宋代禪宗思想的發展影響有限，但是他的禪淨融合思想卻使他被後代的淨土宗人推尊為祖師。近代的學者在研究他時，則多會注意他著作中所顯示出的博學多聞與和會思想，例如冉雲華稱其為「中國哲學史上佛教思想的集大成者」❸，呂澂也特別指出他在禪教和會思想史上的重要地位❹。對於他在禪宗史上的影響，及他的博學多聞與和會思想對後世的影響，本章在論述中不擬贅述，而是以他的禪淨融合思想對後代的影響為主，以下將敘述有關參禪念佛四料簡，及唯心淨土思想二者對後世的影響。

第一節　永明禪師與參禪念佛四料簡

每當後人要推崇永明禪師對禪淨雙修的貢獻時，除了引用《萬善同歸集》中的淨土問答之外，最常被提到的就是參禪念佛四料簡（以下簡稱為四料簡）❺，所以要討論永明禪師禪淨融合思想對後世的

---

❷ 魏道儒《宋代禪宗史論》（中國社會科學院研究生院1900年博士論文《中國佛教學術論典》3《法藏文庫》碩博士學位論文，佛光山文教基金會印行，2001年4月初版一刷），頁54。

❸ 冉雲華《永明延壽》自序，頁9。

❹ 《中國佛學思想概論》，頁281：「禪家思想到趙宋一代，有了較大的變化，和唐代開始時的情況有顯著不同。如關於禪教統一的思想，特別是貫徹賢首的理事圓融的思想，中經延壽的努力闡揚，已為他宗所接受。」

❺ 顧偉康《禪宗六變》（臺北：東大出版社，1994年12月初版），頁261：「他的『四料簡』，直截了當，大聲疾呼禪淨合一，……從此以後，宋明間禪宗巨匠，幾乎全部都是禪淨雙修的名家。」

影響，必然會討論到有關四料簡的問題，其中包括它的內容、出現的年代、歷代的崇信者、近代學者對作者的懷疑等。

本文所引用的四料簡是根據望月信亨《中國淨土教理史》所錄，其內容如下：

> 有禪無淨土，十人九蹉（一作錯）路。陰境若現前，瞥爾隨他去。
> 無禪有淨土，萬修萬人去。但得見彌陀，何愁不開悟。
> 有禪有淨土，猶如戴角虎。現世為人師，來生為佛祖。
> 無禪無淨土，銅床並鐵柱。萬劫與千生，沒個人依怙。
> （《中國淨土教理史》，頁 231）

由四料簡的內容可知，此四句偈在描述學佛者對於禪、淨法門四種不同的態度，其中的「有禪有淨土」一偈，就顯現出作者有禪淨雙修的思想。

關於四料簡出現的年代，在目前所見的文獻資料中，最早提到四料簡的是元代的中峰，據《天目中峰廣錄》裡記載，他虛擬了一位名為西歸子的學佛者，表達了當時禪、淨思想的情形，西歸子說：「以故永明壽禪師有『十人九蹉路』之譏」❻，「十人九蹉路」正是指四料簡中「有禪無淨土」的學佛者，這段文字除了顯示出元代有些念佛者已經認定四料簡是永明禪師所作，而且還認為他非常重視念佛法門，所以會藉著「十人九蹉路」來「譏」諷「有禪

---

❻ 《天目中峰廣錄》（日本京都：中文出版社，1985 年 12 月出版），頁 442。

無淨土」的人。

《天目中峰廣錄》之中對四料簡的記載還有：「永明和尚以禪與淨土揀為四句，謂有禪有淨土，無禪無淨土，有禪無淨土，無禪有淨土，特辭而辨之，乃多於淨土也」❼，雖然在書中並沒有看到四料簡的全部內容被引用，但是當時已見到本偈的四句形式。

中峰的弟子惟則也提到了四料簡，他說：

> 客乃整衣而起，從容而問曰：竊聞永明壽和尚……及作四料揀偈，其略曰：有禪無淨土，十人九蹉路；無禪有淨土，萬修萬人去。看他此等語言，主張淨土，無少寬容。無乃自屈其禪，而過讚淨土耶？此疑非小，師其為我辯之。（《淨土或問》，大正藏第 47 冊，頁 302b）

惟則引用四料簡的內容是「有禪無淨土，十人九蹉路；無禪有淨土，萬修萬人去」，比中峰的記錄較為詳細一些，但是只有部分，並沒有完整的記載。

由《天目中峰廣錄》及《淨土或問》的記載可知，二書所虛擬的人物在信仰態度上是各有不同的，《天目中峰廣錄》的西歸子是淨土的修行者，他引到四料簡來說明淨土法門的重要性，並且用之來批評禪者。惟則《淨土或問》中的禪上人則是修禪者，他引到四料簡來提出對永明禪師的質疑，他認為永明禪師身為法眼宗門徒，卻「自屈其禪，而過讚淨土」。不論引用者是立於禪或淨哪一種觀

---

❼ 《天目中峰廣錄》，頁 1100。

點，卻能顯示出當時禪、淨相諍的情形，而且他們都認為四料簡的作者是永明禪師。

如果四料簡是永明禪師所作，則出處為何？這一點中峰與惟則都未提出，而《角虎集》中曾提到四料簡出於《宗鏡錄》❽，然而今本的《宗鏡錄》之中並沒有四料簡，而且在永明禪師現存的著作中也都沒有見到四料簡，因此也有人懷疑他並非是四料簡的作者。近代有關永明禪師的研究中，對於他是否是四料簡的作者就分成正反二派的意見，一派人士認為它是永明禪師所作，如孤峰智璨、望月信亨、鈴木哲雄、釋太虛、楊惠南、賴永海等❾。但是另一派人士則取懷疑的態度，如釋恆清、柴田泰、顧偉康、孔維勤等❿。

反對者多以四料簡不見於永明禪師的現存著作中，及四料簡的內容與唯心淨土思想不合做為立論，如孔維勤即說：

> 永明延壽此四料簡，為後世淨土宗人所附會，其未見錄於宗鏡錄、萬善同歸、觀心玄樞等永明論集中，然其義與永明

---

❽ 《角虎集》，頁 555：「師……禪淨雙修，嘗輯佛祖玄要為宗鏡錄一百卷，中有四料簡，一曰有禪無淨土……。」

❾ 其詳見孤峰智璨《中印禪宗史》，頁 252；望月信亨《中國淨土教理史》，頁 231；鈴木哲雄《唐五代禪宗史》，頁 188；太虛大師〈中國淨土宗之演變〉（《淨土宗史論》，頁 149）；楊惠南〈禪淨雙修的類型及其理論基礎〉（《念佛與禪》，頁 90；賴永海《中國佛性論》，頁 462）。

❿ 參見釋恆清"*The Ch'an-Pure Land Syncretism In China: With Special Reference To Yung-Ming Yen-Shou*"，頁 207；柴田泰《中国淨土教における唯心淨土思想の研究》（1），頁 92－93；顧偉康《禪淨合一流略》，頁 183－196；孔維勤《永明延壽宗教論》，頁 124。

「唯心淨土」相背，終非永明唯心淨土之說。（《永明延壽宗教論》，頁124）

不過這二點也難以完全否定永明禪師與四料簡的關係，首先，雖然在《自行錄》有關永明禪師的著作中，並沒有記錄到四料簡的名字，而且他的現存著作中也未看到此四料簡，但是他留下來的著作並不完整，所佚失的作品不少，也許其中就有此四料簡也不一定，因此很難就此點來推斷他是不是作者。

接下來從四料簡的內容來看，其中的觀點與他的佛學思想有異有同，因此也很難就此斷定他是不是作者。

先看「有禪無淨土」一偈，此偈常被後世淨土宗人用來批判參禪者，不過若就他的和會思想來說，則與此偈的觀點不同。雖然他曾說「若盲禪闇證之徒，焉知六即」⓫，用盲禪來責備某些不讀經教的禪者，但是他也曾強調不可「崇教毀禪」⓬。而且他在《山居詩》中曾寫道：「事多興廢莫持論，唯有禪宗理可尊」⓭，表現出對於禪宗實有高度的敬意，與「有禪無淨土」會造成「十人九蹉路」的觀點是不相合的。

其次「無禪有淨土」一偈，提到淨土法門「萬修萬人去」，這在《萬善同歸集》中有類似的說法，他說：

⓫ 《宗鏡錄》，頁496b。

⓬ 《宗鏡錄》，頁617a。

⓭ 《山居詩》，頁2。

> 大集月藏經云：我末法時中，億億眾生，起行修道，未有一得者。當今末法，現是五濁惡世，唯有淨土一門，可通入路。（《萬善同歸集》，頁 968a）

他認為末法時代的億億眾生，修別種法門都無法得道，唯有修持易行道的淨土法門才能有所成就，因此「萬修萬人去」的意思與他對易行道的想法頗為符合。

再來是「有禪有淨土」一偈，指出了禪淨雙修對於證果最有幫助。《自行錄》曾提到他平時的實踐兼有坐禪及修西方淨業[14]，而且他認為禮拜阿彌陀佛（淨），可以頓悟自心（禪），成妙淨土[15]，可見也是肯定禪淨雙修。

最後，「無禪無淨土」一偈，指出只有禪、淨二種法門才能幫助眾生達於解脫。但是永明禪師卻發弘誓願認為法門無量誓願學，他曾指出：

> 若不因上代先賢，多聞廣學，深入教海，妙達禪宗，何能微細指陳，始終和會。顯出一靈之性，剔開萬法之原。（《宗鏡錄》，頁 616b）

他認為「深入教海」與「妙達禪宗」是並重的，而且在他的著作中除了引用禪、淨的思想之外，也有天台、華嚴、唯識等各種思想，

---

[14] 《自行錄》，頁 154。

[15] 《自行錄》，頁 157。

因此與「無禪無淨土」一偈主張沒有禪、淨二種法門就沒有依怙的思想大相逕庭。此外，他在《定慧相資歌》曾經提到「鐵床銅柱」，他說：「般若慧……能令鐵床銅柱冷，頓使魔怨業果休」⑯，其歌詞內容是強調不修般若的過失，與「無禪無淨土」卻沒有關連。

總之，四料簡的內容思想與永明禪師的思想有同有異，而就現有資料來判斷他是否為作者則有「文獻不足徵也」的問題，因此還需有更多的證據才能對四料簡的作者問題做出論斷。然而不論四料簡的作者是誰，它對於後世禪淨雙修提倡者的影響卻是很大的。例如清代的《修西見聞錄》引到范國俊的〈天甯普能嵩禪師淨土詩序〉，就指出：「自來禪淨兩家，強分門戶，讀永明四料簡，知萬修萬人去，一條大路矣」⑰。清代的濟能在著作《角虎集》時，就是以此四料簡的內容來命名。清末民初的印光說：「夫永明料簡，乃大藏之綱宗，修持之龜鑑」⑱，還有民國之後的竺摩也說：「故聽教參禪亦念佛的永明禪師，他說：『有禪有淨土，猶如戴角虎，現世為人師，來世作佛祖』；不是於修習禪淨有過真實經驗的工夫，這些話是不很容易說得出來」⑲。總之，後代有許多人很重視

---

⑯ 《定慧相資歌》，大正藏第48冊，頁997a。

⑰ 清·咫觀《修西見聞錄》，《卍續藏第135冊》，頁544，范國俊〈天甯普能嵩禪師淨土詩序〉。

⑱ 釋印光〈淨土決疑論〉（《印光法師全集》第一冊，《印光法師文鈔》），頁366。

⑲ 釋竺摩〈淨土法門叢談〉，《淨土思想論集（二）》，現代佛教學術叢刊67，1979年2月初版，頁85。

四料簡，並認為它是永明禪師實踐修持的心得。

第二節 「唯心淨土」思想對後世的影響

宋代以後，禪淨融合思想漸被學佛者所接受，因此禪淨雙修者日多，或者是參禪念佛，或者是結社念佛，或者是闡揚唯心淨土、自性彌陀的思想。從參禪念佛來看，其方式是在於以念佛的是誰作為參禪的話頭，例如普度在〈參禪念佛三昧究竟法門〉說：

> 要於靜室，正身端坐，掃除緣累，截斷情塵，瞠開眼睛，外不著境，內不住定，回光一照，內外俱寂，然後密密舉念南無阿彌陀佛三五聲，回光自看云見性，則成佛畢竟那箇，是我本性阿彌陀，卻又照看只今舉底這一念從何處起，覷破這一念，復又覷破這覷底是誰，參良久，又舉念南無阿彌陀佛，又如是覷，如是參，急切做功夫，勿令間斷，惺惺不昧，如雞抱卵，不拘四威儀中亦如是舉，如是看，如是參，忽於行住坐臥處聞聲見色時，豁然明悟，親見本性彌陀，內外身心一時透脫，盡乾坤大地，是箇西方，萬象森羅，無非自己，靜無遺照，動不離寂，然後興慈運悲，接引未悟，悲智圓融，入無功用行，得生上品，名實報莊嚴土。（《廬山蓮宗寶鑑》，大正藏第 47 冊，頁 311c－312a）

由引文可知參禪念佛法門本是一種參禪方法，其要點是在參禪時，行者先念南無阿彌陀佛的佛號三五聲，然後參究念佛的是誰，並參看這一念心是從何而起，參究了一陣子之後，又繼續念佛號，然後再參，直到悟道為止。憨山認為永明禪師就曾提倡這種方法，他說：「如永明大師念佛審實的公案……單單提起一聲阿彌陀佛，即看此念起處，審實者念佛的是誰，且念且審，又審又念，靠定一念……如此久久參究，參到心無用處，……忽然一念迸裂，便是了生死的時節也」⑳，他指出永明禪師的參究念佛方法是先念一聲阿彌陀佛，並以參究念佛的人是誰作為公案的話頭，而且他還指出永明禪師即運用此種方法教人㉑，不過在永明禪師現存的著作中並未見到他曾論述過有關以念佛為參禪話頭的記載，《自行錄》中也沒有看到他在日常實踐中修行過參禪念佛，《宋高僧傳》及《景德傳燈錄》等傳記中更沒有提到他是用參禪念佛法門來教導門徒的。雖然永明禪師並未提出參禪念佛，但是參禪念佛法門也間接受到他禪淨融合思想的影響，例如普度在引文中指出參禪念佛可以「豁然明悟，親見本性彌陀」，可見他也認為念佛有助於參禪者破除無明，達到明心見性，這與永明禪師所說的念佛可以幫助學佛者頓悟自心的觀點卻是一致的。

再從宋代所流行的結社念佛來看，省常創淨行社，宗賾創蓮華勝會，都是承襲自慧遠所創的白蓮社，並未提到與永明禪師有何關連。《自行錄》曾提到永明禪師「廣結香花淨會」：

⑳ 《憨山老人夢遊集》，頁 453〈示履初崇禪人〉。

㉑ 《憨山老人夢遊集》，頁 450〈示昭凡庸禪人〉：「永明教人審實念佛的是誰」。

> 常勸一切人，念阿彌陀佛，因修淨業及修福智二嚴，習戒定慧六度萬行熏修等，乃至廣結香花淨會，供養大齋，種種施為，恆有導首。（《自行錄》，頁165）

但是有關他的傳記中都看不到這樣的記載，而且淨會的儀式內容為何也不詳。而《淨土指歸集》中曾傳說永明禪師：「至暮則往別峰行道念佛，自為難繼，不欲強它，然密從之者常數百人」㉒，由「自為難繼，不欲強它」，可知永明禪師雖然提倡行道念佛，但是似乎並未發展出與他人一同共修的念佛方式。不過，由「密從」來看，永明禪師的禪淨雙修似乎已經影響到某些學佛者。

從唯心淨土、自性彌陀思想來看，宋代以後唯心淨土的思想甚為盛行，如《樂邦文類》記載了守訥的〈唯心淨土文〉㉓，和道琛的〈唯心淨土說〉㉔，這二篇都是以唯心淨土為名而提出的專論。另外宗賾在〈勸念佛頌〉中說：「極樂不離真法界，彌陀即是自心王……欲知自性彌陀佛，在汝朝昏一念中」㉕，懷深在〈勸念佛頌〉說：「欲知自性彌陀佛，在汝朝昏一念中」㉖等，也都提到唯心淨土、自性彌陀的思想。由於永明禪師在唯心淨土的發展史中可

㉒ 《淨土指歸集》，卍續藏第108冊，頁78。《永明道蹟》，卍續藏第146冊，頁981也如此記載。

㉓ 《樂邦文類》，大正藏第47冊，頁207c：「心法遍周，淨土豈離乎當念。生佛同體，彌陀全是於自心。」

㉔ 《樂邦文類》，大正藏第47冊，頁207c：「若了唯心本性，只一三千融妙之法，十萬遐方皆不違礙。」

㉕ 《樂邦文類》，大正藏第47冊，頁219b。

㉖ 《樂邦文類》，大正藏第47冊，頁220a。

謂是集大成者，具有承先啟後的重要地位，因此以下將選出一些不同時代緇素的例子，並重點說明他的唯心淨土思想如何影響到後人。這些人雖然受到永明禪師的啟發，但是隨著個人因緣的不同，他們所發展出的理論及修法亦各有其特殊之處，因此與永明禪師的觀點也是有或同或異的部分，本章以篇幅所限，無法深入去剖析他們之間的歧異處，論述時會偏重於介紹兩者間思想相似的部分，來觀察永明禪師對他們的影響。

一、對門下弟子的影響

最早受到永明禪師淨土思想影響的人是他的門下弟子，他的門下弟子中有二類與淨土思想有關，第一類是出家弟子如行靖、行明及來自高麗的門徒。行靖曾經刊刻過《觀無量壽佛經疏》㉗，而行明則在編《自行錄》時也記錄下許多有關永明禪師淨土的行持。還有三十六位來自高麗的弟子，據韓泰植的研究這些弟子將禪淨雙修思想傳回去，對韓國佛教的影響至今不滅㉘。

第二類是在家弟子，其中最有力的護持者是吳越國的忠懿王，他受到永明禪師三教合一的思想影響很深㉙，而且他對永明禪師的

㉗ 《佛祖統紀》，大正藏第 49 冊，頁 258b：「觀無量壽佛經疏、觀心論、金剛般若經疏，……咸淳元年南湖行靖等，將天台法輪院科金剛并疏刊版於寺」。行靖也曾從學於義寂，因此他的淨土思想也可能是受到天台宗人士的影響。

㉘ 韓泰植〈永明延寿門下の高麗修学僧について〉（《印度學佛教學研究》32－1），頁 135。

㉙ 由《宗鏡錄》，頁 415b 他所作的〈宗鏡錄序〉可知。

淨土思想也有深刻的體會，如他在《神栖安養賦》奉制文中讚嘆說：「師提攜四眾，綱紀一乘。勸我以白月之因，助我以青蓮之果」㉚，他認為永明禪師教化的特色就在於禪淨雙修，而且他因為受到永明禪師精勤修行淨土的感動，還特別蓋了一座「西方香嚴殿」㉛。

永明禪師另一位有國主地位的居士弟子，就是讀到他的《宗鏡錄》而願作其弟子的高麗國王，《宋高僧傳》提到：「高麗國王覽其錄，遣使遺金線織成袈裟、紫水精數珠、金澡罐等」㉜。他所派遣的留學僧學成之後，將禪淨雙修的思想傳回國內，可見他對禪淨思想應該是採取開放尊重的態度。

綜合來說，永明禪師的門下弟子接受他禪法的教導，並且不排斥淨土法門的思想及修持，但是因為他們沒有留下更多的論述著作，因此無法詳細瞭解「唯心淨土」思想對他們有多大的影響力。

二、對宋以後學佛者的影響

永明禪師在宋代已經有了淨土祖師的身份，宗曉曾提到他在禪、淨法門中作抉擇，最後決定要「誦經萬善，莊嚴淨土」的情形㉝，不過他在〈蓮社繼祖五大法師傳〉中指出善導、法照、少康、省常、宗賾為蓮社五祖㉞，並沒有列到永明禪師。而志磐在《佛祖

㉚ 《樂邦文類》，大正藏第47冊，〈進安養賦奉制文〉，頁215a。

㉛ 《樂邦文類》，大正藏第47冊，頁195b。

㉜ 《宋高僧傳》，大正藏第50冊，〈宋錢塘永明寺延壽傳〉，頁887b。

㉝ 《樂邦文類》，大正藏第47冊，〈大寺永明智覺禪師傳〉，頁195a。

㉞ 《樂邦文類》，大正藏第47冊，頁192c。

統紀》中的〈淨土立教志〉則肯定永明禪師為淨土祖師，他指出蓮社七祖是始祖慧遠、二祖善導、三祖承遠、四祖法照、五祖少康、六祖永明、七祖省常㉟，可見永明禪師已被志磐認為有功於淨土法門的推行。志磐是天台宗的後學，天台宗的修行者在宋初時，曾對相傳為智者所作的《佛說觀無量壽佛經疏》進行過研究，由於他們對觀心有不同的看法，因此在解說觀佛時的見解也有所不同，如知禮主張約心觀佛，尚賢主張攝心歸佛，仁岳主張攝佛歸心㊱。雖然，永明禪師在著作中曾引過《佛說觀無量壽佛經疏》㊲，受到天台觀心法門的影響，不過知禮等人在著作中卻並未提到永明禪師的看法。

宋代時的禪宗是以臨濟、雲門的勢力為較強，雲門宗的義懷即提倡唯心淨土思想，守訥的〈唯心淨土文〉曾說：

> 天一義懷禪師，一生迴向淨土，問學者曰：若言捨穢取淨，厭此欣彼，則取捨之情，乃是眾生妄想。若言無淨土，則違佛語。夫修淨土者如何修？復自答曰：生則決定生，去則實不去。若明此旨，則唯心淨土，昭然無疑。（《樂邦文類》，大正藏第47冊，頁207c）

引文提到義懷的「生則決定生，去則實不去」，即是指他有往生唯

㉟ 《佛祖統紀》，大正藏第49冊，頁260c〈淨土立教志〉。

㊱ 其詳請見安藤俊雄《天台學》，頁413－415知禮〈約心觀佛〉一節。

㊲ 如《宗鏡錄》，頁 532b：「天台無量壽疏云：夫樂邦之與苦域……誠由心分垢淨，見兩土之昇沈……可謂微行妙觀，至道要術者哉。」

心淨土的思想，他還撰有勸修淨土說一篇[38]，《禪宗宗派源流》還指出：

> 法眼宗永明延壽著《萬善同歸集》呼吁（籲）「禪淨一致」，其說風靡天下。義懷作為一方宗主，敏銳地把握住時代之脈搏，大倡禪淨兼修，其門下弟子慧林宗本、楊傑等皆追隨師說，主張禪淨兼修。（《禪宗宗派源流》，何雲、何明棟、張文良、徐孫銘、溫金玉、黃君等著。北京：中國社會科學出版社，1998年8月第1版第1刷，頁379）

引文提到義懷及其弟子宗本、楊傑等都受到永明禪師禪淨融合思想的影響，「大倡禪淨兼修」，由於缺少文獻記載義懷、宗本如何受到永明禪師的影響，因此下文僅述及楊傑與永明禪師的關係。此外，居士王日休也在著作中提到永明禪師的禪淨融合思想，可見宋代時的居士佛教有受到永明禪師禪淨融合思想的影響。

㈠ 楊傑

楊傑，字次公，無為人，自號無為子。《往生集》說他：

> 尊崇佛法，明悟禪宗。……嘗作天台十疑論序及彌陀寶閣記、淨土決疑集序……晚年繪彌陀丈六尊像，隨行觀念，將終之日，感佛來迎，端坐而化……辭世頌曰：生亦無可戀，死亦無可捨。大虛空中，之乎者也。將錯就錯，西方極樂。

---

[38] 《中國淨土教理史》，頁267。

贊曰：讀無為子頌，所謂參禪見性，而復以淨土為歸者也。（《往生集》，頁139c）

由傳文可知楊傑不但參禪又發願往生，是一位禪淨雙修的行者。他曾說：「唯心淨土，自性彌陀。大光明中，絕無魔事」㊴，可見他也是唯心淨土思想的提倡者，除了主張「心淨即土淨」之外㊵，他也不否認有西方極樂世界，他在〈建彌陀寶閣記〉說：

> 錢塘僧監法寶大師從雅，平生修舉彌陀教觀，參究宗風，……乃造寶閣立彌陀……入是道場者，觀一切相為非相，則能見彌陀之全體。觀一切法如幻法，則能入淨土之真境。……無念而念，無證而證，無修而修，淨土果海，豈易量哉！（《樂邦文類》，大正藏第47冊，頁184c）

他肯定錢塘僧人從雅發心建立彌陀寶閣作為念佛的道場，他指出學佛者若能於修習念佛法門時，了悟「一切相為非相」，就能見到彌陀的全體法身，若能了悟「一切法如幻法」，就能隨願往生法性淨土。這種觀點與永明禪師的唯心淨土思想一樣，而他曾經為《宗鏡錄》作序，說：

> 國初吳越永明智覺壽禪師，證最上乘，了第一義，洞究教

㊴　《樂邦文類》，大正藏第47冊，頁172b〈直指淨土決疑集序〉。

㊵　《樂邦文類》，大正藏第47冊，頁181b。

典，深達禪宗，稟奉律儀，廣行利益。（《宗鏡錄》序，大正藏第48冊，頁415）

楊傑認為在自覺方面，永明禪師不但廣學三藏十二部教典，並因參禪而已明心見性，證得最上乘的佛法。此外，在覺他方面，永明禪師不但以第一義教導眾生，又能視眾生的機宜而方便教化，可見他對永明禪師的推崇。

㈡ 王日休

王日休，龍舒人。他認為永明禪師的修行法門就是禪淨雙修，他說：

禪觀中，見觀音以甘露灌其口，乃獲觀音辯才……住持雪竇、永明，日課一百八事，精進以修西方。（《龍舒增廣淨土文》，大正藏第47冊，〈國初永明壽禪師〉，頁268b）

他指出永明禪師不但精修禪觀，到了去雪竇寺、永明寺住持時也修持西方法門。受到永明禪師以來禪淨雙修思潮的影響，他也主張禪淨雙修，曾在〈勸參禪者〉中提出：「予欲勸僧家上根器者，參禪之外，每日以頃刻之暇修西方」[41]。他並且在〈勸僧〉中也說：

不如早修淨土，直脫輪迴，面見阿彌陀佛，方是出家事畢。如永明壽禪師、長蘆賾禪師、萬年一禪師，皆修此道。

---

[41] 《龍舒增廣淨土文》，大正藏第47冊，頁270c

（《龍舒增廣淨土文》，大正藏第 47 冊，頁 260b）

他認為永明禪師提倡禪淨雙修之後，長蘆賾禪師、萬年一禪師也都是提倡禪淨雙修，就是因為這個法門可以幫助學佛者從煩惱中解脫，並往生淨土，見佛成道。所以他勸出家的僧人，早點下定決心修行淨土法門。此外，《龍舒增廣淨土文》中還收錄了〈杭州永明壽禪師戒無證悟人勿輕淨土〉一文，說：

> 問曰：但見性悟道，便超生死，何用繫念彼佛，求生他方？答曰：真修行人，應自審查，如人飲水，冷暖自知。諸仁者，當觀自己行解，得見性悟道，受如來記，紹祖師位，能如馬鳴龍樹否？得無礙辯才，證法華三昧，能如天台智者否？宗說皆通，行解兼修，能如忠國師否？此諸大士，皆明垂言教，深勸往生……。（《龍舒增廣淨土文》，大正藏第 47 冊，頁 284c）

「永明壽禪師曰」一段引文在現存的永明禪師著作中並未看到，不過卻反映出王日休對永明禪師的看法，他指出永明禪師以馬鳴、龍樹、智者、忠國師等人都深信淨土為證，勸諫學佛者不要輕視淨土法門，可見他認為永明禪師是極力在提倡淨土法門的。他曾說：「然則唯心淨土，自性阿彌，蓋解脫之要門……是以了義大乘無不指歸淨土」[42]，他指出大乘了義經典都是指歸淨土，可見他的唯心

[42] 《龍舒增廣淨土文》，大正藏第 47 冊，頁 284b。

淨土思想並不否定西方思想，這一點是與永明禪師一致的。

元代為蒙古人所建立，宗教信仰是以喇嘛教為主，而漢人則多數信仰禪宗，就禪宗勢力的發展來說，北方是以曹洞宗為主，而南方則是以臨濟宗為主㊸。受到宋代禪淨雙修潮流的影響，禪師中有不少兼修淨土法門的人，其中的惟則及智徹還曾提出參究念佛的法門㊹，以下則將探討中峰、惟則、普度、李濟等人與永明禪師的關係。

㈢ 中峰

中峰是錢塘人氏，俗家姓孫，出家後參天目高峰得悟，屬於臨濟宗一派。雖然他是從禪門悟道，但是他並不否定淨土法門。他受到永明禪師以一心思想融合禪淨的影響，認為禪、淨思想都是以一心為體，他曾說：「淨土心也，禪亦心也，體一而名二也」㊺，又說：「但悟自心之禪……既無東西兩土之殊，安有淨穢二邦之異」㊻，可見他也是主張唯心淨土思想的。他還指出：「夫永明揀禪淨

㊸ 潘桂明、董群、麻天祥著《中國佛教百科全書 3·歷史卷》（高雄：佛光出版社，1999 年 8 月初版），頁 573：「北方存在著萬松行秀、雪庭福裕一系曹洞宗後裔和海雲印簡一系臨濟宗弟子門的活動。……南方則有由圜悟克勤所傳虎丘紹隆一系後裔雲峰妙高、雪巖祖欽、高峰原妙、中峰明本、元叟行端等臨濟禪師的活動。總的說，曹洞盛於北方，臨濟盛於南方。」

㊹ 袾宏《禪關策進》，大正藏第 48 冊，頁 1102a〈師子峰天如則禪師普說〉：「但將阿彌陀佛四字，做箇話頭，二六時中，直下提撕，至於一念不生。」而頁 1102b 則有〈智徹禪師淨土玄門〉：「念佛一聲，或三五七聲，默默返問，這一聲佛，從何處起？又問這念佛的是誰？」

㊺ 《天目中峰廣錄》，頁 442。

㊻ 《天目中峰廣錄》，頁 444。

土為四句，乃曲徇機宜，特方便抑揚耳」㊼，認為參禪念佛四料簡是永明禪師為了適應眾生根性的一種方便，所以四料簡看似抑禪揚淨土，實際上禪與淨土卻是「一味平等法門」㊽。他更進一步提出參禪與念佛法門，都是佛陀教導眾生解脫煩惱的方便，他說：「且參禪要了生死，念佛修淨土亦要了生死，聖人設教，雖千途萬轍，一皆以決了生死為究竟」㊾。不過，他主張學佛者要破生死，應該要選擇專一的法門修行，所以他說：「然破生死根塵，惟尚一門深入。古人謂：毫釐繫念，三途業因；瞥爾情生，萬劫羈鎖。兼修云乎哉」㊿，他認為情識執著深厚的眾生，如果以分別心強將禪、淨分為二門，又想二者兼修，是無法破除生死證得解脫的。

中峰在《三時繫念儀範》中的〈念佛正因說〉中又指出：

> 蓋聞恆河沙數眾如來，彌陀第一；十方微塵諸佛剎，極樂是歸。至理本祇唯心，初門必由因地……欲超生死，以淨土為歸趣之方；將證涅槃，故念佛乃正心之要。……一切時中，千車合轍；四威儀內，萬善同歸。齊登極樂玅門，速成念佛三昧。最初一步要分明，直指西方無異路。（《三時繫念儀範》，卍續藏第128冊，頁141）

㊼ 《天目中峰廣錄》，頁442。

㊽ 《天目中峰廣錄》，頁444：「禪門皆剩語，淨土亦虛名，名體見銷，是非情盡……是謂一味平等法門。」

㊾ 《天目中峰廣錄》，頁445。

㊿ 《天目中峰廣錄》，頁442。

他指出「極樂是歸」、「至理本祇唯心」，可見他的唯心淨土思想並不否定往生西方淨土，同永明禪師的唯心淨土思想非常相近。而且文中提到「四威儀內，萬善同歸」，顯現出中峰繼承了永明禪師萬善同歸的思想。

另外，由他的〈次魯菴懷淨土十首并序〉也可以看出永明禪師對他的影響，序中指出有人指出「離禪外安有淨土可歸，離淨土豈有禪門可入」，把禪與淨土視為二法，而他卻引用永明禪師的四料簡，否定這種二分的觀點，他說：「不然，教中有於一乘道分別說三，永明之意在焉」[51]，他認為四料簡中雖然曾提到有禪有淨土、無禪無淨土、有禪無淨土、無禪有淨土的不同，但永明禪師還是將禪與淨土都視為一乘道。他並主張禪與淨土並沒有高下之分[52]，所以他不但讚嘆魯菴和尚身為禪師而創作淨土章句，並且次韻為詩來表達他自己的淨土思想，他在詩中說：「飯食經行外，觀光倚玉樓……寶網珠常曉，瑤階樹不秋。一從心地印，隨處絕馳求」[53]，他認為西方極樂世界的玉樓、寶網等殊勝境界，都是一心所現，而且他也將極樂世界視為故鄉，期望能回歸西方[54]。由中峰主張淨土不外一心，而又發願往生西方的思想來看，他的唯心淨土思想是與永明禪師一樣的。

---

[51] 《天目中峰廣錄》，頁 1101。

[52] 《天目中峰廣錄》，頁 1101：「惟禪惟淨土，非下亦非高」。

[53] 《天目中峰廣錄》，頁 1102。

[54] 《天目中峰廣錄》，頁 1102：「笑逢諸勝友，謂我到何遲！故家名極樂，清淨凜冰霜。」

㈣ 惟則

惟則，永新人士，俗姓譚，號天如，是中峰的弟子，他在〈示西資會道友〉說：

> 淨土惟心，心外無土……故永明壽禪師稟單傳直指之道，而亦兼以淨土化人，乃作四料簡偈，其略曰：有禪無淨土……今晦室彰公於天目西菴，月建西資會，會諸禪侶，舉百丈茶毗十念之規，推廣為三時繫念佛事，斯蓋得於永明諸老之意者歟？（《天如惟則禪師語錄》，卍續藏第 122 冊，〈示西資會道友〉，頁 863）

引文提到「淨土惟心，心外無土」，可見他也是主張唯心淨土思想的，而他在文中還指出「永明壽禪師稟單傳直指之道，而亦兼以淨土化人」，並且讚嘆西資會能夠會合禪侶，推廣三時繫念佛事，也顯現出他並不反對永明禪師的禪淨雙修。此外，他在《淨土或問》中還說：

> 使其念不離佛，佛不離念，感應道交，現前見佛。既見樂邦之佛，即見十方諸佛。既見十方諸佛，即見自性天真之佛。既見自性天真之佛，即得大用現前。然後推其悲願，廣化一切眾生，此名淨土禪，亦名禪淨土也。然則永明所謂：有禪有淨土，猶如帶角虎，現世為人師，來生作佛祖。豈不驗於此哉。勉之勉之……天如老人乃復告之曰：禪與淨土，了即俱了，心外無法，莫錯會好。（《淨土或問》，大正藏第 47 冊，

頁 302b）

他指出「禪與淨土，了即俱了，心外無法」，而且透過念佛可以見到樂邦之佛，他並強調「悟達之士正願求生」55，可見他的唯心淨土思想是相信西方佛的。此外，「淨土禪」、「禪淨土」觀點，則能表現出他的禪、淨不二思想，而且他引到永明禪師的「有禪有淨土」一偈說明他的禪、淨不二思想，可以看出他受到永明禪師唯心淨土思想的影響。還有，惟則並認為念佛的人可以了悟自性彌陀，其關鍵即在於萬法唯心。他肯定念佛者證得唯心淨土之旨時，「即見自性天真之佛」，可見他與永明禪師一樣，認為念佛者修行淨業可以悟心，與參禪者的明心見性並無不同。他並認為般舟三昧是一種唯心念佛，曾說：

> 又如般舟經教修佛立三昧，專念彌陀，其略云：常念彼佛，譬如夢見金寶親屬，相與娛樂等。永明曰：此喻唯心所作，即有而空，故無來去。又如幻非實，則心佛兩忘。而不無幻相，則不壞心佛。空有無礙，即無去來。不妨普見，見即無見，常契中道。是以佛實不來，心亦不去，感應道交，惟心自見。（《淨土或問》，頁 296a）

---

55 《淨土或問》，頁 292c。

引文提到的「永明曰……」是引自《萬善同歸集》[56]，永明禪師提出唯心念佛與唯心淨土，並主張修行般舟三昧所見之佛是唯心所作，惟則也認為念佛見佛，是因為佛與眾生感應道交，而所見的佛並非有實體自性的佛，是唯心所現的佛，所以在見佛時要了知此佛「即有而空」，不可以執著在有相上面。不過，雖然佛是唯心所現的，卻「不無幻相」，因此淨業成熟時，眾生還是會見到佛。他認為見佛是見即無見，無見即見，與永明禪師的見佛思想是一致的，所以他會引用《萬善同歸集》來作證明。

《淨土或問》中還曾提到有人向惟則請問，如果中下根的人不能修行唯心念佛的圓觀法門時，是否可以專持名號並加修禮拜、懺悔等法門，他在回答時指出平時只要修行淨因，臨終必能證得往生之果，所以不論念佛、禮拜、懺悔等功德，都可以回向往生西方，他並且還引到永明禪師的話來證明，他說：「永明亦云：直須一心歸命，盡報精修，坐臥之間，常面西向，當行道禮敬之際，念佛發願之時，懇苦翹誠，無諸異念……如今是因，臨終是果」[57]。永明禪師所說的話見於《萬善同歸集》[58]，由惟則所引用的這段文字可以看出他所提倡的念佛法門，也受到永明禪師圓修萬善思想的影

[56] 《萬善同歸集》，頁 967a：「唯心念佛，以唯心觀，遍該萬法。既了境唯心，了心即佛，故隨所念無非佛矣。般舟三昧經云：如人夢見七寶，親屬歡喜，覺已追念，不知在何處？如是念佛，此喻唯心所作，即有而空，故無來去。又如幻非實，則心佛兩亡。而不無幻相，則不壞心佛。空有無閡，即無去來。不妨普見，見即無見，常契中道。是以佛實不來，心亦不去，感應道交，唯心自見，如造罪眾生，感地獄相。」

[57] 《淨土或問》，頁 301c。

[58] 《萬善同歸集》，頁 968ac。

響。

(五) 普度

普度，丹陽人士，俗姓蔣，曾被任命為白蓮教主，他著有《廬山蓮宗寶鑑》，書的內容主要在闡釋其祖師子元的思想，據望月信亨的研究，普度解釋子元所立的「普覺妙道」四字，是受到天台思想的影響[59]。不過，普度的淨土思想也與永明禪師有關係，他在〈念佛正願說〉中曾說：

> 只要爾諸人自信自肯，從這裡入頭，悟自性彌陀，達唯心淨土，入諸佛境界，成就無上菩提。（《廬山蓮宗寶鑑》，大正藏第 47 冊，頁 336a）

普度指出學佛者要有念佛正願，此為淨土宗的他力思想，他又提到學佛者必須要「自信自肯」，此則為禪宗所提倡的自力思想，表現出他也是主張禪淨融合的思想。此外，引文又把「達唯心淨土」與「入諸佛境界」並列，可見他對「唯心淨土」的看重。普度也提倡禪淨雙修，他說：「尋訪真知，決擇心要，確實念佛，求悟大乘，了見本性彌陀，直達唯心淨土」[60]，他認為學習大乘菩薩道的修行者，為了求得真正的解脫往生，不但要修禪以求明悟真心（決擇心要），同時也要念佛以求佛祐（確實念佛）。上述這些觀點與永明禪

---

[59] 《中國淨土教理史》，頁 281「依天台之心佛眾生三無差別說，特別是承傳了四明知禮之即心觀佛之意」。

[60] 《廬山蓮宗寶鑑》，頁 344c。

師的禪淨雙修非常接近。還有，他在〈念佛正派說〉中曾說：

> 遠公、智者、曇鸞、善導、壽禪師融萬善以同歸，故我祖師欲令大地眾生見本性彌陀，達唯心淨土，普皆覺悟菩提之妙道，乃立普覺妙道四字為定名之宗觀。（《廬山蓮宗寶鑑》，頁319c）

普度認為對念佛法門有貢獻的人非常之多，而其開始是從慧遠算起，永明禪師也被列入「念佛正派」之中。此處還提到了永明禪師的萬善同歸思想，而他在〈念佛正行〉也說：「今引萬善同歸集後偈，以顯圓修」[61]，可見他認為圓修萬善也可以列入念佛的正行當中。他並且指出：

> 或云我學小乘，卻又不知戒施禮誦是漸修之法；或言我學上乘，卻又不識本性彌陀、唯心淨土之旨，不著於事相，又墮於頑空。（《廬山蓮宗寶鑑》，頁347c）

他認為某些自稱學習上乘的人，誤以為唯心淨土的不著事相就是否定事相，反而變成執著於空的「頑空」，可知他的唯心淨土思想是超越於空、有二邊的，這有可能就是受到永明禪師的啟發。

此外，他也在〈化佛來迎〉中引到《宗鏡錄》對心外無佛的論

---

[61] 《廬山蓮宗寶鑑》，頁335b。

述[62]，他說：

> 宗鏡錄或問曰：心外無佛，見佛是心，云何教中說有化佛來迎，生諸淨土？……只此一念是本性彌陀，只此一念達唯心淨土。（《廬山蓮宗寶鑑》，頁 340b）

他認為法身佛與化身佛有體、用的關係，二者是不一不二的，從佛的角度來說，化身是為了教化眾生而幻化的，所以是不來而來。而從眾生的角度來說，心誠則有感應，所以說是不見而見。總之，普度受到永明禪師唯心淨土思想的影響，也主張心、佛、眾生無別，因此他指出若能了悟「只此一念是本性彌陀」就能往生唯心淨土。

㈥ 李濟

李濟號西歸子，元代武林人，與師友等共立西資社，士大夫參加了一百多人[63]，《樂邦文類》收錄他的〈淨土詠史〉二十五首，他在〈永明智覺禪師〉說：

> 七返俱拈淨土鬮，畢生不退事精修。神棲安養因成賦，堪以慈容掛九幽。（《樂邦文類》，大正藏第 47 冊，〈淨土詠史〉，頁 225b）

---

[62] 《宗鏡錄》，頁 505c：「法身如來，本無生滅，從真起化，接引迷根。以化即真，真應一際，即不來不去，隨應物心。……不來而來，似水月之頓呈；不見而見，猶行雲之忽現。」

[63] 《樂邦文類》，大正藏第 47 冊，175a 引到沈大卿所著遠法師齊忌禮文序說：「西湖秀士李濟，予同年執友……曩從證通主人師友為西資社」。

他提到永明禪師與淨土法門有關的傳說，前二句是關於拈鬮決定，並且一生精進於修持淨土法門的故事。後二句則特別點出永明的淨土著作〈神栖安養賦〉，並關於永明禪師因上品往生而被閻羅王供養的故事。

與宋元相比，明代的佛教政策較嚴，在禪宗方面，「臨濟宗下明代禪師普遍倡提看話禪，認為只有接受和實踐大慧宗杲所創的看話禪，才有可能得悟」64，而有關明代淨土信仰之大勢，當時的修行者「多依天台等之教旨，祖述唯心淨土說。又深受永明禪師以來禪、淨雙修主張之影響。或集錄唐、宋諸家之語要，或以賦詩述願生淨土之懷感，故無多大創見」65。到了明末，各宗派中也都有人在修行淨土法門，如天台宗的無盡傳燈，律宗的見月讀體，而在禪宗方面則有屬於曹洞派的禪僧如無明慧經、湛然圓澄、博山元來、永覺元賢等66。而且明末有許多學佛者還受到四料簡的影響67。以下將選取楚石、景隆、袾宏、德清、智旭、李贄、袁宏道等人，探討明代學佛者與永明禪師的關係。

㈦ 楚石

楚石，寧波人士，俗姓朱，曾作懷淨土詩。他在〈西齋淨土詩〉中說：「再讀南屏安養賦，屋梁落月見丰姿」，其中的「南屏

---

64 潘桂明、董群、麻天祥著《中國佛教百科全書 3·歷史卷》，頁 598。

65 《中國淨土教理史》，頁 313。

66 釋聖嚴《明末佛教研究》，釋聖嚴著，臺北：法鼓文化，2000 年 2 版，頁 107。

67 《明末佛教研究》，頁 160：「相傳是永明所主張的禪淨四料簡，為淨土諸家，奉為無上準則，明末諸師，大多數亦無敢對此採否定態度。」

安養賦」是指永明禪師的《神栖安養賦》，由「見丰姿」可知他非常崇敬永明禪師的為人，而由「再讀」則可見他對《神栖安養賦》的喜愛，也可看出永明禪師的淨土思想對他是有影響的。另外，他在〈西齋淨土詩〉中又寫道：「一心不退思安養，萬善同修憶永明」[68]，由「思安養」、「憶永明」可見他也熟讀了《萬善同歸集》，如果從他對永明禪師著作的一讀再讀來推測，永明禪師著作中的禪淨融合思想，必然對他的淨土思想有深切的影響。

㈧ 景隆

景隆，字祖庭，號空谷，蘇州人氏，著有淨土詩一百零八首。據《淨土聖賢錄》提到他曾對人解說永明禪師四料簡的大義，由其觀點可見他也是主張禪淨雙修的人：

> 或問永明四料簡之旨？答言：參禪人執守話頭，自謂守靜功夫，更無別事。念佛往生，寅夕禮誦，皆所不行，此所謂有禪無淨土也。此等參禪，亦非正氣，是為守死話頭，不異土木瓦石，坐此病者，十有八九，莫之能救。真得禪旨，如水上葫蘆，捺著便轉，活潑潑地，如此參禪，不輕念佛往生之道，寅夕禮誦，亦所遵行，左之右之，無不是道，此所謂有禪有淨土也。（《淨土聖賢錄》中冊，卷五比丘三之四，頁 8）

景隆肯定永明禪師在四料簡中所提的觀點，並且對四料簡加以闡釋，他認為永明禪師所指的「有禪無淨土」，是說參禪者只知枯坐

---

[68] 此處的二段〈西齋淨土詩〉引自《蓮修必讀》，頁 732。

參禪，就好像土木瓦石一般，有定而無慧。如果根性不利者又只是死守一個話頭，根本無法明心見性，再加上不修行念佛、誦經、禮拜等其他法門，則臨終時，十之八九都會隨業所轉。而「有禪有淨土」，則是說參禪者證得本性時，了悟自性本具一切功德，則不論行住坐臥都不離道，由於心中沒有分別執著，對於念佛、誦經、禮拜等其他法門，都能隨緣修行。由引文可知景隆主張參禪者要「不輕念佛往生之道」，他並且認為參禪、念佛「無不是道」。

㈨ 袾宏

袾宏，杭州人士，俗姓沈，號蓮池。袾宏「力主佛教內部各宗派的融合統一，但以淨土為歸趣」[69]，他也主張禪淨雙修，望月信亨曾指出他的禪淨同歸說，即是受到永明禪師的影響[70]。關於參禪與念佛的關係，袾宏說：

> 古謂「參禪不礙念佛，念佛不礙參禪」；又云「不許互相兼帶」。然亦有禪兼淨土者，如圓照本、真歇了、永明壽、黃龍新、慈受深等諸師，皆禪門大宗匠，而留心淨土，不礙其禪。故知參禪人雖念念究自本心，而不妨發願，願命終時往生極樂。……然則念佛不唯不礙參禪，實有益於參禪矣。
>
> （《竹窗二筆》，頁 134）

---

[69] 潘桂明、董群、麻天祥著《中國佛教百科全書 3·歷史卷》，頁 602。

[70] 《中國淨土教理史》，頁 335：「蓋袾宏基於心佛眾生三無差別之說，……我等念佛，不過是念諸佛心內之眾生，眾生心內之諸佛之義。……此為自性彌陀，唯心淨土之義，自心即佛，禪宗與淨土，其途雖異，歸即同一。此是承受永明以來之思潮。」

他認為念佛法門對於參禪是有幫助的，而「禪兼淨土」就是指禪淨雙修，他並指出永明禪師「留心淨土」，與圓照本、真歇了等禪師都是禪淨雙修者的模範。此外，他在〈勸修淨土代言〉中曾說：

> 袾宏下劣凡夫，安分守愚，平生所務，唯是南無阿彌陀佛六字，今老矣，倘有問者，必以此答，尤恐無徵，涉於臆見，況復衰病，艱於語言，僅將佛菩薩所說經論，及古今諸大知識大居士等種種著述，題名開後，幸隨所見，詳閱而深玩焉，可信與否，惟高明裁之。（《雲棲淨土語彙》，大藏新纂卍續藏經第六十二卷，頁 11b）

他指出自己一生勤修念佛，並希望學佛者都能修行淨土法門，所以他特別為來請示如何修行的人，開出一份修行淨土所必須閱讀的書籍名單，而這份書單之中關於永明禪師的著作，他提出的是《萬善同歸集》。「由詳閱而深玩焉」可知，他希望學習淨土法門者對永明禪師的淨土思想，也要下功夫深入研究。實際上他對永明禪師的佛學思想也是有深切瞭解的，他在《往生集》的〈永明壽禪師〉中曾說：

> 贊曰：永明佩西來直指心印，而刻意淨土，自利利他，廣大行願，光昭於世，其下生之慈氏歟？其再生之善導歟？（《往生集》，大正藏第 51 冊，頁 133b）

袾宏指出永明禪師「直指心印，而刻意淨土」，就是認為永明禪師是禪淨雙修的實踐者。他肯定永明禪師的禪淨雙修法門能夠自利利他，並認為永明禪師的地位就有如同善導一般，對於淨土思想的提倡大有功績。此外，他曾經親自實驗永明禪師的念佛方法，他說：

> 世傳永明大師晝夜念彌陀十萬。予嘗試之，自今初日分，至明初日分，足十二時百刻，正得十萬；而所念只是四字名號，若六字則不及滿數矣！……而忙急迫促，如趕路人，無暇細心切念，細念則不及滿數矣！故知十萬云者，大概亟言須臾不離之意，而不必定限十萬之數也。吾恐信心念佛者或執之成病，因舉吾所自試者以告。（《竹窗二筆》，臺北：佛陀教育基金會，1991 年 8 月再版，頁 164）

他指出明代當時流傳著永明禪師一天可以念佛十萬聲的說法，他親自嘗試在一天中也念佛十萬聲，結果他發現這對一般人來說是太困難了，因此他提出念佛是以心誠為主，並不要執著於數量的多寡。此外，他還說：

> 道鏡、善道二師作念佛鏡，以念佛與種種法門對舉，皆斷之曰：「欲比念佛功德，百千萬億分不能及一。」可謂篤信明辨，大有功於淨土矣。獨其對禪宗一章，謂觀心者，觀無生者，亦比念佛功德百千萬億分不能及一，學人疑焉。予以為正四料簡所謂有禪無淨土者是也，但執觀心，不信有極樂淨土；但執無生，不信有淨土往生，則未達即心即土，不知生即無生，偏空之見，非圓頓之禪也，反不如理性雖未大明，

> 而念佛已成三昧者，何足怪乎？若夫觀心而妙悟自心，觀無生而得無生忍，此正與念佛人上品上生者同科，又誰軒輊之有？（《竹窗二筆》，頁 128）

他認為參禪者若執著於無生法門，在修行觀心時不知唯心淨土之旨，不相信有西方極樂世界的話，就是四料簡中所謂的「有禪無淨土」。他並且覺得禪宗的明心見性，與念佛者證得念佛三昧，在境界上是沒有高下之別的，這種觀點也與永明禪師是一致的。

㈩ 德清

德清，金陵人士，俗姓蔡，晚號憨山老人。大陸學者夏清瑕曾指出德清所主張的禪淨雙修及唯心淨土思想，都是承襲永明禪師而來[71]。從德清的自敘可知他從小即接觸永明禪師的思想，他在〈永明大師贊序〉說：

> 清幼讀心賦、唯心訣，即知師為光明幢也。……及垂老，至西湖淨慈，入宗鏡堂，禮大師塔影，訪其行事，弟子大壑出自行錄，清展卷默然自失，歎曰：此廣大無邊微妙法行，誠非金剛心，普賢願，不能持其萬一也。（《憨山老人夢遊集》，臺北：新文豐，1973 年 6 月初版，頁 1860）

---

[71] 夏清瑕《憨山大師佛學思想研究》（南京大學哲學系，2000 年博士論文，《中國佛教學術論典》29《法藏文庫》碩博士學位論文，佛光山文教基金會印行，2001 年 4 月初版一刷），頁 96：「憨山思想的一大特點是融合。……就淨土思想而言，憨山秉承永明延壽的觀點，主張禪淨雙修，並且以『唯心淨土』作為禪淨雙修的理論基礎。」

由「幼讀心賦、唯心訣」、「及垂老……訪其行事」，可知他一生都視永明禪師為學習的典範，尤其是對《自行錄》中記載永明禪師的一百零八件佛事，他特別感到欽佩，他認為永明禪師理事圓融，是具有普賢行願的大乘菩薩道行者。

德清曾說：「禪淨二行，原無二法，永明大師示之於前矣」[72]，可見他認為禪淨本為一體的觀點是受到永明禪師的影響。此外，他在〈示西印淨公專修淨土〉曾說：

> 近世士大夫，多尚口耳，恣談柄，都尊參禪為向上事，薄淨土而不修，以致吾徒好名之輩，多習古德現成語句，以資口舌便利，以此相尚，遂到法門日衰，不但實行全無，且謗大乘經典為文字，不許親近，世無明眼知識，卒莫能迴其狂瀾，大可懼也！大都不深於教乘，不知吾佛度生，方便多門，歸源無二之旨。世人但知祖門下以悟為上，悟心本意要出生死，念佛豈不是出死法耶？參禪者多未必出，而念佛者出生死無疑。……永明會一大藏，指歸一心，亦攝歸淨土。……但諦信此法，專心一志……勉矣行之，決不相賺。
>
> （《憨山老人夢遊集》，頁 417〈示西印淨公專修淨土〉）

德清指出當時士大夫學習佛法的人，都喜歡談文字禪，認為參禪比念佛法門高明。而禪宗裡的某些人士也只是「多習古德現成語句」，並沒有真正的實踐。為了對治當時的這些弊病，他不但主張

---

[72] 《憨山老人夢遊集》，頁 468〈示沈大潔〉。

禪與淨土「歸源無二」，而且他認為禪宗的明心見性是出生死法，淨土的一心念佛也是出生死法，所以他主張禪淨雙修，曾說：「念佛參禪兼修之行，極為穩當法門」[73]。此外，他在引文中又指出參禪者若是以意識情解來參，還不一定能夠從煩惱中解脫，而念佛者若是能夠專一心思，則一定可以出生死，顯示出他對淨土法門的重視。他在引文中還提到「永明會一大藏，指歸一心，亦攝歸淨土」，可見他認為永明禪師是以一心思想來融合禪淨的。他並且更繼承了永明禪師提倡的禪淨雙修，認為「諦信此法，專心一志」，必然可以從生死煩惱中證得菩提。

㈩ 智旭

智旭，吳縣人，字蕅益，俗姓鐘。少年時受儒學影響，著書闢佛，後來讀到袾宏的《竹窗隨筆》乃發心學佛，二十八歲生病時感悟業障深重，於是決心念佛求生淨土。當時有些禪者以唯心淨土之說來批評西方淨土，智旭對於此種見解不以為然，他並直接提出「淨土即唯心淨土，所以不可不生」的觀點[74]。他在《阿彌陀經要解》曾指出：「奈何捨此淨土，而別談唯心淨土，甘墮鼠即鳥空之誚哉」[75]，也是主張不可以只執著於唯心淨土，而卻捨棄西方淨土的思想。還有，他在〈重刻寶王三昧念佛直指序〉也說：「而世之昧者，猶以為自性彌陀，非即樂邦教主，惟心淨土，不在十萬億

[73] 《憨山老人夢遊集》，頁228〈示劉存赤〉。

[74] 《靈峰宗論》（上）（臺中：臺中蓮社，1994年夏曆四月八日版），頁269。

[75] 《阿彌陀經要解》，頁369c。

西」[76]，他認為如果執著於唯心淨土、自性彌陀，卻不相信娑婆國土的西方十萬億遠之處有極樂世界，就是愚昧可悲的。從這些引文都可以見出他主張唯心淨土，也肯定西方淨土，也就是說他的唯心淨土思想並不否定西方淨土。

另外，他在《靈峰宗論》的〈淨然沙彌化念佛疏〉文中提到念佛三昧有三種，即惟念自佛、惟念他佛、自他俱念。他並認為修法雖有三種，都能成功證得念佛三昧。所謂惟念他佛，是指淨土祖師慧遠所成立的念佛社，專修般舟三昧。惟念自佛，是指禪宗所傳的心即是佛的思想，也包括了天台宗慧思及智者所傳的淨土思想。而永明禪師是屬於自他俱念一類，他說：

> 了知心佛眾生，三無差別，眾生是諸佛心內眾生，諸佛是眾生心內諸佛，托彼果上依正，顯我自心理智，如觀經云：是心作佛，是心是佛。由我心性本具功德不可思議，諸佛果中威力不可思議，故感應道交，自他不隔，極果圓因，稱理映發，如永明壽、楚石琦，所修法門，即其證也。方便多門，歸元無二，隨行一轍，俱得到家，切勿疑慮，自隔要津。
> （《靈峰宗論》（下），頁1169）

他指出心佛眾生是不二的，也就是自他是不隔的，所以能夠「托彼果上依正，顯我自心理智」，這即是自他俱念的念佛三昧。他認為融合自、他力的自他俱念法門，正是永明禪師禪淨融合思想的一項

---

[76] 《樂邦文類》，大正藏第47冊，頁354b。

特色。

智旭並在〈十八祖像贊並序略〉中對永明禪師表達了欽慕之意，他說：

> 法法本唯心，何同復何異。……吾師集大成，萬善歸同智。向上最玄機，日課百八事。高登上品蓮，幽冥亦翹企。宗鏡照大千，生盲罕知利。安得師再來，重聞天樂瑞。（《靈峰宗論》（下），頁1425「會歸宗鏡，永明大禪師第十五」）

他提到在理上，永明禪師強調「法法本唯心」，而在事上，永明禪師實踐了一百零八件佛事，可見他認為永明禪師禪淨融合思想的另一項特色就在於理事圓融，他希望學佛者發心學習永明禪師的理事圓融，並可以像他一樣的上品往生西方。

不過，智旭受到永明禪師唯心淨土思想的影響之後，他的唯心淨土思想又與永明禪師的唯心淨土思想有些不同，例如永明禪師曾提出「識心方生唯心淨土」的觀點，智旭卻轉而指出「西方即是唯心土，不識西方豈識心」[77]，二人都同樣重視識心、唯心淨土、西方淨土之間的關係，只是永明禪師認為識心為先，而智旭卻強調識西方的重要。

㈢ 智達

智達，生平不詳。著作《異方便淨土傳燈歸元鏡三祖實錄》，

---

[77] 《淨土十要》（下）（高雄：佛光出版社，1991年3月5版），頁841〈淨土偈〉。

以戲曲的方式演出淨土祖師慧遠、永明、袾宏的故事，他在〈歸約〉中曾提到：「此錄情求通俗，上而慧業文人，以至稚童幼女，使無一不通曉，故一切深文奧義，不敢贅入」[78]，他為了要達到通俗化的目地，除了採用高僧傳中的實錄記載之外，並加入不少佚聞傳說，其中〈湖舟放生分〉提到永明禪師出家之前為官的生活，和盜用國庫放生之事。〈恩沾蠲釋分〉提到吳越王感其慈悲，免掉他的死刑，並放令出家之事。〈千里瞻風分〉提到他感悟無常，並跟隨翠巖令參出家之事。〈拈鬮灌露分〉提到他在國清寺時抉擇禪淨，及觀音賜甘露之事。〈道傳海外分〉提到高麗國王派僧人來向他學習之事。由於是以文學之筆敘述，使觀戲的社會大眾更容易親近佛法，並對於永明禪師身為淨土祖師的印象更為深刻。

智達在書中曾提到永明禪師的思想特色，他說：

> 釋迦文權開淨土，遠法師社建蓮宗，永明祖莊嚴萬善，蓮大師念佛宏通。我此傳燈記，當場演實義，見聞諸善人，切莫認為戲。（《異方便淨土傳燈歸元鏡三祖實錄》，廣陵藏經禪院存版，臺中：臺中蓮社，1990年8月景印初版，頁40）

他指出淨土思想是由釋迦牟尼佛親口所提出的，淨土宗則是由慧遠開創建立，而永明禪師對於淨土思想的貢獻，則在於提倡「莊嚴萬善」。他並且說：

---

[78] 《異方便淨土傳燈歸元鏡三祖實錄》，廣陵藏經禪院存版，臺中：臺中蓮社，民79年8月景印初版，頁9。

〈傾盃賞芙蓉〉須知宗教總明心，大道無歧徑。儘自有本地風光，自性彌陀。應運隨緣，萬法歸真。修持定慧憑宗鏡，萬善同歸極樂尊。須皈正，羨蓮邦甚近。好兼修禪土，此是上根乘。（《異方便淨土傳燈歸元鏡三祖實錄》，頁 145）

這支曲子提到永明禪師修行法門的特色，「須知宗教總明心」是指一心思想中和會的精神，永明禪師認為不論宗（禪）、教（淨）都是以明心為究竟的目標，所以不須相諍。此外，「儘自有本地風光，自性彌陀」是指永明禪師唯心淨土，自性彌陀的思想。而「好兼修禪土，此是上根乘」，則是指永明禪師的禪淨雙修實為上根者所修的法門。

㈢ 李贄

李贄，號卓吾，福建晉江人。著有《華嚴經合論簡要》、《淨土決》、《焚書》、《續焚書》等書。他與永明禪師的關係可見於〈壽禪師勸修淨業〉，其內容是引用《萬善同歸集》中關於淨土思想的文字[79]，他在引用之後說：

卓吾書壽禪師勸修後語曰：禪師自為餘杭小吏時，即已勤修淨業矣。以勤修故，愛惜一切生命而不忍殺……乃以不忍殺故，遂充之以至放生。……抑余唯不能自戒，是以敬錄勸修

[79] 《淨土決》，大藏新纂卍續藏經第六十一卷，頁 492a－493c：「問：行道念佛與坐念，功德如何？……問：唯心淨土，周遍十方。何得託質蓮臺，寄形安養，而興取捨之念。豈違無生之門？欣厭情生，何成平等？……。」

之語，以時觀省，仍奉事禪師，與天台智者于上方，庶幾雖不能比于二師之萬一，或可比於閻君之朝夕禮拜歸依也。（《淨土決》，頁 493c）

他提到永明禪師在出家之前就已經勤修淨業，他並且認為永明禪師與智者一樣偉大，希望自己能朝夕禮拜歸依永明禪師。他還說：

或問永明壽禪師曰：但見性悟道，便超生死，何用繫念彼佛，求生他方？答：真修行人，應自審察，如人飲水，冷暖自知。……四料揀云：有禪無淨土……既不明佛理，又不願往生，永劫沈淪，何由出離。諸仁者，欲超生死，速證菩提，於此四種，擇善行之。（《淨土決》，頁 499b）

「永明壽禪師曰」這一段引文曾出現在《龍舒增廣淨土文》中，可見李贄也認為永明禪師不但提倡見性悟道，也主張要念佛求生，這即是禪淨雙修的法門。他並且引到四料揀，希望學佛者能「擇善行之」。總之，他認為永明禪師所教導的禪淨雙修法門，可以幫助學佛者解脫生死。

㈥ 袁宏道

袁宏道，字中郎，公安人，著有《西方合論》一書，以教導禪淨雙修，他說：「西方合論一書，乃借淨土以發明宗乘，因談宗者，不屑淨土，修淨土者，不務禪宗，故合而論之」[80]。他曾在《西方合論》的引言中提到，一般人不是偏於滯相，就是偏於著空，而「永明為破狂慧之徒，言萬善之總是」[81]，可見他認為永明禪師的圓修萬善，能夠對治禪者執著心即是佛而不肯修行的狂慧。他並且提到自己曾經採取龍樹、智者、永明等人的著作，「細心披讀，忽爾疑豁，既深信淨土，復悟諸大菩薩差別之行」[82]，可見他認為修行淨土法門要兼顧理事的思想，也有受到永明禪師的影響。此外，他曾將淨土分為十種，其中就有唯心淨土，他解釋說：

> 直下自證，當體無心，即是淨土，如維摩經云……夫心是即土之心，土是即心之土，心淨土淨，法爾如故，此語豈非西方註腳，多有執心之士，卑此法門，以為單接鈍根者，由於心外見土故也。夫念即是心，念佛豈非心淨；心本含土，蓮邦豈在心外。故知約相非乖唯心，稱心實礙普度矣。（《西方合論》，頁 390b）

他對唯心淨土的解釋是當下反觀自證，悟得心體本無自性，證得此清淨無妄的自心，則當下就是淨佛國土。他強調「心是即土之心，

---

[80] 原文出於袁宏道的《珊瑚林》上卷，頁 27，不過《珊瑚林》在國內已無存書，因此本段文字是轉引自邱敏捷《參禪與念佛——晚明袁宏道的佛教思想》（《參禪與念佛——晚明袁宏道的佛教思想》，臺北：商鼎出版社，1993 年，第 1 版第 1 刷），頁 72。

[81] 《西方合論》，大正藏第 47 冊，頁 388a。

[82] 《西方合論》，頁 388b。

土是即心之土」，可見他認為淨土並不在心外，不過他又曾指出若是誤解唯心之義，就有可能落入唯心墮中，他並說：「諸佛以唯心故，忻厭出生；以唯心故，說名平等；以唯心故，莊嚴佛土……穢尚不捨，何獨捨淨」[83]，也就是他認為唯心淨土是淨穢平等的，因此只強調自性淨土而捨棄十方淨土，也是一種執著。而他主張「心淨土淨」，又指出：「心本含土，蓮邦豈在心外」，可見他的唯心淨土思想並不否定西方，這一點是與永明禪師相同的。另外，他還說：

> 多見今之禪者，不究如來之了義，不知達磨之玄機，空腹高心，習為狂妄，見修淨土，則笑之曰：彼學愚夫愚婦之所為。……於是永明和尚，深憐痛哀，剖出心肝，主張淨土，既以自修，又以化世。……夫永明既悟達磨直指之禪，又能致身於極樂上品，以此解禪者之執情，以此為末法之勸信，是真大有功於宗教者。（《西方合論》，頁 394c）

他指出有一些禪者自以為即心是佛，就生起我慢，見到修行淨土的行者，就嘲笑他們祈求佛力的救度是愚昧的行為，他卻認為禪與淨土實際上是不相違背的，所以他舉永明禪師為例子，說：「永明既悟達磨直指之禪，又能致身於極樂上品」，顯示出他對永明禪師修行法門的認識即是禪淨雙修，他並認為禪淨雙修可以破除禪者對自力的執著。此外，他還提到永明禪師「主張淨土，既以自修，又以

---

[83] 《西方合論》，頁 412c。

化世」、「是真大有功於宗教者」，可見他認為永明禪師對於淨土法門的提倡是有卓越功績的。

到了清代，宗派彼此之間由於互相融合，永明禪師還因為提倡融合思想而特別受到雍正的重視[84]，雍正讚嘆他道：「誠為紹祖佛之真子，破魔外之將軍，救眾生之慈父，教百世之宗師也」[85]。由於當時佛教界逐漸走向禪淨雙修的路子[86]，清代的學佛者有不少禪淨雙修的提倡者，以下所舉出濟能、徹悟等人，藉由永明禪師思想對他們的影響，來觀察清代學佛者對禪淨雙修的看法。

㈤ 濟能

濟能，山陰人，又稱一壑沙門。他在《角虎集》中輯錄了《萬善同歸集》中與淨土思想有關的各項問答[87]，而且他的《角虎集》就是根據四料簡中有禪有淨土，「猶如戴角虎」一偈來作書名的，他說：

> 一壑子曰：參禪修淨土者，不可因循度時，須用痛加鞭策功夫，毋令間斷……宗門知識闡揚淨土旨要者，千人中一二，

---

[84] 潘桂明、董群、麻天祥著《中國佛教百科全書 3·歷史卷》，頁 619：「《御選語錄》給予永明延壽和雲棲袾宏以特殊地位主要原因是他們都重視融合調和思想。」

[85] 《宗鏡大綱》，臺南市精進念佛會，1990 年 3 月，頁 3〈御錄宗鏡大綱序〉。

[86] 望月信亨《中國淨土教理史》，頁 349：「清代佛教受明代禪、教、律三學混融之思潮，禪淨雙修之風非常隆盛！同時台宗、律宗等之門人亦參禪而又歸淨，各派對立之氣勢幾乎消失。」

[87] 《角虎集》，卍續藏第 109 冊，頁 555。

其言句且鮮存於語錄，故得見尤難。教家知識修淨土而善指示者，傳播宇內甚多，奚煩再述，茲所選入，皆具大力量人，開導淨土難信之法，洋洋乎禪淨雙彰，方稱虎之帶角也歟？（《角虎集》，大藏新纂卍續藏經第六十一卷，頁 226c〈永明智覺延壽禪師〉）

他指出此書的內容是選錄有關禪師兼修淨土法門的開示，他認為這些人禪淨雙修，正合乎帶角虎的尊號，不但在今生能夠為人師表，並且在將來都可以完成佛道。書中也提到屬於法眼宗的永明禪師，他在提到永明禪師的傳記時，特別指出了永明禪師有二本與淨土思想有關的著作《神栖安養賦》、《萬善同歸集》，他還明白指出「宗鏡錄一百卷中有四料簡」[88]，不過今本《宗鏡錄》並沒有看到四料簡。他讚嘆永明禪師說：「師平生乘大願船，廣度群品，世皆尊為宗門赤幟，淨土白眉」[89]，由「宗門赤幟」與「淨土白眉」並列，可見他認為永明禪師不但提倡禪淨雙修，而且對禪宗及淨土宗都有很大的貢獻。

㈥ 徹悟

徹悟，京東豐潤縣人，俗姓馬。他原本是修行禪法，後來因為生病的因緣而改修念佛[90]。他非常讚歎永明禪師，認為永明禪師與

---

[88] 《角虎集》，大藏新纂卍續藏經第六十一卷，頁 216b〈永明智覺延壽禪師〉。

[89] 《角虎集》，頁 216。

[90] 《徹悟大師遺集》，〈自敘〉，頁 3。

智者一樣是法門中的龍象[91]。他曾說：「一句彌陀，一朵寶蓮。唯心之妙，法爾如然」[92]，由「唯心之妙」可知他是屬於唯心淨土的，而他的唯心淨土思想就是受到永明禪師的影響，《淨土聖賢錄》提到他「每謂永明壽禪師乃禪門宗匠，尚歸心淨土，況今末代，尤宜遵承。於是專修淨業，主張蓮宗」[93]。此外，他說：「一句彌陀，是無上禪。一生事辦，曠劫功圓」[94]，他認為念佛「是無上禪」，所以他也同永明禪師一樣主張禪淨雙修。他並且在〈示眾〉中說：

> 況出胎隔陰，作主大難，而蓮苞一敷，勝緣具足，此則日劫相懸，天地不足以喻其否泰矣。無怪乎永明大師謂：有禪無淨土，十人九錯路。無禪有淨土，萬修萬人去。此真語也，實語也，大慈悲心淚出痛腸之語也，學者幸勿忽諸！（《徹悟大師遺集》，頁7）

徹悟認為修禪者堅持靠自力，若是不能明心見性，臨終受到業障所牽，輪迴六道受生，即使能夠出世為人，因為隔陰之迷，也無法作自己的主人。而念佛者信靠他力，若能往生淨土，則可以蓮華化

---

[91] 《徹悟大師遺集》，〈教義百偈〉，頁 99：「一句彌陀，利大象龍。永明禪伯，智者教宗」。

[92] 《徹悟大師遺集》，喚醒、了睿輯錄，三重淨宗學會，2001 年印行，〈教義百偈〉，頁 97。

[93] 《淨土聖賢錄》下冊，續編往生比丘一，頁 12。

[94] 《徹悟大師遺集》，〈教義百偈〉，頁 99。

生，與上善者共聚聽佛說法。他不但引永明禪師的四料簡證明其觀點，並指出此四料簡是真實的諦理，希望學佛的人不可輕忽，要切實踐行。

民國之後的佛教行者，仍舊承襲著明清以來禪淨雙修的影響，其中的印光、來果、虛雲等，都曾在著作中提到永明禪師，下面即簡述他們與永明禪師的關係。

㈦ 印光

印光，陝西郃縣人，年輕時曾追隨長兄勤讀儒家書籍，遂一心效法理學家之排佛，後來因為受到眼疾的痛苦，深感業報可畏，於是開始信佛，並決心出家。出家後他在湖北蓮華寺曬經時，因為讀到《龍舒淨土文》對淨土法門的讚嘆，就決意往生西方，專修淨土法門。他在〈禪與淨土〉中說：

> 禪與淨土，理本無二。若論事修，其相天殊。禪非澈悟澈證，不能超出生死。……良由惟仗自力，不求佛加，絲毫惑業不盡，生死決不能出。淨土則具信願行三，便可帶業往生，一得往生，則永出生死。良由全仗佛力，兼自懇心，故得感應道交，由是速成正覺。……是以觀音反聞聞自性之工夫，修勢至都攝六根淨念相繼之淨業。即淨而禪，孰妙於是？（《印光法師全集》第三冊〈禪與淨土〉，頁 58）

他指出「禪與淨土，理本無二」，也就是他認為從理上來說禪淨是不二的。而從事上來說，他認為念佛「全仗佛力，兼自懇心」，也就是他認為念佛法門是融合自他力的修法，他提到念佛能夠淨念相繼，一心不亂，就是三昧禪境，可見他也受到了永明禪師禪淨融合思想的影響。此外，他在〈淨土決疑論〉中曾說：

> 淨土者，即信願持名，求生西方，非偏指唯心淨土，自性彌陀也。……倘念佛偏執唯心而無信願；或有信願而不真切，悠悠泛泛，敷衍故事……皆不得名為「有淨土」矣。（《印光法師全集》第一冊，《印光法師文鈔》卷二〈淨土決疑論〉，頁 367）

這段文字在解說永明禪師四料簡中的偈子，他指出「有淨土」並不是「偏指唯心淨土，自性彌陀」，也就是他認為唯心淨土思想若只是強調唯心，而不相信西方淨土的話，就是一種偏執之見，所以他更進一步提出：「是知禪淨雙修，唯具深信願者方能得益」[95]。他並且提高了四料簡的重要性，認為四料簡是「大藏之綱宗，修持之龜鑑」[96]。

印光視永明禪師為蓮宗的第六祖，並對他表示出崇高的敬意，他說：「法華一部，佛事百八，四重料揀利愚黠，萬善作警察，普期超拔，往生極樂剎」[97]，肯定永明禪師一百零八件佛事中的禪淨雙修及參禪念佛四料簡有功於淨土法門的提倡。而且他還說：

---

[95] 《印光法師全集》第二冊，《印光法師文鈔》續編卷下〈彌陀聖典序〉，頁 1159。

[96] 《印光法師全集》第一冊，《印光法師文鈔》卷二〈淨土決疑論〉，頁 366。

[97] 《印光法師全集》第二冊〈蓮宗十二祖讚頌〉〈宋六祖杭州永明延壽大師〉，頁 1325。

> 故宋初永明壽禪師，以古佛身示生世間，徹悟一心，圓修萬行，日行一百八件佛事，夜往別峰行道念佛，深恐後世學者不明宗要，特作一四料簡偈，俾知所趣。（《印光法師全集》第四冊，〈上海護國息災法會法語——第四日說成佛大因果並略釋四料簡要義〉，頁2115）

引文中的「以古佛身示生世間」，是印光個人對永明禪師的特別尊崇，不過「徹悟一心，圓修萬行」，及「行道念佛」等，卻真實說中了永明禪師一心思想下禪淨雙修的特色。

㈥ 來果

來果，湖北黃岡人士，俗姓劉。他專修禪法，卻不因禪師的立場而批評淨土思想，他認為各宗思想雖然重點不同，但都是釋迦牟尼所說，不可以宗派立場不同而互相爭執，他曾著作〈解謗扶宗淺說〉，在宗謗淨的部分，他說：

> 四料揀，是則盡是，非則全非。……前之四料揀之設，由切信念佛產生，內中不知，信之功小，謗之過大，各起爭端，互相誹謗。今既解除，可免無咎。（《來果禪師語錄彙上集》，南投：中臺山佛教基金會，1998年12月。頁414〈解謗扶宗淺說〉宗謗淨三）

引文中的「謗曰」是指當時某些禪宗人士誹謗淨土思想的觀點，而「解謗」所說的則是他的見解。他指出當時有人提到「有禪有淨土之法，不能行世，明也」，認為禪淨是不可以雙修的，而且還判定四料簡並非永明禪師的著作。來果在文中並沒有考證四料簡的作者是否為永明禪師，但是他指出四料簡是「由切信念佛產生」，否定了四料簡「惑世駭眾，瞎人天眼」的說法。他認為宗派間的不合對佛教是不好的，因此他提出了「謗之過大」的觀點，並且主張無諍的思想。

此外，來果雖然在高旻寺時主張專修禪法，但是他對淨土思想也很尊重，而且他在論述蓮宗時的看法就承襲自永明禪師，他說：

> 十蓮宗者，始自晉朝遠公創設念佛蓮社，唯心念佛，以唯心觀，遍該萬法，既了境唯心，了心即佛，故隨所念，無非佛矣。智論云：譬如嬰兒，若不近父母……又按諸經云：生安養者，地強緣勝……安國鈔云：所言極樂者，有二十四種樂……群疑論云：西方淨土有三十種益。（《來果禪師語錄彙上集》，頁 283〈十界因果淺錄〉）

他在引文中論述了蓮宗的來源及思想大要，其中的「唯心念佛，以唯心觀……」提到唯心念佛思想，及「智論云」、「安國鈔云」等經論中的引文，都是引自到永明禪師的著作《萬善同歸集》[98]。他並在〈蓮宗〉最後的部份說：

> 評曰：八百劫未種善根，其惡太甚，但由一念佛之功，而出

---

[98] 《萬善同歸集》，頁 967b：「智論云：譬如嬰兒，……群疑論云：西方淨土有三十種益」。

家得道，為大聖賢，此法門真不可思議也。故云：一句彌陀，能銷八十億萬劫生死重罪，誠哉是言也。（《來果禪師語錄彙上集》，頁 293〈十界因果淺錄〉）

由「此法門真不可思議」可知，來果並不否定西方淨土，也就是說他的唯心淨土思想也是受到了永明禪師的影響。

㈨ 虛雲

虛雲，出生於福建泉州，俗姓蕭。據《虛雲和尚見聞事略法彙》中的〔附記〕提到：「法眼失嗣更久，八寶山青持大師請虛老續法眼源流，良慶禪師為七代，虛老人應繼為法眼第八代」[99]，可見他是法眼宗的傳人。由他的和會無諍、唯心淨土、禪淨融合、禪淨雙修等思想，都可以看出他在法脈上繼承了法眼一系的傳統，而且受到永明禪師不小的影響。在和會無諍方面，他說：

又問：參禪念佛同否？以偈答云：佛說一切法，莫非表顯心，安得禪淨門，妄自別淺深。一稱南無佛，心光自發宣，了此話頭源，當下達本宗。識茲佛來去，參禪證無生，動靜是如如，淨土即此間。深體佛祖無諍之旨。（《虛雲和尚見聞事略法彙》，頁 198〈揚州鄧契一居士問念佛〉）

從「一稱南無佛，心光自發宣」、「淨土即此間」，可見他是主張

---

[99] 《虛雲和尚見聞事略法彙》（臺北：佛陀教育基金會，2000 年 11 月出版），頁 267。

唯心淨土思想的，他認為不論是修行禪或是淨都可以幫助明心見性。他認為禪、淨都是佛所說的法，因此不可相互評詰，他說：

> 念佛的人，每每譭謗參禪，參禪的人，每每譭謗念佛，好像是死對頭，必欲對方死而後快，這個是佛門最看悲歎的惡現象。……參禪、念佛等等法門，本來都是釋迦老子親口所說，道本無二，不過以眾生的夙因和根器各不同，為應病與藥計，便方便說了許多法門來攝化群機。……法法本來可以互通，圓融無礙的，譬如念佛到一心不亂，何嘗不是參禪？參禪參到能所雙亡，又何嘗不是念實相佛。禪者，淨中之禪；淨者，禪中之淨。禪與淨，本相輔而行，奈何世人偏執，起門戶之見，自讚譭他。（《虛雲和尚見聞事略法彙》，頁155〈參禪與念佛〉）

他認為從理上來說，「道本無二」，所以禪、淨是圓融無礙的，二者都是可以幫助學佛者解脫生死的方便法門。如果雙方互相譭謗，只是偏執分別在作祟，對佛門的發展非常不利。他不但從理論上肯定禪、淨是圓融無礙的，而且在事修上，他也提倡要禪淨雙修，他曾經對劉寬正說：

> 居士既徘徊於禪淨之門，則何妨合禪淨而雙修，於動散之時，則持名念佛；靜坐之際，則一心參究念佛是誰，如斯二者，豈不兩全其美。（《虛雲和尚見聞事略法彙》，頁209〈致馬來亞麻坡劉寬正居士函三則其一〉）

他認為禪淨雙修法門宜動宜靜，平時的日常活動不妨可以持名念佛，而靜坐之時則可以用參禪念佛的方法。

綜合上面的論述可知，永明禪師的唯心淨土思想，對以後的學佛者有很大的影響力。此外，由於他提倡禪淨雙修，後代的禪師們逐漸接受了淨土法門的修持，他們不再只是把念佛視為定心的方便，並且也都發願要往生淨土。而淨土宗的修持者，也受了永明禪師的影響，體認到淨土法門的理論及修持都是不離此心的，跟著他提倡唯心淨土的論點。

第三節　永明禪師禪淨融合思想的再評議

從永明禪師提倡的禪淨融合思想對後世的影響，可以看出後代的禪宗人士或淨土宗人士，在提倡禪淨雙修若是面臨到質疑時，都會引他的思想作解釋，而這些質疑與解釋，顯示出後人對他的禪淨融合思想有肯定也有否定，下文即探討這些不同的評論，並提出筆者個人的看法。

一、後人對永明禪師禪淨融合思想的評論

永明禪師禪淨融合思想所具有的特點，對於不同的人所造成的影響是有別的，所以後人對他的看法也不一，有些人是持反對的立場，有些人則是贊同他的思想。綜合反對者的言論後發現他們大致有二點意見，第一禪淨融合會使禪宗失去原來的獨立精神，第二禪淨各有修行特色，不可以一起修行。

首先，認為禪淨融合會使禪宗失去原來的獨立精神的人，如元

代中峰的《天目中峰廣錄》曾記載：

> 永明壽和尚稟單傳之學於天台韶國師，是為法眼的孫，匡徒於杭之淨慈，座下常數千指……柰何說禪之外，自修淨土之業，而且以教人。……無乃自屈其禪，而過讚淨土耶？此疑非小，師其為我辯之。（《天目中峰廣錄》，頁442）

文中提到有人認為永明禪師身為法眼宗的傳人，教導禪法之外，居然還「自修淨土之業，而且以教人」，對他的禪淨雙修不太認同。此外，當時傳為永明所作的四料簡中涉及到「自屈其禪」的部分，更是令某些禪者無法接受，因此才有人會特意求教於中峰，請中峰說明其中的道理。

吳經熊也批評禪淨融合會使禪宗失去原來的獨立精神，他說：

> 其實，延壽是熱心於把禪宗和淨土宗結合在一起，正如近人所謂：把唸佛，讀經，求籤，和禪定融於一爐。但這個悲劇乃是當禪宗和這些修習及儀式結合之後，便失去了它的獨立精神，不再是它自己了。不過不可否認的這種結合卻使淨土宗更有活力。（《禪學的黃金時代》，頁252）

他指出禪淨融合對禪宗而言是不好的，因為他認為禪淨融合使禪宗「不再是它自己了」。不過他卻認為禪淨融合對淨土宗而言是有利的，因為禪淨融合使「淨土宗更有活力」。釋宏一也在〈永明延壽禪師思想探源——與萬善同歸集之要義〉中指出永明禪師作四料簡提倡禪淨雙修，「有人評論此種方法，不能得禪之本色」[100]。

總之，「自屈其禪」、「不再是它自己了」、「不能得禪之本色」，都是訴諸於宗派的立場來說的。

其次，認為禪淨各有修行特色，不可以一起修行的人。如日本的白隱曾經指出：「或云禪而兼淨土者，虎而挾翼者也，是何掠虛妄談哉」[101]，他並批評參禪功夫不純，卻去修淨土法門的禪徒是「庸才惰弱」[102]。他反對禪淨雙修的理由是參禪與念佛，前者重視神秘直感，後者重視感性信仰在方法上並不相容。還有他也認為禪淨雙修是功利主義的方法，而禪宗則是不主張功利的[103]。此外，來果也曾在〈解謗扶宗淺說〉中提到禪宗裡有一些人毀謗淨土法門，他們說：「禪淨兩門，行決定別；參禪要成一團，念佛要成一片；一個團中，若毫有念佛之心，兩心不能成團；一個片中，若稍有參禪之念，早為兩片」[104]，他們認為學佛者最好要專修，因為禪淨兩門根本不能並行。總之，「掠虛妄談」、「不能成團」、「早為兩片」，都是在否定禪淨雙修的。

此外，也有一些人肯定永明禪師的禪淨融合思想，他們認為禪淨融合思想有二個優點，第一可以調和禪淨思想間的矛盾，第二可

---

[100] 〈永明延壽禪師思想探源——與萬善同歸集之要義〉，《佛教文化學報》第9期，1980年11月，頁36。

[101] 〈白隱禪師息耕錄開筵普說〉，頁19。

[102] 〈白隱禪師息耕錄開筵普說〉，《禪學大全》第六冊，中華佛教文物出版社，頁17。

[103] 參見〈禪淨融合主義的思惟方法〉，頁247。

[104] 《來果禪師語錄彙上集》，頁414〈解謗扶宗淺說〉。

以適應更多的眾生修行。

首先，肯定禪淨融合思想可以調和禪淨思想間的矛盾，如明代的傳燈在《天台山方外志》曾說：

> 夫佛之法一耳，有禪、教、蓮、律之分者，入道者因緣不同，而倡導者設門有異也。……永明為禪宗大老，的嗣雲居，送想西方，援著宗鏡，非禪而蓮與教乎？老子曰：小智自私，賤彼貴我。宜其禪而禪，教而教，蓮而蓮矣。若曰：達人大觀，無可不可。又孰間禪教與蓮哉？今此分門，又復重出，為明此理，故不避繁冗云。（《天台山方外志》），《中國佛史志彙刊》第一輯第 81 冊，頁 230〈永明延壽智覺禪師〉）

他認為永明禪師提倡禪淨融合思想，打破了宗派立場的執著，是達人的思想，他並且因為永明禪師既有功於禪宗，也對淨土宗的弘揚有極大的貢獻，所以在書中的〈蓮宗〉及〈禪宗〉裡面都提到了永明禪師的傳文[105]。近代的學者冉雲華也在〈延壽佛學思想的形成〉指出：

> 自從《六祖壇經》指責「迷人念佛生彼」，主張「悟者自淨其心」以來，禪宗的「自力」解脫與淨土的「他力」往生，一直成為兩者衝突的焦點。延壽「唯心淨土」的提出，使

[105] 《天台山方外志》，頁 232 的〈蓮宗〉及頁 216 的〈禪宗〉都有永明禪師的傳文。

> 禪、淨兩家的矛盾，得到了調和，甚至達到某種程度的統一。（《從印度佛教到中國佛教》，頁226）

他認為永明禪師所提倡的禪淨融合思想，和會了禪宗的「自力」與淨土的「他力」，使得禪淨之間不再有對立衝突。釋恆清也肯定禪淨融合「正是表現中國佛教開創性的一個很好的例子」[106]。總之，肯定永明禪師禪淨融合思想的人認為，禪淨融合思想有助於調和禪、淨二者之間的矛盾。

其次，肯定禪淨融合思想可以適應更多的眾生修行，如元代的中峰說：

> 爾不達善權方便，局於己見，誣謗先哲。夫永明揀禪淨土為四句，乃曲徇機宜，特方便抑揚耳！……謂禪外別有淨土可歸，及引永明禪淨土四句為口實，不亦謬乎！（《天目中峰廣錄》，頁442）

他認為批評永明禪師四料簡的人是「局於己見」，而他自己以為禪淨融合思想是為了適應眾生根性的一種方便。此外，近代的學者呂澂曾指出永明禪師「對宋代禪師的影響很大，……這樣做使禪宗擴大在群眾中的影響倒是很有利的」[107]。而何建明也說：

---

[106] 〈禪淨融合主義的思惟方法〉，頁248。

[107] 《中國佛學思想概論》，臺北：天華出版社，1997年11月初版七刷，頁279。

他的所謂禪淨合一思想，不僅不是對禪佛教的背離，而且更是對只能是上根人的參禪走向使更多的中下根人，通過念佛而達到禪修，從而推展禪佛教的普適性具有極重要的意義。（〈論永明延壽對近代中國禪佛教的影響〉，頁8）

他認為參禪只能適應上根的眾生，而禪淨融合則使中下根的人也可以透過念佛的方便而達到定心。冉雲華也指出：「融淨入禪，使延壽以後的禪宗，在中國歷史及社會上都擁有更廣泛和更強固的基礎」[108]。總之，肯定永明禪師禪淨融合思想的人認為，禪淨融合思想使得禪宗法門能適應更多的眾生來學習。

二、對永明禪師禪淨融合思想的再議

綜合後人對永明禪師禪淨融合思想的評論可知，否定者認為禪淨融合會使禪宗失去原來的獨立精神，而且禪淨各有修行特色，不可以一起修行。而肯定者則認為禪淨融合調和了禪淨思想間的矛盾，並且可以適應更多的眾生修行。筆者則從歷史及教理的二種角度，對這些評論提出自己的看法。

首先，從歷史的角度來說，淨土思想發展到唐代已經非常盛行，有不少關於淨土思想及實踐的論疏。其中淨土行者慈愍還主張禪淨雙修，不過他所留下來的著作中有關論述禪淨雙修的部份並不是很多。到了五代時也有一些人在修行淨土法門（參見附錄永明禪師年表），可是在這個時期只有永明禪師的著作保留下有關於淨土的

[108] 《永明延壽》，頁203。

思想及實踐，由於他是以禪師身份而提倡淨土思想，因此他的著作是研究關於五代時期淨土思想的重要文獻。此外，永明禪師集合了前人的淨土思想，又影響到後世的淨土思想，因此他在佛教史上具有承先啟後的地位。

再從禪淨融合發展的歷史來說，早在永明禪師提倡禪淨融合思想之前，禪與淨之間就已經有一段相互批判與融通的歷程。在禪門之內，禪者對於淨土思想有三種態度，第一種人是對淨土思想採取批判的態度，如慧能即是。第二種人是在教化的方便中融入了念佛法門，如道信是以念佛為攝心入定的方便，而弘辯認為念佛是對機教化的方便。第三種人則深信淨土並且修持念佛發願往生，如紹巖、文輦即是。這三種禪者除了第一種人之外，其餘二者都可以算是禪門中禪淨雙修的先驅者。禪宗人士基於即心是佛的立場，偏重強調自力，並重視當下的修行以莊嚴此方，因此禪者之念佛主要是為了是以念佛為攝心的方便法門，這種視念佛為手段的禪淨雙修，是屬於禪定與念佛的結合。至於紹巖、文輦修行念佛並求往生，是研究有關禪者之念佛非常重要的人物，但由於文獻不足的問題，無法瞭解他們如何將禪淨思想相互結合。

另外，在淨土的修持者中也有禪淨雙修的人，淨土行者雖也肯定「是心是佛」、「是心作佛」，但是他們為了凸顯阿彌陀佛的悲願度生，就更加強調凡夫的業障深重，因此他們認為依靠自力修行解脫為難行道，主張他力的祈求為易行道，還有他們都是厭棄娑婆，欣慕極樂，所以都會發願到臨終時能夠以念佛的功德往生他方淨土。不過，淨土行者中也有提倡禪修者，這些人則是主張透過修習禪觀以證得念佛三昧，如慧遠一系提倡的般舟三昧即是，而善導提倡的《觀念阿彌陀佛相海三昧功德法門》也是。淨土行者依修行方式不同分為慧遠、善導、慈愍等三系，永明禪師都曾受其影響，不過他在著作中曾引用到慈愍有關禪淨雙修的文字[109]，因此他是直接受到慈愍的影響，其他二者則是對他有間接的影響。

總之，永明禪師並非是最早提出禪淨雙修的人，不過他除了落實禪淨雙修的實踐之外，也融攝整合了前人的理論與實踐方法。也就是說他在禪淨思想的融合史上，不但超越了宗派立場，而且更具有集大成的意義。

首先，永明禪師的禪淨融合思想由於能夠超越宗派的立場，因此它具有二項特點，第一它可以適合更多根性的眾生來修行，第二它也可以免除了宗派間的互諍。這二點正好是前人贊同永明禪師禪淨融合思想的立論所在，筆者也認為永明禪師禪的淨融合思想確實具有這二項特點，以下即提出本文的看法。

從適合更多眾生的修行來說，永明禪師在著作中提到許多有關於淨土思想的理論及修行方法，可以吸引與不同修法相應的眾生，進入他的修行系統之中。例如他引到「天台無量壽疏」中的一心三觀思想來解說淨土思想[110]，可以吸引對天台思想相應的人。他又引到僧肇的般若思想來解說「佛土常淨」的觀點[111]，可以吸引對般若思想相應的人。其他如對華嚴或唯識思想等對淨土的引用，也可以

---

[109] 《萬善同歸集》，頁 963c。

[110] 《宗鏡錄》，頁 951b：「天台無量壽疏云：……佛即是法身，觀即般若，無量壽即解脫。當知即一達三，即三達一。」

[111] 《宗鏡錄》，頁 532b：「肇法師云：……佛土常淨，豈待變而後飾。蓋是變眾人之所見耳。」

吸引對華嚴或唯識思想相應的人來學習他的法門。此外，在修行念佛的方法上，他提出實相、觀想、觀像、持名等四種方法，讓不同根性的眾生都可以學習。以觀想念佛來說，他提倡「淨念相繼」的念佛方法(112)，教導學佛者以母子相憶的方式念佛，就很適合有這種憶念傾向的人來學習(113)。還有，他指出學習十六觀法時，不論定心或散心都可以往生，他的這種觀點認為容易定心的人藉著十六觀可以攝心修定，即使不容易定心的散心者也可以藉由十六觀法的學習，並配合法門中的其他教法而達到專心(114)。除了顯宗的法門以外，他也引用了密宗《大方廣佛花嚴經入法界品頓證毘盧遮那法身字輪》、《大乘文殊師利菩薩讚佛法身禮》的修法(115)，就適合想學習密法的人修行。而且除了阿彌陀佛法門之外，他還曾提到藥師法

(112) 《自行錄》，頁 158：「第四十，初夜普為一切法界眾生，旋繞念大勢至菩薩摩訶薩，願攝諸根，淨念相繼，託質蓮臺。」

(113) 《大佛頂如來密因修證了義諸菩薩萬行首楞嚴經》，大正藏第 19 冊，頁 128a－128b 大勢至所提到的圓通法門說：「譬如有人，一專為憶，一人專忘，如是二人，若逢不逢，或見非見，二人相憶，二憶念深，如是乃至從生至生，同於形影，不相乖異。十方如來憐念眾生，如母憶子……若眾生心，憶佛念佛，現前當來，必定見佛，去佛不遠，不假方便，自得心開。……我本因地，以念佛心，入無生忍。……都攝六根，淨念相繼，得三摩地，斯為第一。」

(114) 《萬善同歸集》，頁 968c：「問：觀經明十六觀門，皆是攝心修定……如何散心而能化往？答：……一定心如修定習觀，上品往生。二專心，但念名號，眾善資熏……得成末品。」

(115) 二種法門見於《宗鏡錄》，頁 852b－852c。及同書，頁 506b。

門[116]，和彌勒法門[117]。總之，任何想要學習淨土思想或念佛法門的人，閱讀他的著作之後都可以有很多的收穫。

再從免除宗派之間的互諍來說，永明禪師引用各宗的淨土思想時，為了和會其間的互諍，已先刪除了會導致爭議的文字。例如他曾引到六祖慧能所說「行住坐臥皆一直心，即是淨土」的觀點[118]，但是他在著作中卻沒有引到慧能對淨土的強烈批評[119]。此外，雖然他繼承了慈愍禪淨雙修的思想，但是對於慈愍斥責禪師的言論[120]，在他的著作中也完全捨去不加引用。他不但把不同理論系統下的爭議之處都刪而不用，而且企圖用一心思想來泯除這些爭議。所以他在倡導禪淨雙修時，能夠比為文批判禪者的慈愍具有更大的說服力，也比較能影響禪宗的行者接受禪淨融合的思想。

---

[116] 《自行錄》，頁 159：「旋繞念藥師琉璃光佛，願成本願風輪，往生寶剎」。按《藥師琉璃光如來本願功德經》，大正藏第 14 冊，頁 414b：「以此善根，願生西方極樂世界，見無量壽佛」。可見本經是以念藥師佛的功德，回向往生西方極樂世界。

[117] 《宗鏡錄》，頁 623c：「上生經中觀兜率天宮、彌勒內院等。」及《自行錄》，頁 158：「稱念彌勒佛名，發願往生彌勒內院。」

[118] 《宗鏡錄》，頁 940a。

[119] 《南宗頓教最上大乘摩訶般若波羅蜜經六祖惠能大師於韶州大梵寺施法壇經》，大正藏第 48 冊，頁 341b：「迷人念佛生彼，悟者自淨其心。……心但無不淨，西方去此不遠，心起不淨之心，念佛往生難到……使君但行十善，何須更願往生？不斷十惡之心，何佛即來迎請？若悟無生頓法，見西方只在剎那；不悟頓教大乘，念佛往生路遙。」

[120] 如《慈悲集》，頁 1238b：「皆云：念佛往生淨土，當成正覺。如何禪師判為虛妄，非成佛因，豈不與此諸教相違！」同書，頁 1241b：「或有一類男女道俗，於彼淨土都不信有，但令心淨，此間即是，何處別有西方淨土？奇哉罪業！不信聖教，豈佛世尊虛妄說耶！」

其次，從集大成的角度來說，他的禪淨融合思想有幾項特點，第一，他的禪淨融合思想是立於禪者即心是佛的根本立場，而禪者的主張是相信自力，他卻是以一心圓融自力與他力。第二，他承繼了禪者視念佛為攝心入定方便（如道信），及對機教化的方便（如弘辯）的觀點。第三，他提倡淨土行者所教導的實相、觀想、觀像、稱名等四種念佛方法，而且他以一心思想圓融了無念與念佛。第四，他深信有願有行則必定往生，而且他以一心圓融了無生與往生。第五，他的圓修萬善也受到《佛說觀無量壽佛經》中淨業三福，以及慈愍修萬行迴向往生的影響，而且他以一心思想圓融了理善與事善。第六，永明禪師為了達到「藉教明宗」的目的，更進一步提出了念佛可以幫助悟心的主張，他認為一心法界是諸經通體，所以依著淨土經典所教導的念佛法門修行，也可以達到證悟一心的目的[121]。前五項特點都承襲自傳統思想而稍加轉化，因此還有前人的影子在，而第六點則能顯示出他個人最不一樣的地方。

下面以一簡表顯示永明禪師與傳統的禪淨融合思想之間的關係：

[121] 《宗鏡錄》，頁 580a：「離心無説，離説無心。舒則恒沙法門，卷則一心妙旨……安養國內，水鳥皆談苦空，……阿彌陀經云：……聞如是音已，皆悉念佛念法念僧。斯則皆是頓悟自心，更無餘法。此一心法界，是諸經通體故。」

<table>
<tr><td rowspan="2">傳統的禪淨融合思想</td><td>禪者之禪—坐禪
—即心是佛
偏重自力
偏重理善
無念
無生</td><td>禪者之淨—念佛為攝心入定的方便（道信）
—念佛為對機教化的方便（弘辯）
—修持念佛，發願往生（紹巖、文肇）</td></tr>
<tr><td>淨者之禪—修習禪觀證念佛三昧（實相、觀想、觀像、稱名四種念佛）</td><td>淨者之淨—厭離娑婆，發願往生淨土
偏重他力
偏重事善
末法思想
淨業三福（孝養父母，奉事師長，慈心不殺，修十善業。受持三歸，具足眾戒，不犯威儀。發菩提心，深信因果，讀誦大乘，勸進行者）
慈愍以萬行迴向淨土</td></tr>
<tr><td>永明禪師的禪淨融合思想</td><td>即心是佛[122]
以一心圓融自力與他力</td><td>念佛為攝心入定的方便[123]
念佛為對機教化的方便[124]</td></tr>
</table>

---

[122] 永明禪師在《心賦注》，頁 18 說：「禪宗門下，從上已來，但了即心是佛，便入祖位。」此外，他在《萬善同歸集》，頁 966b 又說：「觀淺心浮，境強習重，須生佛國，以仗勝緣。」可見他同時重視自力與他力。

[123] 《萬善同歸集》，頁 963c：「制心一處，念念相續……若睡眠覆障，即須策動念佛誦經。」

[124] 《宗鏡錄》，頁 506a：「只為不信自心是佛向外馳求，若中下根，權令觀佛色身……若是上機，只令觀身實相，觀佛亦然。」

	修習禪觀證念佛三昧(實相、觀想、觀像、稱名四種念佛)[125] 以一心圓融無念與念佛	厭離娑婆，發願往生淨土[126] 以一心圓融無生與往生 以一心圓融理善與事善 末法思想[127] 圓修萬善[128]
	「藉教明宗」—念佛可以幫助悟心[129]	

接著，從教理的角度來說，雖然永明禪師在著作中沒有提到過禪淨雙修，但是綜觀他的著作和實踐，仍然可以稱他是禪淨雙修，因為《自行錄》裡曾提到永明禪師「或時坐禪……入禪智法明妙

[125] 如《宗鏡錄》，頁 559b：「般舟三昧經云：……一心念若一日晝夜……從三昧起，悉能具足，為人說之」，就是修習觀想念佛，制心一處，證得念佛三昧。

[126] 《萬善同歸集》，頁 968c：「修定習觀，上品往生……眾善資熏……盡報精修……坐臥之間，常面西向，……念佛發願之時，……一心求救，願脫苦輪，速證無生。」

[127] 《萬善同歸集》，頁 968a。

[128] 永明禪師圓修萬善受到淨業三福，及慈愍以萬行迴向淨土的影響，有關淨業三福方面，「孝養父母，奉事師長」參見《萬善同歸集》，頁 982b。「慈心不殺」參見同書，頁 981c。「修十善業」參見同書，頁 960a。「受持三歸」參見同書，頁 977c。「具足眾戒，不犯威儀」，參見同書，頁 965a。「發菩提心」參見同書，頁 977b。「深信因果」，參見同書，頁 968c。「讀誦大乘」，參見同書，頁 962c。

[129] 《自行錄》頁 157：「第二十一，午時禮皈依主安樂世界阿彌陀佛，普願一切法界眾生，頓悟自心，成妙淨土。」同書頁 160：「第六十九，黃昏時，普為盡十方面眾生，擎爐焚香，念阿彌陀佛心真言，悉願證悟佛心，同生安養……。」

性」[130]，又提到他「常修安養淨業……回向往生」[131]，可見他不但修習坐禪，而且又修淨業。此外，他曾指出「聲為法界」，認為佛號具有不可思議的一心之理[132]，因此可以藉著稱佛名號來制心一處，進而以淨念相續來斷除妄心，證入甚深的禪定三昧。他還曾提到學佛者修行般舟三昧，「譬如空谷，隨聲發響，悟解自心，隨念見佛」[133]，也就是他認為念佛法門不只可以幫助學佛者攝心入定，還能夠使般舟三昧的行者反妄歸真，明心見性。換言之，永明禪師的禪淨雙修包括了三種修行組合方式，第一是表示有時坐禪（禪），有時修淨業（淨）。第二是表示以念佛（淨）來幫助攝心入定（禪）。第三是以念佛（淨）來證悟自心（禪）。

永明禪師主張「自他不二，但如來有同體之悲，眾生有熏習之力」[134]，這個理論基礎使他的禪淨融合思想能夠圓融二諦之說。從真諦的立場而言，他肯定自與他沒有分別，禪與淨也沒有高下。而從俗諦的立場而言，他也肯定確實是有他力的悲願，他並強調眾生因熏習的不同，而會有不同的果報。由緣起果報之說，他進一步提出：「心雖即佛，久翳塵勞，故以萬行增修，令其瑩徹」[135]，所以他希望禪宗信仰自性理體的人，也必須要重視事修。接著，他由真

---

[130] 《自行錄》，頁 154。

[131] 《自行錄》，頁 154。

[132] 《宗鏡錄》，頁 553a：「即聲為法界，是故直觀本理，理具諸法，若無妙觀，日用不知，則見一切萬法皆具一心不思議圓頓之理。」

[133] 《宗鏡錄》，頁 517a。

[134] 《宗鏡錄》，頁 514b。

[135] 《萬善同歸集》，頁 958c。

心被無明塵勞所蔽的現實，又提出：「情塵障厚，卒淨良難，若非萬善助開，自力恐成稽滯」的觀點[136]，他指出對於業障重的人而言，自力是不足倚靠的，必須藉助布施、持戒、坐禪、念佛等萬善才能轉煩惱成正覺。然後，他又針對「自力恐成稽滯」提出對治的方法說：「觀淺心浮，境強習重，須生佛國，以仗勝緣」[137]，他認為當自力對業障已經無能為力時，就必須信靠他力，祈求往生。換言之，永明禪師的禪淨融合思想鼓勵所有大乘菩薩道的行者，在任何境緣狀況下都要堅持上求菩提，下化眾生的修行。如果利根者當下悟得自他不二，可以隨因緣而修行禪淨。即使是鈍根者受到業障所苦，也可以相信諸佛的悲願，並相信自己努力修行淨業就能夠獲得淨果。

而他所提出的這些觀點，對禪宗及淨土宗的理論發展都是頗有好處的。對禪宗而言，某些即心是佛思想的信仰者，誤認為心、佛原本不二，所以無作無修就可以成佛，永明禪師的禪淨融合思想，就可以對治這群執理廢事之徒，也就是說他提倡的圓修辦事使得禪宗的修行者，有了理事圓融的理論與實踐根據，而圓修萬善中就包含了淨土法門，例如《自行錄》中曾說到他主張禮拜阿彌陀佛，可以頓悟自心[138]，而禮拜阿彌陀佛是淨，頓悟自心是禪，兩者在永明禪師一心思想的圓融之下，不但沒有矛盾，而且相輔相成。此外，從禪門教化的角度而言，即心是佛的理論只適合利根的眾生，使不

---

[136] 《萬善同歸集》，頁963b。

[137] 《萬善同歸集》，頁966b。

[138] 《自行錄》，頁157。

少沒有自信的眾生無法受惠，而永明禪師在自力思想外融入了他力的信仰，使得禪門更為開放，可以接納更多不同根基的眾生，也可以說是給禪宗注入了新的活力。

此外，對淨土宗而言，他提出了唯心淨土、唯心如來、唯心念佛的思想，使得淨土法門中增強了一心的理論，也對淨土宗的發展是有益的。因為淨土法門一向給人偏重在事相的有之上，由於一心思想的加入，讓祈求淨土的眾生由頓悟知宗體認到一切法皆是唯心所造，從而將某些淨土行者對外相的執著轉向反觀自心。永明禪師曾說：「先明其宗，方能進道……不壞本而常末，萬形紛然；……不壞末而常本，一心恆寂」[139]，因此他主張修行法門之前必須先明一心的宗旨，即使是修行淨業也然如此，《自行錄》曾提到他認為禮拜大勢至菩薩，可以「同了唯心淨土」[140]，也就是他認為恭敬禮拜不但只是事相而已，也可以透過事修了知唯心之理。由此可見他的唯心淨土思想並不只是眾生自心的淨土而已，他認為西方淨土也是唯心所造，透過禪淨雙修，即能明心見性，並隨願自在往生。

此外，淨土行者還給人只求自己往生的自利形象，因為某些念佛者厭惡娑婆之苦，所以只求他力護祐，而不太重視以自力改善此生，這種想法也受到永明禪師的圓融自他二力的影響而有所轉變，釋印順即說：

如機教相投，想專修阿彌陀佛的淨土行，可依傳說為阿彌陀

[139] 《萬善同歸集》983a。
[140] 《自行錄》，頁158。

化身——永明延壽大師的萬善同歸。多集善根，多修淨業，這才是千穩萬當的！（《淨土與禪》妙雲集下編之四，臺北：正聞出版，1984年11月5版，頁74）

他認為淨土法門的行者多強調他力、他方、他時，而永明禪師的一心思想則教導學佛者，在知宗之後要圓修萬善，透過自力的「多集善根，多修淨業」，使得此方、此時更加莊嚴。

總之，禪淨融合對於禪宗及淨土宗來說，二者經過融合「將不同的要素融入原傳統之後，透過創造性的詮釋，使它變的更豐富而充實」[141]，所以永明禪師的禪淨融合思想對於禪宗及淨土宗的發展，都有正面的意義。

最後必須說明的是，既然永明禪師的禪淨融合思想對禪宗及淨土宗的發展都有好處，為何宋代以後，禪淨之間的互諍問題仍然沒有平息？例如王龍舒還要著作〈淨土起信〉，而釋印光也必須再提出淨土決疑的論點[142]。這個問題，可以分別由真俗二諦來看。

首先，從真諦來說，永明禪師以一心思想來和會各宗，並提出了自他不二，禪教不二，禪淨不二，甚至是各種系統間的淨土觀點也是不二的，後人對此並無爭議。

---

[141] 釋恆清〈禪淨融合主義的思惟方法〉，頁234。

[142] 如王日休在《龍舒增廣淨土文》，大正藏第47冊，頁255c〈淨土起信〉說：「世有專於參禪者云：惟心淨土，豈復更有淨土。自性彌陀，不必更見阿彌，此言似是而非也」。近代的印光也在〈淨土決疑論〉，《印光法師全集》第一冊，《印光法師文鈔》，頁358說：「一日有一上座久參禪宗……要解一書……直是抑遏宗教，過讚淨土，謗正法輪，疑誤眾生。」

其次，從俗諦來說，永明禪師的禪淨融合思想主張自利利他，在自利方面，他一生精進修持念佛法門並發願往生淨土，是理行兼顧的禪淨雙修行者。而在利他方面，由於他的禪淨融合思想綜合各宗對淨土思想的理論及實踐法門，因此又可分成理論及實踐二方面來看，在理論方面，經由他和會之後的禪淨融合思想，確實可以適合更多的眾生來修行。但是，由於他提到各種有關淨土的體性、淨土的分類、及佛身的分類，使得他的淨土思想顯得繁雜而難以貫通，因此對後學者而言想要全面瞭解及實踐他的禪淨融合思想很有困難。而在實踐方面，雖然永明禪師曾指出修行要「主伴相成，正助兼備」[143]，不過他所教導的禪淨雙修，卻沒有具體提出正行與助行是什麼，因此對於初學者而言，看到這麼多的法門，恐怕會有難以抉擇的問題。此外，他個人可以日行一百零八件佛事，而後人想要效法他卻並不容易，袾宏曾學他一日念佛號十萬聲，後來卻勸人不要這麼做，可見想要圓修萬善，以個人有限的時間和精力來說，實在是難以圓滿的。所以白隱等人才會反對禪淨雙修，而主張要一門深入。

永明禪師提出了禪淨融合的思想之後，更親自實踐這套理論，希望以身教來對治禪門的執理廢事之病。他的努力不但感動了吳越王，順利推展了當時的佛教教化，也影響了不少人在後世繼續的提倡禪淨雙修。不過，他的禪淨融合思想還是具有發展的空間，因為在他所提倡禪淨融合的「禪」中，並未包括到禪宗所教導的參禪法

---

[143] 《萬善同歸集》，頁 992b：「正助兼修者，正即是主，助即是伴……是以主伴相成，正助兼備，亦是止觀雙運，隱顯互興，內外更資，乘戒兼急。」

門，所以宋代以後才會又發展出參禪念佛法門，而憨山更因此以為永明禪師就已經在教導以念佛為話頭的參禪念佛法門了。

總之，永明禪師的禪淨融合思想，不但集合前人對淨土思想之大成，也對於禪宗及淨土宗的後學具有創新的意義，因此他在禪淨融合思想史上，當然有其重要的地位與價值。

結 論

第一節 本文研究重點回顧

本文主題的設定在於探討永明禪師的禪淨融合思想，在研究書寫時則運用了考據學方法、思想史方法，從多種的歷史性文獻資料中，考察其禪淨融合思想在中國佛學史上承先啟後的重要地位。另外，並運用了哲學方法歸納整理永明禪師著作中禪宗思想、一心思想及各經論中與淨土思想有關的資料，期望從思想義理的分析，辨明其禪淨融合思想的特色。經過各章的研究探討之後，今總申全文要旨如下。

緒論的重點在於揭櫫本文的研究主旨，由於在閱讀永明禪師的著作之後，發現到他在一心思想的貫通下，其和會禪淨的修行法門具有理事圓融，空有不二的特點，非常適合各種根性的眾生學習，加上他致力於禪淨融合的理論建構及實踐力行，也使得禪淨融合思想及禪淨雙修成為宋代之後中國佛教的一種發展趨勢。

為了更加瞭解永明禪師佛教思想的特色，本文在現有研究成果的基礎上，進一步深入探究其禪淨融合思想的形成、內涵與影響。

第一章的重點在於透過對永明禪師生平及著作的研究，瞭解其禪淨融合思想的形成背景，主要是運用考據學的方法，來處理有關其生平的各種傳記，並且考證其著作的真偽。

永明禪師所處的五代，是一個連接唐代佛教及宋代佛教的中間時期，佛教在唐代盛世下發展出各種宗教門派的思想，到了五代卻在滅佛的政策中轉為衰落。除了大時代思想潮流的激盪之外，他個人在學思歷程中的特殊因緣，如他所屬的宗派及所接觸的師友善知識等，也都會影響到他思想的形成。此外，他的佛學思想都展現在他的著作之中，所以其中與淨土思想相關的文獻資料，正是研究其禪淨融合思想的第一手資料。

第二章的重點在於運用哲學方法研究永明禪師的禪教和會思想，禪宗標榜不立文字，而他在著作中卻引用了各種經論，他認為各種經論都可以教導眾生悟心，所以他對於各宗的思想也都一體尊重。他在著作中藉由不同的問題的解答，自由地運用各宗的教義，在他一心思想的和會下，傳統佛學中不同的經典與宗派思想，幾乎都被吸收引用，並有意地泯合其中的差別。

必須強調的是，他在著作時並不是毫無意義的堆積各種文獻，而是以一心為原則來選取不同的資料，以達到和會禪教的目的，他並主張不論禪教都可以幫助學佛者明心見性。而禪淨融合是永明禪師禪教和會思想的一部份，因此認識他的禪教和會思想，即有助於瞭解他的禪淨融合思想。

第三章的重點在於運用思想史的方法，大略探討佛教史中禪淨融合思想的發展，由研究可知在永明禪師之前，經論之中即有禪淨融合的思想，如早期的禪經中就有提倡以念佛觀想進入禪定三昧的法門，而且淨土經典中也有重視禪觀的思想。另外，五代之前也有不少禪淨雙修的先驅者，不但有禪者兼修淨土法門，也有淨土行者提倡修禪。除此之外，禪淨之間的互諍也有，修禪者主張心外並無淨土，而批評淨土行者祈求往生是迷於執有。淨土行者則主張依靠佛力的淨土法門是易行道，而批評修禪者依靠自力想要達到解脫的困難。

總之，在五代之前禪淨思想已經有一段融通及批判的發展過程。探討這些禪淨融合思想的歷史，可以幫助瞭解永明禪師承先啟後的重要地位。

第四、五、六、七四章都是運用哲學方法來探討永明禪師的禪淨融合思想。

第四章的重點在於探討永明禪師禪淨融合思想的形成。與永明禪師之前的淨土思想相較，可以看出他所引用與淨土思想相關的文獻資料，是以和會思想作為選擇與否的標準，他是以一心思想來融合各種經論中不同體系的淨土觀點。這些體系包括天台宗的淨土思想、華嚴宗的淨土思想、唯識宗的淨土思想、及淨土行者的淨土思想，而其中以慈愍的禪淨雙修思想給予他的影響最深。

第五章的重點在於研究永明禪師立心為宗的一心思想，由於他是以一心思想來和會禪淨，因此瞭解他的一心思想非常重要。他的一心法門是以一心為宗的圓頓法，包括了頓悟知宗及圓修辦事二項要旨。

從頓悟知宗的研究可知，他的一心思想具有和會各宗思想的一心、絕對無待的一心、真妄交徹的一心等三個特點。他主張即心是佛，肯定眾生皆有佛性，都有成佛的可能。他也認為眾生的真心被無始無明所蔽，必須透過圓修方可成佛。很重要的是他提出般若思想，以辨明一心的體、用關係，使深信自心即具一切功德的禪者，不至於對無作無修產生誤解，落入頑空。

此外，從圓修辦事的研究可知，他的一心思想落實在修持中具有圓融無礙、莊嚴萬行、業因緣起等三個特點。他主張理事不二，重視各種修行，並認為萬善可以瑩徹一心，對治眾生的無明習氣，透過圓修可以圓滿菩提佛果。而且在緣起法則下，他認為修習淨因就可以獲得淨果，所以在他的日常實踐中有許多關於安養淨業的行持。

第六、七章的重點在研究永明禪師禪淨融合思想的重要內涵。他是以一心思想和會禪淨，並主張不論坐禪或是修淨業，都是為了明心見性。從他的著作考察發現，他的禪淨融合思想具有信、願、行三項特色。

第六章論述信與願，在信方面，他以一心來圓融自力與他力，也就是他在主張相信即心是佛之外，也肯定佛力可以幫助末法的眾生。還有，他以一心來圓融無生與往生，也就是他不但強調一心之理體無生無滅，也提倡往生淨土是生而無生，無生而生。

在願方面，他以一心來圓融圓滿菩提與願求往生，他認為不論是禪宗門徒或淨土行者，都要發願成就菩提佛果，他以禪師身份主張理行並重，以對治禪宗末流空坐不修的弊病。另外，他主張修西方淨業，成無上菩提，可見在他的一心思想下明心見性、往生西方、圓滿菩提是沒有妨礙的。

第七章論述永明禪師禪淨融合思想中行的部分，他以一心來圓融理善與事善，他認為理善為體而事善為用，因此主張理事並重的觀點。他指出眾生雖具有理善，但是被無明所覆，無法顯現，而修行事善可以去除妄心的執著，回復真心。他並提出世出世法各種事善，來鼓勵學佛者精進修行，而萬善中就包括了禪修及念佛。還有，他以一心來圓融無念與念佛，禪宗主張以無念為宗，而永明禪師則將無念闡發為「以息念歸無念」、「即念而無念」、「一念頓圓」等三個層次。無念經過他的詮釋之後，與念佛就可以結合在一起了。此外，綜合整理永明禪師著作中的念佛法門之後，歸納出共有實相、觀想、觀像、稱名等四種方式，適合上、中、下等三根的人修行。

本章最後探究到他的觀心法門，由於他深知在末法時代，一般人很難瞭解心外無法、一切萬法唯心所造的道理，因此他教導眾生透過觀心法門來去除空有二執。他認為觀心法門將外放流浪的妄心，轉向內觀，可以幫助減少造作惡業。永明禪師非常重視觀心法門，而其提倡觀心的主要目的，則是在幫助學佛者明心見性。

第八章的重點是以思想史的方法，探討永明禪師禪淨融合思想對後代的影響，後代的淨土行者在述及永明禪師的禪淨雙修時，多半會引到參禪念佛四料簡，但是也有一些人士主張他並非四料簡的作者，由於他的著作有許多已經亡佚，而其中的〈西方禮讚文〉是否有此偈卻不得而知，因此就現有的文獻來看，尚無法判斷他是否為四料簡的作者。

此外，宋代之後禪淨雙修已經成為一股潮流，使得修史傳者開始重視永明禪師對淨土思想的貢獻，例如志磐即肯定了他淨土宗的祖師地位，而他在唯心淨土理論及念佛上的實踐，更讓後世的淨土修持者一直把他尊為淨土法門的祖師。

最後，後人對於永明禪師的禪淨融合思想，採取或是批評，或是支持的立場，而這些見解的提出自有其不同的觀察角度，因此探討這些相對的爭議，可以幫助對永明禪師禪淨融合思想的瞭解。透過對他著作的探討之後，發現他的禪師禪淨融合思想，具有歷史及教理上的重要意義，而他教理中所具有的藉淨業以明心性及修萬善以證菩提二項特點，就是在他之後禪淨雙修之所以會成為修行潮流的主要原因。

綜上所述，全文的組織架構是由二個角度所形成，第一個角度是從宏觀的歷史觀點作探討進路，如第一、三、八等三章。第二個角度則是從微觀的的思想觀點作探討進路，如第二、四、五、六、七等五章。透過這些章節的論述，逐步開展出永明禪師禪淨融合思想的各個面向。

第二節　永明禪師禪淨融合思想的定位

一、承先啓後的歷史意義

從歷史的考察可知，鳩摩羅什所譯的禪經裡面，就已經列入觀想阿彌陀佛的法門，而《般舟三昧經》也有修行定心見佛的記載，即使是《觀無量壽佛經》的淨土經典也提到過觀想日、水等入定方法，可見從定慧等持的念佛三昧來說，禪淨思想並不衝突。因此不論是《高僧傳》中所錄的習禪者、禪宗的部分人士如道信、智詵等人，或者是淨土三系的慧遠、善導、慈愍等人，也都肯定念佛可以入甚深禪定，其他各宗如天台、華嚴、唯識等門派中，也有許多人間修淨土法門，可見禪淨思想在學佛者的修行中也是自然融合的。

不過，禪經與淨土經典在內容重點上，還是有很大的不同。禪經之中除了念佛觀想之外，還有不淨觀、數息觀等其他攝妄入定的觀法，念佛法門是一種對治方法。而念佛法門在淨土經典中，卻是往生淨土的資糧之一。因此到了唐代宗派林立，禪淨之間自力、他力，無念、念佛，當下一念、臨終往生等矛盾對立，促使二者的互諍逐漸激烈化而。慈愍主張坐禪、念佛可以並行，卻也以淨土行者的立場，強烈的批評禪師。相對的，禪宗門下也批評修行念佛祈求往生的人，是迷人而非悟者。

到了五代，禪宗五家宗風形成，在直指人心的原則下，大都否定心外另有淨土。此時雖然也有紹嚴等人兼修淨土法門，而祈求往生，但是他們只有行動上的實踐，卻缺乏理論系統的闡發。因此永明禪師是以禪宗門人立場，提倡禪淨雙修，而且發願往生的第一人。此外，永明禪師又在著作中，綜合了前人有關淨土法門的理論與實踐，成為集大成的禪淨融合思想。

宋代以後，禪師兼修念佛而發願往生的人更加多了，而且更提出以念佛為話頭的參禪念佛法門，禪淨雙修逐漸盛行起來。到了元、明、清各代，禪宗門徒兼修淨土法門，又發願往生的人越來越多。淨土行者也時常舉參禪念佛四料簡的「有禪有淨土」一偈，來提倡禪淨雙修，禪淨融合遂形成一股思潮，並一直延續到今日。

綜觀這段禪淨融合的發展史，永明禪師正居於承先啟後的關鍵地位。從承先來說，在他之前，禪淨之間已有一段互相融通和批判的歷程，他以一心思想來和會眾說，把前人的說法統合並轉化為自己的禪淨融合思想，不過在以一心思想和會的過程中，他並不是承襲了所有前人的見解，從他的著作來看，他承襲了前人對禪淨思想融通的部分，而卻無視於禪淨之間互相批判的部分。此外，從啟後來說，後世在提倡提倡禪淨雙修時，常會以永明禪師的參禪念佛四料簡來勸人，雖然永明禪師是否為四料簡的作者尚待更多的文獻證明，不過對後代的禪淨雙修提倡者來說，他們是把永明禪師當作禪淨雙修的典範來敬仰的。而且，永明禪師唯心淨土、唯心如來的思想，到後來則發展成為唯心淨土、自性彌陀的思想，被許多人拿來解說自己的淨土思想。

二、淨業悟心的創新價值

雖然永明禪師從未提出「禪淨融合」或「禪淨雙修」，但是透過對他著作的綜合整理後發現，在他一心思想的和會下，他的確具有禪淨融合的思想。而且，在他的日常行持中，也確實兼有禪修與念佛往生的兩種實踐。《自行錄》中提到他「常修安養淨業」❶，又提到他認為禮阿彌陀佛可以「頓悟自心」❷，可見其法門的特色之一就在於提出修行淨業可以幫助悟心的觀點。

永明禪師修行安養淨業，在禪師中並不是唯一的例子，紹巖等人念佛並祈求往生，但是他們如何雙修卻無法詳知。道信等禪師運用到念佛法門時，大都是把念佛作為一種方便，因此對他們而言，並不認為自己是在修淨土法門。但是永明禪師卻很特殊，從他的著作可知，他提倡禪淨雙修是繼承淨土行者慈愍的觀點而來，而非源自禪門。從《自行錄》可以看到他在修行方法上，教導門徒有時坐禪，有時念佛，不過他並不是只把念佛作為一種方便而已，他念佛

---

❶ 《自行錄》，頁 154。
❷ 《自行錄》，頁 157。

是為了祈求往生。

永明禪師的禪淨雙修，不只是從表面上看到的有時坐禪、有時念佛，將禪與淨作形式上的結合而已，他也嘗試從理論上將二者緊密的結合在一起。他在著作中以一心思想圓融來禪淨之間，關於自力、他力，無念、念佛，無生、往生等思想的矛盾，有承襲前人的看法，也有他的創見。

首先，從制心一處的禪來說，他主張念佛可以去除妄念，證得定慧等持的三昧。他在《萬善同歸集》指出高聲念佛時，以佛號投於亂心之中，妄念被淨念取代，就可以證得心佛雙亡的境界。這種念佛即是禪的禪淨融合思想，是繼承禪經、淨土經以來的觀點。而且由於永明禪師承襲了之前各種淨土思想的理論及實踐法門，因此對他而言，往生西方淨土就有多種方式，例如他認為修行天台行者所重視的法華三昧，也可以念佛往生西方，也就是說他禪淨融合思想的淨，並不是只限於淨土宗的三經一論所教授的念佛法門，而是他以一心和會各宗的淨土思想。

其次，從明心見佛的禪宗旨要來說，他主張念佛觀想可以達到明心見性。他在《宗鏡錄》中曾表明過由於自心的體性遍於一切地方，因此眾生只要能夠反境觀心，則隨時隨地都可以悟入一心，因此修行《觀無量壽佛經》中的水觀就可以達到明心見性的目標。此外，《自行錄》裡面也提到他認為禮拜阿彌陀佛，就可以頓悟自心，成妙淨土。這種以修行淨業來悟心的禪淨融合思想，則是他的創見。

總之，永明禪師在著作中引用了許多前人的經論，其中就有各種經論關於淨土思想的理論與行門，而他在這些理論基礎上，進一步又提出了藉著修行淨業來頓悟自心的觀點，成為以禪宗立場提倡禪淨雙修的創新主張。

禪宗人士由於重自力，並求當下現世的解脫，與淨土思想的重視他力（仗蒙佛陀慈悲攝護）、他時（死後）和他方（往生淨土）等完全不同，因此不論禪宗或淨土行者要提倡禪淨雙修都並不容易，因此禪宗人士一直以來修念佛時都是把它當成方便法，而慈愍以淨土行者提倡禪淨雙修，他所提出的方式是以禪定結合念佛。永明禪師雖然繼承了慈愍的禪淨雙修，但是他卻把慈愍淨土行者的立場，轉變為自身的禪宗立場。從歷史考察可知，永明禪師提倡禪淨雙修對後世所產生的影響，比慈愍更為深遠。

永明禪師由禪宗立場提倡禪淨雙修之後，使得後世的禪師也相繼修行念佛，並祈求往生。而且對禪門而言，原本只強調直指人心、頓悟成佛的法門，只能接引少數的上根眾生，而中下根器自覺業障深重的人卻難以契入，因此他提倡修行淨業也可以悟心的法門，不但上根求頓悟的眾生可以修行，中下根也可以透過念佛淨業，漸漸瑩徹真心。所以他提倡的禪淨雙修，可以開拓眾生進入禪門的機緣。

此外，對於淨土法門的行者而言，念佛者厭離娑婆，祈求往生極樂世界，常讓人生起只重死而不重生，或是只重他生不重現世的誤解，而永明禪師提倡修行淨業可以頓悟自心的禪淨雙修，卻把念佛者的注意力，從未來拉回到當下的一念心，並使淨土行者的心量更為寬廣，增加對自心的信任。

總而言之，永明禪師在和會禪淨二種法門時，是一位有理有行的大乘菩薩道行者。由於他提倡淨業悟心的禪淨雙修，具有發揚禪淨二門的優點，因此禪淨雙修被許多後人所採行。至於只是學習永明禪師有時坐禪，有時念佛，就以為是在實踐禪淨雙修的人士，如果沒有瞭解到他立於以淨業悟心的禪宗立場，就無法契入他禪淨融合思想的真義。

附錄一：永明禪師年表

【說明】

一、本年表是參考《宋高僧傳》、《景德傳燈錄》、《釋氏稽古略》、《釋門正統》、《永明道蹟》等史傳而成。有關永明禪師的生卒年代《宋高僧傳》、《景德傳燈錄》並無異說。其出家年代則有各種說法，本年表根據文獻考證則是取《宋高僧傳》的說法。有些記載如永明禪師獻講德詩、齊天賦於吳越錢武肅王，雖然未見於《宋高僧傳》、《景德傳燈錄》等早期傳記中，但是《永明道蹟》有記載到其年代，因此放入年表中以供參考。

二、永明禪師的著作本身並沒有記載年代，因此本年表無法呈現出他的思想發展歷程。此外，記載到他生平的傳記如《宋高僧傳》、《景德傳燈錄》等書，有詳細記錄到年代的並不多，所以僅能將他一生中幾處重要的大事錄製成一年表，而有些大事如吳越王請永明禪師行方等懺，或是永明禪師在永明寺時上堂開示永明妙旨等事蹟，因為沒有確定的記年，因此在本年表中都無法看到。

三、本年表除了大略將永明禪師的生平編年之外，也記載到一些與佛教有關的人物及其事蹟，以便讀者瞭解當時的佛教狀況。從吳越歷代君王創建寺廟，恭敬法師的記載，可以看出皇室對佛教的支持。此外，從記載可知當時的學佛者曾經從事塑慈氏、釋迦二尊，十六羅漢像、建金光明道場、講華嚴新經、講法華經、修彌勒內院業、發願往生淨土、研習律部、發願焚身供佛、開灌頂道場、開水陸道場等活動，顯示出五代時佛教修行法門的多元化。

年齡	西元	歲時	朝代	大事記	附註
1	904	甲子	唐昭宗天復四年	永明禪師生於臨安府餘杭縣。	《宋高僧傳》，頁 887b。
5	908	戊辰	後梁開平二年	玄沙師備禪師示寂。	《宋高僧傳》，頁 786a。
9	912	壬申	後梁末帝乾化二年	貫休法師示寂。	《宋高僧傳》，頁 897b。
13	916	丙子	後梁貞明二年	從審法師示寂，法師生前恆誦淨名經。	《宋高僧傳》，頁 870a。
16	919	己卯	後梁貞明五年	永明禪師獻講德詩、齊天賦於吳越錢武肅王。	《永明道蹟》，頁 978。
20	923	癸未	後唐同光元年	智江法師塑慈氏、釋迦二尊，十六羅漢像。	《宋高僧傳》，頁 885b。
22	925	乙酉	後唐同光三年	從禮法師示寂，武肅王督軍兩浙時曾召請從禮法師於州府建金光明道場。	《宋高僧傳》，頁 809c。
24	927	丁亥	後唐天成二年	武肅王召景霄法師至臨安故鄉住持竹林寺。 長耳和尚行脩入浙中，傾城瞻望。	《宋高僧傳》，頁 810a。 《宋高僧傳》，頁 898b。
25	928	戊子	後唐天成三年	羅漢桂琛禪師示寂。	《宋高僧傳》，頁 786c。
28	931	辛卯	後唐長興二年	永明禪師為華亭鎮將。	《景德傳燈錄》

				息塵法師於大安國寺後建三學院一所，供待四方聽眾，時又講華嚴新經。	，頁 421c。 《宋高僧傳》，頁 858a。
29	932	壬辰	後唐長興三年	武肅王錢鏐薨。 鴻楚法師示寂，法師生前講法華經計五十多座。	《釋氏稽古略》，頁 851b。 《宋高僧傳》，頁 870b。
32	935	乙未	後唐清泰二年	貞誨法師平生修彌勒內院業，臨終前召弟子五十餘人，令唱上生。	《宋高僧傳》，頁 748a。
34	937	丁酉	後晉天福二年	文穆王創立龍策寺時，請道怤禪師出任住持，吳越的禪學自此而興，而禪師於此年示寂。 文穆王建清化禪院，召請全付禪師住持。	《宋高僧傳》，頁 787b。 《宋高僧傳》，頁 787b。
36	939	己亥	後晉天福四年	永明禪師出家。 文穆王具威儀樂部，迎志通法師入府庭供養。法師後覽西方淨土靈瑞傳，發願往生淨土。	《宋高僧傳》，頁 887b。 《宋高僧傳》，頁 858c。
38	941	辛丑	後晉天福六年	文穆王元瓘薨，忠獻王宏佐立。	《釋氏稽古略》，頁 853b。
44	947	丁未	後晉天福十二年	忠獻王宏佐薨。	《釋氏稽古略》，頁 854c。
45	948	戊申	後漢乾祐元年	忠懿王遣使者迎德韶為國	《景德傳燈錄》

				師。 永明禪師於國清寺修行。	，頁 407c。
48	951	辛亥	後周廣順元年	忠懿王建慧日永明院迎道潛居之。	《釋氏稽古略》，頁 857a。
49	952	壬子	後周廣順二年	永明禪師住持雪竇寺。	《釋門正統》，頁 899。
55	958	戊午	後周顯德五年	法眼文益禪師示寂。	《宋高僧傳》，頁 788b。
56	959	己未	後周顯德六年	澄楚法師示寂，法師生前以研習律部受到後晉高祖欽仰，曾被召入內道場賜紫衣袈裟。	《宋高僧傳》，頁 811a。
57	960	庚申	宋太祖建隆元年（後周顯德七年）	忠懿王請永明禪師入居靈隱新寺為第一世。	《宋高僧傳》，頁 788c。《景德傳燈錄》，頁 421c。
58	961	辛酉	建隆二年	永明寺第一任住持道潛示寂。 忠懿王請永明禪師住持永明寺為第二世。 紹巖禪師誦持法華經，發願焚身供佛，被錢王苦留乃止。	《景德傳燈錄》，頁 421c。 《宋高僧傳》，頁 860b。
67	970	庚午	開寶三年	永明禪師奉詔建六和塔。 衢州刺使翁晟創大禪院，請瓌省禪師住持。	《永明道蹟》，頁 982。 《景德傳燈錄》，頁 427c。
68	971	辛未	開寶四年	紹巖禪師示寂，臨終時告	《宋高僧傳》，

				訴門徒願以安養為期。 守真法師示寂，臨終命眾念佛。法師生前曾開灌頂道場五遍，開水陸道場二十遍。	頁 860b。 《宋高僧傳》，頁 871c。
69	972	壬申	開寶五年	德韶禪師示寂。	《宋高僧傳》，頁 789b。
71	974	甲戌	開寶七年	永明禪師往天台山授戒。 永安禪師示寂，永安禪師曾合《華嚴經》及李通玄《新華嚴經論》雕印成書。	《宋高僧傳》，頁 887b。 《景德傳燈錄》，頁 423c。
72	975 ❶	乙亥	開寶八年	永明禪師示寂。 永明禪師弟子行明離開永明寺，前往能仁寺住持。	《宋高僧傳》，頁 887b。 《景德傳燈錄》，頁 425b。
	978	戊寅	太平興國三年	贊寧法師陪同吳越王入宋納土。 文輦禪師自焚供佛，並命弟子念佛助其往生。	《釋氏稽古略》，頁 860c。 《宋高僧傳》，頁 860c。
	983	癸未	太平興國八年	贊寧法師奉詔修《宋高僧傳》。	《宋高僧傳》，頁 709a〈進高僧傳表〉。
	1091		哲宗元祐六年	魏端獻王始見錢塘新本，	《宗鏡錄》，頁

❶ 冉雲華《永明延壽》，頁 51 考證永明禪師卒於開寶八年十二月二十六日，相當西元 976 年 1 月 29 日。

				並請法涌禪師等人遍取諸錄，校讀成就，以廣流布。	415a 楊傑〈宗鏡錄序〉。

附錄二：永明禪師引用的淨土相關典籍

【說明】

一、本篇附錄是綜合永明禪師著作中所引用的淨土相關典籍所製作，包括《宗鏡錄》、《萬善同歸集》、《觀心玄樞》、《心賦注》、《受菩薩戒法》等書。

二、本篇將永明禪師著作中所引用的淨土相關典籍，分成泛論淨土與佛身、有關十方淨土與如來、有關西方淨土、有關念佛法門、雜類等五大類，雜類是指無法歸入前面四類的所有引文。

三、本篇的引文是以永明禪師著作中的文字為主，並非原來經論的本文。

四、永明禪師的引文與原著的文字有不同處，若不影響全文大意，則不註明其間的差別。若與原著的文字有很大的不同，顯示另有出處時，則另外作註說明。

一、有關淨土與佛身的典籍

㈠有關淨土的典籍

《阿彌陀經疏》

慈恩疏云：問：淨土以何為體？答：「准攝論云：以唯識智為體。為佛及菩薩，唯識智為體。即金剛般若論云：智習唯識通，如是取淨土。若佛地論以佛自在無漏心為體，非離佛淨心外，別有實等淨心色也。」（《宗鏡錄》，頁532a）❶

《心賦》：孤高獨步，瑩徹攄情，意根淨而寶坊淨。
《注》：又攝論云：一切淨土，是諸佛及菩薩唯識智為體。即金剛般若論云：智習唯識通，如是取淨土。若佛地論以佛自在無漏心為體，非離佛淨心外，別有實等淨心色也。
（《心賦注》，頁67－67）

《釋淨土群疑論》

四句料簡體相淨穢，「一體淨相穢，謂佛現穢土相，佛心清淨無漏故。……二體穢相淨……三體相俱淨……四體相俱穢，如有漏心所現穢土。若分別淨土淨心，更有多種。復有究竟淨心、未究竟淨心……有自力淨心、他力淨心。諸佛隨機，說無定法。」（《宗鏡錄》，頁534b）❷

《維摩經略疏》

---

❶ 「慈恩疏云」見《阿彌陀經疏》，大正藏第37冊，頁313a。
❷ 「一體淨相穢……」見《釋淨土群疑論》，大正藏第47冊，頁34a。

台教云：佛國有四，一染淨國，凡聖同居。二有餘國，方便人住。三果報國，純法身菩薩居，即因陀羅網無障礙土。四常寂光，即妙覺所居。（《宗鏡錄》，頁 903a）❸

《大方廣佛華嚴經隨疏演義鈔》

一法性土真如為體……二實報土……五陰以為體性，攝相歸性，以真如為體。……三色相土，攝境從心，自利後得智為體……攝相歸性，亦以真如為體……。四他受用土，攝境從心，利他後得智為體，攝相歸性，以真如為體，若約相別，四塵為體。五變化土，菩薩變化土有漏者同前，……相別四塵五塵為體。（《宗鏡錄》，頁 903a）❹

其他

觀和尚於一心門，立十淨土，成十種如來，坐十種道場，說十種法門。（《宗鏡錄》，頁 568c）❺

華嚴具十土，或一二三等，開合不定。（《宗鏡錄》，頁

---

❸ 「台教云」見《維摩經略疏》，大正藏第 38 冊，頁 564b。

❹ 「一法性土真如為體……」見《大方廣佛華嚴經隨疏演義鈔》，大正藏第 36 冊，頁 196c。

❺ 觀和尚所立十淨土不明出處，在大正藏中查不到。

903a）❻

十四科淨土義云：經有恒沙佛國者，皆是聖人接物之近跡，佛實無土，何以明之？夫未免形累者，故須託土以自居，八住已上，永脫色累，照體獨立，神無方所，用土何為？而言有者，以眾生解微惑重，未堪真化故。（《宗鏡錄》，頁533b）❼

或遊化國見佛應身，或生報土睹佛真體。（《萬善同歸集》，頁968b）❽

㈡有關佛身的典籍

《大方廣佛華嚴經》

華嚴經明十種佛，所謂於安住世間成正覺佛無著見，願佛出生見，業報佛深信見，住持佛隨順見，涅槃佛深入見，法界佛普至見，心佛安住見，三昧佛無量無依見，本性佛明了

---

❻ 「華嚴具十土」不明出處，在大正藏中查不到，可能就是指觀和尚立十淨土的說法。

❼ 「十四科淨土義云」不明出處，在大正藏中查不到。

❽ 淨影慧遠在《觀無量壽經義疏》，大正藏第 37 冊，頁 173b 提到：「觀佛平等法門之身是真身觀，……真身之觀如維摩經見阿品說觀身實相，觀佛亦然……」。同書，頁 173c 提到：「其應身觀如彼觀佛三昧海經，……」。

見，隨樂佛普授見。（《宗鏡錄》，頁 500a）❾

又佛總具十身，一眾生身、二國土身、三業報身、四聲聞身、五緣覺身、六菩薩身、七如來身、八智身、九法身、十虛空身。（《宗鏡錄》，頁 500a）❿

《解深密經》

深密經云……如來化身，當言有心，為無心耶？佛告曼殊室利菩薩曰：善男子！非是有心，亦非無心。何以故？無自依心故，有依他心故。（《宗鏡錄》，頁 912b）⓫

《成唯識論》

識論云：如是法身，有三相別，一自性身，……即此自性，亦名法身，大功德法所依止故。二受用身，此有二種，一自受用，謂諸如來修集無量福慧資糧，所起無邊真實功德……

---

❾ 《大方廣佛華嚴經》，大正藏第 10 冊，頁 308a：「菩薩摩訶薩有十種見佛……」。

❿ 《大方廣佛華嚴經》，大正藏第 10 冊，頁 200a：「此菩薩知眾生身、國土身……虛空身」。引文中的「緣覺身」，《大方廣佛華嚴經》作「獨覺身」。而《大方廣佛華嚴經疏》，頁 505c 作「緣覺身」，而且內容與永明禪師的引文相似，可見他並非直接引經，而是從疏中所引。

⓫ 《解深密經》，大正藏第 16 冊，頁 710c。

恆自受用廣大法樂。二他受用，謂諸如來，由平等智，示現微妙淨功德身，居純淨土，為住十地諸菩薩眾，現大神通，轉正法輪，決眾疑網，令彼受用大乘法樂。三變化身，謂諸如來，由成事智，變現無量，隨類化身，居淨穢土……。（《宗鏡錄》，頁 900b）⓬

《妙法蓮華經玄義》

問：為用法身應？用應身應？若應身，應身無本，何能應？若用法身應，應則非法？答：至論諸法，非去來今，非應非不應，而能有應。亦可言法應，亦可言應應。法應則冥益，應應則顯益。（《宗鏡錄》，頁 765b）⓭

《妙法蓮華經文句》

法華疏釋如來壽量品云：壽者，受也。若法身，真如不隔諸法，故名為受。若報身，境知相應，故名為受。若應身，一期報得，百年不斷，故名為受。法身如來以如理為命，報身如來以智慧為命，應身如來以同緣理為命……。（《宗鏡

⓬ 「識論云」見《成唯識論》，大正藏第 31 冊，頁 57c－58a。

⓭ 「問：為用法身應」見《妙法蓮華經玄義》，大正藏第 33 冊，頁 747b。

錄》，頁 902c）⓮

《心賦》：眾義咸歸於此宗，百華同成於一蜜。獨超紫微之表，教海宏樞。細開虛寂之間，禪扃正律。

《注》：阿彌陀者：此云無量壽，即如理為命，以一心真如性無盡故，乃曰無量壽。（《心賦注》，頁 109b－110a）

《金光明經玄義》

觀心三身者，所謂理法聚名法身，智法聚名報身，功德法聚名應身。諦觀一念心即空即假即中，即是三身。……言即中者，即是法身。即空者，即是報身。即假者，即是應身。（《宗鏡錄》，頁 908a－908b）⓯

《修華嚴奧旨妄盡還源觀》

攝境歸心真空觀中，則攝相歸體，顯出法身。從心現境妙有觀中，則依體起用，修成報身。若心境秘密圓融觀中，則心境交參，依正無礙。心謂無礙心，諸佛證之以成法身。境謂

⓮ 「法華疏釋如來壽量品云」見《妙法蓮華經文句》，大正藏第 34 冊，頁 128b。

⓯ 「觀心三身者」見《金光明經玄義》，大正藏第 39 冊，頁 3c。

無礙境，諸佛證之以成淨土。（《宗鏡錄》，頁866a）⑯

《華嚴一乘教義分齊章》

且楞伽經說有四佛，一化佛、二報生佛、三如如佛、四智慧佛……若別依五教，隨教不定。一小乘教有二身佛，一生身、二法身。二大乘初教有三身佛，一法身、二應身、三化身，三終教有四身佛，一理性身、二法身、三報身、四應化身。四頓教唯一佛身，一實性佛。五一乘圓教有十身佛。（《宗鏡錄》，頁500a）⑰

《大方廣佛華嚴經疏》

智身遍坐法性道場，法身非坐而坐道場，法門身安坐萬行道

---

⑯ 「攝境歸心真空觀」見《修華嚴奧旨妄盡還源觀》，大正藏第 45 冊，頁640a。

⑰ 《楞伽阿跋多羅寶經》，大正藏第 16 冊，頁 481b 提到化佛、報生佛、如如佛、智慧佛。此段引文則與《華嚴一乘教義分齊章》，大正藏第 45 冊，頁498c－499a：「或立一佛，謂一實性佛也，此約頓教。或立二佛，此有三種，一生身、化身，此約小乘說，二生身、法身……三或立三身佛，……或立四身佛……如楞伽經云：一應化佛、二功德佛、三智慧佛、四如如佛，此約終教說。或立十佛，以顯無盡，如離世間品說，此約一乘圓教說」，在內容上非常類似。

場，幻化身安坐水月道場。（《宗鏡錄》，頁569b）⑱

《大方廣佛華嚴經隨疏演義鈔》

智身者即法性是所證，以能證智安處理故，證理之處，是得道之場。法身者，法身既無能所，故曰非坐，非坐之坐，湛然安住，名坐道場。法門身者，如云布施是道場，不望報故等，以萬行為得道之處，即是道場。幻化身者，涅槃經云：吾今此身，是幻化身，則所得道處，如水中月。（《宗鏡錄》，頁569b）⑲

《十門辯惑論》

復禮法師述三身義云：法身猶虛空之性……其性本常矣。報身若乘空之日……其體恆在矣。化身如鑒水之影，……顯晦不恆，往來無定。（《宗鏡錄》，頁901a）⑳

《安樂集》

---

⑱ 「智身遍坐法性道場」見《大方廣佛華嚴經疏》，大正藏第35冊，頁533a。

⑲ 「法性是所證」見《大方廣佛華嚴經隨疏演義鈔》，大正藏第36冊，頁141b－141c。

⑳ 「法身猶虛空之性」見《十門辯惑論》，大正藏第52冊，頁557b。

天親云：廣略相入者，諸佛有二種身。一法性法身、二方便法身。由法性法身故，生方便法身。由方便法身故，顯出法性法身。此二種身，異而不可分，一而不可同。是故廣略相入，法身無相故，則能無不相。是故相好莊嚴，即是法身也。法身無知故，則能無不知。是故一切種智，即是真實智慧。（《宗鏡錄》，頁 535b）[21]

《注維摩詰經》

肇法師云：……佛土常淨，豈待變而後飾。蓋是變眾人之所見耳。（《宗鏡錄》，頁 532b）[22]

《鎮州臨濟慧照禪師語錄》

臨濟和尚云：……爾一念清淨光，是爾屋裡法身佛。爾一念無分別光，是爾屋裡報身佛。爾一念差別光，是爾屋裡化身佛。（《宗鏡錄》，頁 943c）[23]

---

[21] 天親的原文在《無量壽經優婆提舍》，大正藏第 26 冊，頁 232b：「此三種成就願心莊嚴，略說入一法句故，一法句者，謂清淨句，清淨句者，謂真實智慧無為法身故。」永明禪師的引文是出自《安樂集》，大正藏第 47 冊，頁 7a。

[22] 「佛土常淨」見《注維摩詰經》，大正藏第 38 冊，頁 338a。

[23] 《鎮州臨濟慧照禪師語錄》，大正藏第 47 冊，頁 497b。

其他

十四科法身義云：經明法身者……尋經之旨，以如來照體虛存為身，累盡為法，乃是所以真法身也。然即以善感應，應即隨類成異……。（《宗鏡錄》，頁 502b）㉔

二、有關十方淨土與如來的典籍

《維摩詰所說經》

《心賦》：餐香積之廚，真堪入律。

《注》：淨名經云：香積世界，彼國菩薩，聞香入律，即獲一切功德藏三昧。若從香入法界者，自身即是香眾世界，自心即是香積如來。（《心賦注》，頁 56a）㉕

《大方廣如來不思議境界經》

故如來不思議境界經云：三世一切諸佛，皆無所有，唯依自心。菩薩若能了知諸佛及一切法皆唯心量，得隨順忍。或入初地，捨身速生妙喜世界，或生極樂淨佛土中。（《宗鏡

㉔ 「十四科法身義云」出處不明，在大正藏中查不到。

㉕ 「淨名經云」見《維摩詰所說經》，大正藏第 14 冊，頁 552c：「彼菩薩曰：我土如來無文字說，但以眾香令諸天人等得入律行，菩薩各各坐香樹下，聞斯妙香，即獲一切德藏三昧」。

錄》，頁 592b）㉖

如來不思議境界經云：三世一切諸佛，皆無所有，唯依自心。菩薩若能了知諸佛及一切法，皆唯心量，得隨順忍。或入初地，捨身速生妙喜世界，或生極樂淨佛土中。（《觀心玄樞》，卍續藏第 114 冊，頁 850）

《彌勒上生經》

上生經中觀兜率天宮、彌勒內院等。（《宗鏡錄》，頁 623c）

第三十九，初夜普為一切法界眾生，旋繞念彌勒慈尊佛，願生內院，親成法忍。（《自行錄》，頁 158b）

《大方廣佛華嚴經》

華嚴入法界品中，德雲比丘入憶念一切諸佛境界智慧光明普見法門，乃至住一切世念佛門，隨於自心之所欲樂，普見三世諸如來故。（《宗鏡錄》，頁 506b）㉗

㉖ 「如來不思議境界經云」見《大方廣如來不思議境界經》，大正藏第 10 冊，頁 911c。

㉗ 「華嚴經云」見《大方廣佛華嚴經》，大正藏第 10 冊，頁 334b－334c。

華嚴經解脫長者告善財言：我若欲見安樂世界阿彌陀如來，隨意即見。我若欲見栴檀世界金剛光明如來，妙香世界寶光明如來，蓮華世界寶蓮華光明如來，妙金世界寂靜光如來，妙喜世界不動如來，善住世界師子如來，鏡光明世界月覺如來，寶師子莊嚴世界毘盧遮那如來，如是一切，悉皆即見。（《宗鏡錄》，頁603b）㉘

法界品彌伽長者徹見十方佛海，顯此定者，唯心之觀，知眾生界，無量無邊，皆心現故。（《宗鏡錄》，頁502b）㉙

《心賦》：妙峰聳於性地，仰之彌高。

《注》：華嚴經云：善財南行，向勝樂國，登妙峰山，參德雲比丘。妙峰者，心為絕待之妙，高顯如山，故稱妙峰。德雲語善財言：我住自在心念佛門，知隨自心所有欲樂，一切諸佛現其像故。（《心賦注》，頁98b）

《心賦》：既達心宗，應當瑩飾。鍊善行以扶持，澄法水而潤澤。

《注》：華嚴經云：解脫長者言：我已入出如來無礙莊嚴解脫門，乃至我見如是等十方各十佛剎微塵數如來，彼諸如來

㉘ 「華嚴經云」見《大方廣佛華嚴經》，頁339c。

㉙ 彌伽長者法門見《大方廣佛華嚴經》，大正藏第10冊，頁338a－338c：「彌伽大士即以方便，為開示演說分別解釋輪字品莊嚴法門……善財童子思惟諸菩薩無礙解陀羅尼光明莊嚴門……於十方差別佛，無不現見。」

不來至此，我若欲見安樂世界阿彌陀如來，隨意即見，乃至知一切佛及與我心悉皆如夢……。（《心賦注》，頁 139b）

華嚴經云：解脫長者告善財言，我若欲見安樂世界阿彌陀佛，隨意即見。乃至所見十方諸佛，皆由自心。（《萬善同歸集》，頁 958b）㉚

華嚴經云：住自在心念佛門，知隨自心所有欲樂，一切諸佛現其像。（《萬善同歸集》，頁 962a）㉛

華嚴經云：譬如心王寶，隨心見眾色。眾生心淨故，得見清淨剎。（《萬善同歸集》，頁 969a）㉜

《大唐大慈恩寺三藏法師傳》

唐三藏法師……第（弟）子問云：和尚決定得生彌勒內院不？報云得生。（《萬善同歸集》，頁 990b）㉝

《大乘起信論》

㉚ 「華嚴經云」見《大方廣佛華嚴經》，大正藏第 10 冊，頁 339c。
㉛ 「華嚴經云」見《大方廣佛華嚴經》，大正藏第 10 冊，頁 334c。
㉜ 「華嚴經云」見《大方廣佛華嚴經》，大正藏第 10 冊，頁 51c。
㉝ 《大唐大慈恩寺三藏法師傳》，大正藏第 50 冊，頁 277b。

起信論云：初信大乘心人，諸佛皆攝生淨土。（《宗鏡錄》，頁 592c）㉞

《法華三昧懺儀》

禮十方佛，一心敬禮東方善德佛……東南方無憂德佛……南方栴檀德佛……西南方寶施佛……西方無量明佛……西北方華德佛……北方相德佛……東北方三乘行佛……上方廣眾德佛……下方明德佛……。（《自行錄》，頁 156b）㉟

《新華嚴經論》

華嚴論云：……十住菩薩以慧為國，十行菩薩以智為國，十迴向十地以妙為國。（《宗鏡錄》，頁 532b）㊱

論云：智境豁然，名為佛國。（《宗鏡錄》，頁 848a）㊲

㉞ 「起信論云」見《大乘起信論》，大正藏第 32 冊，頁 583a：「眾生初學是法，欲求正信……」。

㉟ 此處所述禮十方佛的文字，與《法華三昧懺儀》，頁 951b－951c〈第六明禮佛方法〉中的文字相當。

㊱ 「華嚴論云」見《新華嚴經論》，大正藏第 36 冊，頁 730b。

㊲ 「論云」見《新華嚴經論》，大正藏第 36 冊，頁 956c：「智境朗然……」。

《續高僧傳》

高僧釋智通云：……十方淨土，未必過此矣。（《宗鏡錄》，頁 942b）[38]

《心賦》：自在無礙，超古絕倫。荊棘變為行樹，梟獍啼或梵輪。

《注》：高僧傳云：釋智通……十方淨土，未必過此矣。（《心賦注》，頁 38b）

其他

第五十八，……念七如來名號，念寶勝如來……離怖畏如來……廣博身如來……甘露王如來……妙色身如來……多寶如來……阿彌陀如來，願一切眾生，離惡趣形，神栖淨土。（《自行錄》，頁 159b）

三、有關西方淨土思想的典籍

《佛說阿彌陀經》

---

[38] 「高僧傳云」見《續高僧傳》，大正藏第 50 冊，頁 577c－578a。

經云：青色青光，黃色黃光等是也。（《宗鏡錄》，頁532b）[39]

安樂國內，水鳥皆談苦空。（《宗鏡錄》，頁580a）

阿彌陀經云：復次舍利弗，彼國常有種種奇妙雜色之鳥……皆悉念佛、念法、念僧。（《宗鏡錄》，頁580b）[40]

是故西方國土，水鳥樹林，悉皆說法。（《宗鏡錄》，頁870a）

經云：受持佛名者，皆為一切諸佛共所護念。（《萬善同歸集》，頁962a）[41]

《心賦》：聽風柯之響，密可傳心。

《注》：阿彌陀經云：水鳥樹林，皆悉念佛念法念僧。是知境是即心之境，心是即境之心。能所似分，一體無異。若能見境識心，便是密傳之旨，終無一法與人。（《心賦注》，頁56b）

---

[39] 「經云」見《佛說阿彌陀經》，大正藏第12冊，頁347a。

[40] 「阿彌陀經云」見《佛說阿彌陀經》，大正藏第12冊，頁347a。

[41] 「經云」見《佛說阿彌陀經》，大正藏第12冊，頁348a：「聞是經受持者，及聞諸佛名者，是諸善男子善女人，皆為一切諸佛共所護念，皆得不退轉於阿耨多羅三藐三菩提。」

《心賦》：廣常舌之敷揚。

《注》：佛說法華經，出舌至梵天；說阿彌陀佛經時，舌覆大千世界。……以佛說法華一乘等心地法門時，舌出過凡聖之上，以表所說心法真實，起眾生信故。（《心賦注》，頁114a）

極樂佛國，聽風柯而正念成。（《觀心玄樞》，頁855）

《稱讚淨土佛攝受經》

稱讚淨土經云：十方恒河沙諸佛，出廣長舌相，遍覆大千，證得往生，豈虛搆哉？（《萬善同歸集》，頁968b）[42]

《佛說無量壽經》

大經云：彌勒菩薩問佛：未知此界有幾許不退菩薩得生彼國？佛言：此娑婆世界有六十七億不退菩薩皆得往生。（《萬善同歸集》，頁968b）[43]

---

[42] 「稱讚淨土經云」見《稱讚淨土佛攝受經》，大正藏第12冊，頁350a－351a。

[43] 「大經云」見《佛說無量壽經》，大正藏第12冊，頁278b：「彌勒菩薩白佛言：世尊！於此世界有幾所不退菩薩生彼佛國？佛告彌勒：於此世界有六十七億不退菩薩往生彼國。」

《佛說觀無量壽佛經》

無量壽經云：諸佛如來是法界身，入一切眾生心想中……是心作佛，是心是佛。諸佛正遍知海，從心想生。（《宗鏡錄》，頁 501c）㊹

九品往生，上下俱達。……或一夕而便登上地，或經劫而方證小乘……或華開早晚，時限有異。（《萬善同歸集》，頁 968b）㊺

《般舟三昧經》

如般舟三昧經云：何因致現在諸佛悉在前立三昧如是？跋陀和！其有比丘……便於此間坐，見阿彌陀佛，聞所說法，悉受持得，從三昧起，悉能具足，為人說之。（《宗鏡錄》，頁 559b－559c）㊻

《藥師琉璃光如來本願功德經》

㊹ 「無量壽經云」見《佛說觀無量壽佛經》，頁 343a。

㊺ 《佛說觀無量壽佛經》，頁 345a 提到上品中生者的蓮華臺「經宿即開」，往生者聽聞阿彌陀佛說法，即證得菩提。此外經中，頁 345c 也提到中品下生者「過一小劫，成阿羅漢」。

㊻ 「般舟三昧經云」見《般舟三昧經》，頁 905a。

第四十六，中夜普為一切法界眾生，旋繞念藥師琉璃光佛，願成本願風輪，往生寶剎。（《自行錄》，頁159a）㊼

《維摩經》

問：維摩經云：成就八法於此世界，行無瘡疣生于淨土。……答：理須具足，此屬大根。八法無瑕，成就上品。如其中下，但具一法，決志無移，亦得下品。（《萬善同歸集》，頁968b－968c）㊽

《佛說作佛形像經》

作佛形像經云：優填王來至佛所，白佛言：世尊！若佛滅後，其有眾生作佛形像，當得何福？……乃至若生天上，作六欲天主。若生梵天作天梵王，後皆得生無量壽國，作大菩薩，畢當成佛，入泥洹道，若當有人作佛形像，獲福如是。

㊼ 《藥師琉璃光如來本願功德經》，大正藏第14冊，頁414b：「以此善根，願生西方極樂世界，見無量壽佛」。本經雖然以念藥師佛為主，不過其所發願往生的國度卻為西方極樂世界。

㊽ 「菩薩成就八法」見《維摩詰所說經》，頁553b。《維摩詰所說經》中雖提到了成就八法，可以往生淨土，但是經文原本並沒有指明會往生何種淨土，永明則說八法無瑕能夠往生上品，按《萬善同歸集》，頁968b曾提到「九品往生，上下具達」，同書頁968c則提到「九品經文……上品往生」，另外《受菩薩戒法並序》，卍續藏第105冊，頁20提到「九品虛設上品」，可見永明認為成就八法，可以往生西方極樂世界的上品。

（《萬善同歸集》，頁 980a）[49]

《陀羅尼經集阿彌陀佛大思惟經》

大思惟經云：若不散華獻佛，雖得往生，而依報不具。（《萬善同歸集》，頁 979a）[50]

《觀無量壽佛經疏》

天台無量壽疏云：夫樂邦之與苦域……誠由心分垢淨，見兩土之昇沈，行開善惡，睹二方之麤妙，……乃至可謂微行妙觀，至道要術者哉！此經心觀為宗，實相為體。（《宗鏡錄》，頁 532b）[51]

天台無量壽佛疏云：就一字說者，釋論云：所行如所說，所說即是教。如即是理，行即是行，佛即是法身，觀即般若，

---

[49] 「作佛形像經云」見《佛說作佛形像經》，大正藏第 16 冊，頁 788c「生無量壽國」作「皆生阿彌陀佛國」。

[50] 「大思惟經云」見《陀羅尼經集阿彌陀佛大思惟經說序分第一》，大正藏第 18 冊，頁 800a－800b：「以眾華散阿彌陀佛，發願誦咒者，得十種功德……若人不以香華衣食等供養者，雖得生彼淨土，而不得香華衣食等種種供養之報。」

[51] 「天台無量壽佛疏云」見《觀無量壽佛經疏》，大正藏第 37 冊，頁 186b。

無量壽即解脫。（《宗鏡錄》，頁951b）52

《安國鈔》

安國鈔云：所言極樂者，有二十四種樂。……（《萬善同歸集》，頁967b）53

《釋淨土群疑論》

群疑論云：西方淨土有三十種益。……（《萬善同歸集》，頁967c）54

《安樂集》

目連所問經云：佛告目連，譬如萬川長注，有浮草木，……是故我說無量壽佛國土易往易取，而人不能修行往生，反事九十六種邪道，我說是人名無眼人，名無耳人。（《萬善同歸集》，頁968a）55

---

52 「天台無量壽佛疏云」見《觀無量壽佛經疏》，頁186c。

53 「安國鈔云」不明出處，在大正藏中查不到。

54 「群疑論云」見《釋淨土群疑論》61a：「按稱讚淨土經觀經及無量壽經四十八弘誓願中略舉三十益何者三十。……」

55 「目連所問經云」見《安樂集》，大正藏第47冊，頁14a。

大集月藏經云：我末法時中，億億眾生，起行修道，未有一得者。當今末法，現是五濁惡世，唯有淨土一門，可通入路。（《萬善同歸集》，頁 968a）[56]

當知自行難圓，他力易就。如劣士附輪王之勢，飛遊四天；凡質假仙藥之功，昇騰三島。實為易行之道，疾得相應。慈旨叮嚀，須銘肌骨。（《萬善同歸集》，頁 968b）[57]

《隋天台智者大師別傳》

智者大師一生修西方業，……臨終令門人唱起十六觀名，乃合掌讚云：四十八願，莊嚴淨土，……火車相現，一念改悔者尚乃往生，況戒定慧薰修行道力，終不唐捐。佛梵音聲，終不誑人。（《萬善同歸集》，頁 968b）[58]

《傅大士三諫歌》

傅大士三諫歌云：……若欲求念彌陀佛，東西南北是西方。西方彌陀觸處是，……天蓋正是彌陀屋，木孔木穿彌陀房。

---

[56] 「大集月藏經云」見《安樂集》，大正藏第 47 冊，頁 13c。

[57] 《安樂集》，大正藏第 47 冊，頁 12b：「何者他力？如有劣夫，以己身力，擲驢不上，若從輪王，即便乘空遊四天下，即輪王威力，故名他力。」

[58] 《隋天台智者大師別傳》，大正藏第 50 冊，頁 196a：「聽無量壽竟，讚曰：四十八願莊嚴淨土……。」

天上空中彌陀路，草木正是彌陀鄉。日夜前後嘈嘈鬧，正是彌陀口放光。若欲禮拜彌陀佛，不用思想強干忙。……若欲往生安樂國，只是箇物是西方。（《宗鏡錄》，頁 589a－589b）(59)

其他

杜順和尚偈云：遊子謾波波，巡山禮土坡。文殊只者是，何處覓彌陀？（《宗鏡錄》，頁 477b）(60)

昔人偈云：寧神泯是非，現身安樂國。（《宗鏡錄》，頁 848a）(61)

第六祖慧能大師云：汝等諸人自心是佛，更莫狐疑。心外更無一法而能建立，皆是自心生萬種法。……行住坐臥皆一直心，即是淨土，依吾語者，決定菩提。（《宗鏡錄》，頁

---

(59) 「傅大士三諫歌」不明出處，在大正藏中查不到。

(60) 「杜順和尚偈云」不明出處，在大正藏中查不到，但是在《曆代法寶記》，頁 193b 引到金和尚曾說一偈：「迷子浪波波，巡山禮土坡。文殊只沒在，背佛覓彌陀」，與永明禪師所引的文字很類似。

(61) 「昔人偈云」不明出處，在大正藏中查不到。

940a）[62]

故偈云：行道五百遍，念佛一千聲。事業常如此，西方佛自成。（《萬善同歸集》，頁964b）[63]

按諸經云：生安養者，緣強地勝，福備壽長，蓮華化生，佛親迎接。便登菩薩之位，頓生如來之家。……尚無惡趣之名，豈有輪迴之事？（《萬善同歸集》，頁967b）[64]

四、有關念佛法門的典籍

《觀無量壽佛經》

如觀經中立日觀、水觀等十六觀門。（《宗鏡錄》，頁623c）

問：觀經明十六觀門，皆是攝心修定……答：九品經文自有昇降，……上品往生……得成末品。（《萬善同歸集》，頁

---

[62] 「第六祖慧能大師云」見《南宗頓教最上大乘摩訶般若波羅蜜經六祖惠能大師於韶州大梵寺施法壇經》（以下簡稱《六祖壇經》），大正藏第48冊，頁338b：「一行三昧者，於一切時中，行住坐臥，常真心是。淨名經云：真心是道場，真心是淨土」，與永明禪師所引意思相似，但文字不同。

[63] 「偈云」不明出處，在大正藏中查不到。

[64] 「諸經云」不明出處，在大正藏中查不到，應是永明禪師綜合淨土經論後的看法。

968c）

若生安養，教受九品之文，上根受戒習禪，中下行道念佛，眾生根器不等，不可守一疑諸。……若但令一門念佛往生，則九品虛設上品，大乘孤然可棄，從上諸佛，不合制戒及禪定多聞，但說一門以度群品。（《受菩薩戒法並序》，卍續藏第105冊，頁20）[65]

《大方廣佛花嚴經入法界品頓證毘盧遮那法身字輪》

頓證毘盧遮那法身字輪瑜伽儀軌釋如來法身觀者，先觀發起普賢菩薩微妙行願，復應以三密加持身心，則能入文殊師利大智慧海，……無有邊際。（《宗鏡錄》，頁852b－852c）[66]

《心賦》：滯念纔通，幽襟頓適。成現而可以坐參，周遍而徒煩遊歷。

《注》：瑜伽儀軌釋：如來法身觀者，先觀發起普賢微妙行願，復應以三密加持身心，則能入文殊師利大智慧海，……

---

[65] 上品、末品見《佛說觀無量壽佛經》，經中頁344c提到上品上生者必須「一者慈心不殺，具諸戒行。二者讀誦大乘方等經典。三者修行六念迴向發願生彼佛國」。此外經中頁346a提到下品下生者「具足十念，稱南無阿彌陀佛」。

[66] 「頓證毘盧遮那法身字輪瑜伽儀軌」見《大方廣佛花嚴經入法界品頓證毘盧遮那法身字輪》，大正藏第19冊，頁709b。

無有邊際。（《心賦注》，頁64a－64b）

《大乘文殊師利菩薩讚佛法身禮》

文殊頌云：無色無形相，無根無住處。不生不滅故，敬禮無所觀。又頌云：虛空無中邊，諸佛心亦然。心同虛空故，敬禮無所觀。（《宗鏡錄》，頁506b）[67]

《佛藏經》

佛藏經云：見諸法實相，名為見佛。何等名為諸法實相？所謂諸法畢竟空無所有，以是畢竟空無所有法念佛。乃至又念佛者，……是法皆空，無有體性，不可念一相，所謂無相，是名真實念佛。（《宗鏡錄》，頁506a－506b）[68]

《大方等大集經》

大集經云：或一日夜，或七日夜，不作餘業，志心念佛。小念見小，大念見大。（《萬善同歸集》，頁962b）[69]

---

[67] 「文殊頌云」見《大乘文殊師利菩薩讚佛法身禮》，大正藏第20冊，頁937a。不空譯，經文前的小注提到「此禮出大乘一切境界智光明莊嚴經」。

[68] 「佛藏經云」見《佛藏經》，大正藏第15冊，頁785b－785c。

[69] 「大集經云」見《大方等大集經》，大正藏第13冊，頁285c。

《大方廣佛華嚴經》

華嚴經云：佛子！譬如丈夫食少金剛……若有得觸如來光者，身得清淨，究竟獲得無上法身。若於如來生憶念者，則得念佛三昧清淨。若有眾生供養如來所經土地及塔廟者，亦具善根……具足善法。（《宗鏡錄》，頁466c）⑰

《那先比丘經》

那先經云：國王問那先沙門言：人在世間作惡至百歲，臨終時念佛，死後得生佛國，我不信是語。那先言：如持百枚大石置船上，因船故不沒。人雖有本惡，一時念佛不入泥犁中。其小石沒者，如人作惡，不知念佛，便入泥犁中。（《萬善同歸集》，頁967a）⑱

《妙法蓮華經》

故經云：若人散亂心，入於塔廟中。一稱南無佛，皆已成佛道。（《萬善同歸集》，頁962a）⑲

---

⑰ 「華嚴經云」見《大方廣佛華嚴經》，大正藏第10冊，頁277a。

⑱ 「那先經云」見《那先比丘經》，大正藏第32冊，頁701c。

⑲ 「經云」見《妙法蓮華經》，大正藏第9冊，頁9a。

《般若燈論釋》

舍利弗陀羅尼經云：唯修一心念佛，不以色見如來，不以無色見如來，不以相，不以好，不以戒、定、慧、解脫、解脫知見……乃至非自作，非他作，若能如是名為念佛。（《宗鏡錄》，頁 933b）[73]

《阿彌陀經通贊疏》

故業報差別經云：高聲念佛誦經，有十種功德。一能排睡眠，二天魔驚怖，三聲遍十方，四三塗息苦，五外聲不入，六令心不散，七勇猛精進，八諸佛歡喜，九三昧現前，十生於淨土。（《萬善同歸集》，頁 962b）[74]

---

[73] 《舍利弗陀羅尼經》，大正藏第 19 冊，頁 696a：「唯修念佛，不念色，不念相好，不念非相好，不念戒，……不為自義，不為他義，不念三業清淨，不念現在未來行清淨，舍利弗此謂念佛。」與《宗鏡錄》的引文不同，永明禪師所引見於《般若燈論釋》，大正藏第 30 冊，頁 121b。

[74] 《佛為首迦長者說業報差別經》，大正藏第 1 冊，頁 894c－895b 提到禮佛塔廟、奉施寶蓋、奉施繒幡、奉施鍾鈴、奉施衣服、奉施器皿、奉施飲食、奉施靴履、奉施香華、奉施燈明、恭敬合掌等，各可獲得十種功德，當中並無高聲念佛一項。不過《阿彌陀經通贊疏》，大正藏第 37 冊，頁 341c：「念佛有三：一心念，心中繫念；二輕聲念，自耳聞故；三高聲念，有十種功德。一能排睡眠，二天魔驚怖，三聲遍十方，四三塗息苦，五外聲不入，六心不散亂，七勇猛精進，八諸佛歡喜，九三昧現前，十生於淨土。」即同於《萬善同歸集》所引。

《寶積經》

寶積經云：高聲念佛，魔軍退散。（《萬善同歸集》，頁962a）[75]

《文殊般若經》

文殊般若經云：眾生愚鈍，觀不能解。但令念聲相續，自得往生佛國。（《萬善同歸集》，頁962a）[76]

《大般涅槃經》

如大涅槃經云：爾時世尊讚迦葉菩薩，善哉善哉……謂十力四無所畏，大慈大悲，念佛三昧，三正念處。善男子，是道一體，如來昔日為眾生故。（《宗鏡錄》，頁427b）[77]

《大佛頂如來密因修證了義諸菩薩萬行首楞嚴經》

第四十，初夜普為一切法界眾生，旋繞念大勢至菩薩摩訶薩，願攝諸根，淨念相繼，託質蓮臺。（《自行錄》，頁

---

[75] 「寶積經云」出處不明，在大正藏中查不到。

[76] 「文殊般若經云」出處不明，在大正藏中查不到。

[77] 「大涅槃經云」見《大般涅槃經》，大正藏第12冊，頁441c。

158b）[78]

《觀佛三昧海經》

觀佛三昧海經云：復次阿難，譬如有人，貧窮薄福，依諸豪貴，……寶瓶現光，諸蛇見光，四散馳走。佛告阿難：住念佛者，心印不壞，亦復如是。（《宗鏡錄》，頁932a－932b）[79]

《大智度論》

智論云：譬如有人初生墮地，即得日行千里，足一千年滿中七寶，以用施佛。不如有人，於後惡世，稱一佛聲，其福過彼。（《萬善同歸集》，頁962a）[80]

智論問云：臨死時少許時心，云何能勝終身行力？答：是心雖時頃少而心力猛利，……，是後心名為大心，及諸根事急故。如人入陣，不惜身命名為健。（《萬善同歸集》，頁967a）[81]

智論云：作福無願，無所樹立。願為導師，能有所成。譬如

---

[78] 「淨念相繼」見《大佛頂如來密因修證了義諸菩薩萬行首楞嚴經》，大正藏第19冊，頁128b。

[79] 「觀佛三昧海經云」見《觀佛三昧海經》，大正藏第15冊，頁695c。

[80] 所引的《大智度論》文字，在大正藏的《大智度論》中查不到。

[81] 「智論云」見《大智度論》，大正藏第25冊，頁238b。

銷金，隨師所作。金無定也，菩薩亦爾。修淨土願，然後得之。以是故知，因願獲果。（《萬善同歸集》，頁 979c）[82]

《法苑珠林》

諸佛德用既齊，名號亦等。隨稱何名，名無不盡。如稱一阿彌陀佛名，禮召一切諸佛，無不周備。西天云阿彌陀佛，此云無量壽，豈有一佛非長壽也！設一切佛不化眾生，但一佛化生，即功歸法界，法界德用遍周，是名遍入法界禮也。（《宗鏡錄》，頁 548a）[83]

大莊嚴論云：佛國事大，獨行功德不能成就。要須願力，如牛雖力挽車，要須御者能有所至。淨佛國土，由願引成，以願力故，福德增長，不失不壞，常見佛故。（《萬善同歸集》，頁 979c）[84]

---

[82] 「智論云」見《大智度論》，頁 108b。

[83] 《法苑珠林》，大正藏第 53 冊，頁 435c：「如稱一釋迦名，禮召一切諸佛，無不周備。西云阿彌陀佛，此云無量壽，豈有一佛非長壽也！西云彌勒，此云慈氏，豈有一佛非慈氏也！西云釋迦，此云能仁，豈有一佛非能仁也！」

[84] 「大莊嚴論云」見《大乘莊嚴經論》的原文出處不明，在大正藏中查不到。此段引文見《法苑珠林》，大正藏第 53 冊，〈發願部〉頁 405b：「大莊嚴論云：佛國事大，獨行功德不能成就。要須願力，如牛雖力挽車，要須御者能有所至。淨佛國土，由願引成，以願力故，福德增長，不失不壞，常見佛故。」

《佛說觀普賢菩薩行法經》

普賢觀經云：爾時行者，聞普賢說，深解義趣，憶持不忘，日日如是，其心漸利。普賢菩薩，教其憶念十方諸佛，……漸以心眼，見東方佛身黃金色，端嚴微妙。……心想利故。遍見十方一切諸佛。」（《宗鏡錄》，頁501b）[85]

《妙法蓮華經觀世音菩薩普門品》

乃至如念觀音名號，火不能燒等，此託觀音為增上緣，並是自心所感，致茲靈驗。災祥成敗，榮辱昇沈，無不由心者矣。（《宗鏡錄》，頁589a）[86]

《大乘起信論》

起信論云：眾生初學是法，欲求正信，其心怯弱。……如修多羅說：若人專念西方極樂世界阿彌陀佛，所修善根回向，願求生彼世界，即得往生。（《萬善同歸集》，頁966c）[87]

《念佛三昧寶王論》

---

[85] 「普賢觀經云」見《佛說觀普賢菩薩行法經》，大正藏第09冊，頁390c。

[86] 《妙法蓮華經觀世音菩薩普門品》，大正藏第 9 冊，頁 57a：「受持觀世音菩薩名號，得如是無量無邊福德之利」。

[87] 「起信論云」《大乘起信論》，大正藏第32冊，頁583a「修行信心分」。

故飛錫和尚高聲念佛三昧寶王論云：浴大海者，已用於百川。……則萬境萬緣，無非三昧也。誰復患之，於起心動念高聲稱佛哉？（《萬善同歸集》，頁962b）[88]

《摩訶止觀》

又止觀明念佛三昧門者，當云何念？為復念我當從心得佛，從身得佛。……是名如相念。（《宗鏡錄》，頁506b－506c）[89]

《法華三昧懺儀》

第十一，普為一切法界眾生，晝夜六時，皈命敬禮三寶，及晨朝禮十方佛……禮十方佛：一心敬禮東方善德佛……一心敬禮下方明德佛。（《自行錄》，頁155b－156c）[90]

第七十四，晝夜六時，修行五悔，懺滌六根，普為一切法界四恩二十五有，十二類生，承三寶力，對十方佛前，志心懺悔……從多劫來，眼根因緣，貪著色故……懺悔耳根……懺悔鼻根……懺悔舌根……懺悔身根……懺悔意根……。
第七十五……勸請十方一切諸佛……。

---

[88] 「浴大海者」見《念佛三昧寶王論》，大正藏第47冊，頁134a。
[89] 「念我當從心得佛」見《摩訶止觀》，頁12c。
[90] 「一心敬禮東方善德佛……一心敬禮下方明德佛」的引文與，大正藏第46冊《法華三昧懺儀》〈第六明禮佛方法〉，頁951c內容相同。

第七十六……隨喜十方諸佛……。

第七十七……同與一切眾生……向回向無上菩提，同生西方淨土……。

第七十八……發願一切法界眾生，親證法華三昧……隨願往生西方淨土，皈命彌陀佛……。（《自行錄》，頁161c－163a）[91]

《淨土十疑論》

十疑論云：智者熾然求生淨土，達生體不可得，即真無生……。（《萬善同歸集》，頁966c）[92]

《四念處》

四種三昧明第五停心者，此四三昧，皆修念佛，破障道罪。……今念法身相好。事理永殊。」（《宗鏡錄》，頁896c－897a）[93]

---

[91] 第七十四件佛事中的「志心懺悔……從多劫來，眼根因緣，貪著色故……懺悔耳根……懺悔鼻根……懺悔舌根……懺悔身根……懺悔意根……」，第七十五件佛事中的勸請，第七十六件佛事中的隨喜，第七十七件佛事中的回向，及第七十八件佛事中的發願，則與《法華三昧懺儀》〈第七明懺悔六根及勸請、隨喜、發願方法〉，頁952b－953b的內容相似，僅有一些字句上的不同。

[92] 「十疑論云」見《淨土十疑論》，大正藏第47冊，頁78a。

[93] 「四種三昧明第五停心者」見《四念處》，大正藏第46冊，頁574b。

《釋淨土群疑論》

一是如來慈悲本願功德種子增上緣力，令曾與佛有緣眾生，念佛修觀集諸福智種種萬善功德力，以為因緣，則自心感現佛身來迎。（《宗鏡錄》，頁 505c）[94]

群疑論云：問：名字性空，不能詮說諸法。……答：稱念佛名，往生淨土，亦不得唯言名字虛假，不有詮說者乎。（《萬善同歸集》，頁 962b）[95]

《安樂集》

安樂集云：問：何因一念佛之力，能斷一切諸障？答……若人菩提心中，行念佛三昧者，一切煩惱，一切諸障，悉皆斷滅。……若人但能菩提心中，行念佛三昧者，一切惡魔諸障，直過無難。（《宗鏡錄》，頁 951c）[96]

論云：問：何因一念佛之力，能斷一切諸障？答：如一香栴檀改四十由旬伊蘭林悉香……若人菩提心中，行念佛三昧者，一切煩惱，一切諸障，皆悉斷滅。（《萬善同歸集》，頁

---

[94] 「如來慈悲本願功德種子增上緣力」見《釋淨土群疑論》，大正藏第 47 冊，頁 37c。

[95] 「群疑論云」見《釋淨土群疑論》，大正藏第 47 冊，頁 38b。

[96] 「安樂集云」見《安樂集》，大正藏第 47 冊，頁 5b－5c。

962b）

大品經云：若人散心念佛乃至畢苦，其福不盡。增一阿含經云……若有眾生善心相續，稱佛名號，……所得功德，過上不可思議，無能量者。（《萬善同歸集》，頁 962a）[97]

故智論云：譬如嬰兒，若不近父母。或墮坑落井，水火等難。……初心菩薩多願生淨土，親近諸佛，增長法身，……有斯益故，多願往生。（《萬善同歸集》，頁 967b）[98]

摩訶衍云：菩薩不離諸佛者而作是言……復於一時依善知識，教行念佛三昧，其時即能併遣諸障，方得解脫。有斯大益故，不願離佛。故華嚴偈云：寧於無量劫，具受一切苦。終不遠如來，不睹自在力。（《萬善同歸集》，頁 967a）[99]

---

[97] 「大品經云」不明出處，在大正藏中查不到。《增一阿含經》也並未見到此段引文，但《安樂集》，大正藏第 47 冊，頁 17a－17b 引到增一阿含經及大品經的文字與永明禪師所引相同，因此永明所引應是出於《安樂集》。

[98] 《大智度論》，頁 275c－276a 原文與永明禪師引用的文字不同，而《安樂集》，大正藏第 47 冊，頁 9a 引到的大智度論與永明禪師所引相同，因此永明所引應是出於《安樂集》。

[99] 《安樂集》，大正藏第 47 冊，頁 15a：「第六依大智度論……復於一時依善知識邊，教行念佛三昧，其時即能併遣諸障，方得解脫。有斯大益故，不願離佛。第七依華嚴經云：寧於無量劫，具受一切苦。終不遠如來，不睹自在力。」

《上都儀》

上都儀云：夫歸命三寶者，要指方立相，住心取境，不明無相離念也。佛懸知凡夫繫心尚乃不得，況離相耶？如無術通人，居空造舍也。依寶像等三觀，必得不疑。佛言：我滅度後，能觀像者，與我無異。（《萬善同歸集》，頁961b）[100]

《略諸經論念佛法門往生淨土集》

慈愍三藏云：聖教所說正禪定者，制心一處，念念相續，……若睡眠覆障即須策動念佛誦經，禮拜行道，講經說法。教化眾生萬行無廢，所修行業迴向往生西方淨土。……皆云：念佛是菩提因，何得妄生邪見？（《萬善同歸集》，頁963c）[101]

《大方廣佛華嚴經疏》

---

[100] 「上都儀云」不明出處，在大正藏中查不到，柴田泰在〈中国淨土教における唯心淨土思想の研究〉（1），頁 61 提出此段引文極類似於善導《觀無量壽佛經疏》，頁 267b：「又今此觀門等唯指方立相，住心而取境，總不明無相離念也。如來懸知末代罪濁凡夫，立相住心，尚不能得，何況離相而求事者？如無術通人，居空立舍也。」

[101] 本段引文在《略諸經論念佛法門往生淨土集》（又名《慈悲集》，以下用此書名）查不到。

顯此定者，唯心之觀，知眾生界，無量無邊，皆心現故。明隨心念佛，諸佛現前，以唯心觀，遍該萬法。（《宗鏡錄》，頁 502b）[102]

般舟三昧經云：如人夢見七寶，……親屬歡喜，覺已追念，不知在何處？如是念佛，此喻唯心所作，即有而空，故無來去。（《萬善同歸集》，頁 967a）[103]

《大方廣佛華嚴經隨疏演義鈔》

又依般舟經見佛略有四喻：一夢喻，如夢所見，從分別生，見一切佛，從自心起。二水影喻，水喻心性，則佛之月影皆是眾生真心中物，心佛交徹，唯真心也。三幻喻，自心猶如幻術，一切佛如幻所作，謂有能幻法，方成幻事，無能念心，無所見佛。四響喻，譬如空谷，隨聲發響，悟解自心，

[102] 《大方廣佛華嚴經疏》，頁 928a：「顯此定者，唯心之觀，亦其要故，亦顯此位知眾生界，無量無邊，皆心現故。……一明隨心念佛，諸佛現前。二然彼如來下，正顯唯心念佛觀體。三善男子當知下，以唯心觀，遍該萬法。四是故善男子下，結勸修學令證唯心」。

[103] 《般舟三昧經》，頁 905a：「譬如人臥，出於夢中，見所有金銀珍寶，父母兄弟妻子親屬知識，相與娛樂，喜樂無輩，其覺以為人說之，後自淚出念夢中所見。」由永明禪師引用的文字看來，這段文字應是出於《大方廣佛華嚴經疏》，大正藏第 35 冊，頁 928a。：「一如夢對，般舟三昧經云：如人夢見七寶，親屬歡喜，覺已追念，不知在何處？如是念佛，此喻唯心所作，即有而空，故無來去。」

隨念見佛。上之四喻，一正喻唯心，二唯心故空，三唯心故假，四唯心故中。（《宗鏡錄》，頁 517a）[104]

高僧解脫和尚依華嚴作佛光觀。於清宵月夜，光中忽見化佛說偈云：諸佛祕密甚深法……解脫和尚乃禮拜問云：此法門如何開示於人？化佛遂隱身不現，空中偈答云：方便智為燈，照見心境界。欲知真實法，一切無所見。（《宗鏡錄》，頁 942b）

《心賦》：莫尚他宗，須遵此令。出世之大事功終，入禪之本參學竟。

《注》：高僧解脫和尚依華嚴作佛光觀，於清宵月夜，光中忽見化佛說偈……欲知真實法，一切無所見。（《心賦注》，頁 56b）[105]

其他

記云：妙觀至道者，業行雖多，以心觀為要術。一念心起，

---

[104] 《大方廣佛華嚴經演義鈔》，大正藏第 36 冊，頁 671c。

[105] 《大方廣佛華嚴經演義鈔》，大正藏第 36 冊，頁 115b：「解脫和尚……讀華嚴復依經作佛光觀……乃感諸佛現身說偈曰：諸佛寂滅甚深法，曠劫修行今乃得。若能開曉此法眼，一切諸佛皆隨喜。解脫更問空中，寂滅之法，若為可說得教人耶？諸佛即隱但有聲告曰：方便智為燈，照見心境界。欲知真實法，一切無所見。」

淨土宛然。（《宗鏡錄》，頁532b）[106]

經云：如坐禪昏昧，須起行道念佛。或志誠洗懺，以除重障，策發身心，不可確執一門，以為究竟。（《萬善同歸集》，頁963c）[107]

經云：如釋摩男，此莫不是示旨，欲明法無定相，以祛眾生封滯之甚耳。餓鬼惑故，見水為火，不遂是火也。所以域絕者，石沙之人，不得同生安養故也。（《宗鏡錄》，頁533b）[108]

五、雜類

《大方廣佛華嚴經演義鈔》

釋云：非獨彌陀阿閦，十方佛皆我本師，海印頓現。且法華分身有多淨土，如來何不指己淨土，而令別往彌陀妙喜，思之。故知賢首彌陀等皆本師矣。……且如總持教中亦說三十七尊，皆遮那一佛所現。……妙觀察智流出西方無量壽如來，……西方無量壽如來，亦名觀自在王如來，……今正一佛能為多身，依此而讚本師爾。」（《宗鏡錄》，頁548b－

[106] 「記云」出處不明，在大正藏中查不到。
[107] 「經云」出處不明，在大正藏中查不到。
[108] 「經云」出處不明，在大正藏中查不到。

548c）[109]

古德云：十方諸佛皆我本師，海印頓現。……且如總持教中亦說三十七尊，皆遮那一佛所現，謂毘盧遮那如來內心證自受用，成於五智，從四智流出四如來。……妙觀察智，流出西方無量壽如來。……（《宗鏡錄》，頁 911a）

《心賦》：群生慈父，訓成莫測之宗師。

《注》：是以經中所說西方阿彌陀等諸佛，皆是釋迦。如古釋云：以理推知，結成正義……故知賢首，彌陀等佛，皆本師矣，依此而讚本師。又本師者，即我心耳。攝歸自心，無法不備，豈止他耶？（《心賦注》，頁 12b－13c）

《淨土十疑論》

往生論云：遊戲地獄門者，生彼國土，得無生忍已，還入生死國，教化地獄，救苦眾生，以此因緣，求生淨土。（《萬善同歸集》，頁 966c）[110]

《往生西方淨土瑞應傳》

---

[109] 《大方廣佛華嚴經演義鈔》，大正藏第 36 冊，頁 698c。

[110] 「往生論云」見《淨土十疑論》，大正藏第 47 冊，頁 77c。

東都英法師講華嚴經，入善導道場，便遊三昧，悲泣歎曰：自恨多年虛費光陰，勞身心耳。（《萬善同歸集》，頁 965c）[111]

融大師云：悟此宗人，道佛不是亦得。若未信者，設念佛亦成妄語。（《宗鏡錄》，頁 500b）[112]

---

[111] 《往生西方淨土瑞應傳》，大正藏第 51 冊，頁 105c：「又東都英法師講華嚴經四十遍，入綽禪師道場，遊三昧而歎曰：自恨多年空尋文疏，勞身心耳，何其念佛不可思議？」

[112] 「融大師云」出處不明，在大正藏中查不到。

重要參考書目

一、現存為永明禪師所作的作品（依冊數順序排列）

《神栖安養賦》，《大正藏》冊 47，臺北：新文豐。

《萬善同歸集揀示西方》，《大正藏》冊 47。

《宗鏡錄》，《大正藏》冊 48。

《萬善同歸集》，《大正藏》冊 48。

《永明智覺禪師唯心訣》，《大正藏》冊 48。

《定慧相資歌》，《大正藏》冊 48。

《警世》，《大正藏》冊 48。

《永明壽禪師垂誡》，《大正藏》冊 48。

《三支比量義鈔》，《卍續藏》冊 87，臺北：新文豐。

《真唯識量》，《卍續藏》冊 87。

《受菩薩戒法》，《卍續藏》冊 105。

《觀心玄樞》，《卍續藏》冊 114。

《自行錄》，《卍續藏》冊 111。

《心賦注》，《卍續藏》冊 111。

《慧日永明智覺禪師山居詩》，臺北：新文豐出版公司，1973 年 12 月初版。

〈金剛證驗賦〉，《欽定全唐文》，第十九冊，臺北：大通書局，1979 年 7 月第 4 版。

〈法華瑞應賦〉，《欽定全唐文》，第十九冊。

〈舟中〉、〈閒居〉、〈野遊〉，《增廣聖宋高僧詩選》，《禪門逸書初編》，第一冊，臺北：漢聲出版社，1987 年 1 月。

二、大正藏、卍續藏、大藏新纂卍續藏經（翻譯經典依冊數順序排列，歷代論疏則依時代作者排列）

㈠翻譯經典

《長阿含經》，後秦・佛陀耶舍共竺佛念譯，《大正藏》冊 1。
《佛為首迦長者說業報差別經》，隋・瞿曇法智譯，《大正藏》冊 1。
《妙法蓮華經》，後秦・鳩摩羅什譯，《大正藏》冊 9。
《佛說觀普賢菩薩行法經》，劉宋・曇無蜜多譯，《大正藏》冊 9 冊。
《金剛三昧經》，北涼・失譯，《大正藏》冊 9。
《大方廣佛華嚴經》，唐・實叉難陀譯，《大正藏》冊 10。
《大方廣如來不思議境界經》，唐・實叉難陀譯，《大正藏》冊 10。
《佛說無量壽經》，曹魏・康僧鎧譯，《大正藏》冊 12。
《佛說無量清淨平等覺經》，後漢・支婁迦讖譯，《大正藏》冊 12。
《佛說觀無量壽佛經》，畺良耶舍譯，《大正藏》冊 12。
《稱讚淨土佛攝受經》，唐・玄奘譯，《大正藏》冊 12。
《佛說阿彌陀經》，後秦・鳩摩羅什譯，《大正藏》冊 12。
《阿彌陀鼓音聲王陀羅尼經》，失譯，《大正藏》冊 12。
《佛說般舟三昧經》，後漢・支婁迦讖譯，《大正藏》冊 13。
《般舟三昧經》，後漢・支婁迦讖譯，《大正藏》冊 13。
《拔陂菩薩經》，失譯，《大正藏》冊 13。
《大方等大集經賢護分》，隋・闍那崛多譯，《大正藏》冊 13。
《大方等大集經菩薩念佛三昧分》，隋・達磨笈多譯，《大正藏》冊 13。
《維摩詰所說經》，《大正藏》冊 14。
《文殊師利問經》，梁・僧伽婆羅譯，《大正藏》冊 14。
《佛說堅固女經》，隋・那連提耶舍譯，《大正藏》冊 14。
《藥師琉璃光如來本願功德經》，《大正藏》冊 14。
《坐禪三昧經》，後秦・鳩摩羅什譯，《大正藏》冊 15。
《佛藏經》，後秦・鳩摩羅什譯，《大正藏》冊 15。
《思惟要略法》，後秦・鳩摩羅什譯，《大正藏》冊 15。

《五門禪經要用法》，佛陀蜜多撰，宋·曇摩蜜多譯，《大正藏》冊 15。
《佛說作佛形像經》，失譯，《大正藏》冊 16。
《解深密經》，唐·玄奘譯，《大正藏》冊 16。
《占察善惡業報經》，菩提燈譯，《大正藏》冊 17。
《陀羅尼集經》，唐·阿地瞿多譯，《大正藏》冊 18。
《大佛頂如來密因修證了義諸菩薩萬行首楞嚴經》，唐·般刺蜜帝譯，《大正藏》冊 19。
《大方廣佛花嚴經入法界品頓證毘盧遮那法身字輪》，《大正藏》冊 19。
《大乘文殊師利菩薩讚佛法身禮》，唐·不空譯，《大正藏》冊 20。
《金剛般若波羅蜜經論》，天親造，元魏·菩提流支譯，《大正藏》冊 25。
《大智度論》，龍樹造，鳩摩羅什譯，《大正藏》冊 25。
《無量壽經優波提舍願生偈》，天親造，《大正藏》冊 26。
《十住毗婆沙論》，龍樹造，鳩摩羅什譯，《大正藏》冊 26。
《百論》，提婆菩薩造，婆藪開士釋，鳩摩羅什譯，《大正藏》冊 30。
《般若燈論釋》，唐·波羅頗蜜多羅譯，《大正藏》冊 30。
《大乘唯識論》，天親菩薩造，陳·真諦譯，《大正藏》冊 31。
《成唯識論》，護法等菩薩造，唐·玄奘譯，《大正藏》冊 31。
《攝大乘論釋》，世親菩薩釋，陳·真諦譯，《大正藏》冊 31。
《無量壽經優婆提舍》，婆藪槃豆造，菩提流支譯，《大正藏》冊 40。

㈡歷代論疏

隋·智顗

《妙法蓮華經文句》，《大正藏》冊 34。
《金光明經玄義》，唐·灌頂記，《大正藏》冊 39。
《觀心論》，《大正藏》冊 46。
《六妙法門》，《大正藏》冊 46。
《四念處》，唐·灌頂記，《大正藏》冊 46。
《法華三昧懺儀》，《大正藏》冊 46。

隋·費長房

《歷代三寶紀》，《大正藏》冊 49。
唐·湛然
《法華文句記》，《大正藏》冊 34。
《維摩經略疏》，《大正藏》冊 38。
《止觀輔行傳弘決》，《大正藏》冊 46。
唐·澄觀
《大方廣佛華嚴經疏》，《大正藏》冊 35。
《大方廣佛華嚴經演義鈔》，《大正藏》冊 36。
唐·李通玄
《新華嚴經論》，《大正藏》冊 36。
《觀無量壽經義疏》，北魏·淨影慧遠，《大正藏》冊 37。
唐·窺基
《阿彌陀經通贊疏》，《大正藏》冊 37。
《大乘法苑義林章》，《大正藏》冊 45 冊。
《成唯識論掌中樞要》，《大正藏》冊 43。
《注維摩詰經》，後秦·僧肇，《大正藏》冊 38。
《無量壽經優婆提舍願生偈註》，北魏·曇鸞註，《大正藏》冊 40。
唐·智儼
《華嚴一乘十玄門》，《大正藏》冊 45。
唐·法藏
《修華嚴奧旨妄盡還源觀》，《大正藏》冊 45。
《華嚴一乘教義分齊章》，《大正藏》冊 45。
唐·灌頂
《觀心論疏》，《大正藏》冊 46。
〈隋天台智者大師別傳〉，《大正藏》冊 50。
《鎮州臨濟慧照禪師語錄》，慧然集，《大正藏》冊 47。
《金陵清涼院文益禪師語錄》，郭凝之編集，《大正藏》冊 47。
唐·懷感

《釋淨土群疑論》，《大正藏》冊 47。

《略論安樂淨土義》，北魏，曇鸞《大正藏》冊 47。

唐·道綽

《安樂集》，《大正藏》冊 47。

唐·法照

《轉經行道願往生淨土法事讚》，《大正藏》冊 47。

唐·法海集

《南宗頓教最上大乘摩訶般若波羅蜜經六祖惠能大師於韶州大梵寺施法壇經》，《大正藏》冊 48。

唐·裴休集

《黃檗斷際禪師宛陵錄》，《大正藏》冊 48。

唐·宗密

《禪源諸詮集都序》，《大正藏》冊 48。

唐·玄覺

《永嘉集》，《大正藏》冊 48。

唐·道世

《法苑珠林》，《大正藏》冊 53。

《諸經要集》，《大正藏》冊 54。

唐·慈愍

《略諸經論念佛法門往生淨土集》，《大正藏》冊 85。

唐·宗密

《華嚴經行願品疏鈔》，《卍續藏》冊 7。

《圓覺經大疏鈔》，《卍續藏》冊 14。

唐·道宣

《續高僧傳》，《大正藏》冊 50。

唐·慧立

《大唐大慈恩寺三藏法師傳》，《大正藏》冊 50。

唐·道宣

《廣弘明集》，《大正藏》冊 52。

唐・復禮

《十門辯惑論》，《大正藏》冊 52。

唐・淨覺

《楞伽師資記》，《大正藏》冊 85 冊。

唐・文念、少康

《往生西方淨土瑞應傳》，《大正藏》冊 51。

五代・文益

《宗門十規論》，《卍續藏》冊 110。

宋・宗曉

《樂邦文類》，《大正藏》冊 47。

《樂邦遺稿》，《大正藏》冊 47。

宋・王龍舒

《龍舒增廣淨土文》，《大正藏》冊 47。

宋・志磐

《佛祖統紀》，《大正藏》冊 49。

《釋氏稽古略》，明・覺岸編，《大正藏》冊 49。

宋・贊寧

《宋高僧傳》，《大正藏》冊 50。

宋・契嵩

《傳法正宗記》，《大正藏》冊 51。

宋・道原

《景德傳燈錄》，《大正藏》冊 51。

宋・戒珠

《淨土往生傳》，《大正藏》冊 51。

宋・慧洪

《林間錄》，《卍續藏》冊 148。

宋・圓悟錄

《枯崖禪師漫錄》，《卍續藏》冊 148。

宋·曇秀輯

《人天寶鑑》，《卍續藏》冊 148。

宋·宗鑑集

《釋門正統》，《卍續藏》冊 130。

宋·慧洪

《禪林僧寶傳》，《卍續藏》冊 137。

宋·普濟

《五燈會元》，卍續藏冊 138。

宋·王古

《新修往生傳》，《卍續藏》冊 135。

元·中峰

《三時繫念佛事》，《卍續藏》冊 128。

《三時繫念儀範》，《卍續藏》冊 128。

元·普度

《廬山蓮宗寶鑑》，《大正藏》冊 47。

元·熙仲集

《歷代釋氏資鑑》，《卍續藏》冊 132。

元·念常集

《佛祖歷代通載》，《卍續藏》冊 132。

元·善遇編

《天如惟則禪師語錄》，《卍續藏》冊 122。

明·祩宏

《往生集》，《大正藏》冊 51。

《禪關策進》，《卍續藏》冊 114。

明·袁宏道

《西方合論》，《大正藏》冊 47。

《鐔津文集》，宋·契嵩，《大正藏》冊 52。

明·法藏

《五宗原》，《卍續藏》冊 114。

明·御製

《神僧傳》，《大正藏》冊 50。

明·大佑集

《淨土指歸集》，《卍續藏》冊 108。

明·通容集

《五燈嚴統》，卍續藏冊 139。

明·大壑輯

《永明道蹟》，《卍續藏》冊 146。

明·李贄

《淨土決》，《大藏新纂卍續藏經》卷六十一，白馬精社印經會。

明·福善錄

《憨山大師夢遊全集》，《卍續藏》冊 127。

清·觀如輯

《蓮修必讀》，《卍續藏》冊 110。

清·清玉集

《毗陵天寧普能嵩禪師淨土詩》，《卍續藏》冊 110。

清·弘贊輯

《觀音慈林集》，《卍續藏》冊 149。

清·濟能

《角虎集》，《大藏新纂卍續藏經》卷六十一。

清·紀蔭編纂

《宗統編年》，《卍續藏》冊 147。

清·嵩禪師

《天甯普能嵩禪師淨土詩》，《大藏新纂卍續藏經》卷六十二。

作者不詳

《佛說觀無量壽佛經疏》，《大正藏》冊 37。

《淨土十疑論》，《大正藏》冊 47。

《大乘無生方便門》，《大正藏》冊 85。

《最上乘論》，《大正藏》冊 48。

《心性罪福因緣集》，《卍續藏》冊 149。

《曆代法寶記》，《大正藏》冊 51。

《少室六門》，《大正藏》冊 48。

《朝鮮禪教考》，朴永善輯，《卍續藏》冊 148。

三、中文專書

(一)古籍著作（依作者年代排列）

五代·靜、筠二師撰

《祖堂集》，《禪宗全書》史傳部（一），藍吉富主編，臺北：文殊出版社，1988 年 4 月初版。

北宋·釋德洪撰

《石門文字禪》，《禪門逸書初編》第四冊，臺北：漢聲出版社，1987 年 1 月。

宋·蘇東坡撰

《東坡志林》，臺北：木鐸出版社，1982 年 5 月初版。

元·天目中峰撰

《天目中峰廣錄》，日本京都：中文出版社，1985 年 12 月出版。

明·釋傳燈撰

《天台山方外志》，《中國佛史志彙刊》第一輯第 81 冊。

明·釋履平撰

《雪竇寺志略》，《中國佛史志彙刊》第一輯第 88 冊。

明·釋智旭撰

《閱藏知津》，臺北：新文豐，1973 年 6 月初版。

《淨土十要》（上、下），高雄：佛光出版社，1991 年 3 月五版。

《靈峰宗論》（上、下），臺中：臺中蓮社，1994 年夏曆 4 月 8 日版。

明・釋蓮池著

《竹窗隨筆》，臺北：佛陀教育基金會，1991 年 8 月再版。

明・釋憨山著

《憨山老人夢遊集》（全四冊），臺北：新文豐，1973 年 6 月初版。

明・釋智達編述

《異方便淨土傳燈歸元鏡三祖實錄》，廣陵藏經禪院存版，臺中：臺中蓮社，1990 年 8 月景印初版。

明・際祥

《淨慈寺志》（二），《中佛史志彙刊》第一輯第 18 冊，臺北：明文書局，1980 年 1 月。

清・釋行正撰

《雪竇寺志》（上），《中國佛史志彙刊》第一輯第 87 冊。

清・彭紹生撰

《淨土聖賢錄》，臺北：佛陀教育基金會，2002 年 8 月版。

清・厲鶚輯

《宋詩紀事》，臺北：中華書局，1971 年 4 月臺一版。

清・雍正

《宗鏡大綱》，臺南市精進念佛會，1990 年 3 月。

清・釋靜熙刊訂

《佛祖統系道景》，華寶齋書社有限公司，1996 年 8 月一版一刷。

〈白隱禪師息耕錄開筵普說〉，《禪學大全》第六冊，中華佛教文物出版社。

《敕修浙江通志》，臺北：華文書局，1967 年 8 月初版。

《中國佛教版畫》（二），香港：華寶齋書社，1996 年 8 月 1 版 1 刷。

《來果禪師語錄彙》上集，南投：中臺山佛教基金會，1998 年 12 月。

㈡**當代著作**（先列叢書，依叢書筆畫排列，同一叢書則依冊數排列；次列個人專著，依作者姓名筆畫排列，同一作者下再依出版年代順序排列）

《1991 年佛學研究論文集》，高雄：佛光出版社，1992 年 9 月初版。

《中國佛教文史論集》，1980年2月，臺北：大乘文化出版社。
《中國佛學特質在禪》（中國佛教經典寶藏精選白話版 36），釋太虛，高雄：佛光出版社，1997年6月初版二刷。
《永明延壽大師傳》，馮巧英著（中國佛教高僧全集 48），高雄：佛光出版社，2000年5月初版。
《禪話與淨話》（中國佛教經典寶藏精選白話版 38），方倫著，高雄：佛光出版社，1997年6月初版二刷。
《般舟三昧經》（中國佛教經典寶藏精選白話版 40），徐蓀銘、吳立民著，高雄：佛光出版社，1997年6月初版二刷。
《萬善同歸集》（中國佛教經典寶藏精選白話版 44），袁家耀釋譯，高雄：佛光出版社，1997年6月初版二刷。
《宗鏡錄》（中國佛教經典寶藏精選白話版 121），潘桂明釋譯，高雄：佛光出版社，1996年8月初版。
《禪宗史實考辯》，現代佛教學術叢刊 4，主編張曼濤，臺北：大乘文化出版社，1977年10月初版。
《禪宗典籍研究》，現代佛教學術叢刊 12，主編張曼濤，臺北：大乘文化出版社，1977年10月初版。
《禪宗思想與歷史》，現代佛教學術叢刊 52，主編張曼濤，臺北：大乘文化出版社，1978年9月初版。
《佛教人物史話》，現代佛教學術叢刊 49，1978年6月初版。
《淨土宗史論》，現代佛教學術叢刊 65，1979年1月初版。
《淨土思想論集（二）》，現代佛教學術叢刊 67，1979年2月初版。
《朝鮮寺剎史料》，現代佛學大系 17，藍吉富主編，臺北：彌勒出版社，1982年11月初版。

中村元

1991。《東方民族的思維方法》，林太馬、小鶴譯，淑馨出版社，1版2刷。

王友三主編

1991。《中國宗教史》（上），濟南：齊魯書社，1 版 1 刷。

方立天

1993。《中國佛教研究》（下），臺北：新文豐出版社，臺一版。

孔維勤

1983。《永明延壽宗教論》，臺北：新文豐出版社，初版。

史丹利外因斯坦

1999。《唐代佛教——王法與佛法》，釋依法譯，高雄：佛光出版社，初版。

冉雲華

1988。《宗密》，臺北：東大出版社，初版。

1995。《從印度佛教到中國佛教》，臺北：東大出版社，初版。

1999。《永明延壽》，臺北：東大出版社，初版。

弘學編著

1999。《淨土探微》，四川：巴蜀書社，一版。

安藤俊雄

1998。《天台學》，蘇榮焜譯，臺北：慧炬出版社，初版。

何雲、何明棟、張文良、徐孫銘、溫金玉、黃君等

1998。《禪宗宗派源流》，北京：中國社會科學出版社，第 1 版第 1 刷。

李志夫

1986。《中印佛學之研究比較》，臺北：中央文物供應社，初版。

杜繼文、魏道儒

1995。《中國禪宗通史》，南京：江蘇古籍出版社，第 1 版第 2 次印刷。

呂澂

1997。《中國佛學思想概論》，臺北：天華出版社，初版七刷。

邱敏捷

1993。《參禪與念佛——晚明袁宏道的佛教思想》，臺北：商鼎出版

社，第1版第1刷。

阿部肇一

1991。《中國禪宗史》，關世謙譯，臺北：東大出版社，再版。

孤峰智璨

1981。《中印禪宗史》，釋印海譯，臺北：正聞出版社，初版。

吳經熊

1982。《禪學的黃金時代》，吳怡譯，臺北：臺灣商務印書館，11版。

吳汝鈞

1989。《佛學研究方法論》，臺北：學生書局，二刷。

洪修平

1994。《中國禪學思想史》，臺北：文津出版社，初版一刷。

范佳玲

2001。《紫柏大師生平及其思想研究》，臺北：法鼓文化，初版。

孫昌武

1989。《佛教與中國文學》，臺北：東華書局，初版。

陳揚炯

2000。《中國淨土宗通史》，南京：江蘇古籍出版社，1版1刷。

郭朋

1985。《宋元佛教》，福州：福建人民出版社，第二刷。

曹仕邦

1994。《中國沙門外學的研究——漢末至五代》，臺北：東初出版社，初版。

望月信亨

1991。《中國淨土教理史》，釋印海譯，臺北：正聞出版社，三版。

梅光羲編輯

1987。《宗鏡錄法相義節要》，臺北：新文豐出版社，1版。

張澄基

1983。《佛學今詮》，臺北：慧炬出版社，初版。

湯用彤

1987。《漢魏兩晉南北朝佛教史》，臺北：駱駝出版社，初版。

1988。《隋唐佛教史稿》，臺北：木鐸出版社，初版。

楊郁文

1993。《阿含要略》，臺北：東初出版社，初版。

褚柏思

1991。《中國禪宗史話》，高雄：佛光出版社，修訂五版。

鄧克銘

1990。《法眼文益禪師之研究》，臺北：東初出版社，二版。

蔣維喬

1974。《中國佛教史》，臺北：史學出版社印行，2 版。

潘桂明、董群、麻天祥

1999。《中國佛教百科全書 3・歷史卷》，高雄：佛光出版社，初版。

潘桂明

2000。《中國居士佛教史》，北京：中國社會科學出版社，第 1 版第 1 刷。

賴永海

1997。《中國佛性論》，高雄：佛光出版社，初版二刷。

嚴耀中

2000。《江南佛教史》，上海：上海人民出版社，1 版 1 刷。

顧偉康

1994。《禪宗六變》，臺北：東大出版社，初版。

1997。《禪淨合一流略》，臺北：東大出版社，初版。

釋大睿

2000。《天台懺法之研究》，臺北：法鼓文化出版，初版。

釋印順

1984。《淨土與禪》（妙雲集下編之四），臺北：正聞出版社，5 版。

1994。《初期大乘佛教之起源與開展》，臺北：正聞出版社，7 版。
1994。《中國禪宗史》，臺北：正聞出版社，8 版。
釋東初
1989。《中日佛教交通史》，臺北：東初出版社，3 版。
釋恆清主編
1995。《佛教思想的傳承與發展——印順導師九秩華誕祝壽文集》，臺北：東大出版社，初版。
釋廣定編輯
1995。《印光法師全集》第三冊，臺北：佛教書局，再版。
釋慧嚴
1998。《淨土概論》，臺北：東大出版社，初版。
釋聖嚴
2000。《明末佛教研究》，臺北：法鼓文化，二版。

四、外文專書（依作者姓名筆畫排列）

冈田宜法
1969。《禅学研究法と其资料》，名著刊行会。
冉雲華
1997。《華嚴學論集》，〈《宗鏡錄》中所見的華嚴宗思想〉，東京：大藏出版社。
鈴木哲雄
1985。《唐五代禪宗史》，東京：山喜房佛書林株式會社。
福島光哉
1995。《宋代天台淨土教》の研究，京都文榮堂，第一刷。
鎌田茂雄
1984。《禪典籍內華嚴資料集成》，東京：大藏出版社。

五、期刊論文、論文集、會議論文（依作者筆畫排列，同一作者下再依出版年代順序排列）

㈠中文部份

王開府

1995。〈《宗鏡錄》中的洞山禪師偈頌〉，《法光》第七十四期。

孔維勤

1985。〈宋釋永明延壽之理事觀〉，《華岡佛學學報》第八期：359－424。

1986。〈宋釋永明延壽論「禪淨合一」〉，《東吳大學傳習錄》第 5 期：225－248。

冉雲華

2000。〈論中國佛教核心思想的建立〉，《中華佛學學報》第十三期：419－429。

何建明

1996。〈論永明延壽對近代中國禪佛教的影響〉，《內明》288 期：3－12。

南懷瑾

1998。〈宗鏡錄略講（70）眼外青山心底峰〉，周勳男記錄整理，《十方》第十六卷，第七期：4－10。

夏富

1998。〈中古時期中國的禪淨融合〉，《人間淨土與現代社會》：104，第三屆中華國際佛學會議實錄，臺北：法鼓文化出版。

麻天祥

1996。〈永明延壽與宋代禪宗的綜合〉，《佛教研究》第四期：9－15。

張子開

2001。〈略析敦煌文獻中所見的念佛法門〉，《慈光禪學學報》第二期：195－211。

黃繹勳

1995。〈永明延壽觀心成佛思想初探——以《觀心玄樞》第二問為中心〉，《內明》275 期：19－20。

楊曾文

2000。〈永明延壽的心性論〉，《中華佛學學報》第十三期：457－477。

蔣怒海

1999。〈唐五代「禪教一致」思潮的深層結構〉，《中國文化月刊》233 期：5－18。

蔣義斌

2000。〈法眼文益的禪教思想〉，《中華佛學學報》第十三期：431－454。

釋恆清

1991。〈禪淨融合主義的思惟方法——從中國人的思惟特徵論起〉，《臺大哲學論評》第十四期：229－248。

釋智學

2001。〈永明延壽傳記研究〉，《法光學壇》第五期：58－82。

釋宏一

1980。〈永明延壽禪師思想探源——與萬善同歸集之要義〉，《佛教文化學報》第九期：31－42。

(二)日文部份

小川貫弌

1966。〈淨土のシナ的受容の問題—淨土教劇、歸元鏡を中心として—〉，《佛教大学研究纪要》通卷第 50 號「净土特辑」：1－54。

日置孝彦

1975。〈永明延寿の禅と念佛—万善同归集を中心として—〉，《印度學佛教學研究》23－2：168－169。

王翠玲

1998。〈永明延寿の禅宗觀について—特に以心為宗，和會諸宗を中心として—〉，《印度學佛教學研究》47－1，201－204。

1999。〈『宗鏡錄』の成立〉，《印度學佛教學研究》48－1：215－

218。

石井修道

1969。〈『宗鏡錄』におよぼした澄觀の著作の影響について〉，《印度學佛教學研究》17－2：130－131。

仙石景章

1987。〈永嘉玄觉と永明延寿〉，《印度學佛教學》2，247－253。

1988。〈『宗鏡錄』引用諸文獻——『楞伽經』〉，《印度學佛教學》3：264－273。

1988。〈『宗鏡錄』引用諸文獻—『肇論』とその注释书类について—〉，《印度學佛教學研究》37－1：132－136。

1992。〈『宗鏡錄』に引用される大乘经典について〉，《印度學佛教學》7：205－215。

1994。〈『宗鏡錄』问答章について——心成佛をめぐる问答を中心として—〉，《印度學佛教學》9：244－255。

1995。〈延寿と趙宋天台について—特に真心観と妄心観を中心として—〉，《印度學佛教學》10：236－248。

池田魯参

1983。〈永明延寿の天台學〉，《印度學佛教學研究》32－1：97－102。

1985。〈永明延壽の教學と起信論〉，《印度學佛教學研究》33－2號：195－199。

李淑華

1996。〈永明延寿禅师の「宗鏡」について〉，《天台学报》38：145－153。

服部英淳

1966。〈永明延寿の淨土思想〉，《印度學佛教學研究》14－2：116－121。

1966。〈禅净融合思想における淨土の解明—永明延寿等の唯心淨土说と善导等の指方立相说との对比—〉，《佛教大学研究纪要》通卷第50號「浄土特辑」：83－91。

畑中淨園

1954。〈吳越の佛教—特に天台德昭（韶）とその嗣永明延壽について—〉，《大谷大学研究年报》7：305－365。

柴田泰

1965。〈宋代淨土教の一斷面—永明延寿について—〉，《印度學佛教學研究》13－2：233－237。

1984。〈永明延壽の唯心淨土说〉，《印度學佛教學研究》32－2：423－426。

1986。〈中国淨土教の系譜〉，《印度學佛教學》1：135－166。

1990。〈中国淨土教における唯心淨土思想の研究〉（一）（二），《札幌大谷短期大学纪要》22。

森江俊孝

1979。〈『宗鏡錄』と『观心玄枢』について〉，《印度學佛教學研究》27－2：305－307。

藤吉慈海

1974。〈禅净双修の根拠〉，《印度學佛教學研究》22－2：610－615。

韓泰植

1983。〈永明延寿門下の高麗修学僧について〉，《印度學佛教學研究》32－1：134－135。

韓京洙

1988。〈永明延寿の禅净融合思想〉，《印度學佛教學研究》37－1：129－131。

㈢英文部份

Albert Welter

1997. “Yung-Ming Yen-Shou: Ch’an Master, Pure land Master, or what?

(Bodhisattva Practice and Pure land Practice in the Writing of Yung-Ming Yen-Shou)"，第三屆中華國際佛學會議發表論文，1－35。

六、學位論文（以作者筆畫排列）

㈠中文部份

李幸玲

2002。《廬山慧遠研究》，臺灣師大研所博士論文。

胡順萍

1996。《宗密「教禪一致」之思想理論》，輔大中研所博士論文。

施仲謀

1984。《永明延壽思想之研究》，香港能仁書院哲學研究所碩士論文。

施東穎

2001。《宗鏡錄的法相唯識思想》（四川聯合大學宗教學研究所，1997 年碩士論文）《中國佛教學術論典》30《法藏文庫》碩博士學位論文，佛光山文教基金會。

高秋香

1999。《法眼文益思想研究》，輔大哲研所碩士論文。

夏清瑕

2001。《憨山大師佛學思想研究》（南京大學哲學系，2000 年博士論文）《中國佛教學術論典》29《法藏文庫》碩博士學位論文，佛光山文教基金會。

蔡纓勳

1991。《善導思想之研究》，臺灣師大國研所博士論文。

黃琛傑

2003。《永明延壽思想中的禪與淨》，政治中研所碩士論文。

黃繹勳

1994。《觀心與成佛——永明延壽《觀心玄樞》第二問的研究》，法光研究所碩士論文。

劉長東

2001。《晉唐彌陀淨土信仰研究》（四川大學中文系，1998 年博士論文）《中國佛教學術論典》22《法藏文庫》碩博士學位論文，佛光山文教基金會。

鄭真熙

2002。《默照禪與看話禪比較研究》，臺灣師大國研所博士論文。

魏道儒

2001。《宋代禪宗史論》（中國社會科學院研究生院 1990 年博士論文）《中國佛教學術論典》3《法藏文庫》碩博士學位論文，佛光山文教基金會。

韓子峰

1999。《天台法華三昧之研究》，臺灣師大研所博士論文。

闕文華

1964。《宗鏡錄法相唯識之研究》，文化大學哲研所碩士論文。

㈡日文部份

王翠玲

2000。《永明延寿の研究—『宗鏡錄』を中心として—》，東京大學博士論文人文社会系研究科アジア文化研究专攻。

㈢英文部份

釋恆清

1984. "*The Ch'an-Pure Land Syncretism In China: With Special Reference To Yung-Ming Yen-Shou*", doctor of philosophy (Buddhist Studies) at the University of Wisconsin Madison.

黃繹勳

2001. "*A Study of Yanshou's The profound pivot of the Contemplation of Mind*", A Dissertation presented to the Faculty of the University of Virginia in Candidacy for the Degree of Doctor of Philosophy.

國家圖書館出版品預行編目資料

永明禪師禪淨融合思想研究

王鳳珠著. – 初版. – 臺北市：臺灣學生，
2007[民 96]
面；公分

ISBN 978-957-15-1342-3(精裝)
ISBN 978-957-15-1343-0(平裝)

1. （宋）釋延壽 – 學術思想
2. （宋）釋延壽– 傳記

220.9205　　96001258

永明禪師禪淨融合思想研究（全一冊）

著作者：王鳳珠
出版者：臺灣學生書局有限公司
發行人：盧保宏
發行所：臺灣學生書局有限公司
臺北市和平東路一段一九八號
郵政劃撥帳號：00024668
電話：(02)23634156
傳眞：(02)23636334
E-mail：student.book@msa.hinet.net
http：//www.studentbooks.com.tw
本書局登記證字號：行政院新聞局局版北市業字第玖捌壹號
印刷所：長欣印刷企業社
中和市永和路三六三巷四二號
電話：(02)22268853

定價：精裝新臺幣六六〇元
平裝新臺幣五六〇元

西元二〇〇七年二月初版

22012

ISBN 978-957-15-1342-3(精裝)
ISBN 978-957-15-1343-0(平裝)

宗教叢書